Dr. Pat Heim ist Unternehmensberaterin, Referentin und Seminarleiterin für Führung und Kommunikation. Ihr besonderes Interesse gilt geschlechtsspezifischen Unterschieden in der Berufswelt. Sie arbeitet mit Geschäftsführern, Vorständen, Managern und Leitern in der Produktion, dem Gesundheits-, Finanz- und Ingenieurwesen sowie Behörden zusammen. Sie ist Gründerin der Firma *Heim & Associates* mit Sitz in Los Angeles.

Susan K. Golant hat mehrere Bücher über biologisch-psychosoziale Themen und Frauenfragen veröffentlicht und gibt Kurse im Schreiben von Sachtexten an der University of California in Los Angeles.

D1723953

Dieses Buch wurde auf chlor- und säurefreiem Papier gedruckt.

Vollständige Taschenbuchausgabe August 1995
Droemersche Verlagsanstalt Th. Knaur Nachf., München
© 1993 für die deutschsprachige Ausgabe
Rudolf Haufe Verlag GmbH & Co. KG, Freiburg i. Br.
Titel der Originalausgabe »Hardball for Women«
Copyright © 1992 by RGA Publishing Group, Inc.
Published by Arrangement with Lowell House
Umschlaggestaltung Schlotterer & Partner, München
Druck und Bindung Elsnerdruck, Berlin
Printed in Germany
ISBN 3-426-79015-7

5 4 3 2 1

Pat Heim
mit Susan K. Golant

Frauen lernen fighten

Ein Sparringskurs
für Aufsteigerinnen

Aus dem Amerikanischen
von Dr. Mara Huber

Vorwort

„Eindeutig die nötigste und nützlichste Information für Akademiker, speziell Akademikerinnen. Frau Dr. Heim ist unübertroffen in ihrer Fähigkeit, das Spiel zu erklären."

Melinda McIntyre
Präsidentin First Professional Bank

Das Spiel, um das es in diesem Buch geht, wird von vielen Frauen nicht wahrgenommen. Es ist das Spiel der Wirtschaft, in dem nach männlichen Regeln gespielt wird. Die Autorin beschreibt nicht nur die männliche Geschäftskultur, sondern auch, wie Sie diese – ohne Ihre weiblichen Werte zu verbergen – nutzen können, um erfolgreich zu sein. In diesem Buch lernen Sie

- sich dem Spielführer zu stellen,
- an Ihrem Standpunkt festzuhalten,
- mit Humor zu arbeiten,
- zu erwidern, statt nur wütend zu werden,
- das Problem anzugreifen, nicht die Person,
- Angriffe nicht persönlich zu nehmen,
- beim Thema zu bleiben,
- zu erkennen, wann das Spiel gelaufen ist.

Frauen lernen fighten zeigt, woran es liegen kann, wenn Sie trotz hervorragender Ergebnisse und intensiver Arbeit bei Beförderungen dauernd übergangen werden. Nutzen Sie die interessanten, oft überraschenden Erkenntnisse der beiden Autorinnen für den nächsten Schritt auf Ihrer Karriereleiter.

Inhalt

1

Wirtschaft als Spiel

Es war nach 19.30 Uhr, aber über den Computer-Bildschirm auf Barbaras Schreibtisch flimmerten noch immer Zahlen, und ihre Gedanken rasten, um ihr Projekt fertigzustellen – pünktlich und innerhalb des Budgets, wie immer. Barbara, eine Spitzen-Systemanalytikerin und Managerin der unteren Ebene, war stolz auf ihre hervorragenden technischen Fähigkeiten. Sie arbeitete härter und länger als alle ihre Kollegen, verstand sich gut mit ihnen, machte konstruktive Vorschläge, und die Mitarbeiter, die sie beaufsichtigte, waren bei weitem die produktivsten in der Abteilung. Ihre Leistung als Managerin war tatsächlich makellos.

Doch trotz ihrer konstant hohen Leistung wurde Barbara bei Beförderungen immer wieder übergangen. Schließlich bat sie mich um Hilfe. Mit vor Zorn gepreßter Stimme erklärte sie ihr Problem: „Ich werde bei Beförderungen zugunsten von Männern ignoriert, die nicht annähernd so produktiv oder so hart arbeiten wie ich. Warum? Wenn ich meinen Chef um Feedback bitte, sagte er, ich sei ‚prima', was auch immer das heißt. Außerdem fühle ich mich nicht ‚prima'. Ich fühle mich miserabel, frustriert, in einer Sackgasse, und es ist mir wirklich ein Rätsel, warum ich offenbar nicht vorwärtskommen kann."

Ich habe Hunderte von Seminaren mit Geschäftsfrauen aller Management-Ebenen in den gesamten USA geleitet und Barbaras Klage immer wieder gehört: „Ich bin ein technisches As. Ich arbeite härter als alle anderen. Ich bin sehr angesehen bei meinen Kollegen. Warum wurde ich übergangen . . . entlassen . . . übersehen? Warum kann ich nicht so erfolgreich sein wie die Männer in meiner Firma?"

Diese Fragen werden seit 20 Jahren immer wieder gestellt – seit die
Frauenbewegung der 70er Jahre begann, Studentinnen, Hausfrauen
und Arbeiterinnen zu ermutigen, Laufbahnen einzuschlagen, die
ihren Intellekt herausforderten und ihre Bemühungen wie die der
Männer belohnten. In Rekordzahlen zogen die Frauen Kleider aus
und Businesskostüme an, verdoppelten ihre Überstunden, verscho-
ben ihre Kinderwünsche. Der Ausdruck „gläserne Decke" existierte
noch nicht, und sie glaubten, in den 90er Jahren würden sie es
geschafft haben. Unterdessen meinten junge Frauen, die Mitte bis
Ende der 80er Jahre ins Berufsleben eintraten, die Schlacht um
Gleichberechtigung sei schon geschlagen und gewonnen, ihre Beiträge würden gerecht belohnt, ihre Leistungen dankbar anerkannt.
Sie haben sich eindeutig geirrt.

Was ist schiefgegangen? Warum haben Frauen nach zwei Jahrzehnten Bewußtseinsbildung und Frauenförderung noch immer zu
kämpfen, um mit ihren männlichen Kollegen gleichzuziehen?
Ein Beispiel ist Allison, regionale Verkaufsleiterin eines großen
amerikanischen Möbelherstellers. Wie Barbara ist sie eine meister-
hafte Managerin. Ihre Region hat die höchsten Umsätze im Unternehmen. Als ranghöchstes und produktivstes Mitglied des Ver-
kaufsteams ist sie in der Position, um in der Firma aufzusteigen.
Statt dessen stellt sie fest, daß man ihr Memos und Konferenzen
vorenthält.

Sie redete mit ihrem Vorgesetzten über ihre Leistung, und er sagte:
„Allison, Sie tun Ihre Arbeit gut, aber Sie sind zu verzettelt."
„Was meinen Sie damit?" fragte sie.
„Tja", fuhr ihr Chef fort, „Sie tun zuviel gleichzeitig. Sie konzen-
trieren sich nicht genug auf eine Sache."
Allison sah ihre Fähigkeit, mit vielen Projekten zu jonglieren, als
eine Stärke – besonders, da sie damit Erfolg hatte –, aber ihr Chef
war anderer Meinung. Tatsächlich ließ er eine erstklassige Beförde-
rung einem weniger tüchtigen Mann zukommen, der übrigens sein
Freund war.

Auch Jennifers Fortschritt war gebremst. Sie war eine brillante Raumfahrtingenieurin und leitete ein Team von fünf Männern in einem angesehenen Labor für Raumforschung in den Südstaaten. Ihre Gruppe bekam den Auftrag, ein neu lanciertes Satellitensystem zu testen. Jennifers Managementstil war sehr kooperativ. Statt einfach Befehle zu bellen, fragte sie ihre Untergebenen nach ihrer Meinung und Feedback, um ihre Entscheidungen zu treffen. Ihre männlichen Kollegen verstanden das als Schwäche. Bald merkte sie, daß ihre Mitarbeiter hinter ihrem Rücken zu ihrem Vorgesetzten Tom gingen, wenn sie Fragen hatten. Er verlor daraufhin den Glauben an Jennifers Führungsqualitäten und schränkte ihre Kompetenzen ein, bis sie ganz von der Position verdrängt war.

Auch Marjorie landete in einer Sackgasse. Als Direktorin des Pflegepersonals in einem großen Krankenhaus im Mittelwesten war sie für 60 % der Angestellten und der Finanzen der Institution zuständig. Sie war stolz auf ihre Leistung, denn sie hatte es fertiggebracht, Kosten zu sparen und trotzdem die Zufriedenheit der Patienten zu verbessern, wie Patienten-Fragebögen dokumentierten. Wegen ihrer guten Leistungen bewarb sich Marjorie um einen leitenden Posten in der Krankenhausverwaltung. Sie bewarb sich sogar bei drei verschiedenen Gelegenheiten, und jedesmal wurde sie zugunsten eines jüngeren, weniger erfahrenen Mannes übergangen. Als Marjorie fragte, warum sie die Position nicht bekommen hatte, sagte man ihr: „Sie sind noch nicht soweit." Und dies, obwohl sie praktisch schon das halbe Krankenhaus leitete.

Warum wurden diese Frauen in ihrem Bemühen voranzukommen gebremst? Wahrscheinlich, weil die meisten Frauen in der Wirtschaft heute nicht wissen, daß sie auf einem Spielfeld stehen, und daß um sie herum ein Spiel abläuft. Die Männer, mit denen sie zusammenarbeiten, spielen nach ihren eigenen Regeln. Der Sport ist hart und aggressiv. Es wird erwartet, daß Spieler verwundet werden, wenn sie Risiken eingehen und an der Front stehen.

Wenn Sie die Kultur der Männer nicht verstehen, werden Sie leider auf dem Abstellgleis bleiben wie Barbara, Allison, Jennifer und Marjorie. Solange Sie nicht begreifen, daß Wirtschaft als Wettkampf betrieben wird – und zwar als Hardball-Spiel –, werden Sie nicht vorankommen und nie gewinnen.

Auf der Reservebank

Ironischerweise wußten die Frauen, die Mitte der 70er Jahre in Massen ins Berufsleben eintraten, vielleicht besser als wir heute, wie sehr männliche Kollegen in der dünnen Luft einer Wirtschaftskultur leben. Damals hatten Frauen riesige und offensichtliche Hürden zu überwinden – diskriminierende Gesetze, exklusive Clubs und andere kulturell sanktionierte Beigaben des „old-boy-Netzwerks".

Da Frauen aber mit diesen größeren Problemen alle Hände voll zu tun hatten, haben sie nie die Feinheiten der Kommunikation mit Männern gelernt, obwohl sie das Dilemma erkannten. Sie machten durchaus Versuche, in den privaten Club einzudringen und die männliche Sprache zu verstehen, aber viele von diesen frühen Versuchen scheiterten. Zu viele Frauen versuchten, Männer zu kopieren, ohne die grundlegenden Unterschiede zwischen männlicher und weiblicher Kultur zu verstehen – Unterschiede, die in diesem Buch aufgezeigt werden. Manchmal waren Frauen zu rigide, eher feindselig als sportlich. Andere glaubten, sie könnten ihre Karrieren mit Gesetzen erzwingen und mit Leistung allein erfolgreich sein, weil sie die Politik und die Spielregeln der Wirtschaft nicht verstanden.

Bahnbrechende Bücher wie Betty Lehan Harrigans *Games Mother Never Taught You* versuchten, den Weg zu zeigen. Dieser Klassiker, 1977 geschrieben und immer noch ein ausgezeichneter Leitfaden, hat die Probleme der Frauen in der Arbeit dennoch nicht gelöst. Das liegt an mehreren Mängeln. Erstens erklärt die Autorin zwar die männliche Kultur gut, aber die weibliche wird stiefmütterlich behandelt. Zweitens richtet sich dieses Buch nur an Frauen, die über den Rang der Sachbearbeiterin hinauswollten, und dies mit Recht. Das waren die Positionen, die Frauen vor 15 Jahren zumeist hatten. Schließlich haben Frau Harrigans Ratschläge zumeist den Beigeschmack „Mach' es wie die Männer!" Wir werden jedoch sehen, daß dies mehr Probleme schaffen kann, als es löst.

In den 80er Jahren waren mehr Frauen berufstätig, und ein trügerisches Gefühl des Fortschritts entstand. Mitte der 80er Jahre wurde jedoch die „gläserne Decke" enthüllt, und den Frauen wurde klar, daß sie noch immer nicht in der „Oberliga" spielten.

Das bringt uns zu den 90er Jahren: Die Frauen wärmen noch immer die Bänke und kommen nicht zum Zug. Natürlich hat die Masse der Baby-Boom-Jahrgänge, die ins mittlere Management drängte, die Lage verschlimmert, doch das eigentliche Problem sind die falschen Vorstellungen der Frauen über die Spielregeln der Wirtschaft.

Wenn Menschen einen Beruf ergreifen, werden sie am Anfang für technisches Können belohnt. Oft steigen Frauen in diesem frühen Stadium mit guter Leistung auf. Mit Ende Zwanzig, Anfang Dreißig aber geraten viele in eine Phase, in der das Feedback negativ wird. Ihre Chefs sind nicht mehr mit ihnen zufrieden und geben ihnen so vage Auskünfte wie: „Sie sind keine Teamspielerin." Die meisten Frauen begreifen nicht, daß Angestellte mit fortschreitender Karriere nach zwischenmenschlichen, nicht nach technischen Fähigkeiten beurteilt werden. Und zwischenmenschliche Fähigkeiten stehen und fallen oft mit den unterschiedlichen Nuancen männlicher und weiblicher Kultur.

Wenn Sie heute eine Frau in gleich welcher Laufbahn sind – von High-Tech bis Hochfinanz, von Produktion bis Medizin, von Raum-

fahrt bis Automobilbau –, finden Sie sich wahrscheinlich in einer
dieser bestürzenden und empörenden Situationen wieder:

- Sie sind produktiver und erfolgreicher als Ihr männlicher Kollege, aber plötzlich ist er Ihr Vorgesetzter.
- Ihr Chef wird ärgerlich, wenn Sie hilfreiche Vorschläge machen.
- Ihre Kolleginnen greifen als erste an, wenn Sie eine große Beförderung bekommen.
- Sie haben Ihre Untergebenen nach ihrer Meinung gefragt, um eine Entscheidung zu treffen, nur um als führungsschwach kritisiert zu werden.
- Sie sind wütend auf sich selbst, weil sie einem Tyrannen nachgegeben haben.
- Ihre wertvollen Beiträge werden bei wichtigen Konferenzen nicht anerkannt, doch wenn ein männlicher Kollege das gleiche sagt, bekommt er Applaus.
- Sie können nicht mit Leuten arbeiten, die Ihnen unsympathisch sind, und verstehen nicht, wie Ihre männlichen Kollegen sich tagsüber an die Gurgel gehen und abends Saufkumpane sein können.
- Sie versuchen zu kooperieren, mit dem Erfolg, daß der hinterhältigste Mitarbeiter die Anerkennung bekommt, die Sie verdienen.
- Sie lassen sich „kalt erwischen" von einem Kollegen, der Ihre Ideen in einer Konferenz brutal angreift, und hinterher sagt er Ihnen, „Sie sollten es sich nicht so zu Herzen nehmen".
- Sie fragen sich, was Männer eigentlich meinen, wenn sie sagen, Sie sollten eine „Teamspielerin" sein.

Frauen lernen fighten wird Ihnen helfen, diese Probleme zu lösen
und von der Bank wegzukommen, damit Sie bei den großen Jungs
mitspielen können.

Wie ich mich in den Umkleideraum einschlich

Seit über zehn Jahren beobachte ich, wie Frauen mit geschlechtsspezifischen Arbeitskrisen kämpfen, von kleinen Mißverständ-
nissen bis zu karrieregefährdenden Kommunikationsstörungen. In
dieser Zeit habe ich eine Strategie entwickelt, die Frauen in die Lage
versetzt, bei der Arbeit voranzukommen und *trotzdem ihrem
inneren Selbst treu zu bleiben.* Immer wieder habe ich gesehen,
daß Frauen, wenn sie die männliche Kultur der Wirtschaft verstehen, darin gedeihen, sie genießen und sehr erfolgreich in ihr sein
können.

Nachdem ich an der University of Colorado in Kommunikationswissenschaft promoviert hatte, wurde ich vor fünfzehn Jahren Professorin für Kommunikationswissenschaft an der Loyola-Mary-
mount University in Los Angeles. Zwei Jahre später wurde ich
Kommunikationsberaterin für ein Unternehmen. Mein Interesse an
geschlechtsspezifischen Aspekten der Wirtschaft begann vor etwa
zehn Jahren, als ich in der Zentrale eines amerikanischen Unternehmens im Gesundheitswesen als Spezialistin für Manager-Weiterbil-
dung arbeitete. Eines Tages bat mich Vizepräsidentin Sally Rogers,
ein Kommunikationsseminar mit ihren Angestellten durchzuführen,
weil sie in ihrer Einheit Probleme hatte.

„Was glauben Sie, woran es liegt?" fragte ich.
„Mein Vorgesetzter Ron sagt, meine Manager seien schlechte Kom-
munikatoren. Er kritisiert, daß sie alle an ihren Entscheidungsprozessen beteiligen wollen", erklärte Sally. „Er findet, sie kämen nie
zur Sache und seien so furchtbar empfindlich gegen negatives Feedback."
Ich wußte intuitiv, daß die Angestellten, von denen sie sprach, alle
Frauen waren, und sagte ihr das.
„Wie haben Sie das erraten?" antwortete Sally verblüfft.

Ich hatte genug über geschlechtsspezifische Unterschiede gelesen um zu wissen, daß Männer und Frauen am Arbeitsplatz unterschiedliche Probleme haben. In jenem Moment beschloß ich, ein Seminar zu entwickeln, um Frauen bei ihrer geschäftlichen Kommunikation zu helfen. Als ich das nächste Mal Gelegenheit hatte, mit einer Frauengruppe aus dem mittleren Management zu arbeiten, konzentrierte ich mich ganz auf die Hardball-Spielregeln und geschlechtsspezifische Kulturunterschiede. Die Ideen, die ich präsentierte, kamen bei den Teilnehmerinnen an, und viele waren danach sehr erfolgreich in ihren Bereichen.

1985 kündigte ich meine Anstellung und machte mich als Unternehmensberaterin für Weiterbildung und Kommunikation selbständig. Ich habe mit Geschäftsführerinnen, Direktorinnen, Managerinnen und Aufseherinnen in vielen Bereichen gearbeitet − in der Fertigung, im Gesundheits-, Finanz-, Ingenieurwesen und beim Staat. Zusätzlich halte ich seit drei Jahren ein Seminar an der University of California in Los Angeles, das *„Power Suited: Women in Business"* heißt.

Als externe Beraterin − sozusagen als „Aushilfe" − habe ich Zugang zu Informationen, die ich nie zu hören bekäme, wenn ich Angestellte eines Unternehmens wäre. Wenn die Vizepräsidentin einer Firma meine Dienste teuer bezahlt, wird sie kaum politische Spielchen spielen oder lügen. So bin ich in zahllosen Konferenzen die „Fliege an der Wand" geworden. Dadurch habe ich aus erster Hand erlebt, wie oft geschlechtsbedingte Kommunikationsprobleme einer Frau den Erfolg verbauen können, den sie reichlich verdient.

In diesem Buch habe ich die Kenntnisse und Techniken zusammengefaßt, die vielen hundert Frauen geholfen haben, sich in jedem Geschäftsmilieu mit Selbstvertrauen zu bewegen. Doch allem, was Sie auf diesen Seiten lesen werden, liegt ein simples Konzept zugrunde: *„Einer von den Jungs"* zu werden, ist nicht unbedingt ein geeigneter, angenehmer oder gangbarer Weg, das Spiel der Wirt-

*schaft zu gewinnen. Die Jungs zu verstehen bringt den Triumph in
ihrer Welt.*

Warum kann eine Frau nicht mehr wie ein Mann sein?

Frauen in der Wirtschaft müssen eine Gratwanderung vollbringen.
Werden wir aggressiv, lassen wir uns nichts gefallen, wollen wir um
jeden Preis gewinnen, wie es der Stolz der männlichen Spieler ist, so
werden wir als „herrschsüchtige", „nervtötende", „herrische", „ehrgeizige" oder „schrille Ziegen" bezeichnet, die nur „ein großes
Mundwerk haben", und unsere Beiträge oder Leistungen werden
summarisch abgetan. Bleiben wir andererseits bei dem, was wir in
der Kindheit gelernt haben, sind wir weiter passiv, nährend, kooperativ im Geschäft, so werden wir als „schwache", „überempfind-
liche", „ziellose" Weibchen bezeichnet, und wieder wird abgetan,
was wir als wichtige Beiträge und Erfolge empfinden. Was für ein
Dilemma!

Wie kommt frau da heraus? Die Lösung liegt darin, die männliche
Kultur besser zu verstehen, um in ihr gut zu arbeiten. Ich bin nicht
dafür, daß Frauen Männer übertrumpfen, sondern daß sie besser auf
die Spitze zusteuern können, indem sie die Kultur der Männer
verstehen.

Betrachten Sie es so: Wenn Sie plötzlich mitten in Pakistan abge-
setzt würden, dann würden Sie einige Bräuche vertraut finden,
andere hingegen ganz fremd. Um in die Gesellschaft Pakistans
hineinzupassen und voranzukommen, könnten Sie versuchen, sich
teilweise so zu verhalten wie die Pakistanis. Sie wären wohl bereit,
sich dieser Kultur anzupassen oder zumindest ernsthaft zu versuchen, sie zu verstehen. Andererseits würden manche Bräuche Ihnen
wahrscheinlich unannehmbar erscheinen; Sie würden sie umgehen
und wären nicht bereit, bestimmte Gewohnheiten, die für ihr Selbstgefühl grundlegend sind, abzulegen.

Dies läßt sich auf die Wirtschaft übertragen. Da Sie zur Zeit in der Kultur der Männer arbeiten, müssen Sie vielleicht einiges ändern, um hineinzupassen. Ihre Motivation? Wenn Sie die Hardball-Spielregeln lernen, können sie sich langsam zur Spitze hocharbeiten. Und wenn Sie genug Macht und Erfolg haben, können Sie vielleicht die Spielregeln bestimmen und die künftige Richtung Ihres Unternehmens so steuern, daß Ihre eigenen Stärken genutzt werden.

Es ist hilfreich, sich Geschlechtsunterschiede und generell menschliches Verhalten als Sinuskurve vorzustellen. Der Haken ist, daß diese Kurve zwei Enden hat. Das heißt, es gibt immer Ausnahmen in der Weise, wie wir Menschen uns verhalten. Wir alle kennen Frauen, die mehr männliche als weibliche Eigenschaften haben, und Männer, mit mehr weiblichen als männlichen Zügen. Manche finden, wir sollten überhaupt nicht von geschlechtsspezifischen Unterschieden sprechen, weil das nur die Zusammenarbeit erschwert. Ich glaube, so zu tun, als wären Männer und Frauen gleich, schadet nur den Erfolgschancen der Frauen und macht es nötig, daß wir uns weiterhin der männlichen Wirtschaftskultur anpassen. Wenn wir wie hier auf die verschiedenen Arten hinweisen, in denen Männer und Frauen Probleme angehen, legitimieren wir alternative Strategien. Die Botschaft ist, daß Männer und Frauen oft alternative Sichtweisen von Problemen, Chancen und Entscheidungen haben. Je mehr Sichtweisen verfügbar sind, desto besser ist das Ergebnis für die Menschen wie für das Geschäft.

Außerdem haben wir alle eine verborgene männliche Seite in uns (so, wie Männer weibliche Aspekte haben, die sie selten zeigen). Eine Neubewertung Ihres Verhaltens könnte Sie mit Teilen Ihres Selbst in Verbindung bringen, die Sie bei der Arbeit nicht voll genutzt haben. Vielleicht haben Sie althergebrachte kulturelle Vorschriften verinnerlicht, die Sie gebremst haben – etwa „Liebe Mädchen protzen nicht!" oder „Sei nett und vertrag' dich!". Aber Sie können beobachten, wie Männer Erfolg haben, und deren beste Strategien übernehmen, ohne Ihre weiblichen Werte zu verlieren.

Erfolg ist mehr als ein Traum. Wenn Sie das Hardball-Spiel lernen, kann er Wirklichkeit werden. Ich bekomme oft Anrufe wie den folgenden von Stacy Miller, die eines meiner Seminare besuchte. Stacy ist Chefin einer kleinen Textilfirma. Kurz nach meinem Seminar mußte sie mit dem Präsidenten und dem Vizepräsidenten einer internationalen Bekleidungsfirma um den Verkauf von Produkten ihres Unternehmens verhandeln. Plötzlich fand sie sich in der „Oberliga".

Nach dieser Verhandlung rief Stacy mich an, sprudelnd vor Begeisterung. „Ich habe das getan, wovon Sie sprachen", erklärte sie aufgeregt. „Als sie anfingen mich anzugreifen, wich ich nicht zurück und wurde nicht unruhig. Ich hielt meinen Körper offen und zeigte nicht durch Lächeln meine Verwundbarkeit. Tatsächlich war mein Gesicht steinern während der Verhandlung. Als der Präsident des Konzerns versuchte mich zu unterbrechen, sprach ich einfach weiter, als sei er nicht da. Es war toll!"

Es war wirklich toll. Denn Stacy schloß nicht nur den Handel ab, sondern der Präsident des internationalen Konzerns rief ihren Vorgesetzten an, den Vorstandsvorsitzenden, und sagte mit Achtung und Bewunderung: „Diese Frau Miller, die ist Spitze. Verhandelt knallhart!" Stacy hatte gelernt, Hardball zu spielen.

Wenn Männer die weibliche Kultur nicht verstehen und, vielleicht wichtiger für unser Thema, wenn Frauen die männliche Kultur nicht verstehen, fällen beide Seiten negative Werturteile über Verhaltensweisen, die sie fremdartig finden. Was wir alle begreifen müssen, ist, daß unsere verschiedenen Stile nicht bewußt gewählt sind, sondern seit der frühesten Kindheit verinnerlichte Weisen, die Realität wahrzunehmen. Das Ziel von *Frauen lernen fighten* ist nicht unbedingt, daß Sie sich wie ein Mann benehmen, sondern daß Sie die „fremde" männliche Kultur verstehen, damit Sie bewußte Entscheidungen treffen können, die Ihnen die Tür zu größerem Erfolg in der Zukunft öffnen werden.

Bevor wir untersuchen, wie Männer und Frauen gelehrt werden, das
Leben, die Arbeit und einander zu sehen, werfen wir einen Blick auf
eines der offensichtlichsten Elemente der männlichen Geschäftskultur: die Sprache.

Die sportliche Sprache der Wirtschaft

Kürzlich erinnerte mich ein Artikel im Unterhaltungsteil der *New
York Times*, wie sehr Wahrnehmungen und Kommunikation in der
Wirtschaft vom Sportjargon durchdrungen sind. In dem Artikel
bezeichnete Peter Tortorici, der Programmchef von CBS (– verantwortlich für die Programmgestaltung zur Hauptsendezeit –) den
Mittwochabend als „Springball, der nicht von einem Sendernetz
dominiert wird". Laut Reporter Bill Carter ist Tortorici „einer der
Spieler, die den Ball schnappen und damit loslaufen wollen". Ein
typischer Sportausdruck.

Wenn Sie irgendeinen Zweifel haben, daß die Wirtschaft wie ein
Mannschaftssport funktioniert, achten Sie einfach einmal darauf,
mit welchen Worten geschäftliches Verhalten in den USA beschrieben wird:
- "your team gets to carry the ball",
- "you need a game strategy to score points",
- "to make an end run around the opposition",
- "position yourself and hope that you're not abandoned out in left
  field",
- "step up to bat and compete to win when the ball is in your
  court",
- "you need a game plan just to get the ball rolling",
- "if you lose or strike out you may have to throw in the towel" oder
- "if you win you can make it into the big leagues".

Ich könnte fortfahren, aber ich glaube, Sie verstehen, was gemeint ist. Wenn ich in meinem Seminar „*Power Suited: Women in Business*" eine Liste von über 50 Sportausdrücken präsentiere, die für geschäftliche Transaktionen verwendet werden, ist die Reaktion einhellig. Nach den ersten 10 oder 15 derartigen Ausdrücken sieht man überrascht hochgezogene Augenbrauen. Nach etwa 20 beginnen einige Teilnehmerinnen anerkennend zu klatschen. Am Ende meines Experiments applaudiert der ganze Kurs. Es wurde ihnen klar: Die Wirtschaft wird nach den Regeln des Sports geführt (wie Jungen spielen) und nicht nach den Regeln des Puppenspiels. Um zu verstehen, warum das so ist, wollen wir die unterschiedliche Sozialisation von Männern und Frauen betrachten.

Wir leben in verschiedenen Welten

Obwohl wir in denselben Wohnungen mit denselben Eltern aufwachsen, das gleiche essen und im Fernsehen sehen, in denselben Klassenzimmern sitzen, kommen Männer und Frauen in unserer Gesellschaft aus verschiedenen Kulturen. Vielleicht sind wir blind für die Unterschiede zwischen männlicher und weiblicher Kultur, weil wir annehmen, wir müßten alle ähnliche Werte teilen, da wir im selben Land aufgewachsen sind. Schließlich sind die Unterschiede nicht so groß, wie wenn unsere männlichen Kollegen aus Pakistan, Bali oder Nigeria kämen. Oder doch?

Die Wahrheit ist: Sie könnten es durchaus sein. Sozialpsychologen, die die Entwicklung der Geschlechterrollen untersuchen, haben festgestellt, daß Mädchen und Jungen ganz unterschiedlich sozialisiert werden: Mädchen lernen zart, abhängig, gehorsam, kooperativ und bemutternd zu sein, Jungen hingegen sollen robust, unabhängig, aktiv, selbstbewußt, aggressiv und nicht emotionell werden. Wie die Expertin für Geschlechterrollen Dr. Sandra L. Bem 1983 schrieb: „Erwachsene in der Welt des Kindes merken oder kommentieren selten, wie stark ein kleines Mädchen oder wie umsorgend ein

kleiner Junge ist. Sie sind aber bereit, genau diese Attribute beim
»richtigen Geschlecht« zu bescheinigen.“

Wann lernen Kinder diese Rollen? Sie wissen wahrscheinlich, daß
geschlechtsspezifisches Verhalten bei der Geburt, sobald wir unsere
Säuglinge in Decken mit Farbcode wickeln, beginnt. Wir mögen das
unbewußt tun, aber die subtilen Botschaften, die wir aussenden,
formen das künftige Verhalten unserer Kinder.

So berichteten Dr. R. Stewart und Dr. R. Marvin 1984, daß die
Bedürfnisse weiblicher Säuglinge konsistenter befriedigt werden
als die männlicher. Eine Forschergruppe der University of California in Davis unter der Leitung von Dr. Alyson Burns beobachtete
Hunderte von Familien im Zoo von Sacramento und fand, daß
kleine Mädchen eher getragen oder im Wagen geschoben werden,
kleine Jungen dagegen eher selbst gehen, vor allem mit ihren
Vätern. Durch diese und zahllose andere kleine Dinge lernen Mädchen Abhängigkeit und Jungen Unabhängigkeit.

Wir finden diese Forschungsergebnisse in unserem eigenen Alltags-
leben bestätigt. Wenn Mütter mit ihren Töchtern spielen, halten sie
die Puppen meist fest, so daß die Töchter zu ihnen kommen. Wenn
sie mit Jungen spielen, rollen sie einen Ball fort, so daß ihre Söhne
ihn selbst holen.

Haben Sie je bemerkt, daß Babys, die in blaue Decken eingewickelt
sind, weniger zart gehalten werden als die in rosa Decken? Ein
kleines Mädchen in einen Kinderwagen zu legen, wird in einem
Gruppenprojekt mit „Vorsicht, ihr Köpfchen“, begleitet. Aber ein
kleiner Junge hält ein bißchen Grobheit aus – oder er sollte es, zu
seinem eigenen Besten; ihn läßt man eher ohne große Umstände in
den Wagen plumpsen.

Kinder lernen ihre kulturellen Geschlechterrollen gut, und sie lernen sie früh. Dr. Carol Nagy Jacklin, Professorin für Psychologie an der University of Southern California, erklärt in einem Artikel von 1989 im *American Psychologist*, daß Kinder schon erstaunlich jung geschlechtsspezifisches Verhalten üben. Zusammen mit der bekannten Entwicklungspsychologin Dr. Eleanor Maccoby von der Stanford University wies Frau Jacklin nach, daß schon 33 Monate alte Jungen und Mädchen sich der Geschlechtsunterschiede bewußt sind, lieber mit Kindern des eigenen Geschlechts spielen und vor den anderen auf der Hut sind. Sie stellten fest, daß Kinder mit 6½ Jahren elfmal so lange mit Kindern des eigenen Geschlechts spielen wie mit Kindern des anderen.

Diese Geschlechtertrennung trägt dazu bei, daß wir in verschiedenen Kulturen aufwachsen; gleichgeschlechtliche Kinder bestärken einander in ihrem Verhalten. Interessanterweise geht es in der Schule weiter. Nach einer großen Studie über Geschlechtsunterschiede und Bildungschancen der *American Association of University Women* von 1992 benachteiligen Lehrer Mädchen unbewußt, aber konstant. Die Forschung hat zum Beispiel gezeigt, daß Lehrer Jungen zwingen, Aufgaben, die sie nicht verstehen, selbst zu bewältigen, während sie den Mädchen sagen, was sie tun müssen. Dies gilt besonders in Fächern wie Mathematik oder Naturwissenschaften, für die Mädchen traditionell als weniger begabt eingestuft werden. (Diese Vorstellung ist übrigens durch viele Studien widerlegt.) Lehrer sind auch weniger streng mit Mädchen, wenn es um Disziplin geht. So werden Jungen mehr kritisiert und sind, wenn sie erwachsen werden, geübter im Umgang mit Kritik.

Außerdem werden Mädchen mit Aufmerksamkeit und Lob für nichtakademische Leistungen belohnt, etwa eine saubere Schrift oder Beliebtheit. Sie bekommen den falschen Eindruck, Ordentlichkeit oder Freundlichkeit würden sie in der großen Welt voranbringen. Eine angenehme Person macht wenig Aufhebens und meidet Konfrontationen und Meinungsverschiedenheiten.

Eine faszinierende Studie von Myra und David Sadker dokumentiert in *Psychology Today*, wie Mädchen Passivität in der Schule lernen. Dieses Forscherteam beobachtete über 100 vierte, fünfte und sechste Klassen in vier Bundesstaaten und Washington, D.C. Es stellte fest: „In allen Klassen, in allen Städten und in allen Fächern dominierten Jungen die Kommunikation im Unterricht."

Es wurde beobachtet, wie Lehrer reagierten, wenn Schüler Antworten laut riefen. Die Antworten von Jungen wurden akzeptiert, auch wenn sie nicht aufgerufen waren. Wenn Mädchen dazwischenriefen, wurden sie ermahnt, sich vorher zu melden. Die implizite Botschaft: Jungen sollten im Unterricht selbstbewußt sein und die Aufmerksamkeit der Lehrer erzwingen; Mädchen sollten sich wie Damen benehmen und still oder zumindest höflich sein und abwarten, bis man sie aufrief.

Falls Sie denken, diese Doppelmoral endete mit dem Abitur, so dokumentiert eine Studie, über die Edward Fiske in der *New York Times* berichtete, wie die unterschiedlichen Geschlechterrollen an der Hochschule weiterbestehen. Die Studie zeigt, daß College-Lehrer in Wheaton männliche Diskussionsbeiträge ernster nahmen als weibliche und zuließen, daß die Männer das Unterrichtsgespräch beherrschten. Dies bestätigt andere Befunde, wonach Hochschulprofessoren die Namen ihrer männlichen Studenten eher behalten, sie eher aufrufen und ihre Antworten mehr schätzen. Laut Fiske fühlen sich dieselben Professoren „berechtigt, Frauen zu unterbrechen, und stellen ihnen weniger komplexe Fragen", etwa nach dem Datum eines bestimmten Ereignisses statt nach seiner Bedeutung.

Unsere Gesellschaft lehrt uns von Kindesbeinen an, erfolgreiche Männer und Frauen zu sein. Diese Lehren sitzen tief und fest für den Rest unseres Lebens. Jungen lernen, auf dem Spielfeld des Lebens Konkurrenten zu sein, Mädchen lernen, herzliche, umsorgende Mütter zu sein. Unsere Erziehung ist für uns Frauen eine entscheidende Hilfe, um unsere biologische Funktion zu erfüllen, aber in der

Welt der Wirtschaft kann sie gegen uns arbeiten. Sehen wir es einmal so: Wenn man einen erstklassigen Basketballspieler in ein Baseballspiel stellt, werden seine Stärken wahrscheinlich nicht erkennbar – und nicht geschätzt.

Spielend für das Geschäftsleben lernen

Obwohl wir vieles von unseren Eltern und in der Schule lernen, vermittelt das geschlechtsspezifische Spiel doch am meisten darüber, wie man sich in der Wirtschaft verhält. In jeder Kultur lernen Kinder durch ihre Spiele das „richtige" Verhalten als Erwachsene. Die Spiele können nach sehr viel Spaß aussehen – und auch Spaß machen –, aber ihre unterschwellige Bedeutung ist ernst. Fast alle Spiele lehren die Kinder Erfolg. In *Staying the Course*, einem 1990 erschienenen Buch, das das emotionelle und soziale Leben erfolgreicher Männer untersucht, beschreibt der Soziologe Dr. Robert S. Weiss von der University of Massachusetts die Bedeutung früher Spielerfahrungen für Männer:

> „Gleichaltrige sind die effizientesten Vermittler von Werten. Jungen, die etwas älter sind als Kindergartenkinder . . ., lernen voneinander auf dem Spielplatz und in mehr oder weniger organisiertem Sport, . . . den Ungeschickten und den Unfähigen, den Feigen und den Egozentrischen zu verdammen. Sie lernen in Konfrontationen mit anderen kleinen Jungen, sich Angriffen zu widersetzen, Angst zu überwinden oder wenigstens zu verdecken und sich zu behaupten. In der Welt kleiner Jungen lernen sie Härte. Sie lernen, nicht zu weinen, wenn sie gekränkt werden . . . Sie lernen, keine Ausreden für schlechte Leistungen vorzubringen, nicht um Hilfe zu bitten . . . Sie lernen, nicht über ihre Unsicherheiten und Ängste zu reden, außer vielleicht, um sie zu überwinden.

Mädchen lernen diese Verhaltensmuster nicht, sondern vielmehr das Gegenteil. Während große Gruppen kleiner Jungen durch die Straßen streifen und wilde Spiele wie Räuber und Gendarm, Cowboy und Indianer, Dodgeball, Superhelden und Krieg spielen, spielen Mädchen in der Sicherheit der Wohnungen oder Gärten mit einer oder zwei besten Freundinnen Puppenmutter oder Hausfrau."

„Halt mal", denken Sie vielleicht. „Ich war eine ‚wilde Hummel' als Kind. Ich habe mit meinem älteren Bruder und seinen Freunden konkurriert. Dies gilt nicht für mich."

Sie mögen schon mit Jungen gespielt haben, aber meiner Ansicht nach haben individuelle Erfahrungen wie diese einen verschwindend geringen Einfluß gegenüber den sozialen Normen. Das heißt: Trotz Ihrer Kontakte mit Jungen und männlichen Formen des Spielens können andere Faktoren wie die Haltung der Eltern, Fernsehwerbung, Filme, Lehrer und Gleichaltrige Ihre Einstellung Minute um Minute geformt haben. Selbst einstige „wilde Hummeln" kommen in meine Seminare, weil sie keine Freude an „Business as usual" haben. Prüfen Sie, ob die arbeitsbezogenen Dilemmas, die in diesem Buch dargestellt werden, nicht auch auf Sie zutreffen!

Wenn Jungen und Mädchen schließlich erwachsen sind, spielen sie „Wirtschaft" ganz ähnlich, wie sie als Kinder gespielt haben: Männer sehen die Wirtschaft weiter als Mannschaftssport – aggressiven Hardball –, während Frauen sie als eine Serie einzelner persönlicher Begegnungen sehen; sie suchen Kooperation und Nähe. Um zu verstehen, warum so viele Frauen heute in ihren Versuchen beruflich voranzukommen frustriert werden, schauen wir uns die Lektionen, die wir in unseren verschiedenen Spielweisen gelernt haben, einmal genauer an.

Was Mädchen lernen

Zu zweit spielen. Mädchen spielen meist nur mit einer Person, gewöhnlich ihrer besten Freundin. So erlernen Mädchen außergewöhnliche zwischenmenschliche Fähigkeiten, zum Beispiel, die Emotionen anderer zu „entschlüsseln" und zu beantworten.

Sich vertragen. Brave kleine Mädchen lernen, süß, ruhig, sanft, charmant, mild und hilfreich zu sein. Konflikte, Selbstbehauptung und direkte Konfrontation sind nicht nur im Spiel nicht vorhanden, sondern um jeden Preis zu meiden. Statt dessen lernen Mädchen mehr indirekte Methoden, mit Uneinigkeit zurechtzukommen, etwa eine dritte Person einzuschalten, Andeutungen zu machen oder das Problem zu umgehen, um Beziehungen zu bewahren, die ihnen das Wichtigste sind.

Zu allen fair sein. Kleine Mädchen versuchen, Konflikte mit Kompromissen und Fairneß zu lösen, so daß alle gewinnen.

Das Spiel als Prozeß erleben. Mädchenspiele haben oft kein Ziel. Ich habe nie gehört, daß ein Mädchen etwa beim Puppenspiel gewonnen hätte. Wenn es überhaupt einen Zweck gibt, dann besteht er darin, sich mit den Spielkameradinnen zu vertragen, Nähe zu schaffen und phantasievolle Ideen miteinander zu teilen.

Über Differenzen verhandeln. Mädchen treffen Entscheidungen durch Gruppenkonsens. Wenn mehrere Freundinnen unterschiedlicher Meinung sind, wie das Puppenhaus am besten aufgestellt werden soll oder bei welcher sie Verkleiden spielen wollen, lernen sie, ihre Differenzen zu besprechen, sich abzuwechseln und Kompromisse zu schließen. Diese Form der Verhandlung bezweckt als Resultat allseitiges Gewinnen (statt gewinnen/verlieren).

Die Macht gleichmäßig verteilen. Mädchen wachsen in flachen Organisationen statt in Hierarchien auf. Sie lernen innerhalb dieser Struktur zu kooperieren. Statt einen Trainer oder Oberhäuptling zu haben, der ihnen sagt, was sie tun müssen, kooperieren Mädchen in einem Beziehungsnetz, um die Freundschaft zu bewahren. Wenn ein kleines Mädchen die Anführerin sein will und anfängt, ihre Spielkameradinnen herumzuschubsen, merkt sie sehr schnell, daß die Beziehungen leiden; die Freundinnen nennen sie herrschsüchtig und meiden sie. Deshalb versucht sie, die Macht gleichmäßig zu verteilen.

Durch diese Lektionen haben wir gelernt, zwischenmenschlich kompetent zu sein und Beziehungen mit anderen zu entwickeln und zu erhalten. Wie Sie in Kapitel 12 sehen werden, sind dies die Stärken, die wir in die Wirtschaft einbringen. Jungen hingegen lernen, Beziehungen der Aggressivität, dem Wettbewerb und dem Gewinnen unterzuordnen.

Was Jungen lernen

Die Lektionen, die Jungen lernen, helfen ihnen, in der Wirtschaft erfolgreich zu sein. In diesem Buch werden Sie lernen, welche Lektionen dies sind. Vielleicht mögen Sie einige davon übernehmen oder Ihrem eigenen Stil anpassen; andere lehnen Sie vielleicht ab. Was das persönliche Verhalten angeht, so hat jede von uns ein grundlegendes Zufriedenheitsniveau, das wir anerkennen und respektieren müssen. Doch selbst wenn Sie es Ihren männlichen Kollegen nicht gleichtun wollen – und das müssen Sie nicht immer –, wird das Wissen um die männliche Kultur Ihnen helfen zu verstehen, wie Männer zu Urteilen und Entscheidungen kommen, die sich auf Ihr Leben und Ihren potentiellen Erfolg auswirken können. Entscheidend ist zu wissen, welche Möglichkeiten Sie haben, statt alles seiner Eigendynamik zu überlassen. Wissen ist Macht und die Chance, neue Möglichkeiten wahrzunehmen.

Zu den Lektionen, die Jungen lernen, gehören:

Worum gespielt wird: Konkurrenz. Alle Spiele der Jungen haben
ein Element der Gegnerschaft: „Wir gegen die anderen!" Jungen
lernen, daß Konkurrenz und Konflikt anregen und Spaß machen,
daß man sie nicht meidet. Jungen lernen, daß das Spiel gelaufen ist,
wenn es beendet wurde. Während des Spiels will der Junge vielleicht dem Gegenspieler an den Kragen, aber nach Spielende können beide Mannschaften zusammen Pizza oder Eisessen gehen. Daß
beide eine Stunde zuvor versucht haben, einander in der Luft zu
zerreißen, hat kaum Bedeutung für ihre Beziehung.

Auch die Wirtschaft ist Wettbewerb zwischen Firmen, innerhalb der
Firmen, zwischen Abteilungen und Kollegen. Kapitel 2 wird detail-
lierter zeigen, wie Sie den richtigen Biß entwickeln.

Immer tun, was der Trainer sagt. Jungen lernen früh, daß man einen
erstklassigen Führer oder Trainer benötigt, wenn man einen Wettbewerb gewinnen will. Das schafft eine strukturelle Hierarchie, in der
es immer jemanden gibt, der einen höheren oder niedrigeren Rang
hat. Im Gegensatz dazu ist bei Mädchen die flache Organisation, in
der die Macht gleichmäßig verteilt ist, weitverbreitet. Um in der
Hierarchie aufzusteigen, lernen Jungen zu tun, was der Trainer sagt
– basta. In Kapitel 3 wird besprochen, was dies für Ihre Position
innerhalb Ihres Unternehmens bedeutet.

Ein guter Teamspieler sein. Jungen lernen von Anfang an, daß sie
nicht immer Mannschaftskapitän oder Trainer sein und anderen
sagen können, wo es langgeht. Sie werden vielmehr meistens
Anweisungen befolgen müssen. Gute Mannschaftsspieler geben
deshalb ihre Individualität und Unabhängigkeit zugunsten des
Teams auf. Sie erkennen an, daß sie die anderen Spieler unterstützen müssen; es ist entscheidend, kein Star zu sein, sondern,
wenn die Situation es erfordert, eine unterstützende Funktion
auszuüben. Die Belohnung kommt, wenn ihr Team dank ihrer

Loyalität gewinnt. Dann können sie den Erfolg als „ihren" Gewinn bezeichnen. Während Mädchen kooperieren, um Beziehungen zu bewahren, können Jungen sich der Hierarchie opfern, um zu gewinnen.

Um ein guter Teamspieler zu sein, muß man außerdem mit Leuten spielen können, die man nicht mag. Jungen reißen sich darum, den gemeinsten, härtesten Fiesling in ihrer Mannschaft zu haben, denn sie wissen, daß dieser Tyrann ihnen trotz seiner persönlichen Fehler um jeden Preis helfen wird zu gewinnen. In Kapitel 4 wird beschrieben, was eine gute Teamspielerin auszeichnet.

Ein Führer sein. Zwar wird in Mannschaften gespielt, aber auch diese haben einen Kapitän. Das gibt den jeweiligen Jungen Gelegenheit, Autorität zu übernehmen. Beim Üben der Führungsrolle lernen Jungen, Befehle zu geben und durchzusetzen. In Kapitel 5 werden auch Sie diese Lektionen lernen.

Aggressiv sein oder sich aggressiv gebärden. Jungen lernen, daß man, um gut für seine Mannschaft zu spielen und die eigene Haut zu retten, aussehen muß wie ein gemeiner, aggressiver Spieler, selbst wenn man sich nicht ganz so hart fühlt. Um sich aggressiv zu gebärden, lernen Jungen Machtspiele: Körperhaltung, Gesichtsausdruck, verbales Geplänkel und andere Machtgesten. Tatsächlich trägt wie man spricht, auftritt und vorgestellt wird zur Illusion der Macht bei. Wenn man im Spiel der Wirtschaft etwas nicht kann, ist es oft die beste Idee, so zu tun, als ob. Die Kapitel 6 und 7 werden es Ihnen zeigen.

Mit Kritik und Lob umgehen. Kritik und Lob gehen Hand in Hand mit Verlieren und Gewinnen. Beim Sport werden Jungen ständig kritisiert, vor allem vom Trainer, aber auch von Mannschaftskameraden. Dadurch lernen sie den Zusammenhang zwischen Feedback und besserer Leistung. Außerdem lernen sie, mit Kritik so umzugehen, daß sie ihre Selbstachtung und ihr Selbstwertgefühl nicht schädigt. In Kapitel 8 werden Sie karrierefördernde Methoden lernen, Kritik und Lob anzunehmen, zu beantworten und zu äußern.

Zielorientiert bleiben. Statt sich auf die Vervollkommnung der Details zu konzentrieren (wie Mädchen und Frauen es gern tun), heften Jungen beim Mannschaftsspiel ihren Blick auf die Ziellinie. Wenn sie auf dem Weg dorthin ein Chaos hinterlassen oder ein paar Leute umrennen, dann gehört das eben zum Spiel. Jungen lernen früh, daß sie nicht alles perfekt machen können, aber Perfektion zählt ohnehin nicht, denn es geht nur ums Gewinnen. Kapitel 9 wird Ihnen helfen, Ihre eigenen Ziele innerhalb Ihrer jetzigen Karriere oder für den künftigen beruflichen Aufstieg zu finden und im Auge zu behalten.

Gewinnen ist alles. Seit urdenklichen Zeiten hören Jungen: „Es geht nicht darum, ob du gewinnst oder verlierst, sondern wie du spielst." Den Mann, der das glaubt, habe ich noch nicht gefunden. Jungen spielen, um zu gewinnen. Das gleiche gilt für Männer in der Wirtschaft. Von ihrem Standpunkt aus hat es keinen Sinn mitzuspielen, wenn man nicht gewinnen will. Und um zu gewinnen, muß man Risiken eingehen. Auf Sicherheit bedacht, wird Ihr Team nie zur Nummer eins werden.

In diesem Zusammenhang lernen Jungen auch, wann Mogeln sich lohnt. Ob man beim Baseball einen Ball mit Speichel anfeuchtet, einen Gegner beim Fußball behindert oder beim Basketball foult – es geht nie darum, ob man mogeln soll oder nicht, sondern wie man es tut, ohne erwischt zu werden.

Jungen lernen über einen großen Gewinn oder Trick so zu reden, daß sie weiter davon profitieren. Doch obwohl Gewinnen alles ist, verlieren Jungen, statistisch gesehen, die Hälfte aller Spiele. Statt sich aber durch den Mißerfolg entmutigen zu lassen, lernen Jungen, durch die wiederholte Erfahrung des Verlierens, einen Verlust hinzunehmen, daraus zu lernen und weiterzumachen. Kapitel 10 zeigt Hardball-Strategien für Gewinnen und Verlieren.

Einen Spielplan haben. Kleine Jungen spielen in Horden, nicht zu zweit oder zu dritt wie Mädchen. Deshalb brauchen sie eine Strategie, um eine so unhandlich große Gruppe zu organisieren. Sie befolgen den Spielplan des Trainers. Wer Fußball spielt, weiß: Wenn jeder Spieler tut, was er allein, unabhängig von den anderen, für das Beste hält, wird die Mannschaft den Ball nie ans andere Ende des Spielfeldes bringen und das ersehnte Tor schießen. Das gleiche gilt für die Wirtschaft. Ob Sie die Produktion Ihrer Abteilung steigern, eine große Beförderung bekommen oder sich selbständig machen wollen − Sie müssen eine Strategie haben, bevor Sie anfangen, etwas zu unternehmen. Kapitel 11 gibt Ihnen Hinweise dazu.

Das Tor schießen

Die Wahrheit ist, daß die Wirtschaft überwiegend von Männern geführt wird und darum von männlicher Kultur durchdrungen ist. Männer haben einfach die Regeln ihrer Kindheitsspiele auf ihre Arbeit als Geschäftsführer, Manager, Verkäufer, Aufseher und Unternehmer übertragen.

Frauen müssen sich mit der weiblichen Kultur auseinandersetzen, weil ihre Fähigkeiten funktionell sind und ihrer eigenen Realität entsprechen. Es ist das Ziel dieses Buches, diese zumeist unsichtbaren kulturellen Imperative durchsichtiger zu machen. Akademikerinnen und Managerinnen sollten die geeignetste Vorgehensweise bei für Aufstiegschancen vermeintlich ungeeigneten Fähigkeiten wählen können.

Jüngste Forschungen haben ergeben, daß der Schuß nach hinten losgeht, wenn Frauen sich wie Männer benehmen. Frauen werden nach Frauenregeln beurteilt, nicht nach denen der Männer. Obwohl

Frauen mehr Optionen als nur stereotypes Verhalten haben, ist ihr Handlungsspielraum beschränkter als der der Männer. Wie Ann M. Morrison, Randall P. White und Ellen Van Velsor in *Breaking the Glass Ceiling* erklären, müssen Frauen innerhalb einer „geringen Bandbreite akzeptablen Verhaltens" operieren. *Frauen lernen fighten* wird es Ihnen erleichtern festzustellen, wie weit Sie gehen können, ohne zu weit zu gehen.

Dieses Buch wird Ihnen die Regeln vermitteln. Übungen, journalistische Aufgaben und Fragebögen helfen Ihnen, sich auf Ihre gegenwärtigen Einstellungen und Ziele zu konzentrieren. Wenn Sie dieses Buch lesen, werden Sie lernen:

- Zuversicht und Macht auszustrahlen, auch wenn Sie sich ängstlich und machtlos fühlen;
- Hilfe anbieten, damit Sie nicht als Quertreiberin dastehen;
- bei einer Konferenz Hiebe einstecken oder austeilen und trotzdem danach herzlich sein;
- mit Leuten arbeiten, die Sie nicht mögen;
- Männer führen, Frauen führen – und die Unterschiede erkennen;
- Kritik und Lob einstecken und austeilen;
- Risiken eingehen;
- Ihre Verletzlichkeit verbergen;
- eine Teamspielerin im männlichen Sinn sein.

Das Ziel ist, Sie zu lehren, erfolgreicher zu sein, um das zu erreichen, was Sie sich vorgenommen haben.

2

Worum gespielt wird:
Konkurrenz

Hardball-Lektionen, die Jungen lernen

- Konkurrenz macht Spaß und regt an.
- Gewinner werden verehrt; Verlierer werden verhöhnt.
- Konkurrenz ist der einzige Weg voranzukommen.
- Geachtet werden ist wichtiger als gemocht werden.
- „Angriff" gehört zum Konkurrenz-Spiel.
- Jungen, die aggressiv in der Konkurrenz sind, gelten als stark und bekommen Führungspositionen.

Puppenmutter-Lektionen, die Mädchen lernen

- Konkurrenz und Konflikte sind schädlich für Beziehungen und um jeden Preis zu meiden.
- Alle gewinnen durch Teilen und Kompromisse.
- Erfolg bedeutet, daß wir uns alle vertragen.
- Harmonische Beziehungen haben oberste Priorität.
- Gemocht werden ist wichtiger als alles andere.
- Konkurrenzorientierte Mädchen sind zickig, aggressiv, herrschsüchtig und unbeliebt.

In der freien Marktwirtschaft muß die Wirtschaft ständig um Kunden kämpfen. Die aktuelle Debatte über den Außenhandel unterstreicht diese simple Wahrheit: Um zu überleben, muß eine Firma – oder eine Industrie – besser sein als ihre Rivalen. Der Kapitalismus gründet auf der Annahme, daß Konflikte durch Wettbewerb gelöst werden, ob die USA und Japan um den Automobilmarkt kämpfen oder „Mrs. Fields" und „Famous Amos" um den Keksmarkt. In den Alltagskonflikten von Bürokollegen nimmt Konkurrenz ihre roheste Form an.

Wie wir sehen werden, ist Konkurrenz nur eine von fünf Verhaltensweisen, die angewandt werden können, um Konflikte zu lösen. In einer Wirtschaft, die auf Konkurrenz beruht, leuchtet es jedoch ein, daß Konkurrenzverhalten höher geschätzt wird als jedes andere Verhalten. In diesem Kapitel werden Sie lernen zu konkurrieren, ohne die Beziehungen zu gefährden, die für Ihren beruflichen Erfolg entscheidend sind. Werfen wir zuerst einen Blick auf die verschiedenen Weisen, in denen Menschen auf Konflikte reagieren.

Nach den Psychologen Ralph Kilmann und Kenneth Thomas lösen alle Menschen Meinungsverschiedenheiten im beruflichen und privaten Leben mit den folgenden fünf grundlegenden Verhaltensweisen:
- nachgeben,
- vermeiden,
- Kompromisse eingehen,
- zusammenarbeiten,
- konkurrieren.

Männer sind jedoch von klein auf dazu erzogen, Konflikte anders zu lösen als ihre Kolleginnen. Wenn es zu Konflikten kommt, versuchen Jungen eher, ihre eigenen, autonomen, unabhängigen Vorstellungen durchzusetzen. Meistens lösen sie Streitfragen durch Konkurrenz:

„Ich will den Ball schießen!"
„Nein, ich schieße. Du bist der Torwart!"
„Ich bin dran! Immer bekommst du den Ball!"
„Der Ball gehört mir, also habe ich zu bestimmen!"

Der Junge, der seinen Willen durchsetzt, erreicht, daß es nach seiner Vorstellung geht; er hat die Oberhand.

Wenn Mädchen Differenzen haben, konkurrieren sie nicht, sondern sie verhandeln, um die Beziehungen zu bewahren:

„Ich will Krankenschwester spielen."
„Möchtest du nicht Mami spielen?"
„Weißt du was? Ich bin die Krankenschwester, und du bringst mir dein krankes Baby."

In ihrem Wunsch, Konfrontationen, die den Beziehungen schaden könnten, aus dem Weg zu gehen, neigen Mädchen eher zur Konfliktlösung durch Nachgeben, Vermeiden, Kompromiß oder Zusammenarbeit. Die einzige Verhaltensweise, die sie tunlichst vermeiden, ist direkte Konfrontation und Konkurrenz. Konkurrenz ist aber das, was auf dem Sportplatz und im Vorstandszimmer gespielt wird. Unsere verschiedenen kulturellen Muster haben eindeutig eine Wirkung auf das Verhalten von Männer und Frauen in der Wirtschaft. Schauen wir uns diese Muster genauer an, um zu verstehen, wie geschlechtsspezifische Unterschiede Ihre Strategien zur Konfliktlösung und Ihre Karriere beeinflussen können.

Nachgeben

Nachgeben bedeutet einfach, daß wir es so machen, wie die andere Person will. Manchmal ist Nachgeben nützlich, wie wenn Ihrer Kollegin etwas wichtig ist, Ihnen aber ziemlich gleichgültig. Dann diskutieren Sie vielleicht gar nicht erst.

Andererseits könnte diese Strategie in anderen Situationen schädlich sein. Stellen Sie sich vor, es steht ein attraktives Projekt an, und Sie täten nichts lieber, als es zu übernehmen. Sie haben jedoch einen Rivalen in Gestalt von Bob, Ihrem gleichrangigen Kollegen. Auch er glaubt, daß das Projekt ihm mehr Sichtbarkeit und Aufstiegsmöglichkeiten im Unternehmen bringen würde. Er will es haben.

Sie haben vielleicht Ihrer Vorgesetzten mitgeteilt, daß Sie das Projekt gern leiten würden, aber Bob hat die Offensive ergriffen und seine Konkurrenzmaschinerie in Gang gesetzt. Er könnte versuchen, Ihr Selbstvertrauen zu untergraben, indem er sagt: „Weißt du, du bist nicht die Richtige dafür. Du hast nicht die Ausbildung. Du hast zuviel zu tun." Gleichzeitig würde Bob seine eigenen Stärken hervorheben: „Ich habe schon solche Projekte gemacht. Ich kenne mich damit besser aus als du. Ich werde mir die Zeit dafür nehmen, weil es Priorität hat."

Sie finden sich in der Defensive wieder und rechtfertigen Ihre Position. „Aber ich kann das. Ich meine, ich habe genug Zeit. Ich weiß genug über dieses Projekt, um es zu machen." Aber mit der Zeit werden Bobs Attacken so unangenehm und Ihre Verteidigungsanstrengungen so schwierig, daß Sie einfach aufgeben und sich vormachen, das Projekt sei Ihnen gar nicht so wichtig gewesen. Es war den Kampf nicht wert.

Das Problem ist, daß Bob die Lösung dieses Konflikts als Durchspielen einer Strategie ansah, Sie hingegen als Diskussion. Er nahm die Position des Stürmers ein. Von seiner Perspektive aus war dies ein Wettkampf, in dem er gewinnen oder verlieren konnte, aber das Endziel war, die Verteidigung zu besiegen – Sie. Sie hingegen hatten eine Diskussion darüber, was bei dem anstehenden Problem das Fairste und Richtige sei. Die Vorstellung, dies sei ein Angriffsspiel, kam Ihnen nie in den Sinn. Folglich haben Sie nicht strategisch gehandelt und an einen Gegenangriff gedacht. Wer würde das in einer Diskussion tun? Sie sprachen einfach über die Probleme.

Die negativen Folgen von Bobs Triumph: Er hat nicht nur seine Punkte gemacht, sondern Sie haben ihn gelehrt, daß sein massiver Druck eine effektive Strategie ist, um Sie niederzumachen. Er wird sie wahrscheinlich in der Zukunft wiederholen.

Wenn Sie nachgeben, teilen Sie Ihre besiegte Haltung durch nichtverbale Zeichen mit. Tatsächlich werden Sie buchstäblich „klein". Ihre Stimme wird leiser und höher, so daß Sie klingen wie ein verwundbares Kind. Selbst Ihr Körper vermittelt die Botschaft: Statt eine Menge Raum einzunehmen, scheint er sich zusammenzuziehen, so daß Sie der anderen Person gegenüber kleiner wirken.

Wie begegnen Sie der Neigung zum Nachgeben? Wenn Sie fühlen, daß Sie unter Beschuß stehen, ist es wichtig zu erkennen, daß auch Sie in die Offensive gehen müssen. In der zweiten Hälfte dieses Kapitels finden Sie Strategien, die dabei helfen.

Vermeiden

Vermeiden heißt, daß wir einen Konflikt ignorieren und hoffen, daß er von selbst verschwindet. Vermeiden kann eine effektive Strategie sein, wenn Sie Ihren Ärger über den Managementstil Ihres Chefs ignorieren, weil Sie schon eine neue Stelle haben. Wenn Ihr Chef Sie wieder angreift, lassen Sie es einfach durchgehen, weil Sie ziemlich sicher sind, daß Sie in ein paar Wochen nicht mehr da sein werden. Meistens wird eine ärgerliche Situation freilich schlimmer, wenn wir sie ignorieren. Wenn wir uns nicht offen mit ihr auseinandersetzen, wird sie nicht gelöst, sondern setzt sich unterschwellig fort.

Stellen Sie sich wieder das attraktive Projekt vor. Diesmal ist die Situation allerdings so, daß Sie wissen, daß Ihr Vorgesetzter seinen Favoriten mit der Aufgabe betrauen wird. Sie glauben, nicht die geringste Chance zu haben; der Chef schätzt Ihre Fähigkeiten nicht, deshalb versuchen Sie es erst gar nicht. Leider kann solche Passivität nur zu Ressentiments führen, die künftige Projekte vergiften. Feindseligkeit, die unterschwellig wird, verschwindet nicht, sondern führt zu destruktivem Verhalten: Sie arbeiten vielleicht langsam oder schlampig, oder Sie befolgen die Anweisungen Ihres Chefs buchstäblich, obwohl Sie wissen, daß er sich falsch ausgedrückt hat. Das sind typische Mechanismen, um sich zu revanchieren. Solche passive Aggressivität kann den Mangel an Vertrauen in Ihre Fähigkeiten bei Ihrem Chef noch verschärfen, so daß Sie künftige Projekte oder gar Ihren Posten verlieren.

Die persönlichen und beruflichen Kosten des Vermeidens sind erheblich: Verlust an Selbstachtung und Aufstiegschancen. Denn wenn Sie nie ein Projekt übernehmen, wird niemand wissen, daß Sie Köpfchen haben. Vermeiden ist zur Konfliktlösung oft ungeeignet. Es ist besser, zu einer anderen, wirksameren Strategie, auf die wir zurückkommen, überzugehen.

Übrigens praktizieren Mädchen, vor allem in der Kommunikation, eine besondere Art der Vermeidung. Wir wurden zwar ermahnt, süß, kooperativ und freundlich zu sein, aber manchmal vertrugen wir uns mit einer Spielkameradin wirklich nicht. Wenn eine Beziehung durch Zorn belastet war, vermieden wir gewöhnlich einen frontalen Angriff, weil das der Beziehung schaden konnte. Statt dessen umgingen wir die Konfrontation, indem wir anderen von dem Konflikt erzählten. In *Du kannst mich einfach nicht verstehen* erklärt Deborah Tannen: „Das Mädchen zieht es möglicherweise vor, direkte

Konfrontation zu vermeiden und sich auf eine Weise zu verhalten, die traditionell als negativ angesehen wird, nämlich hinter dem Rücken eines Menschen zu reden. Diese negative Sicht drückte ein Mann mit der Bemerkung aus, Mädchen opferten die Ehrlichkeit der Harmonie."

Diese indirekte Konfliktlösung kann im Geschäft Probleme schaffen. Jonathan, medizinischer Leiter einer großen Krankenhausgruppe, sandte einen Brief an die Ärzte der Kette, in dem er um Meinungen bat, wie die Organisation ihre Bedürfnisse besser erfüllen könnte.

Leider hatten Jonathan und die Regionalleiterin Nancy vereinbart, daß alle Mitteilungen an Ärzte über sie gingen – aber bei dieser war das nicht geschehen. Später erzählte Jonathan, daß er von anderen gehört hatte, Nancy sei wütend. Er wartete, daß sie etwas sagte, er war bereit, den Verstoß gegen ihre Vereinbarung zu bekennen, für ihn ein kleiner Ausrutscher. Doch sie sprach das Thema nie an.

„Nancy sieht sich selbst als offen, aber in Wirklichkeit ist sie nachtragend", meinte Jonathan nach diesem Zwischenfall. „Ich verstehe nicht, warum sie sich nicht einfach mit dem Problem auseinandersetzt, wenn sie eines hat." Aufgrund Nancys indirekter Konfliktlösung hatte Jonathan sie nicht gern im Team. Sie kam ihm unehrlich vor.

Jonathans Reaktion ist typisch. Männer deuten diese Indirektheit oft als manipulatives Verhalten oder Widerstand: Frauen seien nicht bereit, „die Karten auf den Tisch zu legen" und die Sache von Angesicht zu Angesicht zu klären. Sie denken möglicherweise: „Was für eine hinterhältige Klatschtante." Was unsere Kollegen oft nicht verstehen, ist, daß wir unsere Beziehungen zu ihnen zu bewahren suchen, wenn wir mit anderen über unsere Unzufriedenheit sprechen. Interkulturelles Nichtverstehen führt oft dazu, daß wir die Kultur des anderen Geschlechts als manipulativ ansehen.

Ein direkterer Umgang mit Konflikten ermöglicht es, daß Probleme gelöst werden, und er ist machbar, ohne die Beziehung zu schädigen.

Kompromiß

Bei einem Kompromiß wird der Preis in der Mitte halbiert. Wenn Sie und Bob das Projekt wollen, können sie sich einigen, daß jeder die Hälfte übernimmt. Bei einem Kompromiß gewinnen und verlieren beide Seiten etwas: Sie haben eine Chance, an dem begehrten Projekt zu arbeiten, aber Sie bekommen nur die halbe Belohnung. Die schlechte Seite des Kompromisses: Er kann dazu dienen, die Beziehungsarbeit zu vermeiden, die anfällt, wenn man Konflikte durch Zusammenarbeit löst, die wir als nächstes besprechen.

Kompromisse sind im Sport eigentlich nicht vorgesehen (sie werden bestimmt nicht glorifiziert), es sei denn, man betrachtet ein Tie als Kompromiß, wie es etwa beim Boxen zulässig ist. Aber werden Tie-breaks im American Football, Hockey und Golf nicht „sudden-*death*-Entscheidung" genannt?

Zusammenarbeit

Bei der Zusammenarbeit finden zwei Personen einen Weg, ihre Differenzen so zu lösen, daß beide mit dem Ergebnis zufrieden sind. Nehmen wir zum Beispiel an, Sie sind mit Ihrem Kollegen uneinig darüber, wie das attraktive Projekt am besten durchzuführen sei. Sie meinen, es könne schnell gemacht werden, etwa in ein, zwei Wochen. Bob behauptet, es werde vier Monate dauern, die Aufgabe richtig zu lösen. Sie können einen *Kompromiß* schließen und sich in der Mitte der Zeit treffen (beide einigen sich, es in zwei Monaten zu machen), aber damit *vermeiden* Sie es, die wirklichen Probleme zu

diskutieren. Ohne diese Diskussion denken Sie vielleicht, Bob sei
faul, während er Sie für impulsiv und leichtfertig hält.

Arbeiten Sie aber zusammen, dann ergründen Sie, warum Sie das
Projekt so unterschiedlich sehen. Wenn Sie Bob fragen, warum er
vier Monate für nötig hält, erfahren Sie vielleicht, daß er schon
einmal an einem ähnlichen Projekt gearbeitet hat, das fehlschlug,
weil er sich nicht genug Zeit dafür genommen hatte. Wenn er Sie das
gleiche fragt, wird er entdecken, daß Sie ein unmittelbares Problem
sehen, das sofortige Aufmerksamkeit von allen verlangt. Durch die
Zusammenarbeit können Sie beide das aktuelle, drängende Problem
in Angriff nehmen und gleichzeitig die Fallen meiden, in die Ihr
Kollege beim letztenmal ging.

Ein Beispiel ist die Art, wie Margaret das Problem löste, das sie mit
ihrer Sekretärin Harriet hatte. Margaret wußte, daß Harriet lange
Schreibaufträge als hirnlose Arbeit ansah; sie verabscheute sie.
Aber Margaret mußte in zwei Monaten ein Ausbildungs-Handbuch
produzieren. Sie sprach Harriet auf typisch kooperative Weise an.

„Dieses Handbuch muß heute in zwei Monaten draußen sein", erklärte sie. „Ich weiß, wie Sie massive Schreibaufträge empfinden.
Helfen Sie mir herauszufinden, wie wir es am besten tun."

Am Ende entschied sich Harriet, täglich ein paar Seiten zu tippen,
und der Termin wurde eingehalten. Als Chefin hätte Margaret ihr
einfach den Auftrag geben können, aber das Bewahren der Beziehung war ebenso wichtig, und eine Gewinnen/Gewinnen-Vorge-
hensweise war produktiver.

Zusammenarbeit braucht Zeit und Vertrauen. Um ein sinnvolles
Gespräch zu führen, müssen beide auf ihre unterschwelligen Anliegen Rücksicht nehmen, bereit sein, einander zu verstehen und Ein-
flüssen gegenüber offen sein. Wenn Sie Konflikte durch Zusammenarbeit lösen, können Sie Ihre Beziehungen zu Ihren Kollegin-

nen und Kollegen durch wachsendes Vertrauen verbessern. Dann werden sie in Zukunft wahrscheinlich nicht Ihr Vorankommen sabotieren und eher mit Ihnen arbeiten.

Frauen sind aufgrund ihrer Erfahrungen aus der Kindheit geübter in der Zusammenarbeit. Mädchen lernen teilen. Liebe Mädchen teilen mit allen gerecht. Als ich kürzlich in einem kleinen mexikanischen Fischerdorf Urlaub machte, beobachtete ich, wie verschieden Mädchen und Jungen spielen. Zwei Gruppen von Kindern spielten Ball. Die Mädchen trieben den Ball sanft *aufeinander* zu und achteten darauf, daß jede ihn gleich oft bekam. Ein Stück weiter am Strand gingen die Jungen aufeinander los, entrissen sich den Ball und rannten damit weg. Jungen konzentrieren sich darauf, besser zu sein als ihre Kameraden, Mädchen wollen fair sein.

Auch bei der Arbeit suchen Frauen eher nach Lösungen, durch die alle gewinnen können. Es nicht zu tun, würde den Beziehungen schaden. Und wie wir sahen, sind uns Beziehungen extrem wichtig. Die Gewinnen/Gewinnen-Vorgehensweise der Zusammenarbeit ist in folgenden Situationen vorzuziehen:

- Zwei oder mehrere Personen oder Abteilungen arbeiten zusammen und müssen als Team funktionieren.
- Die anderen Beteiligten sind kompetent und wollen gute Arbeit leisten (ihre Expertise und Begeisterung zu ignorieren, könnte letztlich zu Widerstand und Sabotage führen).
- Sie haben Zeit, die Personen einzubeziehen, die von der Entscheidung betroffen sein werden oder die Sie zur Durchführung brauchen. Die Einbeziehung fördert inneres Engagement und Unterstützung.

Wenn wir uns jedoch allein auf Zusammenarbeit verlassen, können wir in Konkurrenzsituationen untergehen. Weil die Wirtschaft wie Sport strukturiert ist, finden wir uns manchmal in Konflikte verstrickt, die nur mit Konkurrenz zu lösen sind. Dann sind wir

entschieden im Nachteil, aber, wie Sie sehen werden, nicht hoff-
nungslos.

Konkurrenz

Bei einem Wettbewerb gibt es immer eine Seite, die gewinnt, und
eine, die verliert. Wenn Sie mit Ihrem Kollegen Bob um die Chance
wetteifern, das attraktive Projekt zu leiten, und wenn Sie konkurrenzorientiert sind, können Sie alles tun, was Sie ethisch vertretbar
finden, um Ihr Ziel zu erreichen: Kommentare über seine Inkompetenz fallen lassen, Ihre Vorgesetzten auf seine früheren Kostenüber-
schreitungen hinweisen oder sogar seine Akten „verlieren" und sein
Vorankommen sabotieren – kurz, alle Register ziehen, damit er das
Projekt nicht bekommt.

Und wenn Sie einfach besser arbeiten, um das Projekt aufgrund
Ihrer eigenen Verdienste zu bekommen? Wenn Bob und Ihr Chef die
Hardball-Regeln verstehen, und das tun sie sicher, so können Ihre
ausgezeichneten Leistungen für sie ziemlich bedeutungslos sein.
Bob wird nämlich versuchen, Ihre Position zu schwächen, wo er nur
kann. Selbst die beste Arbeit kann eine Schmutzkampagne nicht
ganz ausgleichen. Wenn Sie Konkurrenten sind, dann heißt es
schließlich: er oder Sie; und er will um jeden Preis der Gewinner
sein.

Die Wahrheit ist, daß Männer ein Team schätzen, das hart spielt
und sich für ihr Geld die Beine ausreißt. Konkurrenz ist die
treibende Kraft beim männlichen Spiel. Ein guter kleiner Junge ist
einer, der sich auf den Wettkampf einläßt und gewinnen will. Genau
so sehen Männer auch die Arbeit: Unsere Firma (Filiale, Abteilung)
gegen die anderen, meine Leistung gegen die meiner Kollegen.
Für Frauen ist Konkurrenz etwas schwieriger, weil sie Beziehungen
schädigen kann. Wenn Bündnisse wichtig sind, kann Konkurrenz
ungeeignet für uns sein. Männer scheinen diese Schwierigkeit

aber zu bewältigen, denn wenn das Spiel für sie gelaufen ist, ist es vorbei.

Konkurrenz ist der amerikanische Stil. Nach einer Woche der Klauen-und-Zähne-Konkurrenz im Büro verbringen viele Männer das Wochenende damit, daß sie den Kämpfen von Athleten bei Football, Basketball oder Baseball zuschauen. Männer verehren Gewinner.

Um herauszufinden, mit welcher Art Konfliktlösung Sie sich am wohlsten fühlen, versuchen Sie doch einmal die folgende Übung.

Wie löse ich Konflikte?

Tragen Sie fünf Spalten in Ihr Notizbuch ein und nennen diese: Nachgeben, Vermeiden, Kompromiß, Zusammenarbeit und Konkurrenz!

1. Bestimmen Sie eine Woche, in der Sie Ihr eigenes Verhalten beobachten! Notieren Sie, wie oft Sie jede Lösungstechnik verwenden, indem Sie ein Kreuz in die entsprechende Spalte eintragen!

2. Stellen Sie fest, ob das Problem zu Ihrer Zufriedenheit gelöst ist! Setzen Sie neben das Kreuz ein „G" für Gewonnen oder ein „V" für Verloren!

3. Werten Sie am Ende der Woche aus, welchen Stil Sie bei Konflikten am häufigsten anwenden und mit welchem Sie am erfolgreichsten sind! Das können zwei verschiedene sein.

4. Überlegen Sie, ob Sie Ihre Methode ändern möchten!

Wenn Sie sich bewußtmachen, wie Sie Konflikte lösen, können Sie sich entscheiden, andere, vielleicht härtere, Methoden einzusetzen, wo sie angebracht sind.

Warum wir bestimmte Strategien einsetzen

Jungen wachsen mit zeitlich begrenzten, zielorientierten Spielen auf. Die Uhr tickt, und sie haben nur Sekunden, um ihre Optionen zu besprechen. Der Trainer, Mannschaftskapitän oder Führer entscheidet deshalb über den nächsten Zug, und die anderen folgen. Wenn das Team den Ball ins Tor bringt, gewinnen sie alle. Aufgrund dieser Kindheitserfahrungen sehen Männer Konkurrenz als etwas, das die Beziehungen innerhalb des Teams zementiert und Beziehungen zu Mitgliedern des gegnerischen Teams bildet. Konkurrenz ist der Grund, warum Jungen überhaupt spielen.

Mädchenspiele konzentrieren sich darauf, sich zu vertragen, nett zu sein und Zustimmung zu bekommen. Es gibt keine zeitliche Begrenzung, wann die Aktivität zu Ende sein muß. Deshalb konzentrieren sich Mädchen auf den zwischenmenschlichen Prozeß. Und weil Frauen Vertrautheit suchen und glauben, daß eine gute Beziehung auf persönlicher Nähe beruht, empfinden wir Konkurrenz und Konflikt nicht nur als potentiell schädlich für gute zwischenmenschliche Beziehungen, sondern direkt als deren Antithese.

Aus diesen Gründen fühlen sich Frauen oft nicht wohl bei Konkurrenz. Wir sehen am liebsten alle als Gewinner, aber Konkurrenz bedeutet, daß jemand verlieren muß. Frauen empfinden Konkurrenz oft als Störung ihrer Fähigkeit, die Arbeit zu tun. Diese tiefsitzende Einstellung kann uns schaden, wenn Hardball gespielt wird. Die folgende Erzählung ist eine beunruhigende Erinnerung daran, wie schlimm es uns ergehen kann, wenn wir uns der Konkurrenz verweigern.

Anna ist Direktorin der Personalabteilung in einem großen Unternehmen. Ihre Situation ist zwar extrem, aber dennoch typisch für die Machtkämpfe in der Wirtschaft. Sie beschreibt eine große Niederlage in einem Kräftemessen:

„Meine Abteilung war in einem Gebäude untergebracht, das weit von der Firmenzentrale entfernt lag. Das Unternehmen wuchs schnell, und wir brauchten mehr Platz, als wir hatten. Leider teilten wir unsere Räumlichkeiten mit einer anderen Abteilung, die auch expandierte. Eine von beiden mußte weichen. Eine Abteilung mußte neue Büroräume finden, und ich beschloß, daß es mein Team sein sollte.

Ich brauchte eine Weile, um etwas Passendes zu finden, das unsere wachsenden Bedürfnisse erfüllte. Doch während ich suchte, nahm Peter, der Leiter der anderen Abteilung, die Sache in die Hand. Offenbar war er unzufrieden, weil wir nicht schnell genug umzogen. Eines Samstags ließ er Handwerker kommen und die Wände zwischen unseren Bereichen einreißen. Sogar unsere Toiletten rissen sie heraus. Können Sie sich das vorstellen?

Als meine Mitarbeiter und ich am nächsten Montag zur Arbeit kamen, waren wir entsetzt. Unsere Büros waren ein Trümmerhaufen, und wir mußten buchstäblich hinaus- und durch eine andere Tür in ein anderes Gebäude gehen, um eine Toilette zu erreichen. Ich wußte, daß es jetzt zum Kampf kommen mußte, aber ich hatte einfach nicht den Nerv dazu. Obwohl Peter gleichrangig war, hatte er eine Menge Macht. Irgendwie hörte man in der Chefetage auf ihn, und ich glaubte, ich würde hier wahrscheinlich verlieren. Statt zu kämpfen, zog ich so schnell wie möglich um, aber ich verlor gewaltig an Macht und Respekt in der Organisation, weil ich dastand wie ein geprügelter Hund.

Was ich hätte tun sollen war, eine Etage höher zum Chef dieses Typs zu gehen und meine Klagen darüber zu äußern, was für ein Miesling er war. Er riß unsere Büros ein, ohne uns Bescheid zu sagen. Er untergrub die Arbeitsfähigkeit meiner Abteilung. Wir brauchten Monate, um uns zu erholen. Aber ich gab einfach auf, weil ich nicht mit ihm konkurrieren wollte."

Umgang mit Konflikten nach den Hardball-Regeln

Frauen können lernen, kompetente Konkurrentinnen zu sein, aber dazu gehören bewußte Entscheidungen und Übung.

Wenn ich Konfliktseminare für Frauen halte, frage ich die Teilnehmerinnen oft, was sie sich von dem Tag wünschen. Ein sehr häufiger Wunsch lautet: „Ich möchte mein Leben konfliktfrei machen." Keine Chance! Das wird nicht geschehen, solange wir leben. Konflikt ist eine Realität des Lebens wie Steuern und der Tod. Wenn Sie eine Gruppe von Menschen in einer Organisation zusammenbringen und sie anweisen, gleichzeitig in etwa die gleiche Richtung zu gehen, sind sie garantiert verschiedener Meinung darüber, wie das Ziel am besten zu erreichen ist. Das Problem für Frauen ist, daß wir dazu neigen, an Strategien des Nachgebens oder Vermeidens festzuhalten, wenn andere Methoden effektiver wären.

Sie müssen möglicherweise lernen, einen guten, handfesten Konflikt zu haben, indem Sie einen Stil entwickeln, der an Konkurrenz oder Zusammenarbeit orientiert ist. *Konflikt ist wichtig und konstruktiv.* Wenn Sie nicht anderer Meinung sein können, werden Ihre Ideen nie gehört, schon gar nicht durchgeführt, und obendrein trampelt man vielleicht auf Ihnen herum wie auf Anna. Konflikte helfen Ihnen nicht nur, mit einem Problem fertigzuwerden, sondern Sie bekommen vielleicht auch bessere Lösungen, wenn Sie Konflikte ausfechten. Wenn Sie zum Beispiel den Konflikt um den Zeitplan für das attraktive Projekt mit Zusammenarbeit gelöst hätten, wären Sie und Ihr Kollege in der Lage gewesen, Ihre unmittelbaren Bedürfnisse zu erfüllen und frühere Fallen zu meiden. Um

Hardball zu spielen, ist es wichtig, Konflikte als konstruktiv zu sehen. Die folgende Übung kann dabei helfen.

Konflikte konstruktiv sehen

Beantworten Sie die folgenden Fragen:

1. Identifizieren Sie einen Konflikt in Ihrem Leben, den Sie zunächst vermieden haben! Wurde Ihre Beziehung besser, als Sie sich auf ihn einließen?
2. Identifizieren Sie einen aktuellen Konflikt, für den Sie keine Lösung wissen! Was könnte schlimmstenfalls herauskommen? Welche konstruktiven Ergebnisse könnten folgen, wenn Sie diesen Konflikt ausfechten? Wie können Sie den Konflikt so lösen, daß beide Seiten gewinnen?

Um das Beste aus einem Konflikt zu machen, möchten Sie vielleicht einige der Konkurrenz-Mechanismen anwenden, die für Männer offenbar selbstverständlich sind. Die folgenden Hardball-Strategien können Ihnen dabei helfen.

Das Problem, nicht die Person angreifen

Wenn Sie einen Menschen statt seine Taten aufs Korn nehmen, wird er sofort defensiv und schaltet entweder ab oder schlägt zurück. Es ist viel konstruktiver, das Verhalten zu kritisieren als den Menschen. Achten Sie darauf, Sätze mit „Ich" zu sagen, etwa „Ich mache mir Sorgen um dieses Projekt", statt Sätze mit „Du" oder „Sie", etwa „Du schießt immer aus der Hüfte." (Es ist allerdings nutzlos zu sagen: „Ich bin besorgt, weil du immer aus der Hüfte schießt.")

Vermeiden Sie Ausdrücke wie „immer" und „nie", die den anderen
stets in die Defensive treiben und übrigens zu selbsterfüllenden
Prophezeiungen werden können! Es ist der Erfolg des Projekts, um
den es Ihnen gehen sollte. Wenn Sie das Problem in Angriff nehmen,
beschreiben Sie, was Sie sehen.

*Lesen Sie die folgenden Absatzpaare! Zuerst wird jeweils die Per-
son angegriffen, dann das Problem. Machen Sie sich die Unterschiede deutlich!*

a) „Als gestern der Kunde hereinkam, haben Sie ihn nicht beachtet.
   Als Sie dann endlich Notiz von ihm nahmen, waren Sie unhöf-
   lich."
b) „Ich mache mir Sorgen, denn ich will, daß unsere Kunden das
   Gefühl haben, willkommen zu sein, damit sie wiederkommen.
   Als gestern Joe Smith hereinkam, haben Sie ihn warten lassen,
   und als Sie dann mit ihm sprachen, fragten Sie ihn abrupt: ‚Was
   wollen Sie?' Ich war überrascht, daß Sie das taten. Es sieht Ihnen
   nicht ähnlich. Was war da los?"

a) Die Leiterin der Qualitätskontrolle sagt zum Produktionschef:
   „Wieso kriege ich all diesen Ausschuß? Ihre Leute arbeiten nicht
   richtig. Sie sind schlampig, faul und ungenau. Wir müssen 10 %
   von allem, was Sie produzieren, zurückgehen lassen."
b) „Ich sehe eine Menge fehlerhafte Schließen, die zu uns kommen.
   Sie entsprechen nicht den Spezifikationen. Ich möchte mit Ihnen
   über einige der Probleme reden, die wir identifiziert haben,
   damit Sie Ihre Änderungen gezielt ansetzen können."

Angriffe üben

Lesen Sie die folgenden beiden Absätze und notieren Sie, wie diese Leute das Problem angreifen könnten statt die Person!

1. Die Oberschwester sagt zur Nachtschicht-Oberschwester: „Ihre Schwestern tun ihre Arbeit nicht. Sie sitzen in Ihrer Schicht nur herum und erwarten, daß wir am Morgen alles machen, wenn wir kommen. Wir haben es satt!"

2. Eine Sachbearbeiterin in einem Großraumbüro sagt zu ihrer Nachbarin: „Wenn ich nicht an meinem Schreibtisch bin und mein Telefon klingelt, nimmst du nie ab. Es ist dir egal, daß mein Telefon klingelt. Du interessierst dich nur für das, was bei dir los ist, und du unterstützt nie jemand anderen, wenn es nötig ist!"

Denken Sie nun an eine Beschwerde, die Sie vielleicht über die Leistung eines Kollegen haben! Schreiben Sie auf, wie Sie ihn (oder sie) ansprechen würden, um das Problem statt die Person anzugreifen.

Die Spiegeltechnik

Die Spiegeltechnik besteht darin, was jemand gesagt hat, wiederzugeben, ohne notwendigerweise den gleichen Standpunkt einzunehmen. Hier einige Beispiele:

a) „Ich bin auch besorgt, wie du, Sam, weil dies uns mehr, als im Budget vorgesehen, kosten wird, aber ich glaube, wir können dieses Geld bis zum Jahresende wieder hereinbekommen."

b) „Ich verstehe, Toni, daß du besorgt bist, wir würden das Projekt
   nicht termingerecht abschließen, wenn wir unterbrechen und das
   Problem analysieren. Ich weiß, der Chefin ist es wichtig, daß wir
   den Termin einhalten. Aber ich fürchte, wenn wir das Problem
   nicht jetzt in den Griff bekommen, wird es uns später Schwierigkeiten machen, das Projekt abzuschließen."

c) „Randy, ich stimme dir zu, daß Seans Angriff völlig fehl am
   Platze war, aber ich fürchte, wenn wir ihn gerade jetzt untergraben, wird es uns langfristig zuviel kosten."

Mit der Spiegeltechnik lassen Sie Ihre Kolleginnen und Kollegen
wissen, daß Sie ihre Position verstehen, achten und sogar nachemp-
finden können. Sie sind nur nicht einverstanden mit den Schlüssen,
die sie daraus gezogen haben. Mit der Spiegeltechnik vermeidet
man, daß eine Person defensiv wird, weil man ihr das Recht auf ihre
Sichtweise zubilligt, ohne sie geringzuschätzen oder nachzugeben.

Auf ihrem Standpunkt beharren

Einmal mußte ich geschäftlich verreisen und bat eine neue Mitarbeiterin, Ralph, den Leiter einer anderen Abteilung, nach dem Produk-
tionsplan für das Mitarbeiter-Handbuch zu fragen. Janet rief Ralph
an, doch bevor sie ihre Frage vortragen konnte, schrie er: „Ihr nervt
mich ständig mit eurem Zeug. Glaubt ihr, ich habe nichts anderes zu
tun? Ich werde euch den Plan mitteilen, wenn ich Zeit habe!" Und er
legte auf.

Weil Janet erst einige Wochen in der Firma war, hätte ich nicht
erwartet, daß sie ihn weiter drängte, bevor wir wieder miteinander
sprachen; Ralph war einschüchternd, und sie kannte die politischen
Verhältnisse noch nicht. Aber ich war beeindruckt, als ich erfuhr,
daß sie direkt in sein Büro marschierte, sich in die Tür stellte und
sagte: „Wir haben etwas zu besprechen."

Ralph kam auf die Tür zu, aber Janet rührte sich nicht vom Fleck. Sie sagte: „Ich habe nicht verdient, daß man so mit mir spricht, und ich will diese Information jetzt haben." An diesem Punkt wurde Ralph versöhnlich; er erklärte, unter welchem Druck er stand. Er entschuldigte sich sogar. Er war nie mehr so grob zu Janet, obwohl er mit den anderen nicht sanfter wurde.

Janet beharrte selbstbewußt auf ihrem Standpunkt. Sie gab Ralph nicht nach, sondern gab ihm ohne Geschrei und Gezeter zu verstehen, daß er nicht tun konnte, was er wollte. Sie sagte ihm einfach entschlossen und deutlich, daß sein Verhalten nicht akzeptabel war, und er achtete sie dafür. Ralph sah Janet als starke Hardball-Spielerin.

Wie können Sie auf Ihrem Standpunkt beharren? Entscheidend ist, daß Sie stark sind und Ihre Bedürfnisse einfordern, ohne destruktiv zu sein. In *Breaking the Glass Ceiling* schreiben die Autorinnen Morrison, White und Van Velsor, daß Frauen eine geringe Bandbreite akzeptablen Verhaltens haben, um Konflikte zu lösen. Männer haben mehr Spielraum, aber wenn wir frontal angreifen wie Männer, können wir leider unserem Anliegen schaden. Eine Frau, die konsequent angreift, wird als „Kampfhenne" abqualifiziert. Es ist besser, nicht nachzugeben, aber auch nicht anzugreifen.

Die folgenden Ereignisse zeigen, wie unterschiedlich die Regeln für Männer und Frauen sind. Sie trugen sich zu, während ich bei einem großen Unternehmen angestellt war. Mein Chef Chuck war von seinen Vorgesetzten niedergemacht worden. Er stürmte in unseren Bürotrakt, der zufällig im Umbau war, packte einen in einer Ecke liegenden Stapel Metall-Türrahmen und schleuderte sie quer durch den Raum. Die Angestellten wichen dem fliegenden Metall aus.

Hätte eine Frau so reagiert (sie hätte furchtbar stark sein müssen), wäre sie wahrscheinlich von Männern in weißen Kitteln in einer Zwangsjacke abgeführt worden. Ihre Kollegen hätten sie als hysteri-

sches Weib gesehen, das jede Kontrolle verloren hat und überge-
schnappt ist. Auf Chuck reagierte niemand so. Alle machten weiter,
als sei nichts geschehen, nachdem er seinen Dampf abgelassen
hatte.

Etwas später stellte Chuck eine Frau ein, die den gleichen Rang
haben sollte wie ich. Aus Gründen, die ich nie begriff, mißfielen
Colleen die Aufträge, die er ihr gab, obwohl sie typisch für die
Arbeit der Abteilung waren. Einmal hörten die anderen Mitarbeiter
und ich sie Chuck anschreien: „Sie können mir nicht sagen, was ich
zu tun habe. Sie haben kein Recht. Sie versuchen, mich zu untergraben. Lassen Sie mich zufrieden!" Seine Bürotür war übrigens geschlossen. Von diesem Punkt an sahen Chuck und die anderen
Colleen jedoch als verrückt an. Er wollte sie aus Angst vor einem
Prozeß nicht hinauswerfen, und so versetzte er sie an eine Stelle, wo
sie praktisch nichts tat und wo sie noch heute ist.

Sehen Sie sich vor! Offensiv sein kann nach hinten losgehen.

Beim Thema bleiben

Frauen werden dazu erzogen, über Beziehungen zu sprechen, Männer hingegen nicht. Deshalb fühlen Männer sich nicht wohl dabei,
über Beziehungsprozesse zu reden. Wenn es im Umgang mit Frauen
doch zu Auseinandersetzungen über Beziehungen kommt, wechseln
Männer gern zu einem Gesprächsthema, das mit Daten und Fakten
zu tun hat. Diese Strategie lenkt vom Problem ab, bringt den Mann
in die Gewinnerposition, und die Frau wundert sich, wo sie etwas
falsch gemacht hat. Ich erzähle die folgende Geschichte, um zu
illustrieren, wie Frauen in Konflikten abgelenkt werden. Bei einem
Seminar über Konfliktstile prahlte Frank, wie er einen Streit mit
seiner Frau gewonnen hatte:

Karen: „Steh' aus dem Bett auf! Ich will nicht, daß du hier schläfst!"
Frank: „Was soll das heißen, steh' auf? Ich habe dieses Bett gekauft.
Es gehört mir. Ich schlafe hier."
Karen: „Wie kannst du das sagen? Es ist unser Bett. Wir haben es
zusammen gekauft. Es ist mit *unserer* Kreditkarte bezahlt."

Was ist hier falsch? Für Karen ist es ein Beziehungsproblem, ob sie
und ihr Mann zusammen schlafen oder nicht, es hat mit Gefühlen zu
tun. Offenbar ist sie so wütend über etwas, das er getan hat, daß sie
nichts mit ihm zu tun haben will. Frank seinerseits hat das Gespräch
auf „sicheres" Territorium gebracht und daraus einen tatsachenbe-
zogenen, inhaltlichen Konflikt gemacht (wer hat das Geld ausgege-
ben?), um dem Problem in der Beziehung auszuweichen. Leider läßt
sich Karen, als sie seiner Behauptung widerspricht, von seiner
Taktik ablenken, und das anstehende Problem entgleitet ihr.

Ähnliche Beziehungs-/Inhaltskonflikte sind zwischen Männern und
Frauen bei der Arbeit häufig. Wenden Sie die folgende Strategie an,
um die Diskussion beim Thema zu halten:
a) Stellen Sie fest, ob Sie einen Beziehungskonflikt, einen Inhalts-
    konflikt oder beides haben!
b) Wenn es ein Beziehungsproblem ist, anerkennen Sie den Inhalt,
    aber bleiben Sie auf die Beziehung konzentriert!
c) Wenn er sich nicht mit Ihnen auseinandersetzen will, lassen Sie
    es laufen oder eskalieren!

So ging es mit Mindy und Mark bei der Arbeit: Mindy hatte die
großartige Idee, Kosten für ihre Abteilung zu sparen, indem sie
manche Arbeiten extern vergab. Sie hatte es durchkalkuliert und
zeigte ihrem Kollegen Mark die Zahlen. Doch als nächstes hörte sie
ihren Chef Harry von der wunderbaren Idee schwärmen, die *Mark*
entwickelt hatte: Kosten für ihre Abteilung zu sparen, indem man
manche Arbeiten extern vergab. Mindy war wütend, und sie beschloß, mit Mark über das Thema „Vertrauen" zu sprechen.

„Mark", begann sie, „wenn ich dir meine Ideen mitteile und du sie Harry als deine eigenen darstellst, habe ich das Gefühl, ich kann dir nicht vertrauen. Das ist ein großes Problem für unsere Zusammenarbeit."

Mark lenkte ihren Vorstoß behende ab: „Ach, das war eigentlich nicht die beste Methode, um Kosten zu sparen", sagte er. „Mir fallen eine Menge besserer Methoden dafür ein."

Jetzt mußte Mindy sich entscheiden. Entweder konnte sie sich von Marks Kritik ablenken lassen und eine inhaltsbezogene Diskussion über Strategien der Kosteneinsparung führen, oder sie konnte darauf bestehen, daß es um das Beziehungsproblem ging. Sie wählte das letztere, anerkannte aber zuerst den Inhalt. „Mark", konterte sie, „es geht nicht darum, ob meine Methode die beste ist. Der Punkt ist, daß ich das Gefühl habe, ich kann dir nicht vertrauen."

Dabei war sie auf eine Dosis typischer Frauenschelte vollkommen gefaßt, die auch wie bestellt kam. „Oh, ihr Frauen seid alle gleich", erklärte Mark. „Immer so dramatisch."

„Ich bin nicht dramatisch", beharrte Mindy. „Ich bin wütend. Du hast mein Vertrauen gebrochen, und das ist es, worüber ich sprechen will."

Mark lenkte ein, und sie hatten ein offenes Gespräch. Hätte er das nicht getan, hätte Mindy die Sache eskalieren lassen und drohen können, das nächstemal, wenn er so etwas täte, würde sie zum Chef gehen. Oder sie hätte das Thema für den Moment fallenlassen und sich vornehmen können, künftig keine Ideen mehr mit Mark zu teilen.

Sich den Führer vornehmen

An einem Punkt meiner Laufbahn mußte ich Lehrgeld zahlen. Ich arbeitete in einem großen Unternehmen im Gesundheitswesen, dessen Topmanager zumeist Juristen waren, und ich lernte schnell, daß Juristen ihre Ansichten in ausgewachsenen Streitgesprächen austauschen, nicht in Diskussionen. Die ersten paar Male, als ich dieser Gruppe Berichte oder Vorschläge präsentierte, war ich von ihren Reaktionen eingeschüchtert. Gleichgültig, wie harmlos das Thema zu sein schien, verlangten sie lautstark zu wissen:

„Warum sagen Sie das?"
„Warum haben Sie es nicht anders gemacht?"
„Warum haben Sie es nicht früher gemacht?"

Meine erste Reaktion war immer weiblich: Ich ging in mich, um zu entdecken, was ich falsch gemacht hatte. Selbstverständlich deutete ich die Aggression der Juristen als real und nahm ihre Kritik persönlich, statt zu sehen, daß ihre Fragen zu dem Spiel „Angriff" gehörten. Für Jungen liegt der Spaß am Spiel zum Teil darin, auf die anderen Spieler einzudreschen, sie zu beschimpfen, zu verhöhnen und zu mehreren auf einen loszugehen. Mädchen spielen gewöhnlich nicht „Angriff".

Was tun, wenn der Blitzkrieg anfängt? Das beste ist, sich den Führer vorzunehmen. Ich habe das in einem erstaunlichen Selbstverteidigungskurs für Frauen gelernt. Das „Impact Self-Defense"-Training lehrt Frauen, sich zu verteidigen, während sie von vier Männern gleichzeitig angegriffen werden. Ich lernte, verbissen zu kämpfen. Dieser Kurs machte einen dramatischen Unterschied für die Art, wie ich bei einem echten Angriff kämpfen würde, aber zu meiner Überraschung auch für meinen Umgang mit verbalen Überfällen bei der Arbeit. Ich lernte, den Führer zu identifizieren: Es ist der aggressivste, der am meisten spricht, der Themen und Tempo vorgibt. Ihn nehme ich mir zuerst vor. Männer sind so hierarchisch, daß die anderen oft einfach den Rückzug antreten, wenn der Führer nicht weiter angreift.

Ich beschloß, das Gelernte auf die Angriffe der Juristen anzuwenden. Zunächst hatte ich meine Position immer dem Nettesten, am wenigsten Bedrohlichen der Meute zu erklären versucht, weil er der Vernünftigste zu sein schien. Wie vorauszusehen, brachte mir das nichts ein. Um mir den Führer vorzunehmen, konnte ich nun den Chef herausgreifen und mich nur mit ihm auseinandersetzen. Wenn die anderen sich einmischten, ignorierte ich sie. Hätte ich versucht, mit allen gleichzeitig fertigzuwerden oder meinerseits angegriffen, hätte ich unweigerlich verloren. Doch wenn ich effektiv mit dem Chef focht, hatte ich eine Chance zu gewinnen.

Ich begann die Diskussion, indem ich die Anliegen meines Chefs wiedergab und ihre Wichtigkeit anerkannte. Diese Methode entwaffnete seine Defensive. Ich wandte die Spiegeltechnik an und sagte etwa: *„Ich begreife, daß Sie um das Budget besorgt sind, und dieses Projekt wird lange dauern, aber . . .“* Dann trug ich meine Seite vor und schloß: *„Langfristig wird hierdurch Geld gespart, denn wir werden in der Lage sein, viele der Stufen, die wir jetzt durchlaufen, zu überspringen.“*

Sich den Führer vorzunehmen mag Ihnen „fremd“ vorkommen, aber am Ende werden Sie sich eine Menge Probleme ersparen, wenn Sie zuerst auf den Hauptangreifer losgehen. So spielen schließlich die Männer, und es kann Ihr Vorteil sein, in diesem Fall nach ihren Regeln spielen zu lernen.

Mit Humor arbeiten

Wenn Sie es in dem Spiel „Angriff“ mit einem einzelnen Gegner zu tun haben, ist es wichtig, nicht mit gleicher Münze heimzuzahlen. Wie wir sahen, verliert eine Frau oft mehr Punkte, als sie gewinnt, wenn sie dem Gegner an die Gurgel geht, selbst wenn sie in der Auseinandersetzung siegt. Versuchen Sie es statt dessen mit Humor! Er ist eine herrliche Waffe, denn er ändert die Tonart von „Angriff" in „Spiel". Die Management-Psychologin Barbara Mackoff erklärt in *What Mona Lisa Knew*, daß Humor Autorität verschafft, weil er „eine Situation nicht ernst nimmt, den Gegner aber nicht demütigt". Außerdem entschärft er Konflikte, bringt Feedback und baut Unterstützung auf.

Ich entdeckte dies, als ich gezwungen war, mit einem Abteilungsleiter des oben genannten Unternehmens im Gesundheitswesen klarzukommen. Mir grauste davor, die Regionalzentrale in Houston zu besuchen, denn jedesmal, wenn ich die Chefetage betrat, wußte ich, jetzt würde es Ärger geben. Ich schlich auf Zehenspitzen an Randys verglastem Büro vorbei, aber es nützte mir nichts. Er sah mich gewöhnlich und brüllte: „Heim, rein hier!" Wenn ich bei ihm war, fand er, gleichgültig, was das Thema war, innerhalb von Minuten eine Möglichkeit, mich, meinen Chef und die Büros des Unternehmens anzugreifen. Die Themen waren eigentlich unwichtig, denn Randy machte mich nieder, weil er gern zusah, wie ich mich wand.

Dann leckte ich auf dem ganzen Heimweg nach Los Angeles meine Wunden und gestand sogar meinem Chef, daß ich nicht mehr nach Houston wollte. Er sagte weise: „Randy ist schwierig, das gebe ich zu. Aber Sie müssen lernen, mit solchen Menschen umzugehen."

Bei meinem nächsten Besuch in Houston hörte ich ihn wie üblich „Heim, rein hier!" über den Flur brüllen. Diesmal aber sagte ich, während ich mich setzte: „Tja, Randy, wirklich schön, Sie zu sehen. Worüber streiten wir heute?"

Er sah mich unschuldsvoll an und antwortete: „Wovon sprechen Sie?" „Jedesmal, wenn ich nach Houston komme, streiten wir", erklärte ich; „darum dachte ich, wir können eigentlich gleich zum Thema kommen."

Immer noch ganz freundlicher Gastgeber, sagte der Abteilungsleiter: „Pat, ich habe keine Ahnung, was Sie meinen. Ich freue mich
immer riesig, Sie zu sehen." Wir unterhielten uns ein wenig. Dann
machte ich eine harmlose Bemerkung, und er brüllte aus heiterem
Himmel: „Quatsch!"

Mit einer Leichtigkeit und einem Lächeln, die selbst mich über-
raschten, sagte ich: „Aha, das wird es sein, worüber wir streiten. Ich
habe mich schon gefragt, was es wohl ist."

Randy sah erschüttert aus; ich war von unserem gewohnten Spiel
„Katz' und Maus" abgewichen. „Nein, nein, ich will nicht darüber
streiten", sagte er und machte einen Rückzieher. Wir unterhielten
uns weiter. Er unternahm mehrere Vorstöße, und jeden parierte ich,
indem ich mich erleichtert gab, daß wir endlich das Streitthema
gefunden hatten. Meine Haltung entwaffnete ihn. Tatsächlich war
diese Strategie so erfolgreich, daß er ganz aufhörte, mich einzuschüchtern und schließlich ein Mentor wurde.

Humor kann Streß abbauen, ein Problem vor dem Ausufern bewah-
ren und einen Gegner vom Kämpfen ablenken. Da ein aggressiver
Gegenangriff für uns nicht praktikabel ist, können wir uns oft mit
Humor helfen.

Wenn das Spiel gelaufen ist, ist es vorbei

Auf dem Spielfeld wollen Jungen die Gegner vernichten. Wenn aber
die Punkte gezählt sind, haben sie keine Probleme, mit ihren Gegnern Cola zu trinken und Hamburger zu essen. Eine zentrale Lektion, die Jungen lernen, lautet: Wenn das Spiel gelaufen ist, ist es
vorbei. Jungen trennen ihre Gefühle für einen Menschen von seinem
Verhalten während des Spiels. Mädchen tun das gewöhnlich nicht.
Da es beim Puppenspiel keine Gewinnerinnen und Verliererinnen
gibt, ist das Spiel für Mädchen nie gelaufen.

Übertragen wir das auf die Wirtschaft. Kürzlich führte ich ein Gespräch mit den Topmanagern einer Firma für Computerteile zum Zweck der Teambildung. Ich sprach eineinhalb Stunden mit dem Finanzchef. Er verbrachte den Hauptteil der Zeit damit, den Betriebsleiter in der Luft zu zerreißen. „Er ist arrogant und glaubt, alles zu wissen. Er hat versucht, an meinem Stuhl zu sägen, und ich arbeite nicht einmal für ihn. Er spricht von oben herab mit den Leuten und fordert, statt zu bitten. Er ist inkonsequent", erklärte der Finanzchef. Als ich aufstand, um zu gehen, lächelte er und sagte: „Wissen Sie, ich kann den Kerl wirklich gut leiden."

Für eine Frau ist das unsinnig. Doch für den Finanzchef hat die Art, in der sich sein Kollege in seiner Funktion als Betriebsleiter benimmt, nichts damit zu tun, wie er ihn als Persönlichkeit empfindet.

Eine Frau erzählte mir einmal, daß sie im Gericht die Verhandlungen beobachtet hatte. Die Anwälte, beide männlich, griffen einander erbittert an. Als das Gericht sich zur Beratung zurückzog, gingen alle außer ihr und den Anwälten fort. Ein Anwalt wandte sich an den anderen und sagte: „Wie wär's mit einem Bier?" Sie war entsetzt über den Mangel an Überzeugung in ihrem Zorn. Was sie nicht verstand: Das Spiel war gelaufen.

Stellen Sie sich nun zwei Frauen vor, die einander in einer Konferenz zerreißen. Vertrauen sie einander noch, wenn sie den Raum verlassen? Können sie weiter eng zusammenarbeiten? Würden sie zusammen Kaffee trinken gehen? Wohl kaum. Es ist tatsächlich unwahrscheinlich, daß Frauen sich überhaupt so verhalten, denn es kann einer Beziehung schaden. Wahrscheinlicher ist es, daß ein Mann die Ideen einer Frau zerreißt und dann erstaunt ist, daß sie seinen Angriff „so persönlich" genommen hat.

Ich sprach einmal mit einem Manager über diesen Unterschied zwischen Männern und Frauen, und während des Gesprächs sah ich, daß ihm ein Licht aufging. Er erzählte mir von Marsha, einer Mitarbeiterin, mit der er einen ernsten Konflikt über eine Änderung der gesamten Unternehmenspolitik hatte. Er wußte, daß es ein großer Konflikt war, konnte aber nicht begreifen, warum sie ihm noch grollte, nachdem er die Entscheidung getroffen hatte. Da er unsere kulturellen Unterschiede nicht kannte, sah er sie als schlechte Verliererin.

Doch ich wußte aus früheren Gesprächen mit Marsha, daß sie seine Dickköpfigkeit als Charakterfehler ansah, der nicht verschwand, nur weil die Entscheidung unter Dach und Fach war. Je wütender Marsha wurde, desto mehr ging ihr Chef auf Distanz. Von seinem Standpunkt aus war sie unfähig, einen Verlust wegzustecken und weiterzumachen. Da sie einander mißverstanden, trafen sie Werturteile, die ihrer Beziehung schadeten.

Wenn Sie Männer in der Wirtschaft beobachten, können Sie lernen, daß es wichtig ist, das Thema fallenzulassen, wenn Sie eine Runde verloren haben, damit Sie ein andermal wieder spielen können. Männer sehen die Fähigkeit weiterzumachen als eine Stärke.

Heimzahlen, nicht nur wütend werden

Männer sehen die Arbeit als bloßes Spiel an, Frauen hingegen neigen dazu, ihre Arbeit als Bestandteil ihres persönlichen Lebens zu empfinden. Wir schotten verschiedene Aspekte unseres Lebens nicht voneinander ab, die Arbeit in einem Kästchen, Freundschaften in einem anderen. Dieses gesamthafte Denken kann dazu führen, daß wir männliche Verhaltensweisen rätselhaft finden.

Ich saß einmal in einer Konferenz bei einer der 500 Firmen der Fortune-Liste, wo die zwölf Topmanager ein größeres Projekt besprachen, das die Firma gerade an die Konkurrenz verloren hatte. Der Präsident eröffnete das Gespräch damit, daß er ihren Verlust den hinterhältigen Geschäftstaktiken der Konkurrenz zuschrieb, und er schloß die Konferenz mit: „Wir werden nicht wütend, wir werden es ihnen heimzahlen."

Etwa einen Monat später trafen sich Manager beider Unternehmen bei einer Konferenz und arrangierten ein gemeinsames Abendessen. Es war ein Fest in herzlicher, gelöster Atmosphäre. Ich staunte über die Fähigkeit der Manager, sich wirklich miteinander wohl zu fühlen, obwohl sie wußten, daß sie es ihren Tischgenossen letztlich „heimzahlen" wollten.

Zwischen 9 und 17 Uhr tun Männer alles, um ein Projekt an Land zu ziehen, etwas zu verkaufen oder ein Spiel zu gewinnen. Nach der Arbeit ist dieses Verhalten nicht länger nötig. Bei einem Volleyballspiel unter Kollegen oder einem Bier wird die Hierarchie der Männer vielleicht mit verbalem Geplänkel etabliert, aber Arbeit ist am Abend kein Thema.

Frauen tun sich schwer mit Beziehungen, die einmal herzlich, einmal frostig sind. Weil wir Freundschaften haben und nicht nur freundschaftlich sind, schalten wir nicht um, wenn wir von einer Konferenz zu einem gesellschaftlichen Beisammensein gehen. Wir empfinden dieses männliche Verhalten als unaufrichtig, weil wir es durch unsere eigenen kulturellen Erwartungen filtern. Doch Ihre männlichen Vorgesetzten erwarten, daß Sie je nach Situation konkurrenzorientiert und herzlich sind. Diese Doppelbödigkeit fällt leichter, wenn Sie die Arbeit als „bloßes Spiel" ansehen, wie Männer das tun. Übrigens: Daß ein Kollege „nett" zu Ihnen ist, beweist noch lange nicht, daß er nicht auch an Ihrem Stuhl sägt. Seien Sie wachsam!

Die Konkurrenz gewinnen

Sie können im Hardball gewinnen, ohne hinterhältig oder zickig zu sein, aber Sie müssen eine clevere Strategie haben. Ein Beispiel ist Michelles Situation. Sie war erfolgreiche Regional-Verkaufsleiterin bei einem Fertiggebäck-Hersteller und stand kurz davor, ein landesweites Geschäft mit einer großen Ladenkette abzuschließen. Sie wurde von ihrem Kollegen John herausgefordert, der ihren Coup sabotieren wollte. Um ihren Verkauf platzen zu lassen, bereitete er einen ähnlichen Abschluß mit den entsprechenden Läden in seinem Gebiet vor.

Michelle beschloß, sich nicht einfach totzustellen. Sie konfrontierte John und sagte ihm, daß sie von seinem Plan wußte. Sie war nicht bereit, ihn gewinnen zu lassen. Sie sagte ihm, er solle sein Projekt fallenlassen. Dann brachte sie Informationen über seine Fehlleistungen zum Vorschein und flocht sie in Gespräche mit ihrem Chef ein. Schließlich schaffte sie es, „mal eben" im Büro des Präsidenten vorbeizuschauen, um ihm die gute Nachricht von ihrem potentiellen Verkauf zu berichten und ihn vor dem bevorstehenden Konflikt zu warnen.

„John wird Sie anrufen und von seinem Abschluß erzählen", erklärte Michelle. „Ich möchte, daß Sie den Gesamtzusammenhang kennen. Mein Abschluß ist eine riesige Chance für unser Unternehmen, und ich will sichergehen, daß wir ihn nicht verlieren."

Der Zufall wollte es, daß John gerade anrief, als Michelle fertig gesprochen hatte. Während der Präsident zuhörte, lächelte er und zwinkerte ihr zu, denn sie hatte richtig vorausgesagt, was John sagen würde.

Weil sie in Johns Revier und mit seinen Mitteln einen Gegenangriff geführt hatte, wurde Michelle innerhalb von sechs Monaten befördert. Andere Frauen wären vielleicht weniger direkt gewesen oder defensiv geworden und hätten gesagt: „Er lügt. Ich werde sein schlechtes Benehmen nicht dadurch aufwerten, daß ich reagiere." Doch statt empört zu sein oder schlicht zu hoffen, daß sie ihren Verkauf als erste abschließen würde, sorgte Michelle dafür, daß ihre Seite gewann, und das tat sie.

Konkurrentin im Hardball sein

- Wenn Sie nicht gleichzeitig beliebt und geachtet sein können, dann sorgen Sie dafür, daß man sie achtet!
- Akzeptieren Sie, daß Sie es nicht allen recht machen können!
- Es ist schön, wenn Sie Entscheidungen gemeinsam fällen können, aber manchmal müssen Sie einfach den Befehl geben!
- Eine direkte Auseinandersetzung mit Konflikten funktioniert oft langfristig besser.
- Sie müssen konkurrieren oder erwarten, daß man Sie niedermacht!
- Wenn Sie Zielscheibe des Spiels „Angriff" sind, nehmen Sie sich den Führer zuerst vor!
- Denken Sie daran, daß Arbeit für Männer nur ein Spiel ist!
- Wenn das Spiel (der Streit, der Konflikt) gelaufen ist, ist es vorbei, und Ihre Beziehung kann weitergehen wie zuvor!
- Nur weil jemand nett zu Ihnen ist, bedeutet das nicht, daß er Sie nicht ausbooten will!

3

Was der Trainer sagt
wird gemacht – basta!

Hardball-Lektionen, die Jungen lernen

- Fordere den Trainer nicht heraus!
- Es gibt immer einen über mir und unter mir.
- Wer oben ist, bekommt alle Privilegien.
- Die einzige Art, nach oben zu kommen, ist zu tun, was einem gesagt wird.
- Wenn man Macht hat, muß man sie benutzen, oder man verliert sie.
- Demonstriere deine Treue zum Trainer!
- Sag' niemals nie!

Puppenmutter-Lektionen, die Mädchen lernen

- Wir sind alle gleichrangig, deshalb wird die Macht gleichmäßig verteilt.
- Entscheidungen werden besprochen und ausgehandelt.
- Alle sind gleichrangig.
- Macht wird immer geteilt.

Liz war Leiterin der Kommunikationsabteilung in einem Großunternehmen der Fortune 500-Liste. Als ich sie besuchte, stellte sie gerade einen Film über die Firmengeschichte fertig – ein Projekt, für das sie sechs Monate gebraucht hatte.

Liz war stolz auf ihre Arbeit und freute sich, daß dieser Film sie bei einer Gesamtkonferenz des Unternehmens, die bald stattfinden sollte, ins Rampenlicht stellen würde. Während Liz und ich miteinander sprachen, kam der Vorstandsvorsitzende in ihr Büro – jeder Zoll ein Chef. Er baute sich vor Liz auf und sagte ihr mit tiefer, volltönender Stimme, daß er gerade die Schlußversion des Films gesehen hatte und den Fernsehkommentar über den Gründer aus den 1950er Jahren nicht gut fand.

„Die Qualität ist schlecht, und ich will, daß Sie das herausnehmen", sagte er. Liz erklärte, es sei das einzige brauchbare Filmmaterial, das sie finden konnte, und Fernsehbilder aus den 1950er Jahren sähen immer grobkörnig aus. Er wiederholte: „Es gefällt mir nicht, nehmen Sie es heraus!"

„Wirklich, ich wünschte, ich hätte früher von Ihren Einwänden gewußt", konterte Liz. „Es wird eine Menge Arbeit kosten, den Film in diesem Stadium zu ändern. Ich werde nicht genug Zeit haben, ihn bis zur nächsten Konferenz fertigzustellen."

Die Antwort des Chefs: „Es gefällt mir nicht, nehmen Sie es heraus!"

„Aber es wird 20 000 Dollar kosten, ihn neu zu machen", sagte Liz verzweifelt.

Seine Antwort, „Das ist mir gleich, nehmen Sie es heraus!"

Innerhalb von sechs Monaten hatte Liz ihre Stelle verloren. In den Augen ihres Chefs hatte sie eine Todsünde begangen: Sie hatte ihrem Trainer widersprochen.

Liz sah das natürlich anders. Sie fand, ihr Chef hätte sich von Anfang an um das Projekt kümmern, sich Zeit nehmen sollen, um es sorgfältig zu prüfen und seine Wünsche gleich kundzutun. „Jetzt muß ich diese ganze nervenaufreibende Arbeit noch einmal machen", klagte sie. „Es kostet meine Zeit, eine Menge Geld für die Firma, und ich kann den Film nicht bei der großen Konferenz zeigen." Aber ihr Chef leitet einen 3-Milliarden-Konzern. Wenn er eine Managerin anweist, eine Änderung vorzunehmen, ist er perplex, wenn sie die Frechheit besitzt, sich seiner Anweisung zu widersetzen und obendrein noch zu jammern. Für ihn begriff Liz nicht, wer das Sagen hatte.

Wie hätte Liz die Situation besser handhaben können? Vor allem mußte sie die Autorität ihres Chefs anerkennen: Sie mußte tun, was er sagte. Wenn das bedeutete, so viel Zeit und Geld zu investieren, wie nötig war, um den Film bis zu der großen Konferenz fertigzustellen – sei's drum. Schließlich hatte der Chef ihr klar zu verstehen gegeben, daß Geld kein Thema sei. Liz hätte für sich und ihre Firma eine Gewinnen/Gewinnen-Situation schaffen können. Leider kam sie als große Verliererin heraus, weil sie von ihrer Meinung, der Chef sei unvernünftig, geblendet war. Die Folge war, daß ihr Film in der Schublade landete und sie aus dem Team des Chefs flog.

Liz und der Chef sahen einander über die breite Kluft kultureller Unterschiede. Leider waren sich beide der Kluft nicht bewußt. Sie glaubten, sie seien mit den gleichen Regeln über „angemessenes" Verhalten aufgewachsen. Aber Männer und Frauen haben unterschiedliche Richtlinien über Autorität gelernt. Als Liz und ihr Chef mit diesem Problem zu tun hatten, empfanden beide nur ihr Gegenüber als unvernünftig.

Wer ist über mir, wer ist unter mir?

Liz hatte solche Schwierigkeiten, weil sie und ihr Chef die Struktur der Organisation unterschiedlich verstanden. Liz sah sie als flaches Spielfeld, auf dem jeder gleichrangig war, und wenn es Probleme zu lösen und das nächste Spiel zu planen gilt, impliziert Flachheit Zusammenarbeit und Gleichberechtigung. Liz' Chef hingegen verstand die Struktur als pyramidenförmige Hierarchie. Und sich selbst sah er deutlich als Oberhäuptling.

Die meisten Männer gewöhnen sich von Kindesbeinen daran, in hierarchischen Organisationen zu leben; jeder ist unter oder über einem anderen. Der Trainer, Mannschaftskapitän, Starspieler und gewöhnliche Spieler – alle kennen ihre relative Macht und Wichtigkeit. Der Kapitän erwartet, daß Befehle, die er gibt, befolgt werden. Ohne diese Befehlskette, glaubt er, wird alles in Chaos versinken. Jedes Mannschaftsmitglied muß wissen, wieviel Macht es im Verhältnis zu anderen hat, damit das System reibungslos funktioniert. Ein Junge mag es verabscheuen, der Letzte in der Hackordnung zu sein, aber er weiß, der einzige Weg zu einer Führungsposition ist, den jetzigen Rang zu akzeptieren und, wie Männer sagen, ein guter Soldat zu sein.

Ich sprach bei einem Treffen des Rotary Club (der erst vor kurzem Frauen in den USA zugelassen hat) über geschlechtsspezifische Unterschiede, als gerade dieses Thema aufkam. Ein Mann im Publikum warf die Hände in die Höhe und rief: „Helfen Sie mir, das zu verstehen: Ich bin Anwalt mit fünfzehn Jahren Erfahrung. Ich habe eine Assistentin angestellt, die erst vor sechs Monaten von der Uni gekommen ist. Ich gebe ihr eine Aufgabe, und sie fängt an, mich zu fragen, warum wir das machen. Ich will nur, daß sie tut, was ich ihr sage, aber sie will alles durchdiskutieren. Dazu habe ich nicht die Zeit!"

Ich erklärte diesem Herrn, daß seine Angestellte in einer Kultur mit relativ flacher Struktur aufgewachsen war und ihn deshalb als gleichrangig sah, und daß sie deshalb andere Prioritäten hatte als er. Er wollte einfach die Arbeit getan bekommen, und sie wollte die Probleme verstehen, damit sie ein Gesamtbild bekam. Sie bot hilfreiche Vorschläge an, weil sie Gefahren und Chancen wahrnahm, die er übersehen hatte.

„Vorsicht", warnte ich ihn. „Wenn Sie ihr sagen: ‚Tun Sie einfach, was ich sage, und stellen Sie keine Fragen', werden Sie sich eines Tages falsch ausdrücken, und sie *wird* genau das tun, was Sie sagen." Der Anwalt wurde spürbar stiller.

Doch damit war das Thema nicht abgehakt. Direkt nach dem Treffen fing mich eine Buchprüferin ab, die einzige Frau in ihrer Firma. „Ich bin auf der anderen Seite des Problems", sagte sie mir. „Mein Chef gibt mir oft Anweisungen, die mir nicht einleuchten. Wenn ich Fragen stelle, um den Auftrag besser zu verstehen, qualifiziert er mein Anliegen ab und tut so, als hätte ich ein Problem verursacht. Er behandelt mich wie eine Zwangsarbeiterin."

„Jetzt wissen Sie warum", antwortete ich. „Sie müssen Ihre Stellung in der Hierarchie verstehen und Ihren Chef so ehren, wie er das angesichts seiner Stellung in der Hackordnung erwartet. Es könnte nützlich für Sie sein, andere Spielweisen zu finden, etwa indem Sie ‚Studentin und Mentor' mit ihm spielen. Sie könnten zum Beispiel sagen: ‚Oh Bob, Sie verstehen so viel davon. Können Sie mir erklären, warum . . .', so daß er Ihnen den Auftrag erklärt. Oder Sie könnten sich anderweitig informieren, indem Sie Kollegen oder Ihren Mentor nach den Hintergründen Ihres Auftrags fragen."

Der Anwalt hatte sich geärgert, weil er glaubte, die junge Anwältin habe seine Autorität in Frage gestellt. Die Buchprüferin hatte sich geärgert, weil sie meinte, ihre Intelligenz werde ignoriert. Im

Grunde war beides aber nicht das Problem. Das Problem war die Tatsache, daß Männer in Hierarchien leben und Frauen nicht. Der Chef-Buchprüfer fühlte sich mit einer aufmüpfigen Frau belastet, die ihren Rang nicht kannte, und die junge Anwältin tat ihr Bestes, um hilfreich zu sein, indem sie sicherging, daß sie den Gesamtzusammenhang verstand.

Ich glaube, der beste Ausweg aus diesem Dilemma ist das Gespräch über die kulturellen Unterschiede. Das riet ich schließlich auch dem Anwalt. Es geht nicht darum, ob eine Untergebene Fragen stellen sollte – das käme einem Streit darum gleich, wessen Kultur die „richtige" ist. Es geht darum, über die zugrundeliegenden Unterschiede in den Erwartungen zu sprechen und eine Einigung zu erzielen, wie man zusammenarbeitet.

Der Anwalt hätte beispielsweise seiner Angestellten sagen können: „Sie und ich sind in verschiedenen Welten aufgewachsen. Wenn ich Ihnen einen Auftrag gebe, sehe ich mich als Trainer, und ich erwarte, daß Sie den Ball nehmen und laufen." Er hätte auch ihre Seite anerkennen und sagen können: „Ich weiß, Sie glauben, Sie sind hilfsbereit, wenn Sie alle diese Fragen stellen, aber heute ist hier der Teufel los! Ich will das hier einfach gemacht haben."

Leider tun sich Frauen damit schwerer, kulturelle Unterschiede mit ihren männlichen Vorgesetzten zu besprechen. Meiner Erfahrung nach sind die letzteren nicht wild darauf, von ihren weiblichen Untergebenen belehrt zu werden. Doch selbst wenn der Chef nicht umdenken kann: Verstehen, warum er so reagiert, kann den Weg zu einer harmonischeren Zusammenarbeit ebnen. Es kann nützlich sein, unterschiedliche Erwartungen mit gleichrangigen Männern zu besprechen. Solange der kulturelle Unterschied unsichtbar und unausgesprochen ist, wird das Problem nie ganz bereinigt.

Wer Macht hat, muß sie einsetzen

Die meisten Männer mögen die Hierarchie im Geschäft und fühlen sich wohl darin. Rang und Status sagen ihnen, wie sie zueinander stehen, wann man Unterordnung erwarten und wann man sich unterordnen sollte. Wenn ein Führer darauf verzichtet, Macht zur Schau zu stellen, fühlen sie sich deshalb zutiefst beunruhigt. Sie glauben, daß er kein guter Führer ist, und widersetzen sich bald seiner Autorität. Er verliert Macht.

Vor einigen Jahren hörte ich einen international bekannten Management-Professor, der Dutzende von Büchern und Hunderte von Artikeln geschrieben hatte, zu einer Gruppe männlicher Manager über Jimmy Carter sprechen. Er sagte, es sei ein schwerer Fehler von Carter gewesen, sein Gepäck selbst ins Weiße Haus zu tragen, als die Familie dort einzog. Alle Männer nickten und waren sich einig, daß Carter sich unangemessen verhalten hatte. Ich hingegen war wegen dieser Geste der Gleichberechtigung von Carter beeindruckt gewesen. Und ich war verblüfft zu hören, daß die Männer sie so anders wahrnahmen.

Eine Frau könnte sich auch mit einem Chef unwohl fühlen, der schwach oder unentschlossen wirkt. Sie braucht einen Chef oder eine Chefin, der/die Verantwortung übernimmt und das Geschäft führt. In der männlichen Kultur ist Macht aber nicht einfach die Fähigkeit, Dinge getan zu bekommen; Männer müssen ihre Macht zur Schau stellen und beweisen, indem sie anderen Anweisungen geben, um ihre Führungsposition zu unterstreichen.

In der weiblichen Kultur kann das Zurschaustellen von Macht hingegen zu Machtverlust führen, besonders bei Mitarbeiterinnen. Machtgehabe kann befremdlich wirken, weil es nicht zu unserer Kultur gehört. Schließlich sind wir alle gleichrangig, warum also das Getue? Aber solche Demonstrationen der Macht, die oft die

Form von Aufträgen oder Forderungen annehmen, gehören un-
trennbar zum hierarchischen System. Der Oberhäuptling hat zu
befehlen.

Nehmen wir den Trainer einer Baseballmannschaft. Wenn ein Spieler das Spiel verdirbt, indem er gegen den Befehl den Schläger
schwingt und den ersten Ball verfehlt, verlangt sein Trainer möglicherweise hundert Kniebeugen während des Trainings von ihm, als
Demonstration seiner Autorität. Ein Junge gehorcht mehr oder minder gern, aber ein Mädchen würde sich in der gleichen Situation
fragen: „Was haben Kniebeugen damit zu tun, wann ich den Schläger schwingen muß?" Sie versteht nicht, daß die Strafe die Autorität
des Trainers bestätigen soll, daß sie einfach eine Demonstration der
Macht ist.

Die Bank-Vizepräsidentin Trudy bekam das Machtspiel ihres Chefs
zu spüren. Sie flogen zu einer Konferenz nach Kanada: Trudy in der
Business Class und der stellvertretende Generaldirektor in der ersten Klasse. Nach der Landung holten sie ihr Gepäck. Er hatte
mehrere große Koffer, Skier, Stiefel und Stöcke. Nachdem er seine
Sachen vom Band genommen hatte, wandte er sich zu Trudy um,
wies sie an, sein Gepäck für ihn ins Hotel zu bringen und spazierte
nur mit seiner Aktentasche davon. Diese Frau war kaum 1,50 Meter
groß, ihr Chef hingegen weit über 1,80 Meter.

Was tat Trudy? Sie schleppte brav alles ins Hotel. Sie wußte sehr
wohl, daß dies eine Machtdemonstration war, und so verzichtete sie
darauf zu jammern oder auf die Absurdität der Situation hinzuwei-
sen. Trudy verstand, welchen Platz sie in der Hierarchie ihres Chefs
einnahm. Sie spielte mit.

Es kann schwierig für Frauen sein, die Hierarchie am Werk zu
sehen. Weil Führer ihren Status in der Hierarchie wahren müssen,
verlangen sie oft von Untergebenen, Arbeiten zu tun, die sie sehr gut
selbst erledigen könnten. Die folgende Übung wird Ihnen feststellen

helfen, wie gut Sie sich der hierarchischen Struktur der Wirtschaft
angepaßt haben.

Machtspiele

*Lesen Sie die unten aufgeführten Situationen, und denken Sie
bei jedem Fall genau über die Fragen am Ende der Übung
nach!*

- Ihr Chef beauftragt Sie, eine wichtige Konferenz zu verle-
  gen, nur weil sein alter Studienfreund an dem betreffenden
  Tag in der Stadt ist.
- Ihre Chefin, die anscheinend gerade gar nichts tut, bittet
  Sie, einen Tisch im Restaurant für sie zu reservieren.
- Nach einem Geschäftsessen bittet Ihr Chef Sie, zu bleiben
  und zu zahlen, während die anderen ins Büro zurückgehen.
- Auf einer Geschäftsreise beauftragt Ihre Chefin Sie, ihre
  Wäsche abzuholen und in ihr Hotelzimmer zu bringen.

1. Wie würden Sie sich fühlen?
2. Wie würden Sie handeln?
3. Würde Ihre Reaktion der weiblichen oder der männlichen
   Kultur entsprechen?
4. Welche Wirkung hätte Ihre Reaktion auf Ihre Karriere?
5. Wie könnten Sie anders reagieren?

In Organisationen gehören Privilegien zum Rang, und solch herr-
schaftliches Verhalten ist nicht als persönlicher Affront gegen die
Untergebene gemeint, sondern als notwendige Demonstration der
Macht. Im Spiel „Wirtschaft" macht man Gebrauch von seiner
Macht, oder man verliert sie.

Loyalitätsproben

Die meisten Männer in Führungspositionen prüfen ständig, ob ihre Umgebung ihre Führungskraft anerkennt. Diesem Zweck dienen Loyalitätsproben. Sie können die Form scheinbar unlogischer, befremdlicher Aufträge oder Umstände annehmen, in denen die Untergebene sich die Beine ausreißen soll, etwa wie in Trudys Fall das Gepäck zum Hotel schleppen. Loyalitätsproben müssen von Natur aus abstrus sein, wären sie vollkommen vernünftig, würden sie nicht die Loyalität verifizieren.

Was ist eine Loyalitätsprobe? Das hängt von der Situation ab. Wenn Ihr Chef Sie bittet, Ihr Wochenende damit zuzubringen, daß Sie einen Bericht fertigstellen, der dem Kunden am Montag morgen präsentiert werden soll, stört es Sie vielleicht, daß Sie Ihre Freizeit opfern müssen, aber Sie verstehen, warum es sein muß. Das ist keine großartige Probe. Verlangt Ihr Chef aber das gleiche, nur weil er selbst meint, er möchte den Bericht am Montag sehen, dann kann es eine Probe sein.

Ein Mann könnte bei einem solchen Auftrag denken: „Der Chef *braucht* den Bericht nicht. Aber er *will* ihn, also mache ich ihn." Eine Frau denkt eher: „Dieser Auftrag ist nicht sinnvoll. Hat er nicht Zeit bis Dienstag?"

Frauen sehen nicht, daß die Erfüllung unlogischer Aufträge etwas mit Loyalität zu tun hat. Wir sind in einer flachen Organisation aufgewachsen, in der alle Mädchen gleich viel Macht hatten. Es gab keine Chefpuppenspielerin. Bei der Arbeit erwarten wir ebenfalls Gleichberechtigung unter Frauen. Stellen Sie sich Trudys Fall vor, wenn ihr Chef eine Frau gewesen wäre. Hätte sie Trudy gebeten, ihr Gepäck ins Hotel zu befördern, hätte Trudy sich höchstwahrscheinlich geärgert und ihre Chefin eine berechnende Ziege genannt. Frauen werden nach anderen Regeln beurteilt.

Loyalitätsproben können auch subtiler sein. Kathryn war Topmanagerin im Verkauf eines US-weiten Snack-Herstellers und die
einzige Frau im Topmanagement. Das Unternehmen wuchs sprung-
haft. Dann wurde eine neue Betriebsleiterin eingestellt, Marilyn.
Marilyn hatte sofort eine Abneigung gegen Kathryn. Nicht lang
nach ihrem Eintritt in die Firma wurde Marilyn die Verantwortung
für den Umzug in ein neues Gebäude übertragen. Zu ihrem Ent-
setzen stellte Kathryn fest, daß Marilyn sie in ein entlegenes
Büro verbannt hatte, weit weg von den anderen Managern. Marilyns Begründung war, so könne Kathryn näher bei ihrem Verkaufs-
personal sein.

Wütend über Marilyns Arroganz sprach Kathryn mit ihrem Chef. Er
war bereit, ihr Büro zu verlegen, aber sie hatte nach dem Gespräch
das beunruhigende Gefühl, daß Marilyn weit mächtiger war, als sie
geglaubt hatte.

„Ich werde nie für Marilyn arbeiten", sagte sie beim Gehen.
Ihr Chef antwortete: „Kathryn, ich bin sehr enttäuscht, das von
Ihnen zu hören. Wenn ich Sie bitte, für jemanden zu arbeiten,
erwarte ich, daß Sie das tun."

Kathryn brauchte mehr als sechs Monate, um den Schaden wieder
gutzumachen, den sie mit diesem Satz angerichtet hatte. Ihr Chef
sah sich als Trainer, und er erwartete von einer loyalen Spielerin wie
Kathryn, daß sie folgte, wenn er pfiff. Er war überrascht, als
Kathryn sagte, sie würde nur dann loyal sein, wenn es ihr sinnvoll
erschien. Für seine Begriffe beging Kathryn einen schweren
Fehler, der ihre Loyalität fragwürdig machte und sein Vertrauen
erschütterte.

Als Mitglied einer Organisation müssen Sie Ihre Loyalität vielleicht
mit Dingen beweisen, die scheinbar wenig mit Treue zu tun haben.
Ich stelle oft fest, daß die Arbeitszeit in diese Kategorie fällt.
Kathryn erzählte mir, daß es in ihrer Organisation sehr geschätzt

wird, schon um 7 Uhr früh im Büro zu sein. Aber sie ist kein Morgenmensch, und so bleibt sie länger als praktisch alle anderen. Kürzlich traf sie die wichtige berufliche Entscheidung, erst um 8.30 Uhr zur Arbeit zu kommen, und sie war klug genug, den Preis zu kennen. „Mein Leben mit all den Reisen und dem Umzug in die Firmenbüros ist extrem stressig gewesen", erklärt sie. „Ich kann einfach nicht obendrein so früh mit der Arbeit anfangen. Ich stelle mir wahrscheinlich politisch ein Bein damit, aber ich bin zufriedener."

Wenn ich diese Situationen in Seminaren anspreche, fragen Frauen mich oft: „Was kümmert es die, ob sie so früh kommt? Weshalb kümmern sie sich nicht einfach darum, ob sie ihre Arbeit gut macht?" Sie verstehen nicht, daß Produktivität nicht der Grund ist, früh zur Arbeit zu kommen; sein einziger Zweck ist, Loyalität gegenüber dem Chef zu demonstrieren.

Ich lernte Felicia kennen, als ich in einem der besten Raumforschungsinstitute ein Frauenseminar hielt. Sie erzählte mir von dem Kampf, den sie durchstehen mußte, als sie an einer der besten naturwissenschaftlichen Hochschulen der USA in Astrophysik promovierte. Ihre Erfahrung zeigt, wie weit wir manchmal gehen müssen, um unsere Loyalität zu beweisen und unsere Ziele zu erreichen.

Felicias Doktorvater schien sie von Anfang an sabotieren zu wollen. Er erwartete, daß sie jeden Morgen detailliert über die Forschungsergebnisse des Vortages und ihre Pläne für den neuen Tag Bericht erstattete.

„Er tat das nicht, weil er es wissen mußte, um etwas zu koordinieren", erklärte sie. „Er kontrollierte mich einfach, und dadurch fühlte ich mich wie ein Kind. In der Astrophysik ändern sich Forschungsergebnisse nicht sehr von einem Tag zum anderen; man sucht nach langfristigen Trends." Felicia war immer ein unabhängiger Mensch gewesen, und sie wollte nicht, daß ihr Doktorvater ihr über die

Schulter sah. „Ich sagte diese Berichterstattungen ab und ging sogar manchmal einfach nicht hin", bekannte sie.

Felicia glaubte, sie könne das Problem umgehen, indem sie ihrem „Trainer" aus dem Weg ging. Aber natürlich wurde es schlimmer. Er sabotierte sie persönlich, indem er sie vor anderen kritisierte und ihr den Geldhahn zudrehte. Felicia wurde depressiv.

„Ich hatte das Glück, eine Schlichterin für die Universität zu finden", sagte sie. „Frances half mir zu verstehen, warum mein Doktorvater glaubte, ich setzte mich über seine Autorität hinweg. Ich begann Dinge zu tun, die ich ohne ihre Hilfe nie getan hätte. Zuvor hatte ich meine Entscheidungen allein getroffen und dann kundgetan; jetzt lernte ich, sie zu besprechen. Am effektivsten war das, wenn ich meinem Doktorvater suggerieren konnte, die Idee sei von ihm. Ich lernte, positiv über meine Arbeit zu sprechen, so daß er mich als Gewinnerin sah. Mein Doktorvater war eifersüchtig auf einen Professor in Colorado, mit dem ich zusammenarbeitete; er glaubte, ich sei seinem Team gegenüber nicht loyal, und so hörte ich auf, über meine externe Forschung zu reden."

Felicia hatte beobachtet, daß männliche Doktoranden sich so verhielten, aber sie hatte das immer als „Schleimen" empfunden. „Das war die härteste Zeit meines Lebens. Ich fühlte mich, als sei ich gezwungen, alle Kontrolle abzugeben und meine Prinzipien über die Qualität meiner Arbeit fahrenzulassen. Aber ich bekam den Titel."

Für Frauen ist das ein unschönes Bild. Der Druck, vor einem autokratischen Führer mit riesigem Ego zu kriechen, kann bei uns zu dem Drang führen, die Absätze in den Boden zu graben und uns nicht zu rühren. Leider funktioniert die Wirtschaft weitgehend mit diesem System „Kommando und Kontrolle", und Ihre Treue zum Trainer wird mit Dingen geprüft, die in unserer weiblichen Kultur nicht sinnvoll sind. Ich möchte nicht sagen, Felicias Handlungsweise sei richtig oder falsch gewesen. Wir alle müssen aufgrund unserer persönlichen Werte urteilen. Aber Sie können eine besser informierte Entscheidung treffen, wenn Sie verstehen, wie Männer das Spiel spielen.

Erwarten Sie das Unlogische

Loyalitätsproben können vielerlei Gestalt annehmen, einige davon recht seltsame. Der Präsident eines Großunternehmens, in dem ich arbeitete, verschickte einmal ein Memo, in dem er sich über den schlechten Service bei einem bestimmten Autohändler beschwerte. Er boykottierte den Händler, und seine Botschaft war eindeutig, daß auch wir das tun sollten. Da die Firma die Kosten für mein Auto trug, hätte die Buchhaltung leicht feststellen können, ob ich loyal war. Tatsächlich hatte ich keinerlei Zweifel, daß die Spesenabrechnungen daraufhin kontrolliert werden würden, ob jemand zu diesem Händler gegangen war. Ich hatte wohl das Recht, mein Auto warten zu lassen, wo ich wollte, aber mir war sonnenklar, daß meine Unabhängigkeit mich meine Stellung kosten konnte.

Loyalitätsproben sind oft subtil. Wenn Sie nicht wissen, daß es sie gibt, und nicht aktiv nach ihnen Ausschau halten, können sie Ihnen entgehen. Ich arbeitete einmal für einen Manager, dessen Frau eine der größten Krawattenfirmen der USA besaß und führte. Mit der Zeit fiel mir auf, daß alle Männer in *seiner* Firma Krawatten von *ihr* trugen. (Natürlich waren Frauen von dieser besonderen Loyalitätsprobe ausgenommen.) Das Schild, das auf diese Art Loyalitätsprobe hinweist, ist leicht zu übersehen.

Loyalitätsproben, die uns das Recht auf eine unabhängige persönliche Entscheidung nehmen oder nur unlogisch scheinen, ärgern uns Frauen einfach. Angela war Vertreterin einer Holzfirma geworden. Sie freute sich, die erste Frau in einer solchen Position zu sein. Nicht lange nach ihrem Einstieg brauchte sie ein neues Auto. Ihr Chef fragte sie, an welche *amerikanische* Automarke sie denke.

„Ich habe nie amerikanische Autos gehabt, weil ich sie nicht mag", erklärte Angela mir. „Sie sind ihr Geld einfach nicht wert." Sie erzählte dies, als wir in ihrem schicken amerikanischen Auto fuhren und sie auf einmal den Knauf des Schaltknüppels allein in der Hand hielt. Wider besseres Wissen hatte Angela ohne Aufsehen kapituliert. Sie verstand die Spielregeln.

Ein Mann sieht eine Loyalitätsprobe eher als bloßes Spiel. Er begreift, daß den erwünschten Wagen zu fahren, die obligatorische Krawatte zu tragen, den in Ungnade gefallenen Autohändler zu meiden zu dem Preis gehört, den er zahlen muß, wenn er ein guter Teamspieler sein und sich für den großen Gewinn in der Zukunft positionieren will. Angela und andere Frauen sehen solche Loyalitätsproben eher als Einschränkung ihrer Freiheit, persönliche Entscheidungen in der Welt zu treffen. Für einige läßt es vielleicht auch das Gespenst eines dominierenden, herrischen Vaters auferstehen, der Gehorsam verlangte.

Wenn wir Frauen mit einer Loyalitätsprobe konfrontiert sind, fühlen wir uns gezwungen, auf ein menschliches Grundrecht zu verzichten, um eine Chance auf den Sieg zu bekommen. Doch das ist der Preis für das Leben in einer „fremden" Kultur. Manchmal müssen Sie, um im Hardball zu gewinnen, Ihre eigenen Gewohnheiten aufgeben, die vertraut und angenehm sind, und sich den Praktiken der „anderen" anschließen. Das erfordert Anstrengung, Anpassung und Aufgeben des Wohlbekannten. Wenn Sie auf eine Loyalitätsprobe mit Wut oder Rückzug reagieren, könnte es hilfreich sein, Ihre Vater-Tochter-Beziehung und deren Wirkung auf ihr heutiges Berufsleben zu ergründen.

Niemals nie sagen

Im Reich der Loyalitätsproben sind „Nein" und „Nie" verbotene Wörter. Als Kathryn die Gefahr spürte, ihrer Erzrivalin Marilyn unterstellt zu werden, sagte sie ihrem Chef, sie würde eine solche Position nie akzeptieren. Das schädigte ihre Beziehung zum Chef erheblich. Im Hardball-Spiel kann „nie" ein obszönes Wort sein.

Selbst wenn Sie wirklich niemals den Kaffee holen, seine Briefe tippen oder eine Verabredung mit seiner Freundin absagen werden, sagen Sie es nicht! Wahrscheinlich kommt es nie zu dieser Situation. Wenn es doch dazu kommt, können Sie ablehnen oder sich elegant drücken. Doch solange Sie nicht in der Ecke sind, sagen Sie nicht „ich werde es nicht tun!"

Kürzlich sah ich die Geschäftsführerin eines Unternehmens eine schnelle interne Zusammenfassung dessen machen, was sie sagen wollte. Wir waren unterwegs zu einer Konferenz mit ihrem Chef, dem Vorstandsvorsitzenden. Er war unzufrieden mit der Leistung einiger Führungskräfte. In der Diskussion darüber, ob sie ersetzt werden sollten, wandte sich der Vorstandsvorsitzende an die Geschäftsführerin und fragte: „Glauben Sie, Sie könnten etwa 15 % mehr Arbeit schaffen?"

Ihr Gesichtsausdruck verriet, daß sie dachte: „Ich habe schon jetzt so viel zu tun, wie soll ich seiner Meinung nach noch mehr tun?" Aber sie sagte süß lächelnd: „Ich bin sicher, daß ich für Sie tun kann, was sein muß." Als er sich umdrehte, zwinkerte sie mir zu. Diese Frau war clever genug zu wissen, daß ihr Chef hören wollte, sie könne die Arbeit tun. Wie überarbeitet sie sich fühlte, interessierte ihn nicht. Ihre Antwort war eine Demonstration ihrer Treue.

Einmal hörte ich bei einem Bewerbungsgespräch zu, das mein Chef führte. Er fragte die Bewerberin, ob es einen Aspekt ihrer Arbeit gebe, mit dem sie Probleme habe. Sie antwortete: „Ich mache keine Tipparbeiten." Am Ende beschloß er, sie nicht einzustellen.

Auf die Frage nach dem Grund antwortete er: „Ihre Einstellung gefiel mir nicht." Ich bohrte weiter und stellte fest, daß der Satz über das Tippen ihr Fehler gewesen war. Das wunderte mich, denn in dieser Stellung hätte sie nie tippen müssen. Aber daß sie einfach *Nein* gesagt hatte, war ein Hinweis auf einen späteren Mangel an Loyalität und hatte ihre Chance zunichte gemacht.

Ein anderes Mal arbeiteten wir zu mehreren noch spät an einem Projekt. Die Schreibkräfte waren gegangen. Als wir fertig waren, wandte sich derselbe Chef an die ranghöchste Frau und bat sie, den Bericht für eine Konferenz am nächsten Tag zu tippen. Ich war perplex und gespannt, wie sie reagieren würde. Sie sagte in halb ärgerlichem und halb scherzendem Ton: „Oh, Andrew, Sie wissen doch, daß ich zwei linke Hände habe." Dann schnappte sie ihm den Bericht aus der Hand.

Am nächsten Morgen lag der Bericht fertig auf seinem Schreibtisch. Als ich Maxine fragte, ob sie die ganze Nacht aufgeblieben sei, lachte sie. „Lieber Himmel, ich habe ihn nicht getippt. Ich habe ihn zu einem 24-Stunden-Schreibbüro gebracht, und dafür wird die Firma ein hübsches Sümmchen zahlen. Es wird auf meiner Spesenabrechnung stehen, und Andrew wird es genehmigen." Das war ein eleganter Ausweg! Maxine hätte zwar über den Sexismus in Andrews Auftrag schimpfen können, aber in der wirklichen Welt kommt „frau" mit eleganten Auswegen viel weiter als mit empörten Verlautbarungen.

Gleichzeitig muß ich sagen, daß wir alle persönliche Grenzen haben, die wir einfach nicht überschreiten, gleichgültig, um welchen Preis. Wenn Sie gebeten werden, etwas zu tun, das unmoralisch, illegal oder gegen Ihr Wertesystem ist, ist es vernünftig, *Nein* zu sagen und den Preis zu bezahlen. Grundlage ist, Ihre Grenzen zu kennen. Die folgende Übung hilft Ihnen zu bewerten, wie Sie mit Loyalitätsproben umgehen.

Das Loyalitätsspiel

Denken Sie an einen Auftrag von Ihrem Chef oder einem höherrangigen Kollegen, der wenig sinnvoll war und erhebliche Fehler hatte!

1. Haben Sie auf die Probleme hingewiesen?
2. Wie reagierte die höherrangige Person?
3. Wenn die Reaktion negativ war: Warum war Ihr Umgang mit dem Problem erfolglos?
4. Wie hätten Sie sich anders verhalten können, um zu zeigen, daß Sie eine Teamspielerin sind?

Loyalität hat ihre Grenzen

Die Hardball-Regeln diktieren, daß Sie tun, was der Trainer sagt – basta. Aber manchmal müssen Sie für sich selber geradestehen. Selbst wenn Sie Ihren Chef mögen, Ihre oder seine Stellung nicht gefährden wollen: Loyalität hat ihre Grenzen, wenn es zu sexueller Belästigung kommt. Mannschaftskameradin sein heißt nicht Betthäschen sein.

Sexuelle Belästigung bei der Arbeit wird als unerwünschte sexuelle Handlungen, Forderungen, Kommentare oder Körperkontakte definiert, wenn sie von einem Arbeitskollegen kommen und Bedingung für Einstellung oder Entscheidungen über den Arbeitsplatz sind oder wenn sie die Arbeit der Betroffenen stören oder feindselige oder beleidigende Arbeitsbedingungen schaffen.

Laut Professor Barbara Gutek von der University of Arizona, einer US-Expertin für sexuelle Belästigung, tritt dieses Verhalten am wahrscheinlichsten in Berufen auf, die einst Männerdomänen waren, etwa Speditionen und Neurochirurgie. Eventuell wird sie als Mittel der Einschüchterung verwendet, um Frauen abzuschrecken. Doch Belästigung kann auch ein Mittel sein, Frauen und ihre Schwächen zu benutzen, wie im Fall der Besetzungscouch von Hollywood.

Wenn Ihr Chef Sie auffordert, sich auszuziehen, verstößt er eindeutig gegen Ihre Rechte. Viel von dem, was sich als Belästigung bezeichnen läßt, kann jedoch in eine Grauzone fallen. Ihr Chef erzählt Ihnen einen „Herrenwitz", oder er reibt sich an Ihnen, wenn er sich über Sie lehnt, um ein Schild an Ihrem Halsausschnitt zu befestigen. Was tun, wenn Sie Opfer subtiler sexueller Anspielungen werden? Die folgende Methode könnte helfen:

1. *Machen Sie Ihre Grenzen deutlich!* Sie müssen deutlich machen, welche sexuell orientierten Handlungen, Forderungen, Kommentare oder Körperkontakte Ihnen unangemessen erscheinen oder Ihre Arbeit stören.

2. *Zeigen Sie Ihre Mißbilligung!* Wenn das Handeln Ihres Chefs in die Grauzone fällt, signalisieren Sie, daß sein Verhalten fehl am Platze ist, indem Sie
   - bei seinen Witzen keine Miene verziehen,
   - das Thema wechseln,
   - ihn bitten, einen Schritt zurückzutreten.

Ihre Reaktion oder fehlende Reaktion kann ein subtiler Hinweis darauf sein, daß Sie sein Verhalten nicht billigen.

3. Werden Sie deutlicher! Wenn Subtilität nicht hilft, werden Sie deutlich! Sagen Sie:

- „Es wäre mir lieber, wenn Sie in meiner Gegenwart nicht solche Ausdrücke benutzten."
- „Es wäre mir lieber, wenn Sie sich nicht an mir rieben."
- „Es wäre mir lieber, wenn Sie mich nicht in den Arm nähmen."

4. Überlegen Sie sich Konsequenzen! Füllen Sie bei der folgenden dreiteiligen Aussage die Lücken aus:

- Es wäre mir lieber, wenn Sie nicht . . . .
- Es gibt mir das Gefühl, ...
- Wenn Sie nicht aufhören, muß ich . . . . . . (es jemandem sagen, mit Ihrem Vorgesetzten sprechen, mich beschweren usw.)

Nun kommt die schlechte Nachricht. Barbara Gutek hat ermittelt, daß 50 % der Frauen, die sich über sexuelle Belästigung beschweren, entlassen werden, und 25 % enttäuscht kündigen. Wenn Sie in diese schwierige Situation geraten, ist es wahrscheinlich Zeit, sich nach einer neuen Stellung umzusehen. Reichen Sie eine Beschwerde ein, aber seien Sie clever: Planen Sie im voraus einen Fluchtweg. Das traurige Dilemma ist, daß wenn Sie einfach ohne Beschwerde kündigen, der Schuldige andere weiter belästigen wird. Sie sollten wissen, daß nur 1 bis 7 % der belästigten Frauen vor Gericht gehen und daß von ihnen nur 30 % tatsächlich gewinnen. Ist es ein Wunder, daß Frauen diese Ereignisse nicht melden? Die meisten fürchten Repressionen und haben kein Vertrauen zum System.

Fälle, in denen es zu disziplinarischen Maßnahmen kommt, sind oft extrem. Die *Los Angeles Times* berichtete zum Beispiel jüngst von einer neuen Studie über die große Verbreitung sexueller Belästigung in der US-Marine. In einem Fall erklärte ein Marinepilot der Disziplinarkommission, er habe nur die Situation mit einer Untergebenen entkrampfen wollen, als er seinen Hosenschlitz öffnete, hinter dem

Schreibtisch aufstand, seinen Penis hervorholte, sich zu der Frau
drehte und sagte: „Na, was hältst du davon?"

In solchen Fällen müssen Sie den Betreffenden seinem Vorgesetzten
melden. Wenn nichts unternommen wird, gehen Sie in der Befehlskette nach oben. Wenn Sie müssen, schicken Sie einen Einschreibe-
brief (mit Rückantwort) an den Präsidenten des Unternehmens. An
diesem Punkt sollte etwas geschehen. Hoffen wir, daß es nicht
gegen Sie geht.

Ehre, wem Ehre nicht gebührt

Als ich in der Firmenzentrale eines großen Unternehmens im Gesundheitswesen arbeitete, sandte eine der Krankenhausleiterinnen
der Zentrale jeden Monat ganze Wälzer über den Fortschritt ihres
Krankenhauses ein. Andere Leiter schrieben Monatsberichte von
zwei bis fünf Seiten. Die Manager in der Zentrale waren alle beeindruckt von Mildreds erstaunlicher Produktivität.

Der Zufall wollte es, daß ich eines Tages Gelegenheit hatte herauszufinden, wie Mildred dieses Wunder vollbrachte. Ich stellte einen
ihrer früheren Mitarbeiter ein. Als ich über die monatlichen Kom-
pendien sprach, sagte Joel: „O ja. Jeden Monat nahm Mildred die
Berichte der anderen Manager, stellte sie alle zusammen, setzte
ihren Namen darauf und schickte sie an die Zentrale."

Mildred gab ihren Managern nicht die schuldige Anerkennung –
brach sie damit ethische Regeln? So schwer es für Frauen zu schluk-
ken sein mag: In Wahrheit handelte Mildred einfach nach den Hardball-Regeln. In der männlichen Kultur kann ein Chef die Verantwortung für die Arbeit aller Angestellten übernehmen, die in der Hierarchie unter ihm stehen. Da seine Mitarbeiter ihm unterstehen, ist er
tatsächlich verantwortlich für ihre Leistung und hat somit das
Recht, sie als die seine zu beanspruchen. Mildreds Handeln würde

in der männlichen Kultur nicht als Schmücken mit fremden Federn gelten. Vielmehr müssen Sie erkennen, daß Ihr Produkt Eigentum Ihrer Abteilung oder Firma ist.

Gleichzeitig jedoch gibt eine gute Managerin ihren Mitarbeitern Anerkennung für ihre Arbeit; Anerkennung läßt Mitarbeiter „wachsen" und motiviert sie, sich beim nächsten Mal auszuzeichnen.

Was tun, wenn Ihr Chef die Anerkennung für Ihre Arbeit einheimst? Wenn Sie kämpfen und sagen: „Sie schicken meine Berichte unter Ihrem Namen ab", distanzieren Sie sich vom Trainer. Ob es Ihnen gefällt oder nicht: Vom Hardball-Standpunkt aus gesehen wäre es besser für Ihre Karriere zu sagen: „Mildred, ich verstehe, daß Sie unsere Berichte nehmen und zu einem zusammenstellen. Kann ich meinen Bericht in irgendeiner Weise so schreiben, daß Ihre Arbeit leichter wird?" Langfristig verbessern Sie wahrscheinlich Ihre Chancen, wenn Sie mit der Trainerin zusammenarbeiten, statt ihre Autorität anzufechten.

Die Sache hat freilich einen Haken. Sie spüren vielleicht, daß Ihr Chef die Anerkennung einstreicht, aber Sie nie dafür belohnt werden. In diesem Fall sollten Sie an eine Strategie denken, um die Ihnen gebührende Ehre zu bekommen. Sie könnten vor Machtmaklern Bemerkungen fallen lassen, etwa: „Ich habe gehört, daß der Bericht Ihnen gefallen hat. Die Recherchen dafür waren eine Herausforderung." Oder Sie könnten den Machtmaklern Feedback entlocken, indem Sie zum Beispiel sagen: „Was halten Sie von den Informationen, die ich im Restrukturierungsplan zusammengestellt habe?"

Doch seien Sie vorsichtig! Wenn Sie ihren Anteil zu laut bekanntgeben, untergraben Sie die Position Ihres Chefs, und er wird sich höchstwahrscheinlich noch mehr auf Sie stützen. Wenn Sie jedoch schon unterdrückt werden und keine Anerkennung bekommen, ist dies eine „Was hab' ich zu verlieren"-Strategie.

Obwohl Schmücken mit falschen Federn von der Perspektive des Vorgesetzten aus nicht möglich ist, kann es Ihnen bei Gleichrangigen begegnen. In diesem Fall wäre es klug, den Schuldigen zu konfrontieren und klar und deutlich zu sagen: „Ich weiß, daß Sie die Anerkennung für meine Arbeit eingeheimst haben. Wenn Sie das noch einmal tun, werde ich es dem Chef sagen." Und tun Sie es dann auch, wenn nötig!

Schmücken mit fremden Federn oder richtiges Management?

Identifizieren Sie, wann jemand die Anerkennung für Ihre Arbeit eingeheimst hat!

1. War diese Person in der Hierarchie von höherem, niedrigerem oder gleichem Rang?
2. Was taten Sie?
3. Welches wäre die angemessenste Reaktion angesichts des Ranges der betreffenden Person?

Wenn der Trainer eine Frau ist

Wie wir sahen, haben kleine Mädchen gewöhnlich nicht Hierarchien wie die Jungen; statt dessen können ihre Beziehungen relativ flach sein. Wenn ein Mädchen einem anderen sagen will, was es tun soll, wird das zweite sich das wahrscheinlich nicht bieten lassen und seiner Freundin sagen, wie die Sache ihrer Ansicht nach gemacht werden sollte.

Natürlich würden Mädchen sich lieber durchsetzen, ebenso wie Jungen, aber sie gehen gewöhnlich nicht so direkt vor. Ein Mädchen fragt eher: „Wäre es nicht eine gute Idee, Schule zu spielen?", oder es schlägt vor: „Wollen wir Schule spielen?"; es wird kaum kommandieren: „Wir spielen jetzt Schule", ohne die Beziehungen zu schädigen. Mädchen konkurrieren durchaus bei Spielen wie Monopoly, Murmeln, Himmel und Hölle, Karten und Mikado, aber sie achten dabei trotzdem auf Beziehungen. Wenn ein Mädchen gut Murmeln spielt und das andere gut Himmel und Hölle, wechseln sie sich eventuell ab, um fair zu sein. Die Macht muß ausgeglichen bleiben.

Eltern verstärken dieses höfliche Verhalten. Bei einem Seminar erzählte mir eine Teilnehmerin, daß sie ihre Tochter Fräulein Oberkuh nannte, weil ihre Kleine dazu neigte, anderen Kindern zu sagen, was sie tun sollten. Ich fragte diese Mutter, wie sie ihren Sohn nennen würde, wenn er sich ähnlich verhielte. Sie saß eine Minute da und sagte dann überrascht: „Ich würde ihn wahrscheinlich ein natürliches Führungstalent nennen." Ihr Ton sagte: „Oje, was habe ich getan?" Diese Mutter half ihrer Tochter, sich in die Gesellschaft einzufügen, und lehrte sie dabei, flachere hierarchische Beziehungen vorzuziehen. Ich hatte den Eindruck, die Mutter würde als Folge unseres Gesprächs nun die Stärken ihrer Tochter fördern statt unterdrücken.

Weil Mädchengruppen einfach keine formelle Autoritätsperson haben, werden nie die Ideen eines Mädchens blind übernommen. Mädchen wissen, daß Verhandlungen der Schlüssel sind, um etwas zu erreichen. Meistens ist es ihr Ziel, die andere Person umzustimmen, nicht sie zu dirigieren.

Jungen hingegen lernen früh, die Anweisungen des Trainers ohne Frage zu befolgen. Ein Junge mag eine bessere Idee haben, aber er weiß, daß er den Trainer mehr beeindruckt, wenn er Anweisungen befolgt, als wenn er Vorschläge macht. Wenn der Trainer sagt: „Okay, Junge, ich will, daß du 10 Meter runterläufst und dann nach

rechts", dann tut er es. Er wird nicht vorschlagen: „Ich finde eigentlich nicht, daß das der beste Plan ist. Gehen wir nach links! Komm,
Trainer, versuchen wir's!" Jungen lernen, daß sie die Idee des
Trainers nicht für die beste halten müssen, aber daß es seine Rolle
ist, die Anweisungen zu geben, und ihre, sie auszuführen.

Wenn Ihre Chefin eine „flache" Struktur pflegt, haben Sie vielleicht
kaum Probleme. Ich hatte zu meinem Glück Chefinnen, die die
Macht im Gleichgewicht hielten. Wir wurden Freundinnen und
haben einander Einzelheiten unseres Privatlebens anvertraut. Als
ich eine neue Stellung annehmen wollte, half mir eine meiner Chefinnen sogar, woanders eine bessere Position zu finden. Aus dem
gleichen Grund war ich meiner Chefin loyal. Weil sie meine Freundin war, wollte ich, daß sie Erfolg hatte und gut aussah. Trotzdem
verstand und akzeptierte ich die Hierarchie. Wenn sie mir einen
Auftrag gab, der mir unangenehm war, wußte ich, daß es meine
Pflicht war, ihn durchzuführen, trotz meiner Abneigung.

Leider gibt es dieses System gegenseitiger Unterstützung nicht
überall in der Wirtschaft. Kulturelle Unterschiede können Probleme
schaffen, wenn Frauen von anderen, mächtigeren Frauen geführt
werden. Die hierarchische Vorgesetzte funktioniert bereits nach den
Regeln der männlichen Kultur. Sie blickt nach oben und beobachtet,
wie ihre männlichen Kollegen Hardball spielen. Sie ahmt dieses
Verhalten gegenüber den ihr unterstellten Frauen nach und rennt
direkt gegen deren Widerstand an.

Oft haben Frauen, die hierarchischen Chefinnen dienen müssen,
Ressentiments, weil sie die von Autoritätspersonen verlangten
Machtdemonstrationen als persönliche Angriffe empfinden. Die
Chefin mag es als ihr Recht ansehen, scheinbar willkürliche Änderungen vorzunehmen, aber ihre Mitarbeiterinnen fragen sich vielleicht: „Für wen hält die sich eigentlich, daß sie uns sagt, was wir
tun sollen? Schließlich sind wir alle gleichrangig . . . oder?"

Die Tendenz, die Macht im Gleichgewicht zu halten, ist ein unbewußter Rest der sozialen Struktur in unserer Kindheit, die vor-
schrieb, daß wir alle gleichrangig waren. Um die Struktur wieder
abzuflachen, verhalten sich verärgerte Mitarbeiterinnen eventuell
passiv-aggressiv, knallen Türen, vermeiden Konfrontation oder sogar Augenkontakt und „vergessen", wichtige Mitteilungen auszu-
richten. Selbst direkte Konfrontationen können das Problem nicht
lösen, wenn die Mitarbeiterinnen und die Chefin die kulturelle
Dissonanz nicht erkennen.

Wenn Sie in dieser Situation sind, haben Sie vielleicht mehr Schwierigkeiten, für Ihre Chefin zu arbeiten, als wenn sie ein Mann wäre.
Sie setzen vielleicht ihre Leistungen herab oder weigern sich, ihre
Befehle zu befolgen. Wenn dies der Fall ist, wäre es interessant, sich
vorzustellen, wie Sie reagieren würden, wenn Sie einen Mann statt
eine Frau über sich hätten. Wären Sie eher bereit, Aufträge zu
erfüllen und Loyalitätsproben mitzumachen? Wenn ja, ist es vielleicht im Interesse Ihres Arbeitsplatzes und Ihrer geistigen Gesund-
heit besser, sich vorzustellen, Ihre Chefin wäre ein Mann.

Wie reagieren Sie auf Frauen mit Macht?

Beantworten Sie die folgenden Fragen:

1. Fällt es Ihnen leichter, für einen Mann zu arbeiten als für
   eine Frau? Wenn ja, warum?
2. Kommt Ihr Unbehagen daher, daß diese Frau mehr Macht
   hat als Sie?
3. Denken Sie an eine Frau, für die Sie nicht gern gearbeitet
   haben! Identifizieren Sie, was Sie an ihr nicht mochten,
   und schreiben Sie es auf! Schauen Sie sich nun die Adjek-
   tive an, die Sie gebraucht haben, um sie zu beschreiben!
   Sind sie eher auf Frauen anwendbar als auf Männer (etwa
   rechthaberisch, zickig, intrigant)?

4. Denken Sie an einen Befehl, den eine höherrangige Frau
   Ihnen gegeben hat! Fühlten Sie sich unbehaglich? Hätten
   Sie sich wohler gefühlt, wenn er von einem Mann gekom-
   men wäre?

5. Was ist Ihre Reaktion, wenn eine Frau in eine Führungsposition befördert wird? Machen Sie eher bissige Bemerkungen oder gratulieren Sie ihr? Wenn Sie bissige
   Kommentare von anderen Frauen hören, machen Sie
   dann mit, bleiben Sie still oder verteidigen Sie die Aufsteigerin?

6. Denken Sie an eine Gelegenheit, als Ihnen eine Frau sagte,
   sie sei unzufrieden mit Ihrer Leistung! Empfanden Sie Ihre
   Kommentare als persönlicher und gemeiner, als wenn ein
   Mann dasselbe gesagt hätte?

7. Bewerten Sie Männer und Frauen unterschiedlich? Wie
   könnten Sie Ihre Einstellung ändern und anerkennen, daß
   Frauen und Männer in Machtpositionen unterschiedlichem
   kulturellem Druck ausgesetzt sind?

Ohne Führung geht es nicht

Valerie leitete eine große und sehr exponierte Abteilung für strategische Planung in einer großen Bank. Aufgrund finanzieller Verluste
im Vorjahr begann die Bank, Mitarbeiter zu entlassen und sich zu
reorganisieren. Dabei übergab die Geschäftsleitung ihre Abteilung
einem Mann von außerhalb, der sehr wenig Erfahrung in strategi-
scher Planung hatte. Valerie war am Boden zerstört. In zehn Jahren
hatte sie ihre Abteilung aus dem Nichts aufgebaut und nur Beifall
für ihre Arbeit bekommen. Jetzt war alles in 24 Stunden verloren.
Noch schlimmer: Die Geschäftsleitung versetzte sie von einer interessanten Position und einer Arbeit mit großen Zusammenhängen zu
einer detailorientierten, anspruchslosen Aufgabe in der Kompensa-

tionsabteilung, wo weder ihre Stärken noch ihre Interessen zum Tragen kamen.

Vor dieser Umstellung war Valerie Susan unterstellt gewesen; diese hatte als ihre Mentorin fungiert, sie beraten, ihr die langfristige Strategie erklärt, gesagt, vor wem sie sich in acht nehmen müsse, und als Rollenvorbild gedient. Als Valerie in ihrer schwierigen Situation um Rat bat, empfahl Susan ihr dringend, die Arbeit in der Kompensation anzunehmen und durchzuhalten. „Es wird gut für dich sein", riet sie.

Ich selbst konnte nicht sehen, wie die Degradierung ein positiver Schritt für Valerie sein sollte. Sie haßte es, zur Arbeit zu gehen, ihr neuer Chef setzte sie herab (er ließ sie ein Wochenende lang Scherzartikel für ein externes Treffen kaufen), und ihre Moral war im Keller. Aber Valerie hielt durch, weil sie an Susan glaubte.

Vier Monate später wurde Valeries Bank von einer anderen Großbank übernommen. Über 10 000 Mitarbeiter wurden entlassen, darunter Valeries Nachfolger. Als die Köpfe rollten, war Valerie in der Deckung ihrer unauffälligen Position sicher. Nachdem der Staub sich gesetzt hatte, rief Susan (die bei der Fusion im Topmanagement gelandet war) Valerie an und fragte, ob sie bereit sei, eine wichtige Position in der neuen Bank zu übernehmen.

Wäre Valerie sich selbst überlassen gewesen, so hätte sie keinen Einblick in diese Manöver hinter den Kulissen gehabt; sie war schlicht nicht in der Position, sie zu sehen. Ohne ihre Mentorin hätte sie höchstwahrscheinlich im Zorn gekündigt oder ihre Stellung bei der Fusion verloren und die Chancen verpaßt, die sie heute hat.

Frauen sehen Mentoren oft bestenfalls als überflüssig und im schlimmsten Fall als väterlich an. Sie mögen denken: „Ich leiste gute Arbeit. Ich werde nach meinen Verdiensten belohnt werden. Warum brauche ich einen Mentor? Wozu sind die gut?" Wenn Sie

einen erfahrenen Berater ablehnen, entgeht Ihnen nicht nur die
Bedeutung der Beziehungsarbeit für den beruflichen Fortschritt,
sondern Sie bleiben uneingeweiht in die Regeln des Hardball, der
um Sie herum gespielt wird. Sie übersehen eventuell sogar, daß das
Spiel überhaupt existiert.

Trotz dieser Skepsis können ein Mentor oder eine Mentorin für den
Erfolg einer Frau wichtiger sein als für den ihrer männlichen Kollegen. In einer breit angelegten Studie über Personen, die ins Topmanagement aufgestiegen waren, fanden die Autorinnen von *Breaking
the Glass Ceiling*, daß nur 38 % dieser erfolgreichen Manager, aber
alle Managerinnen Mentoren hatten. Ein Mentor oder eine Mentorin
scheint für Frauen nicht fakultativ zu sein, wahrscheinlich, weil
Frauen weniger damit vertraut sind, wie Hardball gespielt wird.

Wie hilft eine Mentorin? Frau Morrison und ihre Kolleginnen erklären, worüber Mentorinnen oder Mentoren Rat geben:
● Wie man Aufmerksamkeit und Anerkennung erringt,
● welche Karriereschritte als nächstes getan werden sollten,
● was die Organisation erwartet.

Mentorinnen halten uns durch ihr Feedback einen Spiegel vor, der
uns hilft, uns selbst zu sehen. Hätte zum Beispiel Liz (der wir am
Anfang dieses Kapitels begegnet sind) eine Mentorin gehabt, so
hätte sie einen Teil des Schadens vermeiden oder wenigstens wieder
gutmachen können, den sie anrichtete, indem sie sich dagegen
wehrte, den Film des Vorstandsvorsitzenden zu ändern.
Die Mentorin hätte sie vielleicht beiseite genommen und gesagt:
„Schauen Sie, Liz, der Vorstandsvorsitzende ist nicht nur der Trainer, sondern der ganz große Trainer. Und wenn er sagt, ‚Springen‘,
dann fragen Sie nur: ‚Wie hoch?‘.“ Vielleicht hätte sie Liz dann
vorgeschlagen, die Beziehung zu retten, indem sie zum Trainer
zurückging und sagte: „Ich arbeite an der neuen Version des Films.
Ich werde ihn bis zur Konferenz fertighaben. Danke für Ihr Feedback.“ Die Mentorin hätte Liz außerdem empfohlen, sich künftig

anders zu verhalten, weil ihr Chef garantiert nach weiteren Zeichen des Ungehorsams Ausschau halten würde. Ohne Mentorin machte Liz fröhlich weiter in dem Glauben, sie habe recht und ihr Vorstandsvorsitzender unrecht, und dabei verlor sie ihre Stellung.

Mentorinnen ermutigen uns auch zu mehr Risiko. Es kann schwer sein, zwischen einer dummen Entscheidung und einem strategischen Vorstoß zu unterscheiden. Mit ihrer ausgedehnten Kenntnis und Erfahrung können Mentorinnen Ihnen helfen, das eine vom anderen zu unterscheiden. Eine Mentorin kann außerdem für sie sprechen. Eine Verbündete, die Ihre Fähigkeiten hervorhebt, ist von unschätzbarem Wert in jenen hochkarätigen Konferenzen hinter verschlossenen Türen, wo Ihr berufliches Schicksal entschieden wird. Wenn Sie in solchen Konferenzen angegriffen werden, kann es einen entscheidenden Unterschied machen, eine Parteigängerin zu haben, die Ihr Handeln verteidigt und den Angriff umlenkt.

Schließlich können Sie von einer Mentorin oder einem Mentor viel lernen. Wenn Sie direkt für diese Person arbeiten, können Sie ihr zusehen. Oft erklärt ein Mentor, warum eine Entscheidung getroffen, wie ein Problem vermieden und wie ein politischer Gegner geschlagen wurde – generell, wie Hardball am besten gespielt wird. All diese Lektionen bekommen Sie nie in einer formellen Ausbildung.

Es ist ratsam, nicht zu abhängig von einer Person zu werden. Wenn Ihre einzige Bezugsperson Macht verliert oder geht, finden Sie sich vielleicht auf verlorenem Posten. Versuchen Sie, mehrere solche Beziehungen zu pflegen, um überall abgesichert zu sein. Und vergessen Sie nicht, daß Rat nicht immer von oben kommt. Auch Gleichrangige können uns helfen, das Spiel zu verstehen. Oft können wir mit politisch gewieften Kollegen, die imstande sind, für uns selbst unsichtbare Chancen und Landminen zu sehen, die Realität kennenlernen.

Die in *Breaking the Glass Ceiling* beschriebenen erfolgreichen
Frauen hatten sowohl Mentoren als auch Mentorinnen. Männer sind
gewöhnlich diejenigen, die ihre Finger in der herrschenden Koalition haben. Leider kann es bei Ihren Kollegen Aufregung erzeugen,
wenn Sie sich mit einem männlichen Mentor verbünden. Wenn
Männer befördert werden, schaut man auf ihr Können. Wenn Frauen
befördert werden, schaut man auf ihre Bettgefährten. Selbst wenn
die Beziehung mit Ihrem Mentor blütenrein ist, müssen Sie darauf
gefaßt sein, daß andere es anders sehen.

Frauen macht es oft Freude, anderen beim Wachsen zu helfen. Wie
mir eine Managerin sagte: „Ich spiele gern die Mutterrolle, wenn die
Betreffende das Herz am rechten Fleck hat. Ich bringe ihr die
sauberen und die schmutzigen Tricks bei." Außerdem kann eine
Mentorin besonders hilfreich sein, weil auch sie erst lernen mußte,
Hardball zu spielen. Sie versteht Ihre Frustration, wo ein Mann Sie
als schwach, nicht zäh genug empfinden könnte. Eine Topmanagerin erzählte mir, daß sie in einer besonders schwierigen Zeit immer
den ganzen Heimweg über im Auto weinte. Das sagte sie ihrem
Mentor, dem Geschäftsführer des Unternehmens. „Ich merkte, daß
er mich deshalb als schwach ansah, und so erwähnte ich es nie
wieder."

Wenn Valerie über ihre Chefin Susan sprach, erwähnte sie oft ihre
gemeinsamen Probleme, Arbeit und Familie unter einen Hut zu
bringen. Valerie sah ihre Vorgesetzte eindeutig als Vorbild an
Organisation und hatte viele der Techniken übernommen, die Susan
anwandte. Ein männlicher Mentor könnte Probleme der Kinderbetreuung als unwichtig ansehen, oder schlimmer noch, als unprofes-
sionell.

Doch wo findet man eine Mentorin? Sie können nicht um eine
bitten, es sei denn, Ihre Firma bietet ein formelles Mentorenpro-
gramm an – eine seltene Möglichkeit. Jemanden zu bitten, Ihre
Mentorin zu sein, ist ähnlich wie jemanden zu bitten, Ihre Freundin

zu sein. So funktioniert es nicht. Aber wahrscheinlich werden Sie Gelegenheit haben, mit erfahreneren Kolleginnen und Kollegen zusammenzuarbeiten. Wenn Sie sich gut zu verstehen scheinen und Sie glauben, daß Sie um Rat, Einsichten oder Empfehlungen bitten können, dann haben Sie den Anfang einer Mentorbeziehung.

Bedenken Sie folgendes bei der Suche nach Mentoren:
● Es ist besser, mehrere zu haben.
● Männer und Frauen haben verschiedene Stärken zu bieten.
● Wählen Sie eine Person, die angesehen ist, die Sie bewundern!
● Der Zugang Ihres Mentors zur herrschenden Koalition kann entscheidend sein.
● Im Idealfall sollten Sie sich mit Ihrer Mentorin oder Ihrem Mentor wohl fühlen.
● Er oder sie sollte ähnliche Werte haben wie Sie.
● Er oder sie sollte bereit sein, Ihnen Zeit zu widmen.
● Sie sollten von Ihrer Mentorin oder Ihrem Mentor Einblicke bekommen können, die Sie sich allein nicht verschaffen könnten.

Natürlich gewinnen auch Mentoren dabei. Gewöhnlich macht es ihnen Freude, einer Aufsteigerin zu helfen, Berater zu sein und für ihre Kenntnisse und Erfahrungen geschätzt zu werden. Aber Mentoren sind klug genug zu wissen, daß sie gleichzeitig ein wichtiges Bündnis aufbauen. Dadurch, daß Ihr Mentor (oder Ihre Mentorin) Ihr Berater und Führer ist, bekommt er eine weitere Spielerin für sein Team. Von Ihnen wird mit Recht erwartet, daß Sie ihm oder ihr Informationen und Unterstützung geben.

Trainer sind wichtig für Ihren Erfolg. Doch Sie müssen verstehen, was ein Trainer von Ihnen erwartet, besonders, wenn er ein Mann ist. Eine gute Teamspielerin sein kann etwas anderes bedeuten, als Sie vielleicht erwarten. Im folgenden Kapitel ergründen wir die männliche Version des Teamspiels.

Spielregeln gegenüber Mentoren

- Männer leben in Hierarchien; Sie sind ihnen entweder über- oder untergeordnet, selbst wenn Sie gleichrangig sind.
- Wenn Sie hilfreiche Vorschläge machen und Fragen stellen, um die Gründe Ihrer Vorgesetzten zu verstehen, könnte Ihr Chef das als Mißachtung seines Ranges ansehen.
- Bizarre, unlogische Aufträge können Loyalitätsproben sein.
- Sagen Sie niemals nie!
- Trainer wollen, daß Sie ihnen folgen, nicht Ihren eigenen Ideen.
- Ihrem Chef zu erlauben, sich mit Ihrer Arbeit zu schmücken, mag widerlich scheinen, kann sich aber langfristig auszahlen.
- Frauen sabotieren oft andere Frauen, die befördert oder gelobt werden. Wir tun das nicht bewußt, aber wir müssen lernen, andere, erfolgreiche Frauen aktiv zu unterstützen.
- Organisationen können für Frauen fremdes Terrain sein.
- Sie brauchen einen Mentor oder eine Mentorin, der/die Ihnen helfen kann, einen Spielplan zur Förderung Ihrer Karriere zu entwickeln.

Eine Teamspielerin sein

Hardball-Lektionen, die Jungen lernen

- Teamarbeit heißt, daß man sich für die Mannschaft opfert, auch Dinge tut, die man nicht mag.
- Gute Teamspieler sprechen nicht über persönliche Bedürfnisse.
- Man ist freundschaftlich zu den Teamkameraden und kann in der nächsten Saison trotzdem zu einem anderen Team wechseln.
- Teamkameraden müssen nicht sympathisch sein – nur gewinnen.
- Teamkameraden sprechen dieselbe Sprache.
- Ein Team hat immer ein Ziel.
- Gewinnen ist alles – Rücksichtslosigkeit und Mogeln sind erlaubt.
- Die Strategie des Teams muß vorab organisiert werden.
- Teamspieler müssen Uniform tragen.

Puppenmutter-Lektionen, die Mädchen lernen

- Teamarbeit bedeutet, eine Lösung zu finden, die allen gerecht wird.
- Jede leistet ihren Part und unterstützt das Team so am besten.
- Teamkameradinnen sind Freundinnen – Wechseln ist illoyal.
- Teamkameradinnen müssen einander sympathisch sein.
- Fairneß ist alles, und es ist fair, die Regeln einzuhalten.
- Kleidung ist eine Form des persönlichen Ausdrucks.

Organisationen bestehen aus Individuen. Organisationen haben Ziele. Zwischen einer Einzelperson mit ihren Interessen, Bedürfnissen und Fähigkeiten und den Forderungen einer Organisation an sie besteht eine ständige Spannung. Wir alle haben uns schon gefragt: Wieviel von meinen persönlichen Prioritäten soll ich opfern, um den Kollegen zu helfen, die Ziele des Unternehmens zu erreichen?

Wenn ein Unternehmen überhaupt funktionieren soll, müssen die Mitarbeiter gemeinsame Ziele haben und mit Kollegen zusammenarbeiten, die andere Fähigkeiten und Perspektiven haben. Diese Teamarbeit ist entscheidend; ohne sie bestünde eine Firma aus vielen Individuen, die unbekümmert jeweils ihre eigenen Aktivitäten getrennt voneinander verfolgen. Dennoch ist es angesichts dessen, was wir von männlicher und weiblicher Kultur wissen, nicht überraschend, daß die beiden Geschlechter Teamarbeit völlig unterschiedlich definieren.

Dies wurde mir bei einem Gespräch zur Teambildung mit dem Topmanagement einer Buchprüferfirma klar, bei dem ich die Teilnehmer bat, ihre Verantwortung als Führungskräfte zu identifizieren. Eine Gruppe setzte „Teamarbeit" oben auf ihre Liste. Als ich fragte, was das bedeute, sagte der einstige College-Footballspieler Rod stolz: „Einander unterstützen, unabhängig von den eigenen Gefühlen, die Unternehmenspolitik durchführen, selbst wenn man ihr nicht zustimmt, und den Ball weiterreichen, selbst wenn es hart ist."

Dann fragte ich die geschäftsführende Partnerin Eva, wie sie den Begriff definieren würde. „Einander unterstützen, Informationen teilen und bereit sein, Ideen zuzuhören, die anders sein können als meine", antwortete sie.

Rods Definition konzentrierte sich darauf, das Nötige zu tun, selbst wenn man mit der Chefin und ihrer Entscheidung nicht einverstanden ist. Evas Definition betonte Nähe und zwischenmenschliche Unterstützung. Ironischerweise fanden Eva und Rod die jeweils andere Definition oberflächlich. Eva deutete Rods Erklärung als Kadavergehorsam und Blindheit für alle Probleme, die er oder die Firma haben könnte. Rod schloß aus Evas Definition, daß sie von ihren Mitarbeitern bekam, was sie wollte, indem sie mit ihren Emotionen spielte.

Das Problematische an dieser Offenbarung ist, daß beide Seiten annahmen, sie redeten über dasselbe, wenn sie den Begriff *Teamarbeit* benutzten. Tatsächlich hatten ihre unterschiedlichen Auffassungen ihnen schon Schwierigkeiten bereitet. Eva hatte ihren Mitarbeitern zum Beispiel vorgeschlagen, Kunden auf ihr Investitionspotential anzusprechen. Rod gehört zu den Spielern, die den Befehlen des Trainers treulich gehorchen, was es auch kostet, und tat eine ganze Woche nichts anderes als Kunden anzusprechen. Damit war Eva unzufrieden.

„Ich habe nicht erwartet, daß er das die ganze Woche tut", sagte sie mir. „So wichtig war es nicht. Rod hätte mit mir reden sollen, wenn mein Vorschlag unvernünftig schien."

Natürlich konnte Rod wenig mit Evas Erwartung, zu ihr zu kommen, wenn ein „Befehl" nicht sinnvoll erschien, anfangen. Er faßte es so auf: Wenn die Trainerin etwas sagte, sollte er es tun. Doch während er blind gehorchte, vernachlässigte er seine regelmäßige Arbeit: Berichte gingen nicht rechtzeitig heraus, und andere Bedürfnisse von Kunden wurden nicht erfüllt. Wenn der Begriff Teamarbeit nicht definiert wird, verlieren alle. Sowohl Rod als auch Eva waren verärgert, daß der Teampartner seinen Beitrag nicht leistete.

Was ist Teamarbeit?

Männer lernen von Kind auf, sich selbst für das Team zu opfern. Für sie bedeutet ein guter Teamspieler zu sein, das auszuführen, was Ranghöhere bestimmen. Das nennen sie Teamarbeit. Frauen versuchen von Kind auf, eine Gewinnen/Gewinnen-Lösung zu finden, die allen gerecht wird. Für sie bedeutet eine gute Teamspielerin zu sein, gute Arbeit als Individuum zu leisten. „Schließlich tue ich das Meine", denken Frauen, „und dadurch kommt das Team weiter."

Die Auffassungen sind deutlich verschieden, aber die Terminologie ist dieselbe. Wenn Männer und Frauen ihr unterschiedliches Verhalten nicht als teamorientiert anerkennen, können Konflikte und Konfusion die Folge sein. Wie können Sie das Dilemma Teamarbeit für sich selbst lösen? Ich glaube, es ist die beste Lösung, zunächst wie die Männer zu tun, was der Trainer sagt, dann aber Ihrer weiblichen Sicht treu zu bleiben und Ihre eigenen Einsichten und Ansichten einzubringen. Dazu müssen Sie jedoch zuerst tun, was von Ihnen verlangt wird. Dann können Sie dazu bemerken: „Ich habe getan, was Sie gesagt haben, und ich habe ein paar Strategien niedergeschrieben, die Ihre Möglichkeiten meiner Ansicht nach noch erweitern könnten."

Trotzdem ist die männliche Version der Teamarbeit vielen Frauen ein Rätsel. Eine Frau kann kooperativ sein und mitdenken (ihre Version von Teamarbeit) und trotzdem einen Rüffel bekommen, daß sie „keine Teamspielerin" sei. Sherry besuchte zum Beispiel mehrere Wochen lang verschiedene Abteilungen in ihrer Firma, um Geld für Arme und Obdachlose über Weihnachten zu sammeln. Sie bat nicht um Erlaubnis, sondern ergriff die Initiative ohne den Segen

ihres Chefs. Statt Lob für ihren Einsatz bekam Sherry Kritik zu
hören, sie sei keine Teamspielerin. Ihr Chef sah sie als „Quertreiberin". Damit die Hierarchie richtig funktioniert, muß jeder an seinem
zugewiesenen Platz stehen.

Wäre Sherry mit ihrer guten Idee zuerst zum Chef gegangen, hätte er
die Sammlung in seine PR-Arbeit einbeziehen können. Er hätte
sagen können: „Dies soll der Weihnachtsbeitrag der Immobilienab-
teilung sein." So, wie die Dinge standen, schadete Sherrys großher-
zige und aufrichtige (aber individuelle) Tat ihrer Position in der
Firma.

Am Ende eines Seminars sagte mir Jill, sie befürchte, entlassen zu
werden. Bei ihrer jüngsten Leistungsbewertung hatte ihr Chef ihr
gesagt, sie sei keine Teamspielerin, und wenn sie es nicht werde,
werde sie gekündigt. Als sie fragte, ob er ihr erklären könne, was er
meinte, sagte er einfach „Nein".

Ich habe mich oft gefragt, ob er ihr nicht helfen wollte oder ob er den
Begriff „Teamarbeit" so verinnerlicht hatte, daß er ihn nicht in
Worte fassen konnte. Ich erklärte Jill die männliche Perspektive und
fügte hinzu: „Selbst wenn Sie von der weiblichen Perspektive aus
eine großartige Teamspielerin wären, könnte Ihr Chef Ihr Verhalten
nicht schätzen. Aber Sie müssen nicht Ihre cleveren Ideen aufgeben
und ein Automat werden. Sie müssen vielleicht zuerst die Wünsche
Ihres Chefs erfüllen, bevor Sie versuchen, Ihre eigenen einzubrin-
gen. Vielleicht müssen Sie auch so taktieren, daß er mit der Zeit
Ihren Beitrag als große Chance sieht. Wenn Sie die Teamarbeit-
Strategie richtig ausspielen, glaubt er am Ende vielleicht sogar, daß
Ihre Idee ursprünglich von ihm stammt."

Eine meiner Klientinnen führte das vor meinen Augen geschickt
durch. Laurel war Ärztin in einem großen Krankenhaus. Ihr Chef
Joseph, der medizinische Direktor des Krankenhauses, beauftragte
sie, ein neues Programm einzuführen, das er entwickelt hatte. Da-

nach sollten sich die Ärzte selbst Ziele setzen und danach bezahlt werden, wie gut diese Ziele erfüllt waren.

Joseph wollte, daß Laurel ein Memo schrieb, um dies den anderen mitzuteilen, aber sie wußte, daß diese Vorgehensweise wirkungslos sein würde. Wenn man Ärzten Entscheidungen verkündet, leisten sie oft Widerstand. Statt sich jedoch mit ihrem Chef anzulegen, antwortete Laurel: „Joseph, Sie hatten so viel Erfolg mit der letzten Entscheidung, als Sie den medizinischen Ausschuß einbezogen. Ihre Methode hat so gut funktioniert. Was halten Sie davon, bei dieser Frage die gleiche Strategie anzuwenden?"

Laurel brachte Joseph mit Geschick zu ihrer Position, ohne aus ihrer Rolle als unterstützende Teamspielerin, die tut, was der Trainer sagt, zu fallen. Und Joseph stimmte ihr zu.

Denken Sie über die folgenden Situationen nach, um zu verstehen, was Ihr Trainer und Ihr Team mit „Teamarbeit" meinen!

Teamarbeit-Dilemmas

1. Ihre Abteilung macht nicht genug Gewinn. Ihr Chef meint, Sie müßten Kosten sparen. Was tun Sie?

   a) Sie nehmen sich die Kostenabrechnung vor und beginnen zu überlegen, wie Sie die Kosten der Abteilung kürzen können.
   b) Sie fragen den Chef, warum er glaubt, die Abteilung müsse nur auf die Kosten achten.
   c) Sie identifizieren Möglichkeiten der Kosteneinsparung, schlagen dann aber Möglichkeiten vor, die Einkünfte zu steigern, so daß die Bilanz besser aussähe.

Wenn Sie a) antworten, handeln Sie blind. Wenn Sie b) antworten, werden Sie Ihren Chef wahrscheinlich verärgern. Wenn Sie c) antworten, werden Sie das Problem lösen. Sie tun, was Ihr Chef will, ohne seine Autorität in Frage zu stellen. Gleichzeitig zeigen Sie Ihre Fähigkeit, zu denken und etwas für die Organisation beizutragen.

2. Ihr Chef hat beschlossen festzustellen, warum Kunden unzufrieden mit dem Produkt sind, das Ihre Firma verkauft. Er will, daß Sie ein Formular aufsetzen, das Gründe aufführt, warum das Produkt zurückgegeben werden könnte. Sie fürchten, der eigentliche Grund, warum das Produkt zurückgegeben wird, ist komplexer, als es sich auf einem einfachen Formular zum Ankreuzen darstellen läßt. Was tun Sie?

   a) Sie setzen das Formular auf und grummeln.
   b) Sie versuchen, dem Chef zu erklären, warum seine Idee nicht funktioniert.
   c) Sie setzen das Formular auf, rufen dann aber einige Kunden an, um nachzufragen, ob die Information richtig und vollständig ist.

c) ist wieder die beste Antwort. Sie würden sich wirklich als gewiefte Teamspielerin beweisen, wenn Sie Ihrem Chef folgenden Bericht erstatteten: „Ich bin so froh, daß Sie das Feedback-Formular vorgeschlagen haben. Ich habe noch einige Gespräche geführt und festgestellt, daß Kunden, wenn sie den Kundendienst anrufen, mit so vielen Stellen und schließlich mit der falschen Abteilung verbunden werden, daß sie verärgert sind und das Produkt zurückgeben. Mit unserem Produkt ist alles in Ordnung, aber unser Telefonsystem ist ein großes Problem!"

In Zweierbeziehungen oder in der Horde aufwachsen

Die Männer, mit denen Sie zusammenarbeiten, sind in einer Horde aufgewachsen. Die meisten ihrer Spiele waren Gruppenspiele. Als Kinder haben sie gelernt, sich in der Masse zu bewegen und, wie Rod, ihre eigenen Ansichten und Absichten denen der Mannschaft unterzuordnen, ohne ihre zwischenmenschlichen Bedürfnisse und Gefühle zu äußern. Wenn sich ein Junge zum Beispiel beklagte, daß er nicht genug Anerkennung für das Fangen von Flugbällen bekommt, würde er als „Heulsuse" beschimpft. Als Erwachsene konzentrieren sich Männer in der Wirtschaft nun nicht auf Beziehungen, sondern alle richten den Blick auf die Ziellinie, und jeder tut, was er kann, um seinem Team zum Sieg zu verhelfen.

Sie hingegen waren wahrscheinlich zu Hause und spielten mit Ihrer besten Freundin. Ihr Spiel war sehr persönlich, und Ihr wichtigstes Ziel war, Ihrer Freundin näherzukommen. Mädchenspiele haben keine äußere Ziellinie; Mädchen genießen den Prozeß, beisammen zu sein und Vertrautheit miteinander zu teilen. Frauen finden diese Beziehungskomponente bei der Arbeit sehr wichtig, aber Männern kann es gewaltig gegen den Strich gehen, über Persönliches zu sprechen.

Charlene erzählte mir von ihren Schwierigkeiten mit ihrem Chef. Sie fand ihn kalt und distanziert, und sie fürchtete, daß er ihr nicht vertraute. „Ich werde mir nächste Woche einen Termin geben lassen, um mit ihm über diese Probleme zu sprechen", sagte sie.

„Vorsicht", warnte ich sie. „Das könnte nach hinten losgehen, denn Sie mögen damit aufgewachsen sein, zwischenmenschliche Themen zu diskutieren, aber Ihr Chef wahrscheinlich nicht."

Gespräche über Gefühle sind für Männer oft fremd und unangenehm, besonders am Arbeitsplatz. Charlenes Chef hat am Anfang vielleicht kein Problem mit ihr gehabt. Seine Distanziertheit reflektierte vielleicht seine Vorstellung von geschäftsmäßigem Verhalten; für ihn ist Arbeit kein gesellschaftlicher Anlaß. Eine aufgezwungene Diskussion kann sogar ein Problem schaffen, indem sie seine Gefühle der Unbehaglichkeit steigert. Er könnte Charlene als „weichliches" Weib ansehen, das dauernd „Gefühle" durchkauen muß. Daraufhin könnte er sich noch weiter distanzieren, so daß Charlenes Gefühl der Entfremdung verschärft würde.

Ich schlug Charlene vor, nicht auf die zwischenmenschliche Wärme ihres Chefs zu schauen, um festzustellen, ob alles in Ordnung sei, sondern ihre Position im Team daran abzulesen, ob er ihr Chancen gegeben hatte, „am Ball" zu sein. Außerdem ist es eine gute Idee, spezifische Arbeitsprojekte zu besprechen. Wenn sie mit ihrem Chef über ihre Arbeit sprach statt über ihre Beziehung, würde sie wahrscheinlich ihre Kommunikation verbessern, und er würde sich wohler mit ihr fühlen.

Generell ist es klug, keine persönlichen Gefühle anzusprechen, außer wenn der Chef das Gespräch darauf bringt. Selbst wenn ein Chef sein Mißtrauen fallenläßt und „persönlich wird", könnte sich das später rächen, wenn er sich deswegen unwohl oder angreifbar fühlt. Wenn Ihr Chef doch einmal über seine Gefühle spricht, ist es tatsächlich besser, sie nie wieder zur Sprache zu bringen. Sitzen Sie einfach da und hören zu! Gehen Sie nicht darauf ein!

In ihrer Horde lernen Jungen, daß Gefühle nichts mit Arbeit und mit dem Erreichen von Zielen zu tun haben. Wenn ihre Beziehungen schlecht werden, streben sie weiter auf ihr Ziel zu, selbst wenn sie einander später sabotieren. Dies ist ein erheblicher Gegensatz zu einem „Team" von Mädchen, für die das Zwischenmenschliche im Mittelpunkt steht. Wenn die Beziehungen unter Mädchen schlecht werden, hindert sie das daran, einander zu unterstützen, zusammenzuarbeiten und die Arbeit zu Ende zu bringen.

Als Einzelgängerin können Sie nicht gewinnen

Wenn Sie in einer Organisation erfolgreich sein wollen, müssen Sie
für das, was Sie tun, geschätzt werden. Teamarbeit bedeutet Zusammenarbeit mit anderen. Selbst wenn Sie gute Werke tun wie Sherry,
die Geld für Obdachlose und Bedürftige sammelte, werden männliche Kollegen Ihre Bemühungen nicht schätzen, wenn sie nicht im
Rahmen der Teamarbeit stattfinden. Die meisten Männer haben für
Alleingänge nichts übrig. Der kantige Individualist schafft es vielleicht als Unternehmer und bildet sein eigenes Team (das dann tun
wird, was er sagt), aber er wird Schwierigkeiten haben, sich in einer
Organisation einzufügen.

Die Direktorin für Weiterbildung in einem Krankenhaus beklagte
sich einmal bei mir, daß ein sehr mächtiger und arroganter Arzt ihr
das Leben zur Hölle machte. Er war fordernd, herrisch und zollte ihr
keine Anerkennung.

Ich schlug Betty vor, Dr. Logan in ihr Team zu holen, denn er war
mächtig und konnte die Verwaltung dazu bringen, Geld für seine
Lieblingsprojekte auszugeben. „Haben Sie irgendwann Gelegenheit
gesehen, das zu tun?" fragte ich.

„Tatsächlich ja", antwortete Betty. „Dieser Arzt muß seine CPR-
Prüfung wiederholen. Er hat mich gebeten, einen Abendkurs anzubieten, damit er tagsüber seine Patienten sehen kann."
Welch eine ausgezeichnete Chance, Dr. Logan auf ihre Seite zu
ziehen! „Was werden Sie tun?" fragte ich gespannt.
„Ich würde nie tun, was er will! Ich setze den Kurs am Tag an, weil
er so ein Fiesling ist", entgegnete Betty. „Diesem Nervtöter nachzugeben würde nur bedeuten, ihn für seine Gemeinheit zu belohnen."
Ich verstand Bettys Reaktion zwar, aber ich wußte, daß sie damit
gewiß nicht sehr weit kommen würde. Hätte Betty einen speziellen
Kurs eigens für Dr. Logan arrangiert, hätte sie bessere Chancen auf
seine Unterstützung gehabt. Und eines Tages wäre er vielleicht

geneigt gewesen, die Gefälligkeit zu erwidern. Doch das größere
Problem war, daß Betty nicht wußte, daß sie ein Team brauchte.

Wir Frauen sehen uns oft als unabhängig handelnde Individuen, die
eingestellt werden, um eine Arbeit zu tun. Wir erkennen oft nicht
das größere Beziehungsnetz, in dem Geschäfte gemacht werden.
Das Prinzip „eine Hand wäscht die andere" kommt uns falsch vor.
Was Frauen eigentlich wollen, ist, das Richtige zu tun, statt einander
dabei zu helfen, Machtbasen für den persönlichen Aufstieg zu
schaffen. Wir zucken zusammen, wenn wir Sätze hören wie: „Ich
werde Ihre Bemühungen unterstützen, ein neues Computernetz in
Ihrer Abteilung zu bekommen, wenn Sie meine Bemühungen um
zwei neue Stellen später in diesem Jahr unterstützen." Wir hätten es
lieber, wenn die Entscheidungen über das Computernetz und die
neuen Stellen aufgrund sachlicher Erwägungen getroffen würden.

Doch in Wirklichkeit existiert diese Art Kuhhandel und hat großen
Einfluß auf geschäftliche Entscheidungen. Sie können dies entweder ignorieren oder lernen, Ihre Verbindungen zu nutzen und öfter
zu bekommen, was Sie wollen. Sehen Sie sie wie Chips in einem
Pokerspiel! Durch diese Gegenseitigkeit werden andere entweder
mit Ihnen oder gegen Sie arbeiten, je nachdem, ob Sie bei Ihnen
Pluspunkte sammeln oder nicht. Sie tun vielleicht einer Kollegin
einen Gefallen, weil es „richtig" ist, aber die meisten Männer würden erwarten, daß Sie einen Chip für einen Gegengefallen kassieren.

Frauen sagen mir oft, sie wollten nur ihre Arbeit tun. Sie „hassen es,
all diese Spielchen mitzumachen". Oft aber können sie die Arbeit
nicht durchführen, wenn das Team sie nicht unterstützt. Wir arbeiten
auf einem Spielfeld, und wir können im Hardball nicht ohne Teamkameraden gewinnen.

Ein Team bilden

Es ist entscheidend, die Kunst der Mannschaftsbildung zu beherrschen. Andernfalls könnte man Sie für unfähig halten, Positionen oder Projekte mit mehr Verantwortung zu bewältigen. Wenn Sie aber ein Team bilden können, wird Ihre Abteilung effizient, die Arbeit wird getan und Sie lernen mehr Menschen kennen. Je höher Sie in einem Unternehmen aufsteigen, um so mehr steht auf dem Spiele, und um so unumgänglicher wird es, schlagkräftige Teams zu bilden. Mannschaftsbildung und künftige Chancen sind eng miteinander verbunden.

Bevor Sie sich Gedanken über ein Team machen, müssen Sie Ihre wichtigsten Ziele identifizieren: ein Computersystem entwickeln, das drei geographische Bereiche vernetzt, ein Trainingshandbuch für Manager entwerfen oder Beratungsmöglichkeiten für die Familien sterbender Patienten in einem Krankenhaus einrichten.

Nachdem Sie wissen, wohin Sie gehen wollen, prüfen Sie nun, wer Ihnen dabei helfen kann. Knüpfen Sie Verbindungen! Berücksichtigen Sie Leute aus anderen Abteilungen oder weit oben in der Hierarchie! Sie könnten Enid in der Reproduktion brauchen und Francine, die Sekretärin des Geschäftsführers. Auch Sunny am Empfang könnte äußerst hilfreich sein.

Prüfen Sie als nächstes, wer Sie aus einem der folgenden Gründe daran hindern könnte, Ihre Ziele zu erreichen:
● Er/sie verliert Macht.
● Sie gewinnen zuviel Macht.
● Er/sie mag Veränderungen nicht.
● Er/sie findet den Status quo völlig in Ordnung.

Versuchen Sie, möglichst viele dieser entscheidenden Spieler in Ihr Netzwerk einzubeziehen. Können Sie Macht und Ruhm mit potentiellen Saboteuren teilen? Können Sie ihnen den Status quo unangenehm machen? Können Sie Ihren neuen Weg angenehmer erreichen? Prüfen Sie bei denen, die bereit sind, Sie zu unterstützen, welche Gefälligkeiten (Chips) Sie austauschen können, um diese Loyalität zu behalten! Ihre generelle Strategie lautet: Wie kann ich die belohnen, die mir helfen, und es den anderen unangenehm machen?

Teambildung – Zusammenfassung

Identifizieren Sie ein Ziel, das Sie erreichen wollen!

1. Erstellen Sie eine Liste der Spieler, die Ihren Erfolg beeinflussen können. Teilen Sie diese in zwei Spalten: die, die helfen können, das Ziel zu erreichen, und die, die Sie daran hindern können. (Manche Leute, etwa Ihr Chef, können in beide Spalten passen.)
2. Analysieren Sie, wie jeder Spieler gegenwärtig zu Ihnen und Ihrem Ziel steht! Wer kann etwas bewirken und ist schon auf Ihrer Seite? Wer kann etwas bewirken und will Ihnen ein Bein stellen?
3. Wie können Sie Ihre Gegner in Ihr Team bekommen?
4. Wie können Sie sich die Unterstützung bewahren, die Sie schon haben?
5. Wie können Sie diejenigen, die Ihr Projekt behindern können, davon abbringen, es zu tun? Können Sie Chips eintauschen? („Wenn ich meine neuen Ideen zur Beförderung präsentiere, kann ich hoffentlich auf Ihre Unterstützung hoffen, wie ich sie Ihnen neulich für Ihr Computersystem geben konnte.")

Freundschaft oder Freundschaftlichkeit

Beziehungen mit Teamkameraden können sich erheblich von Freundschaften unterscheiden. Wenn wir Frauen uns für jemanden engagieren, dann mit einer Inbrunst, die den meisten Männern fremd ist. Unsere leidenschaftliche Loyalität kann uns beim Hardball-Spielen beeinträchtigen, wenn sie unsere Entscheidungsprozesse und unsere Fähigkeit zum Taktieren trübt.

Frauen haben immer Freundschaften; Männer sind freundschaftlich. Die Verhaltensweisen scheinen zunächst gleich, doch die zugrundeliegenden Regeln sind es nicht. Für Frauen ist eine Freundin in allen Situationen eine Freundin: in einer Konferenz, beim Essen, wenn der Chef unzufrieden über ihre Leistung ist und wenn sie konkurrierende Bedürfnisse haben. Die Freundschaftlichkeit der Männer hingegen kommt und geht, je nach Bedarf. Frauen wachsen mit einer Bindung an ihre besten Freundinnen auf. Männer wechseln die Seiten und Loyalitäten wie das Mannschaftshemd. Bedenken Sie, wie mühelos Baseballspieler ausgetauscht werden!

Tara, die Geschäftsführerin eines mittelständischen Unternehmens, das Teilzeitpersonal vermittelt, ging fast in die Loyalitätsfalle. Zu ihrer Verblüffung wurde sie für eine Position im Topmanagement einer großen, landesweiten Organisation geworben, die einer ihrer Hauptkonkurrenten war. Die Stellung reizte sie, die Bezahlung wäre phantastisch gewesen, und sie mußte nicht einmal umziehen. Doch als ich sie fragte, warum sie so zögerte, die Stellung anzunehmen, erklärte Tara: „Ich habe dieses Großunternehmen immer als meinen Feind gesehen. In den letzten Jahren haben sie gezielt versucht, meiner Firma die Kunden abzuwerben. Für sie zu arbeiten wäre illoyal."

Ich wies Tara darauf hin, daß das eine sehr weibliche Sicht der Situation war. „Ich weiß", räumte sie ein. „Simon, der Headhunter, erklärt mich für verrückt." Schließlich gewann Taras logische, karriereorientierte Seite. Sie nahm die Position an und sparte im ersten Jahr 1,25 Mio. Dollar für die neue Firma.

Eine unserer großen Stärken ist unsere Treue zu Freunden. Doch Unternehmen sind Hierarchien, und Freundschaft mit hierarchischen Beziehungen zu vermischen, kann Frauen zu Verliererinnen machen. Ich habe gesehen, daß Frauen durch ihr Engagement für Freundschaften in ihrer Laufbahn gebremst wurden. Anne bekam das Angebot, zur leitenden Angestellten aufzusteigen, aber sie lehnte die Beförderung ab, weil es ihr illoyal vorkam, ihre Freundinnen zu verlassen. Noch schlimmer ist die Aussicht, mit einer Freundin um eine Position zu konkurrieren. Ich habe erlebt, daß Frauen sich eisern weigerten, um eine Beförderung zu bitten, weil sie wußten, daß eine Freundin sich um die Stelle bewarb. Männer sehen solche Konkurrenz als Teil des Spiels: „Möge der Bessere gewinnen." Die meisten Frauen erleben sie als Verrat.

Mit Erfahrung und Übung können wir jedoch die Tendenz überwinden, Freundschaften Vorrang vor beruflichen Entscheidungen zu geben. Ich wurde vom Vorstandsvorsitzenden einer Softwarefirma gebeten, mit seiner Geschäftsführerin zusammenzuarbeiten. Lucy war eine brillante Strategin und ein herzensguter Mensch; ihre Mitarbeiter lagen ihr am Herzen. Doch die Tatsache, daß sie sich eng mit einem ihrer Stellvertreter befreundet hatte, schuf erhebliche Probleme in der Organisation.

Alan war ein charismatischer Charmeur, der Lucy mit der Stärke seiner Persönlichkeit gewonnen hatte. Er leistete wenig, aber Lucy tat sich schwer, ihm das aufrichtig zu sagen, weil sie seine Freundin war. Als er klagte, sie sei zu hart mit ihm, zog sie sich noch weiter zurück. Die Situation wurde schlimmer. Er jammerte vor seinen Mitarbeitern über sie und versuchte, sie hinter ihrem Rücken beim Vorstandsvorsitzenden anzuschwärzen.

Als Lucy und ich einander kennenlernten, erklärte ich ihr den Unterschied zwischen Freundschaft und Freundschaftlichkeit und empfahl ihr, sich auf Freundschaftlichkeit zurückzuziehen. Als Lucy das Problem endlich in Begriffe fassen konnte, begann sie, sich zu verändern. Sie setzte wöchentliche Konferenzen zur Leistungsbewertung an, gefolgt von monatlichen schriftlichen Berichten über Alans Ziele und Leistungen. Sie bat mich, bei einer der monatlichen Sitzungen dabeizusein.

Lucy diskutierte als erstes die ausstehenden Zahlungen, die so hoch geklettert waren wie noch nie. „Das ist weit mehr, als du und ich vor drei Monaten vereinbart haben", sagte sie zu Alan.

„Ach komm, du weißt, wie hart ich gearbeitet habe", schoß er zurück. „Wir tun, was wir können, um die ausstehenden Zahlungen zu senken. Du bist nicht fair." Alan wußte, daß Fairneß ein wirkliches Problem für Lucy war; sie mißtraute immer ihrer Unparteilichkeit. Dies war eine wirkliche Prüfung für sie: Konnte sie sich dem Knopf „Freundschaft/Fairneß" verweigern?

„Du und ich haben eine Vereinbarung über die ausstehenden Zahlungen getroffen", antwortete sie sachlich. „Und du hast die Vereinbarung nicht gehalten." Alan konnte nicht länger darauf zählen, daß Lucy aus dem Bauch reagierte. Schließlich kündigte er, weil er sie nicht länger manipulieren und mit seiner schlechten Leistung durchkommen konnte.

Die Loyalität, die wir als Frauen entwickeln, ist bei Beziehungen zwischen Gleichrangigen, die auf langfristige Bindung angelegt sind, zu loben. Doch Loyalität kann stören, wenn Sie Hardball spielen: Es ist schwierig, die Leistung einer Freundin zu bewerten, einem Freund eine unangenehme Aufgabe zu übertragen oder bei einer wichtigen Konferenz offen zu widersprechen. Durch Freundschaftlichkeit statt Freundschaft können Männer bei Bedarf schnell Bündnisse schließen und ändern.

Wie können wir Frauen lernen, das gleiche zu tun? Versuchen Sie es mit den folgenden drei Schritten:

1. Äußern Sie sich! Sprechen Sie mit Ihren Freundinnen darüber, wie wichtig es ist, uneinig sein zu können!

2. Bringen Sie es auf eine höhere Ebene! Erklären Sie, daß es nicht darum geht, Beziehungen zu schädigen, sondern um den Inhalt der Auseinandersetzung! Die Bemerkung: „Ich möchte nicht, daß du es persönlich nimmst", kann verletzte Gefühle bereits beschwichtigen.

3. Machen Sie weiter! Es ist wichtig, uneinig zu sein und dann weitermachen zu können, ohne die Beziehung zu gefährden!

Solches Verhalten ist für Frauen nicht immer leicht zu ertragen. Ein Mann kann einer Kollegin in einer Konferenz heftig widersprechen, dem Chef sagen, daß ihre Idee nichts taugt und gegenüber Kollegen in anderen Abteilungen andeuten, daß er ihre Fähigkeit anzweifelt, ein bestimmtes Projekt durchzuziehen. Seine Kollegin fühlt sich wahrscheinlich durch sein Verhalten verraten, es sei denn, sie versteht es als normalen Bestandteil des Hardball-Wettkampfes.

Wenn Sie in so einer unerfreulichen Situation sind, bedenken Sie, daß es für ihn ein Spiel ist. Er konkurriert auf die einzige Weise, die er kennt. Es scheint und klingt wie ein persönlicher Angriff und ein Verrat der Freundschaft, aber das ist es nicht. Es paßt nur gerade nicht in sein Konzept, freundschaftlich zu sein.

Statt zu denken „Was habe ich diesem Kerl getan, daß er sich gegen mich wendet?", müssen Sie sich etwas einfallen lassen, das Sie ihm erwidern können: „Was soll das heißen, ich hätte keine Erfahrung? Ich habe drei solche Projekte gemacht, bevor ich herkam." Dann gehen Sie zum Gegenangriff über, statt defensiv zu werden. „Sie wissen nur nichts von meiner Erfahrung. Wenn Sie besser Bescheid wüßten, würden Sie das nicht sagen." Nach der Konferenz lassen

Sie das Thema fallen. Die Auseinandersetzung ist nie geschehen, was Ihre Beziehung betrifft, und sollte sie weder positiv noch negativ beeinflussen.

Die folgende Übung sollte Ihnen helfen, sich auf eine Herausforderung von einem Kollegen vorzubereiten.

Einen Überraschungsangriff abwenden

Erinnern Sie sich an einen Überraschungsangriff von einem Freund?

1. Was war Ihre Reaktion? „Das habe ich nicht verdient." „Warum greift er mich an?" „Ich dachte, er wäre mein Freund." Schreiben Sie Ihre ehrlichen Gedanken nieder!
2. Was könnten Sie sich selbst statt dessen in einer solchen Situation sagen? „Er hat keine Ahnung, wovon er redet." „Ich bin die Beste für das Projekt." „Was kann ich sagen, um seinen negativen Kommentar abzuschießen?" Schreiben Sie Ihre Gedanken nieder!

Mit Leuten spielen, die Sie nicht unbedingt mögen

Jungen wissen, daß sie, um ein Spiel zu gewinnen, Mannschaftskameraden mit bestimmten Eigenschaften brauchen: Beweglichkeit, Koordination, einen starken Wurfarm, ein gutes Auge, Härte. Auch wenn Männer ein Arbeitsteam auswählen, suchen sie nach den Eigenschaften, die sie brauchen, um das Ziel zu erreichen, ohne darauf zu achten, ob ein Mitglied des Teams ein guter Mensch ist.

Frauen hingegen wollen mit Leuten zusammensein, die „nett" sind. Wenn wir glauben, einem Kollegen nicht vertrauen zu können, wollen wir nichts mit ihm zu tun haben. So können wir unabsichtlich die Ressourcen begrenzen, die uns zur Verfügung stehen.

Brenda leitete die Personalabteilung in einem Raumfahrtunternehmen. Etliche Jahre fehlte ihr die finanzielle Unterstützung, um Programme durchzuführen, die ihr besonders wichtig waren. Ihr größtes Hindernis war der Etatchef Todd, der ihre Mittel für bestimmte Kategorien einschränkte und dann weiter diktierte, wie sie das Geld ausgeben durfte. Mit Managern, die seine Spezis waren, war er nicht annähernd so streng.

Als Brenda sich bei ihrem Chef beschwerte, quittierte er ihre Klage mit einem Schulterzucken und sagte: „Brenda, Sie müssen lernen, Ihre Schlachten selbst zu schlagen."

Bei einem Seminar für Frauen in der Wirtschaft riet ich Brenda, sich mit Todd anzufreunden. Der Gedanke war ihr zuwider. „Ich kann den Kerl nicht ausstehen. Er ist ein Tyrann, der einfach gern den großen Macker heraushängt."

Ich erklärte ihr, daß Persönlichkeit nichts damit zu tun hatte: „Todd mag ein Tyrann sein, aber Sie brauchen ihn, wenn Sie das Geld bekommen wollen, das Sie haben müssen, um Ihre Ziele zu verfolgen."

Widerstrebend willigte Brenda ein, es zu versuchen. Als ich ihr drei Monate später begegnete, merkte ich, daß sie begann, die Hardball-Regeln zu lernen. „Ich habe angefangen, sehr nett zu Todd zu sein", sagte sie. „Ich habe ihm bei einem heiklen Personalproblem geholfen, und wir sind sogar einige Male zusammen zum Mittagessen gegangen. Ich würde ihn mir nicht aussuchen, um eine Menge Zeit mit ihm zu verbringen, aber ihn auf meiner Seite zu haben, macht es mir doch sehr viel leichter."

Viele Männer haben diese Schwierigkeiten nicht. Um gut mit jemandem zusammenzuarbeiten, müssen sie nur freundschaftlich sein. Sie sehen keine Notwendigkeit, anderen Zugang zu ihrer persönlichen Welt der Gefühle und Beziehungen zu geben. Es ist üblich, andere auf Armeslänge zu halten. Um persönliche Gefühle geht es nicht. Das kann uns Frauen aufgrund unserer Vorstellung von Freundschaft heuchlerisch vorkommen. Doch beim Hardball ist wirklich nicht mehr gefragt als Freundschaftlichkeit. Das einzige, worum es geht, ist das Ziel zu erreichen.

Ich mag kein Rechnungswesen lernen

Eine Teamspielerin sein heißt auch Dinge tun, zu denen Sie keine Lust haben. Sie machen mit, weil Sie zum Team gehören, und das Wohl des Teams ist Ihr größtes Anliegen.

Ich versuchte, ein Seminar in einem Krankenhaus zu planen. Die Leiterin des Pflegepersonals sagte mir: „Also, Donnerstag früh ist die Finanzkonferenz. Das Pflegepersonal ist eingeladen, aber wir gehen gewöhnlich nicht hin; setzen wir das Seminar also dann an."

Das kam mir seltsam vor, denn gewöhnlich sind die Finanzen eines Krankenhauses ein großer Zankapfel, besonders für das Pflegepersonal.

So fragte ich: „Dorothy, sagen Sie mir, warum schwänzen Sie die Finanzkonferenz?"
„Ach, die sind so langweilig", antwortete sie. „Die Hälfte der Zeit weiß ich nicht, wovon die Rede ist, und die andere Hälfte interessiert es mich nicht."

Ich bin ziemlich sicher, daß diese Konferenzen wirklich langweilig waren, aber dort fanden wichtige Auseinandersetzungen statt, und man konnte dabei viel gewinnen oder verlieren. Wenn die Leiterin des Pflegepersonals nicht da war, um ihr Team zu vertreten, würde ihre Abteilung der große Verlierer sein, zumal Dorothy ein Lieblingsprojekt durchführen wollte – einen neuen Beratungsdienst für sterbende Patienten –, das finanzielle Unterstützung brauchte.

Als ich meine Meinung äußerte, sagte Dorothy: „Schauen Sie, ich bin Krankenschwester geworden, um Patienten zu pflegen. Diese Finanzleute sprechen eine fremde Sprache. Ich lasse sie lieber allein mit ihren Zahlen spielen." Das sollte sie aber nicht, denn wenn sie es tut, verliert ihr Team den Zugang zu Informationen und Geld. Betty, die Direktorin für Weiterbildung, die ich schon erwähnte, lernte, für ihr Team unangenehme Dinge zu tun. Nach unserem Gespräch über den ekelhaften Dr. Logan beschloß sie, einen speziellen CPR-Kurs am Abend anzubieten. Bevor sie ihn ankündigte, hielt sie mit Dr. Logan Rücksprache, um festzustellen, ob er den Termin wahrnehmen konnte. Sie sagte, daß sie diesen Kurs eigens für seine Bedürfnisse angesetzt hatte. Er besuchte ihn und war daraufhin höflicher zu Betty als je zuvor. Später sagte Betty zu mir: „Ich habe es nicht gern getan, aber ich sehe, daß es sich für mich gelohnt hat."

Das Ziel des Teams kennen

Selbst wenn Sie Ärztin, Anwältin, Finanzanalystin oder Büroleiterin sind, Sie sind auch Verkäuferin. Verkaufen mag nicht zu ihrer Tätigkeitsbeschreibung gehören, aber wie gut Sie Ihre Ideen verkaufen können, wird entscheiden, wie erfolgreich Sie sie umsetzen. Teams haben immer Ziele; das ist ihre Daseinsberechtigung. Darum müssen Sie, wenn Sie Ihre Ideen verkaufen, zeigen, wie sie Ihrem Team helfen, seine erklärten (und unerklärten) Ziele zu erreichen.

Isabelle war Personalchefin in einem produzierenden Unternehmen. Dem Unternehmen war es am wichtigsten, wie viele Teile jeden Monat abgeschickt wurden. Die Organisation hinkte mit ihren

Sendungen chronisch hinterher und folglich auch mit dem Geldverdienen.

Durch Gespräche mit Mitarbeitern war Isabelle sehr deutlich geworden, daß ihre Moral miserabel war. Deshalb bat sie die Führungskräfte zu einer Konferenz und präsentierte ein Programm, das
die Mitarbeiter an der Identifizierung und Lösung von Problemen
beteiligen und dadurch ihre Moral heben sollte. Noch während sie
sprach, sah sie, wie die Augen der Manager glasig wurden. Sie und
ihre Ideen wurden abgelehnt, noch bevor sie ihren Plan vollständig
präsentieren konnte.

„Ich bin frustriert und wütend, daß die Führungskräfte nicht weit-
sichtig genug waren, sich um die Moral der Mitarbeiter zu kümmern", sagte sie in einem Gespräch mit mir.
„Ja, und worum kümmern sie sich?"
„Sie reden immer nur von Versandzahlen", klagte sie.
„In dem Fall müssen Sie Ihrem Team zeigen, wie Sie ihnen helfen
können, dieses Ziel zu erreichen", riet ich.

Ein paar Monate später enthüllte Isabelle ihre Idee zur Produktivitätssteigerung. Sie präsentierte Forschungsergebnisse über die Korrela-
tion von Beteiligung, Einstellung und Produktivität der Mitarbeiter.
„Sie sahen mich völlig anders an", erzählte sie. „Sie hörten zu und
stellten sogar Fragen. Und dann führten sie mein Programm durch."

Wie Isabelle lernte, können wir unsere Ideen gewöhnlich so vermitteln, daß man das Richtige tun und gewinnen kann.

Wollen Sie gewinnen, oder wollen Sie fair sein?

Männer wollen gewinnen; Frauen wollen fair sein. Zwar sagt man
Jungen: „Es geht nicht darum, ob du gewinnst oder verlierst, sondern wie du spielst", aber sehr wenige glauben daran. Wenn man ein

Spiel spielt, dann um zu gewinnen. Für Mädchen hingegen geht es um Beziehungen. Fair sein fördert Nähe und Gleichheit.

Infolge dieser frühen Erziehung kommen Männer und Frauen mit unterschiedlichen Vorstellungen von dem, was „richtig" sei, in die Wirtschaft. Für Männer bedeutet das richtige Handeln, alles zu tun, was notwendig ist, um ein Ziel zu erreichen; für Frauen bedeutet es zu tun, was für alle fair ist. Weil uns diese Motivationen so wichtig sind, merken wir oft nicht, daß unsere Kollegen von einem anderen Bezugsrahmen ausgehen.

Wenn Ihre Firma gezwungen ist, Personal zu entlassen, werden Sie wahrscheinlich sofort merken, wie verschieden diese Vorstellungen sein können. Ich arbeitete kürzlich für einen mittelständischen Werkzeugmaschinen-Hersteller, der etwa 60 Leute entließ. Die Top-manager waren zusammengekommen, um die Entlassungsaktion zu planen und zu besprechen, wie die Gekündigten abgefunden und wie sie benachrichtigt werden sollten (in Einzelgesprächen, in kleinen Gruppen oder einer großen Gruppe). Die Personalchefin, Corinna, und die Direktorin für Informationssysteme, Heather, waren die einzigen Frauen in der neunköpfigen Gruppe.

„Ich denke, ein zusätzliches Monatsgehalt ist die fairste Summe", sagte Corinna, als die Diskussion auf Abfindungen kam.
Heather stimmte ihr zu. „Wir sollten die Mitarbeiter in Einzelgesprächen benachrichtigen", fügte sie hinzu. „Das wäre am wenigsten peinlich und am respektvollsten."

Doch die Männer, auch der Geschäftsführer, kamen immer wieder auf das Minimum zu sprechen, das sie leisten mußten, wenn sie die Firma nicht in juristische Schwierigkeiten bringen wollten. Die Männer fanden sogar, es sei das Beste für die Sicherheit, wenn die gekündigten Mitarbeiter von einer Wache aus dem Gebäude begleitet wurden, weil sie wütend darüber sein könnten, wie man sie abgespeist hatte, und sich vielleicht rächen wollten.

„Es ist nicht fair, loyale Mitarbeiter so zu behandeln", protestierten Corinna und Heather. Für die Männer jedoch hatte Fairneß mit alledem nichts zu tun. Sie wollten tun, was richtig war, um zu gewinnen, und Gewinnen bedeutete für sie, soviel Geld für das Unternehmen zu behalten, wie sie konnten, ohne verklagt zu werden.

Trotz unserer Neigung zum Gegenteil hat Gewinnen im Hardball-Spiel oft Vorrang vor Fairneß. In einer Firma, für die ich arbeitete, entließ ein Manager grundlos einen langjährigen Mitarbeiter. Dann benutzte er das Gehalt des Mannes, um ein großes Projekt zu starten, das ihm hohe Anerkennung und Aufstiegschancen einbrachte. Der Manager sah das als gute Taktik an und meinte, der Mitarbeiter werde woanders Anstellung finden.

In den folgenden Diskussionen konzentrierten die Mitarbeiterinnen sich darauf, wie unfair es sei, jemandem grundlos zu kündigen. Sie fanden den Manager grausam und rücksichtslos. Die Männer hingegen spekulierten über das neue Projekt des Managers. Sie fanden, er habe richtig gehandelt; außerdem meinten sie: „Wenn ihr die Hitze nicht vertragt, dann verlaßt doch die Küche."

Diese grundverschiedenen Sichtweisen verursachen Unbehagen und Argwohn gegen das andere Geschlecht. Was tun gegen diese Gefühle? Am besten erinnern wir uns daran, daß Männer aus einer anderen Kultur stammen. Sie tun die Dinge anders, aber das ist eben ihre Art. Es ist wichtig, ihre Art nicht persönlich zu nehmen, denn sie ist nicht persönlich; sie ist kulturell bestimmt. Doch wie können wir erreichen, was wir wollen, etwa Gerechtigkeit, wie im Fall von Corinna und Heather mit den gekündigten Angestellten? In Zeiten wie diesen ist es das Beste, unsere Ideen so zu präsentieren, daß Männer sie schätzen können. Es kann zum Beispiel klug sein, das Anliegen „Fairneß" in Begriffe zu fassen, die mit „Gewinnen", entsprechend den Zielen der Firma, zu tun haben.

Corinna hätte zum Beispiel sagen können: „Wie Sie wissen, haben wir aus den Daten von Vermittlungsagenturen gelernt, daß Mitarbeiter, die weitervermittelt werden, weniger wahrscheinlich gegen die Kündigung klagen. Wenn wir diese entlassenen Mitarbeiter fair behandeln, werden wir am Ende die großen Gewinner sein."

Mogeln

Kürzlich hielt ich ein Seminar über geschlechtsspezifische Unterschiede mit einer Gruppe, die aus gleichvielen Männern und Frauen bestand. Ich bat die Männer, uns zu sagen, welche Lektionen sie aus dem Mannschaftssport gelernt hatten.

„Ein Führer zu sein", sagte einer.
„Kritik zu vertragen", sagte ein anderer.
Bald kam eine Lektion nach der anderen.
„Zu verlieren."
„Zu tun, was der Trainer sagt."
„Einen Schlag wegzustecken."
„Aggressiv auszusehen, auch wenn man es nicht ist."

Sie hatten etwa ein Dutzend aufgezählt, als drei Männer gleichzeitig sagten: „Zu mogeln."

Die Frauen in der Gruppe konnten es nicht fassen. Eine von ihnen ergriff das Wort. „Ich bin schockiert. Was meinen Sie mit mogeln? Das sollten Sie wohl lieber erklären." Die anderen Frauen nickten und murmelten zustimmend.

Die Männer waren ihrerseits überrascht über die Reaktion der Frauen. Mogeln schien so selbstverständlich zum Spiel zu gehören, daß es kaum der Rede wert war. Schließlich sagte ein Teilnehmer: „Wann immer der Schiedsrichter, der Linienrichter, der Verteidiger, wer auch immer, nicht hinschaut, mogelt man, so gut man kann. So wird das Spiel gespielt."

Sogar im Profisport trifft das zu. Bei einem Oakland A-Spiel sprach ein Spieler kürzlich mit einem Kommentator über befeuchtete Bälle. „Ich wurde nicht erwischt, also habe ich nicht gemogelt", sagte er. Für ihn gehörten Regelverstöße zum Spiel dazu. Festhalten und Facemasking im American Football und Fouls im Basketball sind übliche Arten des Mogelns im Sport.

Für Frauen hingegen diktieren Regeln, wie sie sich verhalten soll- ten. Es ist fair, die Regeln zu befolgen. Doch für viele Männer sind Regeln nur dann Regeln, wenn man beim Verstoß gegen sie erwischt wird. So glauben Frauen gewöhnlich, wer beim Mogeln erwischt werde, habe vom System die entsprechende Strafe zu erhalten. Das ist nicht immer der Fall. Ich kannte zum Beispiel einen Mann, der gerade seine erste Stellung nach dem Diplom bekommen hatte. Jeremy wurde auf eine Geschäftsreise in seinen Heimatort ge- schickt. Am letzten Abend seines Aufenthalts besuchten ihn seine alten Schulfreunde im Hotelzimmer, und heraus kam eine astrono- mische Rechnung für Zimmerservice.

Jeremy kehrte reumütig und beschämt an seinen Arbeitsplatz zurück. Er genierte sich, seinem Chef von der Rechnung zu erzählen, und fürchtete, seinen Posten zu verlieren. Als er sich endlich ein Herz faßte und beichtete, sagte sein Chef: „Passen Sie mal auf, ich zeige Ihnen, wie Sie das auf der Spesenabrechnung verstecken können!"

Männer wenden diese Hardball-Lektion im Geschäft täglich an. Ich war überrascht, als mir einmal ein Manager einer Firma, für die ich arbeitete, voll Stolz erzählte, wie er ein ganzes Kofferset auf Spesen gekauft hatte. Sein Chef, sagte er, hatte nie etwas gemerkt. Ich war nicht erstaunt, daß er es getan hatte, denn er war ein ziemlich schmieriger Charakter, aber ich war erstaunt, daß er es mir mit soviel Stolz erzählte.

Am Anfang meines Berufslebens besuchte ich ausnahmsweise einmal den Chef meines Vorgesetzten. Während wir über etwas anderes sprachen, bekam er einen Anruf von einem Zulieferer, Jack, der ein Treffen um 16 Uhr bestätigte. Fünf Minuten später rief Michael an, einer von Jacks Konkurrenten. Unser Chef sagte ihm, er habe sich definitiv von seiner Bindung an Jack gelöst. Während er mit Michael sprach, lächelte er mir augenzwinkernd zu, als wollte er sagen: „Den Typ ziehe ich richtig über den Tisch." Ich weiß noch, daß ich rot wurde. Ich schämte mich für diesen Manager und war völlig perplex, daß er so offensichtlich vor mir log und sich nicht genierte.

Für Frauen ist Mogeln eine Frage der Moral. Für Männer ist es etwas ganz anderes. Wie Jinx Melia in *Breaking into the Boardroom* erklärt: „Die japanische Sprache enthält Wörter, die nur von Männern gebraucht werden, und andere nur für Frauen. Wenn das gleiche für die englische Sprache zuträfe, wäre ‚bluff' ein männliches Wort." Wenn es ihnen nützt, zögern viele Männer nicht, die Wahrheit zu verbiegen.

Wo ist die Grenze zwischen Mogeln und Stehlen, Hardball-Taktik und Korruption, Mauschelei und Verbrechen? Die US-Sparkassen-Schweinerei der 80er Jahre ist ein gutes Beispiel dafür, was geschehen kann, wenn das Mogeln überhand nimmt. Der Staat – und die Gesellschaft generell – divergieren in der Auffassung, was akzeptabel ist und was nicht. Ich habe zwar meine eigenen ethischen Standards, aber ich glaube, es wäre anmaßend von mir, richtige Wirtschaftsethik diktieren zu wollen. Die Werte werden festgelegt, wenn ein Mensch halbwüchsig ist. Wir müssen unseren eigenen Werten treu sein, wenn wir bestimmen, wo wir die Grenze ziehen, die wir um keinen Preis überschreiten.

Doch selbst wenn auch Sie fest daran glauben, Sie sollten immer die Wahrheit sagen, sind Sie manchmal in einer Lage, in der Ihnen nichts anderes übrigbleibt, als die Tatsachen ein wenig zu verdrehen. Sie können sogar um der Solvenz Ihrer Firma willen dazu gezwungen sein. Sharon war Vizepräsidentin für Patientendienste in einem Krankenhaus einer sehr wohlhabenden Gegend. Kurz nach der Unterzeichnung eines fünfjährigen Mietvertrages für Büroräume in einem benachbarten Gebäude änderte das Krankenhaus seine langfristige Strategie und brauchte die Räume nicht länger. Sharons Vorgesetzter, der Generaldirektor, übertrug ihr die undankbare Aufgabe, aus dem Vertrag herauszukommen.

Zuerst versuchte Sharon es mit einem finanziellen Anreiz für den Vermieter. Nichts zu machen. Dann schmeichelte und argumentierte sie, ohne Erfolg. Schließlich ließ sie das folgende Schild an die Tür zu den Büros anbringen: PSYCHIATRISCHES BEHANDLUNGS-ZENTRUM FÜR JUGENDLICHE. Ein paar Tage später brachte sie einen handgeschriebenen Zettel unter dem Schild an: „An die Mieter: Wir werden bald unser Behandlungszentrum für geistig gestörte Teenager eröffnen. Wenn Sie jemanden finden, der in der Toilette Drogen nimmt, die Wände beschmiert oder Sie oder Ihre Klienten belästigt, lassen Sie es uns bitte wissen. Bay Hospital, Verwaltung." Innerhalb von zwei Tagen war das Krankenhaus aus dem Vertrag heraus.

Wie geschickt Sie im Bluffen werden, ist eine Entscheidung, die Sie selbst treffen müssen. Ich empfehle Ihnen zwar nicht, sich mit Haut und Haaren der Welt des Lügens und Betrügens zu verschreiben, aber ich glaube schon, daß Sie wissen müssen, daß andere beim Hardball-Spielen mogeln und bluffen. Manchmal werden Sie selbst diese Strategien anwenden müssen.

Die Sprache sprechen

Jedes Team entwickelt seine eigene Sprache. Der Jargon dient nicht nur als Stenographie, er markiert auch, wer „dazugehört" und wer nicht. Firmensprache ist tatsächlich etwas Fließendes. Wenn zum Beispiel der Geschäftsführer plötzlich ein neues Modewort benutzt, können Sie sicher sein, daß die übrige Belegschaft es sehr bald übernimmt. (Finge hingegen eine Sekretärin damit an, nähme niemand davon Notiz.) Akronyme für geschäftliche Funktionen wie R&D, ROI, ECO, SEC, STAT, STET, MEDS, DOU und RAM sind jeweils spezifisch für Berufe, Branchen und Organisationen. Je mehr Sie klingen können wie eine, die „dazugehört", desto eher werden Sie von den Mitgliedern der Gruppe als Teamspielerin anerkannt.

Wenn Sie nicht den gleichen Jargon wie die anderen im Team sprechen, dann werden Sie nicht als ihresgleichen behandelt. Außerdem können Sie sich verwirrt fühlen und verlieren die Chance, einen wertvollen Beitrag zu leisten. Wenn Dorothy, die Leiterin des Pflegepersonals, wirklich eine mächtige Spielerin werden wollte, müßte sie nicht nur lernen, daß ROI „Return on Investment" bedeutet, sondern sie müßte auch damit argumentieren, daß der neue Dienst, den sie einrichten wollte – Beratung für Familien sterbender Patienten –, einen hohen ROI haben wird, denn die Familien würden das Krankenhaus positiv in Erinnerung behalten und später wiederkommen. Wenn sie nicht die Sprache des Etatdirektors spricht, wird sie kein Mitglied in seinem Team sein. Folglich wäre sie außerstande, ihre Ideen zu verkaufen und die Bedürfnisse ihrer Abteilung zu erfüllen.

Manchmal wird die Berechtigung, Mitglied eines Teams zu sein, daran getestet, ob man dessen Sprache spricht. Vor nicht allzu langer Zeit saß ich in einer Konferenz eines Flugzeugherstellers; man hatte mich hinzugezogen, um Team-Aufbauarbeit mit den Führungskräften zu leisten. Ein neues Mitglied des Führungsteams war offen-

sichtlich nicht sehr davon angetan, eine Frau an dem Entwicklungs-
prozeß beteiligt zu sehen. Um mich zu testen, begann er, darüber zu
reden, ob die hohe ECO-Zahl etwas mit einer Kommunikations-
lücke zu tun habe.

Zum Glück hatte ich einige Jahre in der Raumfahrt gearbeitet und
kannte *Engineering Change Orders*, „ECOs" (Konstruktions-Ände-
rungsanweisungen). Hätte ich diesen Mann bitten müssen, seine
Begriffe zu definieren, so hätte ich meine eigene Glaubwürdigkeit
vernichtct, und cr hättc dic nötige Munition gehabt, um mich auszu-
schließen. Ich antwortete, seine Annahme treffe wahrscheinlich zu,
er entspannte sich sichtbar, und damit war es erledigt.

Wenn Sie in einer Konferenz sitzen, in der nur Computerjargon
gesprochen wird, den Sie nicht verstehen, finden Sie höchstwahrscheinlich einen Weg, sich selbst die Schuld für Ihr Unwissen zu
geben. Sie denken vielleicht: „Ich bin nicht kompetent, um in dieser
Konferenz zu sein . . . man hätte mich nie wählen sollen", oder „Ich
sollte das wissen, aber ich weiß es nicht." Die typisch männliche
Reaktion ist hingegen, in die Offensive zu gehen: „Wovon zum
Teufel redet ihr eigentlich? Könnt ihr kein Deutsch?"

Wenn Sie unter Gleichrangigen sind, könnte es effizient sein zu
sagen: „Sie sprechen alle Computerjargon, und ich verstehe die
Sprache nicht. Könnten Sie das erklären oder Ausdrücke benutzen,
die ein Laie versteht?" Wenn Sie hingegen in einer großen Konferenz sind oder am unteren Ende der Hackordnung stehen, können
Sie nicht um Erklärungen bitten, ohne auf Ihr Unwissen aufmerksam zu machen. In diesem Fall ist es das Beste, die Begriffe, die Sie
nicht verstehen, aufzuschreiben und nach der Konferenz eine Person zu fragen, der Sie vertrauen. Für künftige Konferenzen sollten
Sie unbedingt den Computerjargon lernen.

Vor und nach Konferenzen taktieren

Konferenzen gehören zu den sichtbarsten Arenen, in denen von
Ihnen erwartet wird, daß Sie Ihre Teamzugehörigkeit zur Schau
stellen. Doch die innere Mechanik einer Konferenz ist Frauen oft
ein Rätsel, besonders, da die meisten von uns nicht wissen, daß die
eigentlichen Konferenzen stattfinden, bevor die Konferenz beginnt
und nachdem sie vorbei ist. Es kann Ihr Fortkommen untergraben,
wenn Sie diesen Aspekt des Teamspiels nicht ertragen.

Nehmen wir Amy. Als sie medizinische Direktorin einer großen
städtischen Klinik wurde, beschloß sie, die Klinik könne bessere
Versorgung anbieten und Geld sparen, wenn sie Fachärzte einstellte,
statt die Patienten zu ihnen zu schicken. Dies bedeutete allerdings
eine größere Umstrukturierung des medizinischen Personals. Amy
präsentierte ihren Plan bei einer Konferenz der Krankenhausleitung.
„Meine Kollegen schienen die Logik schon zu verstehen", berichtete Amy, „aber trotzdem bekämpften sie mich." Sie kam, um mich
um Rat zu fragen, wie sie ihr Ziel erreichen konnte.

„Haben Sie diese Idee zufällig bei der Konferenz zum erstenmal
vorgebracht?" fragte ich.
„Natürlich", erwiderte sie, überrascht, daß ich überhaupt fragte.

Amy war dem verbreiteten Irrtum aufgesessen, Konferenzen fänden
in der Konferenz statt. Sie verstand nicht, daß Männer sich dagegen
wehren, in öffentlichen Situationen beeinflußt zu werden, es stuft
sie in der Hierarchie herunter. Sie lassen sich eher privat überzeu-
gen, wenn sie nicht so sehr in Gefahr sind, daß man ihnen vor ihren
Kollegen Fehler nachweist. Außerdem begriff sie nicht, daß sie ihr
Team organisieren mußte, bevor sie auf das Spielfeld ging. Hätte sie
jeden „Spieler" vorher beiseite genommen, ihre Idee und welchen
persönlichen Vorteil jeder davon hatte, erklärt, so wäre ihr Plan in
der offiziellen Konferenz leichter angenommen worden.

Wenn Sie eine großartige Idee haben, die Sie gern durchführen möchten, müssen Sie Ihre Hausaufgaben machen. Überlegen Sie, bevor Sie zur verabredeten Stunde eintreffen, wer da sein wird und wer etwas zu sagen hat! Natürlich müssen Sie unbedingt Ihren Vorgesetzten in Ihrem Team haben. Sehen Sie vor der Verhandlung zu, daß Sie ihn (oder sie) gewinnen! Sie haben nicht die geringste Chance, wenn Sie das während der Konferenz versuchen.

Bedenken Sie auch, daß der Rest der Konferenz hinterher stattfindet, beim informellen Mittagessen, im Gang, auf der Toilette. Sie müssen bei diesen Gruppen mitmachen, so viel Sie können. Ob Ihre Idee wirklich durchgeführt wird, kann sich dort entscheiden.

Konferenzen zu Ihrem Vorteil nutzen

Natürlich gibt es auch während der Konferenz Positionsgerangel und hierarchische Aktivität. Die ungeschriebenen Hardball-Regeln für Konferenzen zu kennen, hilft Ihnen, Konferenzen zu Ihrem Vorteil zu nutzen.

Als erstes müssen Sie Ihren Platz in der Hierarchie kennen. Wenn Sie unter Gleichrangigen sind, können Sie anders Fragen stellen und herausfordern, als wenn Ihre Chefin Sie zu einer Konferenz einlädt, an der sie gewöhnlich teilnimmt. Analysieren Sie die Firmenkultur für Konferenzen in Ihrer Organisation! Beobachten Sie die anderen und ihr Benehmen! Experimentieren Sie mit verschiedenen Verhaltensweisen! In manchen Firmen bringt eine Topmanagerin eine Nachwuchskraft mit, um zu sehen, ob sie Köpfchen hat und reden kann. In anderen wird von den Nachwuchsmanagerinnen erwartet, daß sie den Mund halten und zuschauen.

Sie können eine Konferenz kontrollieren, wenn Sie die Sitzordnung kontrollieren. Die Schmalseiten eines rechteckigen Tisches sind Machtpositionen; wer dort sitzt, macht den Eindruck, den Vorsitz zu führen. Wenn Sie den Verlauf der Konferenz kontrollieren möchten, gehen Sie früh in den Konferenzraum und setzen Sie sich ans Kopf- oder Fußende des Tisches! Wenn Sie aber die Macht wie König Arthur gleichmäßig verteilen wollen, benutzen Sie einen runden Tisch!

Eine unserer größten weiblichen Stärken ist die Fähigkeit, nichtver- bale Zeichen zu lesen: wer für uns ist, wer gegen uns sein wird, wo die Koalitionen sind und so weiter. Trotz unserer Gewitztheit kön- nen einige Frauen ihre Position unwissentlich durch den Versuch untergraben, die Struktur abzuflachen. Sie fordern die Machtmakler heraus, widersprechen dem Chef oder diskutieren gar und stellen die tödliche Frage „Warum". Wer sich in einer Konferenz nicht an die hierarchische Struktur hält, kann Punkte und Position verlieren.

Mannschaftsinterne Konferenzen sind anders als Konferenzen zwi- schen Teams. Bei den ersteren können Sie eventuell mit Ihren Teamkameraden über die beste Vorgehensweise diskutieren. Bei den letzteren hingegen wird Ihr Team eine geschlossene Front prä- sentieren wollen. Das ist nicht der Moment, um eigene Ideen zur Sprache zu bringen. Sie müssen wissen und zeigen, zu welchem Team Sie gehören. Bei Konferenzen zwischen Teams können Sie auch in folgendes Dilemma geraten: Verhalten Sie sich wie ein Mann – d. h. zumachen und sich gegen Einflüsse abschotten –, oder bleiben Sie offen für Einflüsse, so daß Sie als Verräterin an Ihrer Mannschaft gesehen werden? In diesem Fall ist es am besten her- auszufinden, was die Werte Ihrer Vorgesetzten sind. Wenn Ihre Chefin will, daß Sie sich an die Fraktionsdisziplin halten, und Sie tun es nicht, wird es Sie teuer zu stehen kommen. Wenn Ihre Chefin selbst offen ist, wird es das nicht.

Andere verbale und nichtverbale Strategien, die Ihnen helfen, bei Konferenzen mächtig zu wirken, finden Sie in den Kapiteln 6 und 7.

Die Team-Uniform

Wenn ich das Thema „Kleidung" bei Frauengruppen aufbringe,
weiß ich, daß ich in schwieriges Gelände komme. Für Frauen ist
Kleidung Ausdruck ihrer selbst. Weil Frauen Kleidung als Mittel
ansehen mitzuteilen, wer sie sind, würde die Aussage, die Aufma-
chung einer Frau sei ungeeignet, sich so anhören, als sagte ich, sie
selbst sei ungeeignet, irgendwie „falsch". Andererseits höre ich
viele Frauen über die schönen, aber ungetragenen Pullover und
Krawatten klagen, die sie ihren Männern kaufen. Die Frauen denken
„Mode", aber die Männer denken „Team".

Weil Männer sich gewöhnlich auf standardisierte (einige sagen
langweilige) Weise anziehen, machen wir oft den Fehler, anzunehmen, Kleidung sei ihnen unwichtig. Auch wenn es zutrifft, daß die
meisten Männer sich relativ wenig Gedanken über Mode machen,
sind sie sich doch genau bewußt, wie ihr Team sich anzieht. Für
viele Männer ist Kleidung bei der Arbeit nichts anderes als eine
Teamuniform.

Ich traf kürzlich meine frühere Kollegin Evelyn, die gerade wieder
den Beruf aufgenommen hat, nachdem sie etliche Jahre zu Hause
geblieben war und ihre Kinder betreut hatte. Evelyn traf diese
Vorsichtsmaßnahme, weil sie überzeugt war, ihr Mann Paul, ein
Topmanager in einer der größten New Yorker Banken, könne bald
seinen Posten verlieren.

In dieser Bank hatten die Männer gewöhnlich Schlipse mit diagona-
len Streifen getragen, bis die Bank einen neuen Geschäftsführer
einstellte, der nichts als türkisch gemusterte Krawatten trug. Am
ersten Tag traf sich der Geschäftsführer mit seinen direkten Untergebenen, zu denen Evelyns Mann gehörte. Am nächsten Tag trug
jeder Mann in dieser Gruppe eine türkisch gemusterte Krawatte –
außer Paul.

Es schien schon ein wenig extrem, daß Evelyn wieder zu arbeiten begann, weil sie Sorge hatte, ihr Mann könnte wegen eines scheinbar unbedeutenden Kleidungsstücks seinen Posten verlieren. Doch innerhalb von zwei Monaten war Paul arbeitslos. Höchstwahrscheinlich spielten auch andere Faktoren eine Rolle, aber Evelyn hatte politischen Instinkt und wußte, daß ihr Mann absichtlich oder unabsichtlich signalisiert hatte, wessen Team er angehörte.

Teamuniformen gibt es in praktisch allen Institutionen; sie können sich je nach Organisation, Branche und sogar Landesteil radikal unterscheiden. In Fabriken tragen die Maschinisten Arbeitskittel, in Krankenhäusern tragen Ärzte weiße Kittel, in Büros Manager konservative Anzüge, während ihre Untergebenen sich etwas legerer anziehen dürfen. Banken, Versicherungen und Marketingfirmen neigen dazu, konservative Kleidung zu erwarten. Verlage, Einzelhandel und Werbung erlauben mehr Freiheit. In der Mode- oder Kunstbranche kann es sogar die Karriere bremsen, wenn man routinemäßig einen konservativen Anzug trägt.

Implizierte oder formalisierte Kleiderordnungen werden von jeder Firma definiert. Am Anfang meiner Laufbahn bekam ich die Aufgabe, neue Management-Trainees den anderen Mitarbeitern vorzustellen. Eine unserer Stationen war das Büro des Geschäftsführers. Wir fuhren hinauf in die Mahagoni-Etage, betraten sein holzgetäfeltes Büro und setzten uns auf die Ledermöbel. Der Geschäftsführer trat ein, sah aus wie der Typ „Geschäftsführer" einer Schauspieler-Agentur und begann, über die Zukunft des Unternehmens zu sprechen.

Plötzlich hielt er inne und sagte: „Ich muß erklären, warum ich Jackett und Hose von verschiedener Farbe trage." Es war, als hätte jemand mitten in einer Sendung den Kanal gewechselt. Der Geschäftsführer erklärte: „Heute ist Freitag, und an Freitagen müssen Jackett und Hosen nicht vom gleichen Stoff sein." Ich hatte schon über ein Jahr bei dieser Firma gearbeitet und diese ungeschriebene

Sitte nie bemerkt. (Natürlich hatte ich mein bestes Kostüm an, Jacke und Rock in der gleichen Farbe.)

Zuerst wirkte der Kommentar des Geschäftsführers bizarr. Dann wurde mir klar, daß er den neuen Trainees sagte: „Sie müssen vier Tage pro Woche einen konservativen Anzug tragen. Dies ist der Preis der Lässigkeit an Freitagen."

Die Tatsache, daß niemand die Teamuniform mit Frauen bespricht, minimiert die scheinbare Bedeutung der Kleidung noch weiter. Dies wurde besonders deutlich, als ein früherer Kollege, der gerade eine Führungsposition in einem Finanzunternehmen übernommen hatte, mich bat, ein Management-Seminar für die Angestellten des niederen Managements zu halten (23 Frauen und 2 Männer). Als wir den Inhalt des geplanten Seminars besprachen, sagte er mir: „Wir haben praktisch keine Frauen im gehobenen Management. Ich finde das schlimm. Ich möchte etwas dagegen tun, aber diese Frauen ziehen sich fürchterlich an. In dieser Organisation kommt man mit Kunden zusammen, sobald man die Management-Ebene erreicht. Diese Frauen werden niemals befördert, so, wie sie sich anziehen. Ich bin neu hier; ich kann es ihnen nicht sagen. Können Sie es?"

Bei dem Management-Seminar sprach ich über nichtverbale Zeichen und Kleidung. Als ich die Teilnehmerinnen fragte, wie sie sich anziehen sollten, antworteten sie: „Professionell". Ich bohrte weiter. „Was heißt professionell für Sie?"
„So, wie wir jetzt angezogen sind", sagte eine Frau. Die meisten anderen in der Gruppe nickten.

Mit Ausnahme der beiden Männer und einer Frau trugen alle funktionelle, knitterfreie Röcke, Hosen und Blusen. So fragte ich nach der Teamuniform. „Was tragen die Chefs?"
„Oh, das ist einfach", antwortete eine andere Frau. „Marineblauer Anzug und weißes Hemd."

„Tja, ich habe den Eindruck", sagte ich, „wenn Sie zum Management-Team gehören wollen, werden Sie die Uniform tragen müssen." Ein marineblaues Kostüm jeden Tag war wahrscheinlich nicht nötig, aber die Botschaft war eindeutig: „Konservative Kleidung". Als ich in der folgenden Woche die nächste Seminarsitzung abhielt, trug mindestens die Hälfte der Frauen Kostüme. Sie sahen nicht mehr wie ein Haufen Sachbearbeiterinnen aus, sondern wie eine Gruppe leitender Angestellter. Ich weiß nicht, ob einige von ihnen befördert wurden, aber ich glaube, sie hatten eine unsichtbare Hürde genommen und waren zumindest eher zur Beförderung geeignet.

Wenn Sie von oben nichts über Ihre Kleidung gehört haben, ist das nicht unbedingt gut. Wie mein früherer Kollege würden viele Manager Frauen gern helfen, aber sie scheuen sich, etwas zu sagen; oft fürchten sie, sie könnten juristisch angreifbar sein, wenn sie etwas über die Kleidung der Frauen und nicht die der Männer sagen. Mir als Außenstehende war explizit gesagt worden, daß diese Frauen nichts erreichen würden, wenn sie sich nicht anders kleiden. Doch man hatte sie nie informiert und würde es auch nie tun.

Was aber, wenn die Leute um Sie herum sich anders anziehen als die Chefs? Eine der Trainees, die ich dem Geschäftsführer vorstellte, war eine Frau von Anfang zwanzig. Sie war an ihrer ersten Stelle die einzige junge Frau, die nicht Sekretärin war. Weil sie die Sekretärinnen brauchte, mußte sie gleichzeitig zu ihnen und zum Management passen. Wenn sie ihr Kostüm trug, hörten die Sekretärinnen sie sagen: „Ich stehe über Ihnen". Doch angesichts ihrer Position und der weniger subtilen Botschaft des Geschäftsführers wußte sie, daß sie ein Kostüm tragen mußte. Sie kam auf die Strategie, ihre Jacke im Büro auszuziehen, aber sie in Konferenzen, auf den Gängen und beim Heimgehen anzuziehen.

Manchmal behaupten Frauen, sie könnten die Uniform nicht tragen. Lynne sagte mir zum Beispiel, sie müsse Hosen und legere Kleidung tragen, weil sie gelegentlich Sicherheitsinspektionen im Werk durchführen müsse. Doch andere Frauen, die schmutzige Arbeiten leisten müssen, haben Overalls im Schrank, um sich bei Bedarf umzuziehen. Sonst tragen sie Kostüme.

Die Manager-Kleidung

Kennen Sie die Uniform in Ihrer Organisation? Wenn Sie sich umsehen, besonders in der Nähe der Spitze, werden Sie oft feststellen, daß sich ein einheitliches Bild ergibt. Machen Sie einen Spaziergang durch einen Managertrakt und merken Sie sich, was Männer und Frauen tragen!

1. Was sind die Trends in Farbe und Schnitt?
2. Ist die Botschaft konservativ, modisch, künstlerisch oder individuell?
3. Wie können Sie sich mit Ihrer Kleidung anpassen?

Sich anziehen, um zu gewinnen

Frauen nehmen sich oft von den Uniformregeln aus, weil sie sie unlogisch finden. Doch wenn Sie in den Regeln nach Logik suchen, werden Sie sie nicht finden. Eine Teamuniform zu tragen kann schlicht eine Loyalitätsprobe sein. Die Uniform zu kennen ist hilfreich, aber wenn Sie nicht wissen, in welcher Richtung Sie sich kleiden sollen, ist es das Beste, eher zu konservativ als zu modisch zu sein.

Das *Wall Street Journal* hat Forschungsergebnisse veröffentlicht, nach denen „Managerinnen, deren Kleidung als »äußerst weiblich« beschrieben wurde, im typischen Fall weniger verdienten und weniger oft befördert wurden. Die am höchsten bezahlten Frauen hingegen waren die, deren Kleidung als professionell, langweilig, konservativ, nicht sexy oder ohne Schnickschnack bezeichnet wurde" Der Artikel berichtete weiter, daß Frauen, die sich eher konservativ oder traditionell anzogen, doppelt so oft befördert wurden wie Frauen, die sexy oder stark verzierte Kleidung trugen. Es ist nicht gerade eine aufregende Art, sich zu kleiden, aber es kann entscheiden, welche Möglichkeiten Sie bekommen oder nicht bekommen.

Ihre Kleidung bestimmt, welche Botschaft Sie insgesamt aussenden. Generell die wichtigste Faustregel lautet: *Ziehen Sie sich passend für die Stellung an, die Sie haben wollen, nicht für die Stellung, die Sie haben!* Wenn Ihr Chef sich nach einer geeigneten Person für einen Posten umschaut, werden Sie aussehen, als ob Sie schon dorthin gehörten. Doch es gibt noch andere wichtige Faktoren bei der Wahl der Kleidung.

Macht wird am besten verkörpert mit einem dunklen Kostüm (blau, grau oder schwarz). Bei politischen Kampagnen in den USA kann man das großartig beobachten. Sieben Kandidaten sind zusammen auf der Bühne, alle in blauem Anzug, weißem Hemd und roter Krawatte. Die einzige Variation ist das Muster der Krawatte. Diese Männer sind nicht gleich angezogen, weil sie alle denselben Modeberater haben, sondern weil sie um die machtvolle Wirkung dieser Kombination wissen.

Die Forschung zeigt, daß die „Kleiderordnung" für Männer und Frauen oft verschieden ist, aber die Kleidung, die Macht vermittelt, ist die gleiche. Eine mächtige Frau trägt ein Kostüm (nie einen Hosenanzug). Sie trägt ihr Rot oft als Einstecktuch, nicht als Krawatte.

Aber Sie werden nicht immer nach Macht aussehen wollen. Manchmal kann das andere so einschüchtern, daß Sie von den Interna des
Büros ausgeschlossen werden. Wenn Sie Offenheit vermitteln wollen, bewirken weichere Farben wie Hellbraun, Beige, Hellblau oder
Rosa, daß andere sich wohler mit Ihnen fühlen. Die Hierarchie in
der konservativen Kleidung verläuft so:

- dunkles Kostüm,
- helleres Kostüm,
- Rock und Jacke von unterschiedlicher Farbe,
- Kleid.

Vermeiden Sie folgendes:

- Strickkleid,
- Hosen (auch Hosenanzug),
- Kostüme mit Hosenrock,
- Miniröcke,
- sehr hohe Absätze,
- Schmuck, der sich bewegt oder Geräusche macht,
- voluminöse Frisur,
- lange, leuchtend lackierte Nägel,
- unnatürliches Make-up,
- tiefe Ausschnitte und andere enge, figurbetonte Kleidung,
- Handtaschen. (Geben Sie alles, was Sie mitnehmen müssen, in
  die Rock- oder Jackentaschen oder in Ihre Aktentasche.)

Je nach Branche müssen Sie sich vielleicht kreativer anziehen. In
diesem Fall können buntere Farben und modischer geschnittene
Kostüme angebracht sein. Tatsächlich können sich Topmanagerin-
nen, wenn sie wollen, hochmodisch anziehen; sie haben gewonnen
und können jetzt ihre eigenen Regeln machen, statt vorgegebenen
Normen zu folgen. Doch bedenken Sie, daß Kleidung, die auf Ihre
Sexualität aufmerksam macht – Miniröcke, hohe Absätze, enge
Pullis, viel Haut – all Ihre harte Arbeit untergraben kann. Sobald die
Sexualität einer Frau im Mittelpunkt steht, verschwindet ihre Arbeit
im Hintergrund.

Das Make-up sollte natürlich sein, zu Ihnen passen. Fallen Sie nicht
mit leuchtend blauen Lidern oder zentimeterlangen Wimpern auf;
man wird sich auf Ihr Make-up konzentrieren, statt auf Ihre Fähigkeiten und Erfolge. Ab einem gewissen Alter ist Make-up wohl
nicht mehr fakultativ. Sie werden wissen, wann, denn wenn es
soweit ist, fragen Kolleginnen Sie zum Beispiel: „Oh, Sie fühlen
sich heute nicht wohl, oder?"

Eine Frau sagte mir: „All das Getue um die Kleidung kommt mir so
lächerlich vor. Ich möchte mich einfach so anziehen, daß ich mich
wohlfühle." Ich stimme ihr völlig zu. Aber bedenken Sie, daß Sie
ein Team brauchen, um zu gewinnen, und damit Ihre Teamkameraden wissen, daß Sie zu ihnen gehören, müssen Sie sich anziehen wie
sie.

Hinweise zum Thema „Team"

- Sie brauchen ein Team, um zu gewinnen.
- Männer fühlen sich oft bei Gesprächen über zwischen-
  menschliche Fragen nicht wohl. Konzentrieren Sie sich auf
  die Arbeit, wenn Sie mit Ihnen sprechen!
- Männer sind freundschaftlich, aber sie sind nicht unbedingt
  loyal, auch wenn sie Ihre Spezis sind.
- Es ist wichtig zu entscheiden, ob Freundschaft oder
  Freundschaftlichkeit angebracht ist.
- Weil Sie starke Spieler in Ihrem Team brauchen, müssen
  Sie vielleicht mit Leuten spielen, die Sie nicht unbedingt
  mögen.
- Nehmen Sie an wichtigen Konferenzen teil, selbst wenn sie
  langweilig sind!
- Nutzen Sie das Ziel des Teams für Ihre eigenen Ideen!

- Machen Sie es sich bewußt, daß Ihr Wunsch, fair zu sein, nicht von allen Teamspielern geteilt werden muß!
- Denken Sie daran, daß Mogeln für viele zum Spiel gehört!
- Die eigentliche Konferenz findet vor und nach der offiziellen Konferenz statt!
- Lernen Sie die Sprache der mächtigen Teams!
- Erkennen Sie die Uniform Ihres Teams, und tragen Sie sie!

Eine Führerin sein

Hardball-Lektionen, die Jungen lernen

- Um ein Führer zu sein, muß man Befehle erteilen und durchsetzen.
- Es gibt nur einen Führer, und sein Wort gilt.
- Macht ist die Fähigkeit, seine Wünsche durchzusetzen.
- Macht ausüben ist natürlich, wünschenswert und maskulin.
- Wenn man nicht alle Antworten hat, kann man wenigstens so tun, als ob.

Puppenmutter-Lektionen, die Mädchen lernen

- Es gibt keine Führerinnen.
- Verhandelt, Leute herumkommandieren kann Beziehungen kosten!
- Mädchen können nicht gleichzeitig offen Macht ausüben und feminin sein.
- Es ist wichtig, alle eigenen Mängel zu bekennen.
- Haltet die Macht im Gleichgewicht!

Große Führerinnen und Führer lassen Führung einfach aussehen. Sie geben eine Anweisung bekannt, und das Team folgt begierig. Wer jedoch einmal in einer Führungsposition war, weiß, daß es ein wirklicher Balanceakt ist. Wenn Sie zu stark kontrollieren, bekommen die Leute Ressentiments, fühlen sich wie bloße Rädchen in einem Räderwerk. Sie können sich festfahren, im Schneckentempo arbeiten, Ihre Bemühungen sabotieren oder Schlimmeres. Sind Sie zu herzlich und offen, mag Ihre Abteilung Sie und jeden darin lieben, aber es ist unwahrscheinlich, daß viel geleistet wird. Es ist die Balance, auf die es ankommt – und die so schwer zu erreichen ist.

Der Führungsstil muß zum Mitarbeiter passen

In *Management of Organizational Behavior* befürworten Paul Hersey und Kenneth Blanchard eine *situative Führung* als Lösungsweg für dieses Dilemma. Ihrem Modell zufolge gibt es keinen alleinigen Führungsstil. Die besten Manager wählen und ändern ihren Führungsstil je nach den Menschen, die sie führen, und den Situationen, in denen sie sich befinden. Die hervorragende, zuverlässige, kenntnisreiche Angestellte so zu behandeln wie die Widerspenstige, die nur arbeitet, wenn Sie hinschauen, wäre weder für die Mitarbeiterinnen noch der Organisation dienlich.

Laut Hersey und Blanchard sind die wichtigsten Komponenten der Führung das Anweisen und die Pflege von Beziehungen. Dies sind kontinuierliche Größen. Im Fall des Anweisens brauchen manche

Mitarbeiter wenig Anleitung und wären beleidigt, wenn ihnen ständig gesagt würde, was sie tun sollen; andere hingegen brauchen mehr Anleitung. Im Extremfall bedeutet Anweisen das hierarchische Befehlen und Kontrollieren (oft von Männern angewendet), das vorschreibt, wer, was, wann, wo und wie tut.

Auch die Beziehungskomponente ist davon bestimmt, daß manche Mitarbeiter ständig Bestätigung und Feedback brauchen, andere hingegen kompetent sind, Selbstvertrauen haben und nur gelegentlich ein Schulterklopfen schätzen. Im Extremfall bedeutet das Pflegen von Beziehungen, daß keine Entscheidung ohne Verhandlung getroffen wird – eine flachere, eher weibliche Vorgehensweise.

Aus diesen Dimensionen ergibt sich eine Progression von vier Führungsstilen: anweisend, anleitend, unterstützend und delegierend. Dabei ist der anweisende Stil am stärksten und der delegierende am wenigsten kontrollbetont. Kompetenz und Engagement der Mitarbeiter für eine Aufgabe diktieren, welcher Stil angebracht ist. Schauen wir sie uns genauer an.

Anweisend

Ein anweisender Stil ist angebracht, wenn ein Mitarbeiter wenig kompetent, wenig engagiert oder beides ist. Dies ist eine einseitige Kommunikation: Die Managerin erklärt der Mitarbeiterin, wie sie die Aufgabe erfüllen soll, die Mitarbeiterin tut es, und damit hat es sich.

Stellen Sie sich zum Beispiel vor, Sie haben Carol für die Telefonzentrale eingestellt. Da sie nichts darüber weiß, zeigen Sie ihr, wie sie die Knöpfe betätigen muß, und erklären ihr, daß Anrufe nach dem dritten Klingeln entgegengenommen und Mitteilungen innerhalb von 20 Minuten ausgerichtet werden müssen. Sie zu fragen: „Was glauben Sie, daß Sie tun sollten?" oder sie einfach mit der Anlage und ohne Anweisung alleinzulassen, würde ihr sofortiges Scheitern und eine chaotische Telefonzentrale garantieren.

Vielen Frauen ist ein anweisender Stil unangenehm, weil er Hierarchie impliziert und voraussetzt, daß die Führerin berechtigt ist, alle Entscheidungen zu treffen. Männer verfallen hingegen eher in diese Methode „Befehl und Kontrolle", weil sie ihre frühen Erfahrungen widerspiegelt. Männer wählen diesen Stil eventuell aus Gewohnheit, doch auch Frauen können sich unter bestimmten Umständen damit wohl fühlen. Anweisungen erteilen (oder „Befehl und Kontrolle") ist besonders in folgenden Situationen sinnvoll:

- Sie müssen einen Mitarbeiter oder eine Situation in den Griff bekommen.
- Sie haben wenig Zeit.
- Es gibt keine Alternativen (etwa, wenn eine neue Politik oder Prozedur von oben vorgeschrieben wird).
- Sie müssen in diesem Punkt gewinnen, oder Ihre Stellung, Ihre Abteilung oder die Firma ist verloren.

Es ist wichtig, den anweisenden Stil als zeitweilig anzusehen. Langfristig lernen kompetente Mitarbeiter ihre Aufgaben und haben es weder nötig noch gern, Anweisungen zu bekommen. Wenn eine Kraft aber unter Ihrer Führung nicht lernen kann oder will, ist sie vielleicht ungeeignet für die Aufgabe, und Sie sollten sie loswerden. Hinter dem anweisenden Stil steht der Anspruch: „Arbeiten Sie besser, oder arbeiten Sie woanders."

Anleitend
Bei Interaktionen des Anleitens gibt die Managerin auch Anweisungen (weil der Mitarbeiter etwas lernt), aber die Kommunikation geht in beide Richtungen. Die Managerin fragt ihren Mitarbeiter zwar nach Ideen und Meinungen zur Problemlösung, aber die Entscheidung liegt letztlich bei ihr.

In Carols Fall würden Sie, wenn Carol ihre Aufgabe lernt, beginnen, sie in Entscheidungsprozesse einzubeziehen. Doch wenn sie mit einer Idee käme, von der Sie wissen, daß sie nicht funktioniert, würden Sie erklären, was daran falsch ist, und über andere, be-

währte Alternativen sprechen. Bei einem anleitenden Stil ist es Ihr
Ziel, Carol zu helfen, daß sie lernt, gute Entscheidungen zu treffen
und Probleme zu lösen. Weibliche Vorgesetzte benutzen diesen Stil
oft, weil er zu einer flachen und kooperativen Struktur paßt.

Unterstützend

Die Managerin arbeitet noch immer mit ihrer Mitarbeiterin, läßt sie
aber selbständig einen Aktionsplan entwickeln oder Probleme lösen. Das Gespräch (speziell Fragen der Managerin) bringt die Tätig-
keit voran. Eine gute Managerin unterstützt eine Mitarbeiterin, die
in Kompetenz und Engagement für eine Aufgabe gewachsen ist, und
hat Vertrauen zu ihr.

Stellen Sie sich bei unserem Beispiel vor, daß Carol ihre Telefonzentrale jetzt beherrscht. Als Ihre Vorgesetzte wollen Sie nun vielleicht, daß sie die Initiative zu Problemlösungen ergreift. Wenn sie
zu Ihnen kommt und fragt, was sie tun soll, wenn ein wütender
Kunde am Telefon flucht, könnten Sie antworten: „Wir haben schon
früher darüber gesprochen. Was würden Sie tun?" Sie können sicher
sein, daß sie die Antwort hat.

Ein Wort der Warnung: Manager tun sich oft schwer, vom anleitenden zum unterstützenden Stil überzugehen. Wenn kompetente Mitarbeiter ihren Rat suchen, finden diese Manager es leichter (und
sind vielleicht mehr daran gewöhnt), einfach Antworten zu geben,
statt zu fragen: „Was denken Sie?" Auch die Mitarbeiter mögen den
anleitenden Stil sicherer finden. Es kann beängstigend sein, zum
erstenmal allein zu fliegen.

Weibliche Vorgesetzte verwenden oft einen unterstützenden Stil,
weil auch er ihrem Bedürfnis nach Geben und Nehmen in Arbeitsbeziehungen entgegenkommt.

Delegierend

Wenn ein Mitarbeiter völlig kompetent und engagiert für seine Aufgabe ist, ist es angebracht zu delegieren. In diesem Fall überträgt die Managerin ihrem Mitarbeiter die Verantwortung, ohne sich selbst zu beteiligen oder ihn direkt zu führen. Wie Ken Blanchard zum delegierenden Stil schreibt: „Tun Sie nicht einfach etwas – sitzen Sie da!" Delegieren erfordert, wie das Anweisen, mehr einseitige Kommunikation, aber diesmal kommen die Ratschläge nicht von oben, sondern der Mitarbeiter berichtet seiner Chefin von seinem Erfolg oder seinen cleveren Ideen.

Problematisch wird es, wenn Manager glauben, sie müßten in allen Bereichen ihrer Abteilung mitmischen. Bedenken Sie aber, daß eine Managerin sich mit strategischem Denken, ihrem Beziehungsnetz befassen und ihre Karriere fördern kann, wenn sie es versteht, Arbeit zu delegieren. Wenn Sie jedoch so darin verstrickt sind, Ihren Mitarbeitern die Grundbegriffe ihrer Arbeit beizubringen oder Tag für Tag Anweisungen zu geben, bleibt wenig Zeit für derlei Aktivitäten.

Wenn Carol in der Telefonzentrale Erfahrung und Selbstvertrauen gewonnen hat, können Sie sich darauf verlassen, daß sie selbständig Entscheidungen trifft und Probleme löst. Vielleicht braucht sie, wie wir alle, hin und wieder positives Feedback, aber nicht so viel wie davor.

Frauen neigen zum anleitenden und zum unterstützenden Führungsstil, weil sie am kooperativsten sind. Doch um gute Managerinnen zu sein, müssen sie auch den anweisenden und den delegierenden Stil anwenden. Unabhängig davon, welchen Stil Sie wählen: Denken Sie daran, daß alle Mitarbeiter von ihrer Führung klare Ziele brauchen!

Mitarbeiter mit Lob heranziehen

Männliche Trainer arbeiten eher mit Kritik als mit Lob. Frauen
hingegen setzen Lob ein, um ihre Mitarbeiter zu guten Leistungen
zu ermutigen. Frauen loben tatsächlich instinktiv. Richtig ange-
wandtes Lob kann ein hochwirksames Führungsinstrument sein.

Lob und positives Feedback sind hilfreich dafür, Mitarbeiter aus
dem Stadium, in dem sie ständige Führung brauchen, zu der Fähigkeit zu bringen, selbst Verantwortung für ihre Entscheidungen zu
übernehmen. Wenn Sie Verhalten loben, das Sie gut finden, wird Ihr
Mitarbeiter die Arbeit wahrscheinlich zu Ihrer Zufriedenheit wiederholen. Dies ist das simple Prinzip der *operativen Konditionierung.*

Ken Blanchard erklärt, wie operative Konditionierung funktioniert,
indem er beschreibt, wie Trainer der Waldame Shamu beibrachten,
in die Luft zu springen. Zuerst schwamm Shamu nach Belieben
durch ihr Becken. Doch jedesmal, wenn sie über ein Seil im Wasser
schwamm, belohnten ihre Lehrer sie mit einem Fisch. Bald verstand
Shamu, daß es gut war, über das Seil zu schwimmen. Dann hängten
ihre Trainer das Seil in die Mitte des Beckens. Wenn Shamu darunter
hindurchschwamm, taten ihre Trainer nichts. Wenn sie dar-
überschwamm, wurde sie belohnt. Bald hatte sie gelernt, nur über
das Seil zu schwimmen. Ihre Trainer hängten es an die Wasserober-
fläche und dann in die Luft, mit ähnlichen Resultaten. Schließlich
sprang Shamu über ein imaginäres Seil.

Wir Menschen sind nicht viel anders. Wenn ein Mitarbeiter sich in
einer Richtung bewegt, die Ihnen genehm ist, wird er von Ihrem
positiven Feedback lernen. Wenn Sie mit der Belohnung warten, bis
er die Aufgabe tatsächlich abgeschlossen hat, müssen Sie vielleicht
sehr lange warten. Loben Sie die gut durchdachte Bemühung und
die Schritte auf dem Weg zur Leistung, nicht nur die Leistung selbst!
Dies trifft besonders für Mitarbeiter zu, die Sie zu mehr Initiative

ermutigen wollen, speziell, wenn sie Rückschläge hinnehmen mußten.

Wenn Sie loben, sprechen Sie spezifisch das Verhalten an, das Ihnen gefallen hat. Statt zu sagen „Prima Bericht, Jessica", sagen Sie: „Ich finde es gut, daß Sie ihn kurz unter vier Seiten gehalten haben. Sie haben mir alle verfügbaren Daten gegeben und auch projiziert. Gute Arbeit!" Es ist wahrscheinlich, daß Mitarbeiter wiederholen, wofür Sie sie gelobt haben.

Achten Sie jedoch darauf, daß Sie nicht zuviel loben, denn sonst werden sich Ihre Mitarbeiter an positives Feedback gewöhnen, und es wird wirkungslos! Ich empfehle Ihnen, unregelmäßig zu loben. Sehen Sie es so: Wenn Ihr Team gut arbeitet, belohnen Sie es zum Beispiel am Montag mit Gebäck. Es wird seine ausgezeichnete Leistung gewiß wiederholen. Also bringen Sie ihm in der nächsten Woche wieder Gebäck. Am dritten Montag wird es sich fragen, wo das Gebäck bleibt. Wenn Mitarbeiter das Lob erwarten, hat es nicht die gleiche Wirkung, wie wenn Sie es sporadisch und offen geben.

Sollten Sie Kritik zuerst mit einer Dosis Lob versüßen? Ich nenne es gern „Sandwich-Methode": Erst kommt die gute Nachricht, dann die schlechte, dann wieder eine gute. Frauen neigen zu dieser indirekten Mitteilung, um die Beziehung zu bewahren. Bei der Sandwich-Methode erinnert sich der Mitarbeiter freilich oft nur an Anfang und Ende der Mitteilung und vergißt den Belag in der Mitte. So werden zwar Gefühle geschont, aber der Mitarbeiter hört die schlechte Nachricht nicht und unternimmt nichts. Es ist effektiver, mit der schlechten Nachricht zu beginnen und am Schluß etwas zu sagen wie: „Ich vertraue auf Sie und Ihre Fähigkeit, dieses Problem zu lösen."

Leistungsprobleme managen

Was geschieht, wenn eine Mitarbeiterin überfordert ist? Dann müssen Sie den Rückwärtsgang einlegen. Das heißt: Stellen Sie fest, welchen Führungsstil Sie verwendet haben, und gehen Sie einen Schritt zurück! Wenn Sie zum Beispiel delegiert haben, erfordert die Situation vielleicht Unterstützung. In diesem Fall würden Sie beginnen, Fragen zu stellen wie: „Was ist los mit Ihnen? Ihre Arbeit hat in letzter Zeit nachgelassen." Dann stellen Sie vielleicht fest, daß Carol persönliche Probleme zu Hause hatte, sich mit ihrer Arbeit langweilt oder wütend auf Sie ist. Im Idealfall finden Sie das Problem und helfen Ihrem Mitarbeiter, eine Lösung zu erarbeiten.

Wenn es aber durch Reden nicht besser wird, müssen Sie vielleicht noch einen Schritt zurückgehen, zum anleitenden Stil. In diesem Fall könnten Sie sagen: „Wir haben uns auf diese Ziele geeinigt, aber Sie erfüllen sie nicht." Führen Sie alle zwei Wochen ein informelles Gespräch, danach ein Gespräch mit offiziellem Termin, um die schriftlichen Pläne und Ziele Ihrer Mitarbeiterin zu besprechen und um neue Arbeitspläne für die nächsten zwei Wochen zu erstellen. Wenn Sie noch immer nicht die erwartete Leistung bekommen, ziehen Sie die Zügel noch straffer und führen Sie wöchentliche Gespräche. Diese schriftlichen Arbeitspläne und Ihre formalisierten Auswertungen können als Dokumentation dienen, falls Sie die Mitarbeiterin später entlassen müssen.

Schließlich, wenn alles andere nicht fruchtet, müssen Sie in den anweisenden Stil zurückfallen. Dann würden Sie sagen: „Ich werde Ihnen genau sagen, was Sie heute tun. Wenn Sie damit ein Problem haben, kommen Sie zu mir, und ich sage Ihnen, was Sie statt dessen tun." Ihre Mitarbeiterin wird dies garantiert hassen, speziell wenn sie weiß, wie die Arbeit getan werden muß. Vielleicht kündigt sie sogar. Doch in Fällen von Inkompetenz oder mangelndem Engagement ist es wichtig, bei dem anweisenden Stil zu bleiben: Die Mitarbeiterin muß besser werden oder gehen.

Ihr situativer Führungsstil

Wählen Sie den richtigen Führungsstil für folgende Situationen:

1. Ihre Mitarbeiterin ist seit sechs Monaten bei Ihnen und hat ihre Arbeit gelernt. Heute kommt sie mit einer Frage zu Ihnen, von der Sie wissen, daß sie sie allein beantworten kann. Was tun Sie?

   a) Sie diskutieren Optionen mit ihr, sagen ihr aber, welche Sie bevorzugen.
   b) Sie sagen ihr, sie soll es selbst entscheiden.
   c) Sie sagen ihr, was sie tun soll, und beobachten sie genau.
   d) Sie fragen sie, was sie tun würde.

2. Sie haben einen neuen Mitarbeiter eingestellt, der begierig darauf ist einzusteigen und ein Star zu sein, aber keine Erfahrung mit dieser Arbeit hat. Was tun Sie?

   a) Sie geben ihm eine Aufgabe und fragen eine Woche später nach, ob er sie erfüllt hat.
   b) Sie sprechen verschiedene Vorgehensweisen durch und raten ihm dann, welche die beste wäre.
   c) Sie sagen ihm genau, was Sie erwarten, und kontrollieren dann, ob er es richtig macht.
   d) Sie fragen ihn nach seinen Ideen und lassen ihn dann gewähren.

3. Sie waren zwei Wochen in Urlaub, kommen zurück und stellen fest, daß Ihr Vorgesetzter in Ihrer Abwesenheit einen wichtigen Auftrag erteilt hat. Er hat ihn Ihrer Mit-

arbeiterin gegeben. Obwohl sie diese Arbeit noch nie getan hat, kommt sie gut voran. Was tun Sie?

  a) Sie übernehmen die Aufgabe und erfüllen sie selbst.
  b) Sie lassen sie gewähren und fragen periodisch nach.
  c) Sie diskutieren ihre Vorgehensweise und tragen Ihre Ideen dazu bei.
  d) Sie besprechen es mit ihr, sagen ihr aber, wie Sie es getan haben möchten.

4. Ihre Mitarbeiterin bewältigt ihre Arbeit, braucht aber oft Feedback von Ihnen. In letzter Zeit liefert sie ihre Arbeit verspätet und voller Fehler ab. Was tun Sie?

  a) Sie lassen sie in Ruhe, weil sie früher zuverlässig war und wahrscheinlich besser wird.
  b) Sie besprechen mit ihr, welche Probleme sie hat, und schreiben einen Arbeitsplan; dann treffen sie sich in der folgenden Woche zu einem Gespräch.
  c) Sie setzen sich hin und erklären deutlich, was Sie wollen und wie Sie es wollen.
  d) Sie fragen sie, wie sie das Problem zu lösen gedenkt.

Nach Herseys und Blanchards Modell wären die richtigen Antworten auf diese Fragen:

1. d) Hier funktioniert der unterstützende Stil am besten, weil die Mitarbeiterin Kompetenz und Engagement bewiesen hat.
2. c) Hier empfiehlt sich der anweisende Stil, weil der Mitarbeiter ein unerfahrener Neuling ist.
3. b) Der delegierende Stil ist geeignet für eine Mitarbeiterin, die unabhängig arbeiten kann.

---

4. b) Der anleitende Stil ist nötig, denn die Mitarbeiterin
braucht mehr Führung, um ihre Leistung zu verbessern.

Wenn Ihre Antworten sich von diesen unterscheiden, stellen
Sie fest, welchen Stil Sie am häufigsten anwenden. Überlegen
Sie, wie Sie die weniger vertrauten (aber besser geeigneten)
Methoden in Ihre Führungsroutine integrieren können!

Der situative Führungsstil ist das Ideal, aber er wird nicht immer
praktiziert. Vielmehr sind die Führungsstile meist nach Geschlechtern getrennt, je nachdem, was wir als Kinder gelernt haben.

Was Mädchen nicht über Führung lernen

Mädchen werden von klein auf trainiert, mit kooperativen statt mit
anweisenden Führungsstilen zu operieren. Obendrein wird ihnen oft
vermittelt, Männer und nicht Frauen seien in Machtpositionen.

Jungen haben Gelegenheit, anweisende Führung zu üben, wenn sie
Mannschaftskapitän werden. Wie Deborah Tannen in *„Du kannst
mich einfach nicht verstehen"* schreibt, ist es hier das Entscheidende, „Befehle zu erteilen und durchzusetzen". Von einem Jungen
wird erwartet, daß er seine Autorität durchsetzt und seine Macht
zeigt, nicht, daß er verhandelt. Männer wachsen damit auf, daß man
einen Führer, der Anweisungen gibt, schätzt. Im Idealfall ist die
Anweisung gut, aber selbst wenn sie es nicht ist, werden sie sie
kaum in Frage stellen. Tatsächlich schätzen sie einen starken Führer
oft mehr als einen, der recht hat. Die *Selbstgewißheit* ist ihnen das
Wichtigste.

Die flache Organisation, in der Mädchen aufwachsen, entwickelt
und nährt Vertrautheit. Gewiß waren einige von uns zuerst höchst

direktive Persönchen (bei Mädchen wird dieses Verhalten gewöhnlich als herrschsüchtig bezeichnet), aber die meisten lernten schnell, daß dies Freundinnen und Spielkameradinnen kostete. Bei Mädchenspielen wird die Richtung nicht von einer Machthaberin vorgegeben, sondern ausgehandelt. Ein Hauptziel ist, jede in den Prozeß einzubeziehen. Es gibt keine einzelne Führerin, und selbst wenn ein Mädchen sich als offizielle Führerin auszeichnet, verhält sie sich nicht so. Manche Mädchen sind überzeugender als andere, aber trotzdem gelten sie nicht als Chefin. Aus diesen Gründen fühlen sich Männer mit anweisenden, Frauen hingegen mit anleitenden und unterstützenden Führungsstilen wohler.

Das schwache Bild der Frau als Führerin spiegelt sich auch in den Büchern, die Kinder lesen. Katharine Heinz untersuchte Kinderbücher, die zwischen 1971 und 1984 von der American Library Association mit der Caldicott-Medaille ausgezeichnet wurden. Die Bücher waren von Frauen wie von Männern geschrieben, doch da hörte die Gleichheit schon auf. „Jungen und Männer wurden oft in führenden Aktivitäten gezeigt und steuerten das Handeln der anderen; Mädchen und Frauen hingegen wurden geführt und angewiesen, was sie tun sollten."

In den Büchern, die in jenen 13 Jahren ausgezeichnet wurden, gab es 29 führende männliche Protagonisten, aber nur 3 Führerinnen. Bei allen Aktivitäten, sogar bei Verliebtheit, beim Schönmachen und Posieren, wurden doppelt so viele männliche wie weibliche Personen gezeigt. Was also taten die Mädchen und Frauen? 50 % waren Hausfrauen und 25 % Hexen. Die anderen Laufbahnen, die Mädchen anstreben konnten, waren Tänzerin, Sängerin, Musikerin, Königin und Fee. Reflektiert das die Berufschancen in Ihrer Wohngegend?

Kinderbücher formen Erwartungen, indem sie den Kindern zeigen, was die Zukunft ihnen bringen kann. In diesen „besonders guten" Kinderbüchern ist klar, daß Führung hauptsächlich eine Möglichkeit für Jungen ist.

Infolge dieser frühen Konditionierung fühlen sich Frauen in einer Führungsrolle besonders unwohl, wenn Männer anwesend sind, und übernehmen selten die Führung, wenn ein Mann da ist, der es statt dessen tut. Selbst wenn eine Frau für eine Funktion die Fähigste und Kenntnisreichste ist, tritt sie zurück. Langfristig ist dieses Verhaltensmuster furchtbar schädlich. Wenn eine Frau die Macht nicht in die Hand nimmt, wird ihre Karriere von anderen bestimmt. Ihre Fähigkeiten und Kenntnisse werden nie voll zum Tragen kommen.

Daß Frauen Männern den Vortritt lassen, ist durch Studien bestätigt worden. In einer Untersuchung wurden die Versuchspersonen auf Dominanz getestet und dann in Paaren kombiniert, um eine Entscheidung zu treffen. Wenn die Paare vom gleichen Geschlecht waren, übernahm die dominantere Person die Führung. Bei gemischten Geschlechtern aber kam es zu interessanten Interaktionen. Wenn ein dominanter Mann mit einer schwächeren Frau kombiniert wurde, wurde er in 90 % der Fälle der Führer. Die Überraschung kam, wenn die Frau die Dominante war. Sie übernahm nur in 20 % der Fälle die Führungsrolle, doch selbst als Untergeordnete übte sie ihre Macht aus, sie ernannte ihren schwächeren männlichen Partner zum Führer und sagte: „Übernehmen Sie doch bitte die Führung!"

Was Mädchen über Führung lernen: die Struktur abflachen

Ich las kürzlich einen kurzen Bericht in der *Los Angeles Times*, der ein Paradebeispiel für weiblichen Führungsstil zeigte. Richterin Joyce Kennard vom *California Supreme Court* arbeitete zusammen mit ihrem Personal vier Tage lang ohne Bezahlung. „Ich finde, ich schulde es meinen Mitarbeitern", sagte sie. „Wie kann ich sie darum bitten, wenn ich nicht zum gleichen Opfer bereit bin?" Der Artikel erwähnte, daß Frau Kennard die einzige unter den sieben Richtern am *Supreme Court* und unter den 88 Richtern an den Berufungsgerichten des Bundesstaates war, die ein freiwilliges Sparprogramm billigte, das helfen sollte, künftige Kurzarbeit und Entlassungen aufzuschieben.

Vor allem zeigte Frau Kennard durch diese selbstlose Tat ihr Bedürfnis nach Fairneß und den Glauben, daß sie nicht anders sei als ihre Mitarbeiter. In diesem Fall versuchte sie, die Macht im Gleichgewicht zu halten.

Der weibliche Führungsstil kann unter bestimmten Bedingungen funktionieren. Einige Frauen in Machtpositionen können tatsächlich flache Organisationsstrukturen schaffen, in denen sie vorwiegend anleiten und unterstützen. Das tat Frances Hesselbein, als sie Geschäftsführerin der amerikanischen Pfadfinderinnen wurde. „Ich kann es nicht leiden, die Leute in Kästchen zu stecken", sagte sie zu Warren Bennis in *On Becoming a Leader*. „Wir sind alle in einem Kreis. Es ist eher organisch. Wenn ich das Zentrum bin, dann sind sieben Blasen um mich herum, und der nächste Kreis wären die Gruppendirektorinnen, dann die Teamdirektorinnen und so weiter. Nichts bewegt sich nach oben und unten, sondern vielmehr seitlich, quer. Es ist so fließend und flexibel, daß Leute, die an eine Hierarchie gewöhnt sind, ein wenig Anpassungsschwierigkeiten haben, aber es funktioniert gut."

Zufällig war Frau Hesselbein die erste Geschäftsführerin der Pfadfinderinnen, die sich von unten hochgearbeitet hatte. Sie hatte ihr gesamtes Berufsleben in Frauenorganisationen verbracht. Jetzt, in ihrer Position als Geschäftsführerin, schuf sie eine Struktur, die besser zu den Beziehungen zwischen Frauen paßte.

Freilich operieren nur ganz wenige Organisationen auf diese Weise. Die meisten sind als Hierarchien strukturiert, in denen flache Organisation die Ausnahme, nicht die Regel ist. Ich habe sogar festgestellt, daß die Regel des Machtausgleichs – aus sehr unterschiedlichen Gründen – besonders problematisch ist, wenn Frauen in Führungspositionen sind. Betrachten wir diese Fälle im einzelnen.

Wie unsere verschiedenen Stile sich auf Führungsentscheidungen auswirken

Jungen genießen Herausforderungen. Es geht ihnen weniger darum, daß man sie mag, als daß man sie achtet. Sie setzen sich lieber durch und gewinnen, statt der Beliebteste in der Gruppe zu sein. Sind sie einmal der Gewinner, werden die anderen zu ihnen aufschauen und tun, was sie sagen. Das ist Belohnung genug.

Mädchen hingegen brauchen aufgrund des Vorrangs von Beziehungen das Gefühl, daß man sie mag. Oft stecken Mädchen die Köpfe zusammen und tauschen sich über ihre liebsten Kameradinnen aus. Für die meisten Mädchen ist es ein wichtiges gesellschaftliches Ziel, „beliebt" zu sein, d. h. von vielen gemocht zu werden.

Unsere frühe Konditionierung kann für Geschäftsfrauen ein erhebliches Problem werden, besonders für Managerinnen. Während die Managerin den ganzen Tag Entscheidungen fällt, wägt sie nicht nur die objektiven Faktoren ihres Handelns ab, sondern kalkuliert auch, wie andere persönlich auf sie reagieren werden. Werden sie sie nicht mehr mögen, wenn sie eine unpopuläre, aber notwendige Politik durchsetzt? Ihre Konkurrenzfähigkeit kann durch das Bedürfnis geschwächt werden, gute Beziehungen zu Kollegen und Mitarbeitern zu bewahren. Solche Sorgen machen sich die meisten Männer offensichtlich nicht.

Laura, die Leiterin der Beratungsabteilung in einem großen Finanzunternehmen, bekam es mit eben diesem Problem zu tun. Es war Zeit für die Leistungsbewertungen, eine Qual für sie. Mehrere ihrer besten Mitarbeiter waren an der Spitze der Fünf-Punkte-Skala. Die Personalabteilung hatte die Zahl ausgezeichneter Bewertungen, die

die Abteilungsleiter abgeben durften, auf 10 % beschränkt, und
Lauras Abteilung hatte diese Quote überschritten. Ob sie wollte
oder nicht, sie mußte einigen ihrer besten Berater eine Vier geben.
Sie hatte eine Heidenangst davor, die Bewertungen zurückzugeben.

Im Gespräch mit ihr wurde mir klar, daß Laura sich große Sorgen
machte, was die nicht ganz perfekten Bewertungen ihrer Beziehung
zu den Mitarbeitern antun würde. „Sie werden so wütend auf mich
sein, und ich kann es ihnen nicht verdenken", jammerte sie.

Noch heikler wurde die Situation dadurch, daß ein paar von Lauras
gewitzteren Beratern spürte, wie empfindlich negative Reaktionen
ihrer Mitarbeiter sie trafen. Aus diesem Wissen zogen sie Vorteile,
indem sie sie beschuldigten, sie sei unfair oder gleichgültig (zwei
gefährliche Punkte bei ihr). Infolgedessen neigte Laura eher dazu,
diesen Beratern bessere Noten zu geben, um ihre starken negativen
Reaktionen zu vermeiden. Die ruhigeren, freundlicheren Berater
wären die Verlierer gewesen.

Lauras Bedürfnis, gemocht zu werden, hatte sie bei ihren Mitarbeitern viel Respekt gekostet, denn sie sahen sie als unfähig an, harte,
aber faire Entscheidungen zu treffen. Dieses typisch weibliche Bedürfnis kann für Ihre Karriere sehr schädlich sein. Sie umgehen
vielleicht schwere Entscheidungen, etwa einen unfähigen Mitarbeiter zu entlassen, das Budget oder Stellen zu kürzen oder von Mitarbeitern Überstunden zu verlangen, damit ein Projekt fertig wird,
weil Sie Angst haben, jemanden zu verärgern.

Zugegeben, dies ist der schwierige Teil des Managens für Frauen.
Nach einer Weile lernen wir jedoch, unser Bedürfnis, gemocht zu
werden, von kompetenter Arbeit zu trennen. Oft geschieht dies nach
vielen schmerzhaften Zwischenfällen, die uns lehren, daß der Preis
dafür, jedermanns Freundin zu sein, einfach zu hoch ist. Wenn wir
hart, aber fair zu unseren Mitarbeitern sind, sehen wir außerdem,
daß sie sich abfinden, auch wenn wir ihnen nicht immer geben, was

sie wollen. Wenn wir aber willkürlich sind (manchmal hart, manchmal weich) oder unfair (nur unsere Favoriten gewinnen oder die lautesten Stänkerer in der Abteilung), dann wird die schwelende, langfristige Wut über unser Verhalten irgendwann in offene Sabotage explodieren.

Die Kunst ist zu begreifen, daß es Zeit braucht, um die Realität zu erkennen: *Jetzt sind sie wütend. Ich mußte diese Entscheidung treffen. Aber sie werden sich abfinden.* Wenn Sie tun, was sein muß, werden Ihre Mitarbeiter Sie vielleicht nicht lieben, aber sie werden Sie respektieren und Ihnen folgen.

Doch achten Sie darauf, sich nicht durch negative Selbstkritik zu untergraben, etwa „Die hassen mich. Ich bin eine schlechte Managerin." Unterstützen Sie vielmehr Ihre eigenen Entscheidungen! Die folgende Übung kann Ihnen helfen, Ihren inneren Dialog zu kontrollieren und zu verhindern, daß er zur Selbstkritik verkommt.

Ihre innere Stimme hören

Versuchen Sie, sich bewußt zu machen, ob Sie sich selbst negative Dinge sagen, wenn Sie eine Entscheidung getroffen haben, die Sie als fair, aber unpopulär empfinden:

1. Horchen Sie auf Ihren inneren Dialog! Wenn Sie sich dabei erwischen, daß Sie selbstkritisch sind, sagen Sie: „Ach komm. Du hast getan, was du tun mußtest."
2. Wenn Sie sich dabei erwischen, daß Sie etwas Positives zu sich sagen, klopfen Sie sich geistig auf die Schulter!
3. Wenn nichts anderes hilft, streifen Sie sich ein Gummiband um das Handgelenk. Wenn Sie von Ihrem negativen Denken nicht loszukommen scheinen, lassen Sie es jedes-

mal schnappen, wenn sie sich selbst niedermachen! Diese
Aversionstherapie wird Ihre Aufmerksamkeit wecken, wenn
es sonst nicht gelingt.

In Kapitel 8, „Aus Kritik und Lob das Beste machen", besprechen
wir die Macht des inneren Dialogs, und wie Sie ihn sich zunutze
machen können.

Unter Männern Autorität durchsetzen

Bei der Arbeit neigen Frauen in Machtpositionen dazu, Lösungen
auszuhandeln, durch die alle gewinnen können. Diese Vorgehensweise kann recht effizient sein, wenn Sie mit einer anderen Frau zu
tun haben. Nehmen wir Beth und ihre Angestellte Pauline als Beispiel. Beth meinte, daß Pauline auf dem falschen Dampfer war, als
sie eine Direct Mail-Kampagne zur Steigerung des Umsatzes befür-
wortete. Sie meinte, solche Werbung würde direkt in den Müll
wandern. Für sie ging der beste Weg zur Umsatzsteigerung über
persönliche Kontakte. Eines Tages bestellte sie Pauline zu einem
Gespräch in ihr Büro.

Beth: „Wie viele Antworten erwarten Sie auf das Mailing?"
Pauline: „Ich bin nicht sicher, aber wir schicken es an eine Menge
            potentieller Kunden. Ich glaube, es wird uns wirklich
            bekannter machen."
Beth: „Haben Sie an persönliche Kontakte gedacht? Referenzen
            von unseren jetzigen Kunden einholen und die Leute
            direkt anrufen?"
Pauline: „Das würde sehr lange dauern. Mit Direct Mail werden
            wir bei Tausenden umgehend bekannt."

Beth:	„Ich fürchte, die Leute werden die Sendung einfach weg- werfen, ohne sie zu lesen, und wir haben eine Menge Geld verschwendet."
Pauline:	„Ich habe mit anderen geredet, die solche Sendungen machen, und sie sagen, das sei das Beste."
Beth:	„Gibt es eine Möglichkeit, daß wir das testen, bevor wir solche Riesensummen investieren?"

Obwohl Beth Paulines Vorgesetzte ist, setzte sie einen unterstützen- den Führungsstil ein und vermied es, Pauline zu sagen, was sie tun müsse. Am Ende beschlossen sie, es mit einem kleinen Testmailing zu versuchen, einer Strategie, die ihnen beiden gerecht wurde. Sie fanden eine Gewinnen/Gewinnen-Lösung.

Setzen Sie Ihre Autorität durch, und halten Sie an Ihren Grenzen fest

Eine Vorgesetzte wie Beth würde einen Mann zum Wahnsinn trei- ben. Männer erwarten, daß diejenigen, die in der Befehlskette über ihnen sind, Anweisungen geben und die Autorität ausüben, die ihre Position mit sich bringt. Statt Beth als aufgeschlossen zu empfin- den, würde ein Mann oft finden, daß sie um den heißen Brei herum- redet. „Warum sagt sie mir nicht einfach, was sie will, und ich tue es, statt dieser Spielchen?" Der durchschnittliche Angestellte will, daß eine Managerin der Trainer ist, damit er gehorchen kann.

Außerdem testen alle Angestellten die Grenzen, wenn sie neue Beziehungen eingehen. Besonders Männer gehen gegen die Autori- tät des Chefs an, um ihren Platz in der Hierarchie zu ermitteln. Bei Chefinnen testen sie die Grenzen unverhohlener, schneller und ag- gressiver, zumal sie gelernt haben, daß Frauen oft Rückzieher ma- chen, um die Beziehung nicht zu gefährden.
Es obliegt Ihnen deshalb, ihren männlichen Mitarbeitern Grenzen zu setzen und daran festzuhalten. Wenn Sie sich unentschlossen

zeigen, werden Ihre männlichen Mitarbeiter noch mehr Druck machen, in der Hoffnung, endlich das Problem gefunden zu haben, bei dem Sie kapitulieren. Sie sehen sich vielleicht schon am Steuer (da Gleichheit keine Option ist, müssen sie über oder unter anderen in der Hierarchie sein) und stellen entsprechende Forderungen. An Ihren Grenzen festzuhalten mag von Zeit zu Zeit unangenehm sein, aber Schwäche und Schwanken ist ein großer Fehler.

Glenda fing sich noch, bevor sie über ihre Grenzen hinausgeschoben wurde. Als Leiterin einer Forschungsabteilung führte sie viele Bewerbungsgespräche mit Forschungsassistenten, beschloß aber, Dennis einzustellen, weil er ausgezeichnete technische Erfahrungen hatte. In dem Monat zwischen der Zusage und Dennis' Arbeitsbeginn (er hatte bei seiner alten Firma mit dreißigtägiger Frist gekündigt), begann er, Glenda mit Forderungen anzurufen. In der ersten Woche sagte er: „Ich freue mich riesig auf diese Arbeit. Ich werde sehr viel am Computer arbeiten. Aber wissen Sie, mir ist klargeworden, daß ich zwei Computer brauchen werde, um es gut zu machen."

„Aber wir haben nicht viele Computer", antwortete Glenda. „Vielleicht kann ich arrangieren, daß Sie einen zweiten Computer mit jemand anderem teilen."
„Nein, das funktioniert nicht", konterte Dennis. „Ich brauche die volle Nutzung von zwei Computern. Sie haben mir schließlich gesagt, wie wichtig mein Beitrag sein würde. Wenn sie ihn wirklich so hoch schätzen, brauche ich die beiden Computer."
Glenda machte sich daran, Dennis' Wunsch zu erfüllen. Doch innerhalb einer Woche rief er wieder an. Als sie Dennis' Stimme hörte, sagte sie: „Gute Nachrichten! Allem Anschein nach konnte ich Ihnen den zweiten Computer beschaffen."

„Das freut mich", antwortete er, „denn ich möchte Ihnen mitteilen, daß jeder Computer ein Modem haben muß. Das gehört zum Paket."

Als Glenda begann, sich gegen diese zweite Forderung zu wehren, wurde Dennis verbal aggressiv. „Ich dachte, Sie hätten gesagt, diese Forschung sei wichtig, und Sie würden mich unterstützen", forderte er sie heraus.

„Ja", versetzte Glenda, „aber Sie verlangen mehr Ressourcen, als unserer Abteilung zur Verfügung stehen."

„Also, Sie können nicht erwarten, daß ich die Forschung, für die Sie mich eingestellt haben, ohne Ausrüstung durchführe." Dennis begann, empört zu klingen.

„Ich werde es prüfen und Sie zurückrufen", erwiderte Glenda. Doch als sie aufgelegt hatte, sagte sie sich: „Halt mal eben. Wer leitet eigentlich diese Abteilung? Dennis führt sich auf, als hätte er das Sagen!" Als Glenda Dennis' Plan durchschaut hatte, beschloß sie, ihre Strategie zu ändern. Sie rief ihn an und bat ihn, irgendwann nach der Arbeit bei ihr hereinzuschauen. „Ich muß mit Ihnen über die Computer-Situation sprechen", sagte sie.

Bei diesem Treffen begann Dennis wieder, seine künftige Vorgesetzte wegen der Ausrüstung unter Druck zu setzen. „Genau darüber wollte ich mit Ihnen sprechen", sagte Glenda. „Dennis, ich will Ihnen mal erklären, wie die Dinge hier laufen. Unsere Ressourcen sind begrenzt. Wir müssen sicherstellen, daß wir das, was wir haben, optimal nutzen. Sie haben noch nicht bei uns gearbeitet, und wir wissen nicht, was Sie an Computern brauchen werden."

„Ich dachte, wir wären uns über die Wichtigkeit meiner Forschung einig."

„Hören Sie: Bewähren Sie sich, und ich werde Ihnen beschaffen, was Sie brauchen! Bis dahin haben Sie einen Computer, und Sie können ein Modem mitbenutzen."

Dennis wurde versöhnlich. „Okay", sagte er. „Wenn es so ist, werde ich einfach mein Bestes tun." Er hatte seinen Platz in der Hierarchie gefunden.

Hätte Glenda nicht die Grenze gezogen, hätte Dennis nicht aufge-
hört. Höchstwahrscheinlich hätte er noch mehr Geräte verlangt und
versucht, sich in anderen Bereichen mehr herauszunehmen, etwa
Arbeitszeit, Einsatz und Büroraum. Er hätte wahrscheinlich eine
endlose Liste von Forderungen aufgestellt.

Frauen fällt es schwer, die Grenze zu ziehen. Es ist jedoch unerläß-
lich, sich Kontrolle und Respekt zu sichern, indem Sie Ihre Grenzen
durchsetzen und an ihnen festhalten. Glenda hatte kaum begonnen,
eine Beziehung zu Dennis zu entwickeln, als er schon begann, sie
herumzuschubsen. Dadurch, daß sie so direkt „Nein" sagte, riskierte
sie, einer Beziehung zu schaden, die noch im Entstehen war, aber sie
mußte entweder seine eskalierenden Forderungen ablehnen oder in
seinen Augen Macht einbüßen. Letzten Endes war Dennis zufrieden, seine Grenzen und seine Position in der Hierarchie zu kennen.

Wärme zeigen und flirten

Wenn Sie Männer führen, ist es sehr wichtig, ihnen gegenüber eine
Haltung zu meistern, die Wärme mit Zurückhaltung ausgleicht und
nicht als Flirten verstanden wird. Bereitschaft zum Flirt wird durch
subtile, nichtverbale Zeichen mitgeteilt. Sie zeigt sich in der Körperhaltung, der Qualität des Augenkontakts, der Färbung der
Stimme. Wärme kann mit den gleichen Zeichen vermittelt werden.
Aber Flirt und Wärme unterscheiden sich durch die Absicht hinter
dem Verhalten. Sind Sie freundlich, oder wollen Sie mit diesem Typ
ins Bett?

Ob Sie nur zum Spaß flirten, um Ihr Ego aufzumöbeln, oder ob Sie
ernsthaft verführen wollen, kann das Objekt Ihrer Aufmerksamkeit
leider nicht an Ihrem äußeren Verhalten ablesen. Sie sind daher gut
beraten, Flirts oder sexuelle Anspielungen bei der Arbeit ganz zu
meiden.

Ohnehin zieht bei Liebesaffären im Büro immer die Frau den kürze-
ren. Wenn Sie einmal mit einem Mitarbeiter in einen Flirt oder eine

sexuelle Beziehung verwickelt sind, haben Sie Ihre übergeordnete Position in der Hierarchie aufgegeben und verlieren Ihre Fähigkeit, ihn gut zu managen. Wenn Sie ihm später eine unangenehme Aufgabe übertragen oder an einem Abend nicht zur Verfügung stehen, kann er die persönliche Beziehung dazu nutzen, um Sie zu manipulieren oder einzuschüchtern. Lassen Sie lieber die Finger davon!

Das Old-boys-Netz
Gelegentlich rotten sich Männer in einer Art „Old-boys-Netz" zusammen, um ihre Chefin einzuschüchtern oder auszugrenzen. Die beste Strategie hier wäre, sich ganz entschieden als Chefin zu verhalten. Halten Sie an Ihren Grenzen fest, und berufen Sie Konferenzen ein, in denen Sie das Gespräch über den Fortschritt eines Projekts leiten!

Außerdem ist es klug, männliche Mitarbeiter einzeln zu treffen, ihre Arbeit zu besprechen und ihnen negatives und positives Feedback zu geben. Entscheidend ist hier, ob Sie Ihrem Mitarbeiter sagen können: „Ich möchte, daß Sie heute um 15 Uhr in meinem Büro sind"; dann haben Sie noch die Führung, ob er dem „Old-boys-Club" beigetreten ist oder nicht.

Stufen in der Befehlskette überspringen
Wer Stufen in der Befehlskette überspringt, indem er sich beim Chef eines Vorgesetzten beschwert, tut das vielleicht, um Autorität in Frage zu stellen. Frauen wie Männer können ein solches Manöver versuchen, wenn sie etwas gegen eine Frau als Vorgesetzte haben oder wenn sie keine Frau über sich in der Hierarchie haben wollen, die ihnen sagt, was sie tun sollen.

Ist ein Mitarbeiter mit Klagen oder Fragen über Ihre Autorität zu Ihrer Vorgesetzten gegangen und zielt darauf, daß sie Ihre Entscheidung kippt, ist die Reaktion Ihrer Chefin entscheidend. Sie sollte sagen: „Haben Sie Jacqueline Bescheid gesagt?" und den Mitarbeiter dann eine Stufe nach unten in der Befehlskette verweisen. Wenn

sie das tut, wird Ihr Mitarbeiter nicht mehr allzu oft solche Spielchen versuchen.

Befaßt sich Ihre Chefin jedoch mit der Beschwerde, untergräbt sie
Ihre Autorität. In diesem Fall ist Ihre Chefin das Hauptproblem,
nicht Ihr Mitarbeiter. Dann sollten Sie sie ansprechen: „Ich weiß,
daß Justin sich über seinen Auftrag beklagt hat. Ich möchte Sie um
einen Gefallen bitten. Wenn künftig Mitarbeiter von mir sich bei
Ihnen beschweren, fragen Sie sie doch bitte, ob sie mit mir gesprochen haben. Wenn nicht, lassen Sie zuerst mich versuchen, das
Problem zu lösen." Bedenken Sie, daß eine Vorgesetzte manchmal
aus Herzensgüte einem verärgerten Mitarbeiter hilft. Sie können
nicht voraussetzen, daß sie mit dem Mitarbeiter gemeinsame Sache
gemacht hat, um Sie zu untergraben.

Frauen führen

Wenn Frauen andere Frauen führen, stoßen sie auf andere, nicht
minder heikle Probleme. Adrienne arbeitete seit über sieben Jahren
in der Buchhaltung einer großen Verkehrsgesellschaft, als ich sie bei
einem Seminar kennenlernte. Seit einigen Jahren hatte sie eine
führende Stellung, nicht als offizielle Vorgesetzte, aber sie leitete
oft die Arbeit ihrer Kolleginnen. Sie hatte so gut gearbeitet, daß sie
einige Monate vor unserem Seminar zur Managerin befördert worden war. Sie hatte sich auf diese Beförderung gefreut, doch nun, da
sie sie hatte, war sie sich nicht sicher, ob Management etwas für sie
war.

„Ich mag meine Arbeit", erzählte Adrienne mir mit einer Mischung
aus Befriedigung und Wehmut. „Ich arbeite mit tollen Leuten zusammen, meist Frauen. Tatsächlich ist meine beste Freundin Fran
meine Kollegin. Doch seit ich ihre Vorgesetzte geworden bin, ist
meine Arbeit furchtbar. Ich habe gern die Leitung, aber ich finde es
furchtbar, daß alle meine Freundinnen mich anders behandeln.

Wenn ich morgens zur Kaffeemaschine komme, hören alle auf zu albern und werden steif. Wenn ich eine von ihnen bitte, etwas zu tun, sträubt sie sich. Aber am schlimmsten ist Fran. Unsere Beziehung scheint distanzierter. Sie behandelt mich, als hätte ich mich geändert, aber das habe ich nicht! Was kann ich tun, damit es wieder so wird wie früher?"

Adriennes Dilemma ist bei Frauen verbreitet. Im Idealfall möchten sie als Managerin aufsteigen und die Freundschaften erhalten, wie sie einst waren. Leider ist dieser Balanceakt schwierig, wenn nicht unmöglich, denn die flachen Beziehungen zwischen Freundinnen stehen im Gegensatz zu den hierarchischen, die in der Wirtschaft vorherrschen. Ich würde liebend gern sagen, es sei möglich, enge Freundschaften mit Kolleginnen zu bewahren, die Sie managen müssen, aber nach meiner Erfahrung und dem Zeugnis Hunderter von Frauen, mit denen ich gearbeitet habe, ist es langfristig praktisch unmöglich, Busenfreundin einer Frau zu bleiben, die Ihre Untergebene geworden ist. Wenn Sie Hardball spielen, müssen Sie eventuell eine Freundschaft für eine Position opfern.

Womit kann ich Ihnen dienen?
Es gibt auch andere Probleme. Bei einem Seminar für Ärztinnen einer staatlichen medizinischen Gesellschaft hörte ich den ganzen Tag Klagen über widerspenstige Schwestern. Wie eine Ärztin sagte: „Die Ärzte bringen die Kartei durcheinander, lassen ihre Kaffeebecher stehen, erteilen barsch Befehle und werden trotzdem mit Respekt behandelt. Wenn ich das täte, käme es mich teuer zu stehen. Von den Ärztinnen wurde erwartet, die Schwestern höflich um Hilfe zu bitten, sich die Zeit für ein Lob zu nehmen und hinter sich aufzuräumen."

Ich war verdutzt über diese Klagen, denn ich arbeite oft mit Schwestern zusammen und finde sie kooperativ. Ich grübelte an jenem Abend auf dem ganzen Weg zum Flughafen darüber nach. Doch als ich ins Flugzeug kam, sah ich die Stewardeß und wußte, daß sie meine „Krankenschwester" war. Plötzlich begriff ich. Wie konnte ich vergessen, daß meine Erfahrungen mit Stewardessen denen der Ärztinnen mit ihren Schwestern entsprachen?

Ich trinke im Flugzeug viel Wasser, aber Wasser zu bekommen, kann eine Schlacht sein. Einmal hielt ich mein leeres Glas einer Stewardeß hin, die mit dem Getränkewagen neben meinem Sitz im Gang stand, und bat um ein weiteres Glas Wasser. „Ich habe Besseres zu tun, als Ihnen Wasser zu geben", antwortete sie. Dies Problem hatte ich ständig, bis ich nach 10 Jahren Kampf dazu überging, meine eigene Wasserflasche mitzunehmen; ich habe aufgegeben und akzeptiere die Flachheit meiner Beziehung zu Stewardessen.

Frauen in Seminaren sind oft zu mir gekommen, weil ihre Beziehungen zu weiblichen Untergebenen sie verwirrten. Eine Anwältin war perplex, weil keine Sekretärin bei ihr blieb. Die männlichen Kollegen in ihrer Kanzlei konnten ihren Sekretärinnen Arbeit auf den Schreibtisch knallen, aber wenn sie das gleiche tat, kündigte jede Sekretärin.

Ich rate diesen Anwältinnen, den Ärztinnen und anderen Frauen, die mit diesem Problem „Dienen" konfrontiert werden, zu akzeptieren, daß die Regeln für sie anders sind. Ja, ein Mann kann alles durcheinanderbringen und seiner Sekretärin Arbeit auf den Tisch knallen, aber einer Frau wird es angekreidet. Nein, es ist nicht fair, es ist einfach so. Wenn Sie direkte Macht über eine Mitarbeiterin haben, können Sie Anweisungen geben, aber Sie müssen trotzdem darauf achten, die persönliche Seite der Beziehung zu managen. In Situationen, wo Sie nicht die ganze Kontrolle haben (wenn Sie zum Beispiel Projektleiterin sind und Mitarbeiter von anderen Abteilungen koordinieren, oder wenn Sie als Ärztin mit Krankenschwestern zu tun haben), können Sie vielleicht Chips bei diesen Frauen sammeln, um sich ihre Kooperation zu sichern.

Natürlich müssen Sie manchmal die Grenze ziehen, da die meisten Unternehmen keine flachen Organisationen sind. Eine Professorin erzählte mir, daß die Sekretärin des Fachbereichs ihr oft Schreibaufträge mit vielen Fehlern zurückgab. Wenn sie darum bat, daß sie neu getippt wurden, antwortete die Sekretärin: „Ich habe sehr viel zu tun. Sie können selbst tippen." Zufällig konnte die Professorin tippen, aber ihre Aufgabe war eine andere. Obendrein hatte sie keine direkte Autorität über die Sekretärin, die für mehrere Professoren arbeitete, so daß sie sie hätte entlassen können. In solchen Situationen ist eine flache Organisation ein Problem, das zu ignorieren gefährlich ist.

So, wie ich es sah, hatte die Professorin zwei Möglichkeiten:
1. Den anweisenden Führungsstil. („Ich bin die Professorin, Sie sind die Sekretärin. Tippen Sie das verdammte Ding neu!")
2. Die flache Organisation beibehalten. („Gehen wir zusammen zum Mittagessen!")

Ich persönlich würde zuerst die zweite Methode versuchen. Es mag seltsam erscheinen, eine so unangenehme Person zum Essen einzuladen, aber laut Paul Watzlawick, John Weakland und Richard Fisch, den Autoren des Klassikers *„Change: Principles of Problem Formation and Problem Resolution"*, ist das Gegenüber eher bereit zu hören, was Sie sagen, wenn Sie gegen seine Erwartungen handeln. Wenn die Professorin also beim Essen darüber sprechen kann, wie sie und die Sekretärin „zusammen" arbeiten und „einander helfen" können, wird sie Rückenwind haben. Wenn das fehlschlägt, steht es ihr noch immer offen, sich bei der Seminarleitung zu beschweren.

Hinterhältigkeit
Wenn Managerinnen in hierarchischen Organisationen mit anderen Frauen arbeiten, kommt es zu interessanten Problemen. Wann immer ich Managerinnen in einem Seminar frage, wer zuerst angreift, wenn eine von ihnen befördert wird, ist die Antwort ein schallendes

„Frauen!". Die meisten Frauen, die ins Management befördert wurden, haben erlebt, daß frühere Kolleginnen, die ihnen jetzt direkt
unterstellt sind, sich gegen sie wenden, oft indem sie persönliche
Bemerkungen hinter ihrem Rücken machen. („Du weißt doch, wie
sie ihre Beförderung gekriegt hat, oder? Im Liegen.")

„Was habe ich getan, um das zu verdienen?" fragen sie mich. Sie
fragen sich, ob ihr Verhalten irgendwie unangemessen war, aber
generell bestand ihr Vergehen darin, daß sie die Regel des Machtausgleichs verletzten, indem sie Vorgesetzte wurden. Ich glaube
tatsächlich, daß Mitarbeiterinnen sich nicht bewußt vornehmen,
anzugreifen, sondern daß ihre Hinterhältigkeit ein unbewußter
Versuch ist, die Hierarchie wieder abzuflachen. Sie haben diese
Reaktion vor Jahrzehnten gelernt und begreifen nicht, daß sie zu
der hierarchischen Struktur der meisten Organisationen nicht
paßt.

Männer beobachten diese Sabotage von Frauen gegen Frauen oft
und schütteln ungläubig die Köpfe. Ich beriet einmal ein großes
Unternehmen, das erhebliche Veränderungen plante, darunter viele
Entlassungen. Der Geschäftsführer ließ sich von 14 handverlesenen
Leuten Empfehlungen geben. Dem Ausschuß gehörte eine Frau an,
die Assistentin des stellvertretenden Geschäftsführers. Innerhalb
von 24 Stunden hatten sich die ranghöheren Frauen unabhängig
voneinander beim Geschäftsführer beschwert, daß nicht sie an ihrer
Stelle gewählt worden waren. Der Geschäftsführer war wie vor den
Kopf geschlagen. „Das ist doch nicht zu fassen", sagte er. „Ich gebe
einer Frau eine Chance, und die ersten, die sich beschweren, sind die
ranghöchsten Frauen."

Es ist wichtig festzustellen, daß sich die ranghöheren Frauen nicht
über die vielen rangniederen Männer im Ausschuß beschwerten,
sondern nur über die eine Frau, die in ihren Augen über sie hinaus-
gehoben worden war.

Viele Frauen haben sich bei Management-Seminaren über ihre neuen weiblichen Vorgesetzten beklagt. „Wofür hält sie sich, daß sie mir sagt, was ich tun soll?" fragen sie empört. Ich staune darüber, daß sie nicht einsehen, daß ihre Chefin tut, was sie tun *muß*. Offensichtlich haben diese Frauen nicht erkannt, daß sie, wenn sie ihre Befehle nicht durchsetzt, nicht Chefin bleibt. Dies hätte zur Folge, daß es eine Frau weniger in einer Führungsposition und als Rollenvorbild gibt. Es ist interessant, daß Dutzende von Frauen mir gegenüber die obigen Bemerkungen geäußert haben, aber kein einziger Mann.

Was tun gegen die Neigung zur Hinterhältigkeit? Bedenken Sie zunächst, daß eine hinterhältige Frau wahrscheinlich unbewußt auf ihre Wahrnehmung von Ihrer Macht reagiert. Unter diesen Umständen können Sie sagen: „Schauen Sie, meine Liebe, ich bin hier die Chefin, und daran sollten Sie sich besser gewöhnen" – und sich auf die tiefe, ewige Sabotage gefaßt machen, die garantiert folgt. Ich empfehle eine andere Taktik, eine flachere Beziehung, mit der sich Ihre Mitarbeiterin wohl fühlt und die Sie positiver dastehen läßt. Beginnen Sie zu diesem Zweck mit arbeitsbezogenen Fragen wie:
- Welche Art von Arbeit tun Sie?
- Was tun Sie wirklich gern?
- Was können Sie gut?

Kommen Sie dann zu persönlicheren Fragen:
- Haben Sie Kinder?
- Was macht Ihr Mann?
- Wo verbringen Sie gern Ihre Ferien?

Im Idealfall wird eine Mitarbeiterin um so eher ihre Feindseligkeit aufgeben und Sie als Freundin betrachten, je mehr sie spürt, daß Sie echtes Interesse an ihr haben.

Nur wenige von uns sind immun gegenüber Ressentiments von Frauen, die in Machtpositionen über uns stehen. Schließlich ist es schwer, eine lebenslange Konditionierung loszuwerden. Doch wir müssen daran denken, daß wir alle im selben Boot sitzen. Wenn eine Frau Erfolg hat, haben wir ihn alle. Wir müssen das Lob anderer Frauen singen, und wenn sie befördert werden, müssen wir ihnen ein volles Maß an positivem Feedback geben.

Zwischen zwei Welten

Sylvia bekam direkt nach der Uni eine leitende Stellung als Direktorin eines Amtes, das Obdachlosen und Armen in einer großen Stadt medizinische Versorgung bietet. Die Leiterin des Amtes war eine Frau, die sie sehr achtete. Carmen hatte dieses städtische Amt von Null zu einem Millionen-Budget geführt. Wie Sylvia erklärte, hatte ihre Chefin gelernt, das Spiel zu spielen, wie Männer es tun.

Doch Sylvia fühlte sich weit unwohler in ihrer Position, als sie je erwartet hatte. Sie erhielt die Leitung einer Abteilung, die in kurzer Zeit radikal umstrukturiert werden mußte. Entweder würde die Situation schnell verbessert, oder die Abteilung würde untergehen. Trotz der Dringlichkeit der Situation hatte sie aufgrund ihres Führungsstils eine Menge Probleme.

Nach Sylvias erstem Monat bei der Arbeit äußerte sich Carmen unzufrieden mit Sylvias Führungsqualitäten. „Sie sagte mir, ich sei zu offen, zu leger mit meinen Mitarbeitern, und ich müsse ein wenig Formalität einführen, selbst wenn ich mich damit nicht wohlfühlte", sagte Sylvia in einem Seminar. „Mein Stil exponierte mich nicht als Führerin, und ich wurde nicht geachtet. Aber ich mag einen kooperativen Ansatz, bei dem alle gewinnen. Wenn ich einen Gewinnen/Verlieren-Ansatz benutze, fühle ich mich schuldig. Konflikte belasten mich. Wenn ich die Führung übernehmen muß, fühle ich mich als Tyrann. Carmen wollte, daß ich eine Führerin ihres Stils würde, und das ist der männliche Stil, aber ich muß zugeben, daß mir das nicht gefiel."

Sylvia hatte in der Kindheit gelernt, daß alle bekommen, was sie brauchen, wenn sie lange genug darüber reden. Die Situation bei der Arbeit wurde noch schwieriger durch die Tatsache, daß ihre Untergebenen, ausschließlich Frauen, Kooperation von ihr erwarteten. „Meine stellvertretende Direktorin Judy wollte alles durchdiskutieren, aber wir mußten schneller zu Entscheidungen kommen. Wenn ich Entscheidungen selbst traf, wurde Judy wütend. Sie sagte, ich hörte nicht zu und sei unansprechbar. Tatsächlich habe ich das Problem wohl mitverschuldet, indem ich zuerst so offen war. Jetzt sitze ich zwischen zwei Stühlen." Obendrein sagte Carmen Sylvia nach einem Monat, daß ihre Leistung nicht ausreichte. Die erforderlichen Änderungen wurden nicht schnell genug durchgeführt.

Sylvia war in der Zwickmühle zwischen dem vertrauten, unterstützenden Führungsstil und der Notwendigkeit, in der Führungsrolle mehr anweisend zu sein. Ihre Chefin, deren Stil „sehr männlich" war – distanziert und befehlend –, sah diese Offenheit als zeitraubend und unproduktiv. So mußte Sylvia einen ihr fremden Stil annehmen. „Ich möchte reingehen und sagen: »So denke ich, so empfinde ich«, aber ich mußte »empfinden« aus meinem Vokabular eliminieren." Sie wurde sogar darin beschränkt, was sie ausdrücken durfte. „In meiner Arbeit muß ich mich wie ein Mann benehmen, und ich hasse es, weil ich nur so tue." Ihre natürliche Neigung, in Interaktionen authentisch zu sein, verschlimmerte ihr Unbehagen nur. Und von oben kam sehr wenig Hilfe.

Ich sagte meiner Chefin, daß ich sie nicht kannte. Ich wußte nicht, ob sie verheiratet war oder Familie hatte. Ich hatte keine Ahnung, wo sie wohnte. Die Kommunikation war schwierig. Sie fragte mich: „Was brauchen Sie?", und ich sagte: „Wie wäre es mit einem gemeinsamen Mittagessen?" Das wollte sie nicht. Carmen brauchte eindeutig Distanz von ihren Mitarbeitern.

Sylvia fühlte sich orientierungslos, aber ich wies sie darauf hin, daß sie mehrere Möglichkeiten hatte, die sie zu ihrem Vorteil nutzen konnte. Ihr wurde eine großartige Chance geboten, Hardball spielen zu lernen wie ihre bewunderte Chefin. Carmen hatte zwar signalisiert, daß sie Sylvia nicht persönlich nahekommen wollte, aber sie war bereit, Mentorin zu sein. Dann konnte Sylvia diese Erfahrung als Grundlage nutzen, um ihren Führungsstil zu erweitern und in eine neue Organisation zu wechseln, wo eine breitere Vielfalt von Stilen akzeptiert ist.

Es ist wichtig zu begreifen, daß sowohl der kooperative als auch der anweisende Stil in der Wirtschaft ihren Platz haben, aber zu verschiedenen Zeiten. Keiner von beiden ist falsch, wenn auch nicht beide immer effektiv sind. Leider neigen wir dazu, uns auf einen bestimmten Stil zu verlassen, weil wir uns mit ihm am wohlsten fühlen, nicht weil er der beste ist. Wir müssen unsere Konflikte strategisch managen. In diesem Fall empfahl ich Sylvia, einen stärker anweisenden Führungsstil zu praktizieren.

Daraufhin ging Sylvia vom Unterstützen zum Anleiten über. Sie bat um Beiträge, machte aber deutlich, daß sie die Entscheidungen selbst treffen würde. Nach einigen negativen Reaktionen am Anfang begannen die Mitarbeiter, diesen Stil zu akzeptieren, wahrscheinlich weil sie keine andere Wahl hatten, und auch weil Sylvia weiter kooperativ war, wenn die Zeit und die Aufgaben es erlaubten.

Unter großer Aufmerksamkeit der Medien tat die hochangesehene Neurochirurgin Frances Conley von der Stanford University etwas Ähnliches. Sie verfeinerte ihre Fähigkeiten an dieser Spitzeninstitution und ging dann, denn sie wurde unter Druck gesetzt, weil sie eine Frau war und nach weiblichen Regeln vorging. In einem Leitartikel der *Los Angeles Times* sagte sie: „Meine Behauptung war, daß ich Macht und meine Position als »die Chirurgin« ganz anders nutzte als meine männlichen Kollegen." Eine Professorin für Verhalten in Organisationen, die Machtverhältnisse im OP untersuchte, fand, daß Chirurginnen dazu neigen, ihre OPs als Team zu managen; Chirurgen bleiben eher »Kapitän des Schiffes«. Wesentlich war, daß beide Methoden zu guten Resultaten bei den Patienten führten. Was aber für Frau Conley keine guten Resultate zeitigte, war die Erwartung, immer anweisend vorzugehen oder als inkompetent beurteilt zu werden. Es gibt keine Patentlösung für Sylvia, Frances Conley oder andere. Wir müssen imstande sein, den jeweils am besten geeigneten Stil strategisch zu wählen. Vielleicht müssen wir sogar lernen, auf mehr männliche, anweisende Art zu führen (selbst wenn es uns unangenehm ist), weil das manchmal angemessener ist. Um stärker anweisend zu sein, müssen wir unsere eigene Macht annehmen.

Das Kreuz mit der Macht

Wenn ich das Thema „Macht" in Frauenseminaren anspreche, ziehen sich die Teilnehmerinnen oft körperlich zurück. Macht ist eindeutig ein unangenehmes Thema für viele von uns. Frauen sagen mir, sie wollten nichts mit diesem „Machtgeklüngel" zu tun haben, weil sie nicht „machthungrig" seien. Sie tun, als sei Macht ein gesellschaftlicher Aussatz, den es um jeden Preis zu meiden gilt.

Einfach ausgedrückt ist Macht die Fähigkeit, Dinge getan zu bekommen. Wer keine Macht hat, ist bei der Arbeit nicht effizient. Ohne Macht ist es unmöglich, andere zu führen. Außerdem ist es schwierig, Gehaltserhöhungen durchzusetzen. Schließlich landen Sie auf dem Abstellgleis und fragen sich, wieso Sie bei all Ihren Fähigkeiten und Kenntnissen in die Sackgasse geraten sind. Macht ist zentral im Leben erwachsener Menschen. Warum fühlen sich Frauen damit nicht wohl? Das Problem ist ihre Definition.

Wenn ich Teilnehmerinnen in Seminaren nach jemandem frage, der enorme Macht ausgeübt hat, fallen am häufigsten Namen wie Michael Milken, Charles Keating, Ferdinand Marcos oder General Noriega – Leute, die einen Staat oder eine große Organisation lange ungestraft kontrolliert haben. Mutter Teresa wird nie genannt. Auch nicht Nelson Mandela, Gandhi oder Martin Luther King. Doch wenn Macht die Fähigkeit bedeutet, seine Ziele zu erreichen, waren diese letzteren außerordentlich mächtig; sie hatten einen erheblichen Einfluß auf Menschenwürde und Bürgerrechte. Dennoch denken Frauen bezeichnenderweise nur an negative Beispiele; wir finden Macht bei uns selbst und bei anderen bedrohlich.

Tatsächlich ist Macht wie Geld: weder gut noch böse. Ihre negative oder positive Tendenz hängt davon ab, wie wir sie einsetzen. Trotzdem empfinden wir Macht meistens nicht als neutral. Als Mädchen haben wir für Gleichheit gearbeitet, weil wir auf diese Weise Freundinnen gewannen. Macht zu demonstrieren hätte uns unsere engen Beziehungen gekostet. Zudem sind „Macht" und „Männlichkeit" in unserer Kultur fast gleichbedeutend. „Macht" und „Weiblichkeit" schließen einander in unseren Augen aus. Für einen Mann ist es angenehm und leicht, gleichzeitig mächtig und maskulin zu sein; für eine Frau ist es weit schwieriger, gleichzeitig mächtig und feminin zu sein.

Haben Sie je zwischen den folgenden Extremen geschwankt? An einem Tag arbeiten und klingen Sie machtvoll, Ihre Kleidung signalisiert Macht. Dann aber beginnen Sie, sich Sorgen zu machen, Sie seien zu maskulin, und Sie verhalten sich stärker feminin. Wenn man Ihnen nicht mehr zuhört, gehen Sie zurück zu den Machtsignalen. Die Mitte ist schwer zu finden, doch ich glaube, sie kommt mit der Reife und dem Wohlfühlen mit dem, was Sie sind.

Meine frühere Kollegin, stellvertretende Geschäftsführerin eines großen Unternehmens, bekam vom Geschäftsführer folgendes zu hören: „Jane, Sie sind toll. Ich betrachte Sie nicht einmal als Frau." Natürlich war Jane am Boden zerstört und kaufte sich am selben Nachmittag eine ganz neue Garderobe. Ich schätze, der Geschäftsführer meinte seine Bemerkung als Kompliment. „Sie passen zu den Jungs". Aber wäre er nicht beleidigt gewesen, wenn Jane geantwortet hätte: „Danke, Hank. Ich betrachte Sie nicht als Mann"? Das

Frausein bestimmt zu einem großen Teil unsere Persönlichkeit. Wir können uns nicht wohl mit uns selbst fühlen und unwohl mit unserer Weiblichkeit.

Um sich mit ihrer Macht wohlzufühlen, muß eine Frau sowohl mächtig als auch feminin sein. Sie kann nicht auf die gleiche Weise mächtig sein wie ein Mann, denn sie wird an weiblichen Maßstäben gemessen. Doch sie kann ihre Ziele deutlich machen und unbeirrt an ihnen festhalten, ohne auf Wutanfälle, grobe Ausdrücke oder andere Verhaltensweisen zu verfallen, mit denen Männer Machtansprüche durchsetzen.

Außerdem muß sie sich damit anfreunden, Autorität zu übernehmen. Diese Balance zwischen Weiblichkeit und Autorität zu finden, ist eine Herausforderung, die sich Männern nie stellt. Wirkt eine Frau zu maskulin, wird sie als „Ziege“, „Hexe“ oder Schlimmeres bezeichnet. Eine sehr feminine Frau hingegen wird nie gehört; man fordert sie vielleicht auf, Protokoll zu führen und Kaffee zu servieren. Wenn wir in Kapitel 7 über Machtspiele sprechen, werden Sie eine Vielzahl geeigneter Methoden der Machtdemonstration finden.

Trotz der Schwierigkeiten versichere ich Ihnen: Eine Balance ist möglich. Ein Beispiel ist Helene. Sie ist Geschäftsführerin eines Unternehmens, das Mitarbeitern großer Organisationen psychologischen, finanziellen und rechtlichen Beistand bietet. Außerdem ist sie Präsidentin ihres Berufsverbandes für den Bundesstaat. Helene strahlt Macht aus. Sie ist stets makellos frisiert und angezogen. Sie ist warmherzig, charmant und witzig, aber wenn man sie über ihre Grenze hinausstößt, merkt man es: Ihr Verhalten wird so ernst, daß man friert. Dieser Wechsel von der typisch weiblichen Wärme warnt Leute, die meinen, leichtes Spiel mit ihr zu haben. Helene hat jene Mitte gefunden, in der sie feminin sein und gleichzeitig Hardball spielen kann. Mit Übung und Experimenten können auch Sie einen Bereich des Ausgleichs finden, in dem Sie sich wohl fühlen.

Es mag nicht leicht sein und auch nicht sofort erkennbar, aber es ist möglich.

Wir geben ihm Macht und nehmen sie ihr weg

Unser Unbehagen mit der Macht wurzelt zum Teil darin, wie die Welt funktionierte, als wir heranwuchsen. Die Leitung der Schule hatte gewöhnlich ein Mann. Die Arbeit, das Lehren, oblag gewöhnlich Frauen. Kamen wir ins Krankenhaus, so war der Arzt ein Mann und die Krankenschwestern Frauen. Gingen wir in ein Kaufhaus, war der Filialleiter ein Mann, die Verkäuferinnen Frauen. Die Botschaft war klar: Männer geben Befehle, Frauen machen die Arbeit.

Als Erwachsene geben wir noch immer Männern Macht und nehmen sie Frauen weg. Ein unbekannter Mann kann ein Büro betreten und dem Personal sagen, was er will und wen er sprechen muß. Wahrscheinlich werden die Sekretärinnen flitzen. Stellt eine Frau die gleichen Forderungen, wird sie eher verhört, wer sie geschickt, ob sie einen Termin hat und was sie eigentlich genau will.

Ich reiste früher öfter mit einem Kollegen, den ich hier Jim Smith nenne. Wenn wir ins Flugzeug einstiegen, hatte die Stewardeß der ersten Klasse unsere Namen als Dr. Heim und Mr. Smith auf der Liste. Sie sah uns an, sah auf die Liste, sah wieder zu uns und sagte zu Jim: „Dr. Heim?" Wenn nur einer von uns Doktor war, mußte es natürlich Jim sein, selbst wenn ich dadurch Herr Smith wurde. Wir sind so darauf eingestellt, Männer in Führungspositionen zu sehen, daß wir blind für offensichtliche Abweichungen werden.

Ruth wollte stellvertretende Geschäftsführerin eines Filmverleihs werden. Sie arbeitete darauf hin, die Position zu bekommen, doch man sagte ihr, sie sei „noch nicht soweit", weil sie noch unter Dreißig war. Bestimmt würde sie mit der Zeit reif für die Position sein. Ein Jahr später wurde Frank stellvertretender Geschäftsführer; er war ein Jahr jünger als Ruth und weniger erfahren.

Als Ruth die Entscheidungsträger nach Franks Alter fragte, schienen sie überrascht, daß es überhaupt ein Thema war. Es schien natürlich, daß ein Mann in der Machtposition war; es war die Frau, die zusätzliche Hürden überwinden mußte, bevor sie als reif für eine solche Position angesehen wurde.

Zurückscheuen vor der Macht

Wenn Frauen schließlich doch Macht und Autorität erlangen, fühlen sie sich oft so unwohl, daß sie sich selbst sabotieren. Als ich ein Kommunikationsseminar in der Zentrale einer Versicherung hielt, unterhielt ich mich in der Pause mit Inez, die, wie sie sagte, „unten in der EDV arbeitete". Etliche Wochen später wurde ich gebeten, ein Gespräch mit der Leiterin der EDV zu führen. Zu meiner Verblüffung trat Inez ein.

„Warum haben Sie mir nicht gesagt, daß Sie hier Abteilungsleiterin sind?" fragte ich.
Ihre Antwort war beschwichtigend. „Ach wissen Sie, ich wollte das nicht an die große Glocke hängen. Ich tue die Arbeit eigentlich nicht; die Mitarbeiter tun sie", sagte sie.

Wenn uns Macht in den Schoß fällt, scheuen wir zurück, statt sie zu ergreifen. Vielleicht hängt unser Unbehagen mit der Furcht zusammen, daß wir von anderen Frauen angegriffen werden, wenn wir uns aufführen, als hätten wir mehr Macht als sie. Liebe Mädchen geben nicht an oder streichen ihre Leistungen heraus. Da Frauen überdies nicht an Machtpositionen gewöhnt sind, neigen sie dazu, ihre Führungsqualitäten abzuwerten oder nicht einmal zu erkennen.

Miranda ist Geschäftsführerin einer Firma, die Uniformen für eine weltweite Imbißkette herstellt. Als ich in einem Seminar erwähnte, daß Frauen ihre Macht oft herunterspielen, besonders anderen Frauen gegenüber, erzählte Miranda, was sie jüngst bei ihren Reiterferien erlebt hatte. In ihrem Urlaub mistete sie den Stall mit einer jungen Frau aus, die sie nach ihrem Beruf fragte. Miranda sagte, sie

habe zuerst unzusammenhängend gemurmelt und gehofft, das sei
genug. Die junge Frau bohrte: „Was genau tun Sie?"
„Ich verkaufe Kleider."
„Sind Sie Verkäuferin?"
„Nicht ganz."

Am Ende verriet Miranda ihre Position, aber sie konnte nicht begreifen, warum ihr das so unangenehm war. Als sie verstand, wie
schwer es Frauen fällt, ihre Macht zu zeigen, sagte sie: „Das Beste
wäre wahrscheinlich gewesen, ihr zu sagen, daß ich Geschäftsführerin eines Unternehmens bin, und mit ihr darüber zu sprechen, wie
das ist."

Hardball-Strategie par excellence: Scheuen Sie vor Ihrer Macht
nicht zurück! Sie untergraben sich nur selbst, wenn Sie das tun.
Nennen Sie, wenn Sie gefragt sind, Rang und Position! Stellen Sie
sich der Realität, und andere werden es auch tun!

Sich die Antworten ausdenken

Selbst wenn Frauen das Sagen haben, fühlen sie sich oft, als wären
sie Hochstaplerinnen. Sie sind nie sicher, genug Information oder
Wissen zu haben, oder was sonst dazu gehört, am Steuer zu sitzen.
Eine der ranghöchsten Frauen in der Wirtschaft Amerikas lehrte
mich vor einigen Jahren etwas Wichtiges zu diesem Thema. Als wir
eines Abends zusammen aßen, fragte ich sie: „Wie sind Sie dorthin
gekommen, wo Sie jetzt sind?"

Sie antwortete: „Also, die ersten fünf Jahre war ich gar nicht
bei Bewußtsein. Ich kam mit einem BWL-Diplom frisch von Harvard, und die Leute stürzten sich auf mich, als hätte ich alle Antworten. Ich glaubte, sie wollten, daß ich meinen Taschenrechner hervorholte und ihnen sage, wie die Welt funktioniert. Aber ich wußte es
nicht besser als alle anderen. Ich versteckte mich fünf Jahre lang,

damit mich niemand mehr nach Antworten fragte, die ich nicht hatte."

Gespannt fragte ich sie, wodurch es anders geworden war. „Eines Tages wachte ich auf und begriff, daß alle Männer, mit denen ich arbeitete, die Antworten erfanden", erzählte sie. „Ich beschloß, wenn sie die Antworten erfinden konnten, konnte ich das auch. Sobald ich anfing, so zu tun, als ob ich wüßte, was los war, kam eine Beförderung nach der anderen."

Männer kaschieren ihre inneren Ängste. Sie verharren äußerlich in der Haltung „Ich komme damit klar, laßt mich nur machen", selbst wenn sie fürchten, daß sie nicht klarkommen. Frauen bedeutet die Fassade „Ich komme mit allem klar" weniger. Unsere Ziele sind persönlicher, und so haben wir keine Hemmungen, unsere Unzulänglichkeiten zu äußern. Wenn zum Beispiel die Beziehung wichtig ist und Ihre Chefin Ihnen einen Auftrag gibt, von dem Sie fürchten, daß Sie ihn nicht richtig oder gut erfüllen werden, spüren Sie vielleicht das Bedürfnis, Ihre Grenzen zu bekennen, um die Beziehung zu bewahren.

Aus unserem Bedürfnis nach Ehrlichkeit und Fairneß vermeiden wir vielleicht, uns „die Antworten auszudenken", aber eine Antwort zu erraten und zu tun, als wüßten wir Bescheid, ist eine Hardball-Strategie, ganz ähnlich wie Bluffen. Wenn wir tun, als hätten wir alles im Griff, tritt genau das ein. Natürlich gilt dies auch umgekehrt. Mit der peinlichen Wahrheit herauszuplatzen oder Ihre Aussage vage und unsicher zu bringen, kann Ihnen im Geschäft schaden.

Jane arbeitete in einem produzierenden Unternehmen, das seine Fertigung restrukturierte. Die Organisation wurde von einer traditionellen, hierarchischen Befehl-und-Kontroll-Struktur auf TQM (Total Quality Management) umgestellt, zu dessen flacherem Aufbau auch eigenverantwortliche Teams gehörten. Niemand im Unter-

nehmen wußte, wie man auf diese neue Weise Geschäfte macht. Der
Betriebsleiter beschloß, Jane zu fragen, denn sie war ein hochangesehenes Mitglied der Qualitätsabteilung.

Jane antwortete wie folgt: „Tja, ich bin mir nicht sicher. Sie wissen,
ich habe keine Erfahrung mit dieser formellen TQM-Methode.
Aber ich glaube, wir könnten dies den Arbeitsgruppen zur Lösung
übergeben, obwohl ich nicht weiß, ob sie es lösen werden.
Wenn nicht, können wir ein Team aus F&E, Konstruktion und
Herstellung, bilden, das sich die Sache ansieht. Wenn beide Methoden nichts bringen, nehme ich an, wir könnten eine Beratungsfirma
hinzuziehen. Aber um ganz ehrlich zu sein, ich bin mir einfach nicht
sicher."

Der Betriebsleiter war beunruhigt über Janes Vorschläge und fragte
einen von Janes Kollegen, wie er das Problem lösen würde. „Ich
finde, das ist ganz klar", antwortete Don. „Wir bilden ein funktions-
übergreifendes Team, das sich darum kümmert. Wenn sie es nicht
hinkriegen, geben wir es einer Arbeitsgruppe, die sich damit befaßt.
Und wir können zur Sicherheit immer eine Beratungsfirma holen.
Kein Problem!"
Unnötig zu sagen – Don bekam die Verantwortung für diese besondere Chance. Obwohl die Vorschläge fast identisch waren, klang er
so viel selbstsicherer und kenntnisreicher, daß es leichter war, auf
ihn zu setzen. Der entscheidende Faktor hier war, daß Don nicht
mehr wußte als Jane, aber so tat, als ob.

In unserem Bedürfnis, absolut ehrlich über unsere Unzulänglichkeiten zu sein, werden wir Frauen oft extrem. Unsere eigentliche
Botschaft ist: „Bevor ich Ihnen meine Ideen mitteile, möchte
ich, daß Sie die Tiefen meiner Unwissenheit kennen, und nur wenn
ich mich sicher fühle, daß Sie verstehen, wieviel ich nicht weiß,
werde ich mich wohl dabei fühlen, Ihnen zu sagen, was ich doch
weiß."

Als ich Jane fragte, warum sie ihren Vorschlag so und nicht anders formuliert hatte, erklärte sie: „Ich habe einfach die Wahrheit gesagt." Das tat sie gewiß, doch ihr Akzent lag auf der falschen Silbe. Wenn Jane lernen könnte, mit dem Akzent der Selbstsicherheit zu sprechen, würde ihre wirkliche Botschaft gehört: „Ich habe ein paar gute Ideen darüber, wie man das lösen kann."

Sehen Sie es so: Wenn man Sie fragt, wie Sie ein Ziel erreichen würden, brauchen Sie nur sagen, was Sie für das Beste halten. Sagen Sie, was Ihnen sinnvoll vorkommt, und basta! Seien Sie sicher, daß Ihre Kollegen selbst herausfinden, was Sie nicht wissen. Wenn Sie also das nächstemal gefragt werden, wie Sie etwas lösen würden, denken Sie daran. Denken Sie sich die Antwort aus, und tun Sie, als wenn Sie es wüßten! Im folgenden Kapitel werden wir andere Strategien des Machtspiels untersuchen.

Führung übernehmen

- Es gibt keinen einzig richtigen Führungsstil.
- Wählen Sie einen Führungsstil, der auf Kompetenz und Engagement des Mitarbeiters abgestimmt ist!
- Klare Ziele vorzugeben ist entscheidend.
- Unterstützen und anleiten mag angenehm sein, aber auch der anweisende und der delegierende Stil sind effektiv.
- Scheuen Sie vor Führungspositionen nicht zurück!
- Auch wenn Ihnen die flache Struktur vertrauter ist, Ihre Umgebung ist gewöhnlich eine Hierarchie.
- Für einen Mann sind Sie entweder über- oder untergeordnet, und wenn Sie oben sind, sollten Sie sagen, wo es langgeht.
- Mitarbeiterinnen erwarten oft einen kooperativen Stil, aber dieser ist nicht immer der Beste.

- Frauen haben etwas dagegen, anderen Frauen zu „dienen".
- Wenn eine andere Frau Applaus bekommt, sollten Sie sie unbedingt unterstützen.
- Sie brauchen Macht, um erfolgreich zu sein.
- Sie können gleichzeitig mächtig und feminin sein, aber es kostet Arbeit und Training.
- Akzeptieren Sie die Realität: Ergreifen Sie Ihre Macht!
- Entziehen Sie nicht Frauen Macht, um sie Männern zu geben!
- Denken Sie sich die Antworten aus, und tun Sie, als wüßten Sie Bescheid!

Power Talk:
Sprache zum eigenen Vorteil nutzen

Hardball-Lektionen, die Jungen lernen

- Sei aggressiv, wehre dich und dominiere deinen Gegner!
- Wirke aggressiv, selbst wenn du dich aggressiv bist!
- Gespräche sollten dazu beitragen, Probleme zu lösen und Ziele zu erreichen.
- Geplänkel gehört zur Pflege von Beziehungen und ist rauhes Spiel.

Puppenmutter-Lektionen, die Mädchen lernen

- Wehre dich nicht, selbst wenn du angegriffen wirst!
- Sprich nicht dazwischen; warte, bis du dran bist, und laß deine Freundinnen ausreden!
- Gespräche sollen die Vertrautheit fördern.
- Geplänkel kann jemanden verletzen und sollte vermieden werden.

Es war ein schöner Montagmorgen in den Bergen. Ich leitete ein Klausur-Seminar zur Teambildung mit den 12 Topmanagern einer High-Tech-Konstruktionsfirma – alles Männer. Wir waren etwa seit einer Stunde bei der Arbeit, als Karl das Wort ergriff. Ich war vorgewarnt worden, daß er meine größte Herausforderung sein würde. Sein Vorgesetzter, der Geschäftsführer, sagte mir, daß Karl nicht viel für „diesen ganzen Beziehungskrempel" übrig und sich gegen das Seminar gesträubt hatte. Außerdem glaubte Karl nicht, daß eine Frau mit der Gruppe „fertigwerden" konnte.

Als ich mitten in meiner Erklärung darüber war, wie persönliche Wahrnehmung die Kommunikation im Team beeinflußt, unterbrach mich Karl mit einer herausfordernden Frage. „Na, Pat", fragte er blasiert, „wie finden Sie, daß Sie sich mit dieser Gruppe machen?"

Ich schlenderte zu ihm hinüber, stemmte die Hände an die Hüften und sagte langsam und betont: „Karl, es ist immer schwer, sich selbst zu sehen. Wie mache ich mich denn Ihrer Meinung nach?"

Offensichtlich war das nicht die kleinlaute Reaktion, die er erwartet hatte. „Guckt euch Karl an", rief einer seiner Kollegen aus. „Der wird rot!" Alle drehten sich um und lachten. Am wichtigsten für mich war jedoch, daß Karl meine größte Hilfe und der stärkste Fürsprecher des Teambildungsprozesses wurde.

Bei diesem Zwischenfall fragte ich mich, warum dieser Typ auf mich losging. Ich tat nur die Arbeit, für die das Unternehmen mich bezahlte. Doch meine logische Seite wußte, daß er und ich in ein Aggressionsspiel verwickelt waren. Wie ich mit Karl fertig wurde, würde bestimmen, ob diese Männer mich für den Rest des Tages als Führerin akzeptieren würden. Deshalb hielt ich dagegen. Ich war wirklich erstaunt, wie gut es funktionierte.

Männer respektieren harte, aggressive Spieler. Als Frauen werden wir freilich dazu erzogen, andere zu unterstützen und uns nicht zu wehren, selbst wenn wir angegriffen werden. Aber unter Männern kann „Kneifen" dazu führen, daß man Punkte verliert – viele Punkte. Daß ich nicht vor Karl zurückwich, zwang ihn, mich als harte Spielerin wahrzunehmen. Er wollte in meinem Team sein, weil ich mächtig und selbstsicher wirkte.

Aggression ist ein wesentliches Element im Hardball. Die Wurzeln männlicher Aggression liegen im Spiel der Jungen. Jungen geht es um Dominanz. Sie fallen einander ins Wort, sie drohen, kommandieren und prahlen mit Autorität; sie wollen sich nicht dominieren lassen. Sie hacken aufeinander herum, versuchen, die Oberhand zu gewinnen und beschimpfen einander. Diese verbalen Machtspiele helfen Jungen, in der Hierarchie aufzusteigen. Gibt ein Junge hingegen nach, verliert er an Status.

Sie sollten jedoch wissen, daß ein Mann, der aggressiv wirkt, dies nicht wirklich sein muß. Wie ein Mann in einem Seminar erklärte: „Das Ziel ist, fies auszusehen, selbst wenn Sie es nicht sind." Kriegerisches Gehabe ist ebenso wichtig wie kriegerisch zu sein.

Tempo und Tenor der Interaktionen unter Mädchen haben wenig mit Dominanz zu tun. Mädchen drücken Zustimmung aus, lassen andere zu Wort kommen und anerkennen, was eine Spielkameradin gesagt hat, bevor sie selbst etwas sagen. Angesichts dieser unterschiedlichen Orientierung kann es zu Problemen kommen, wenn Männer und Frauen sich im Flur und am Konferenztisch begegnen.

In diesem Kapitel konzentrieren wir uns auf verbale Demonstrationen von Macht und Aggressivität beim Hardball.

- Wie Männer es machen.
- Was ihnen das einbringt.
- Wie Frauen zurückweichen und verlieren, wenn andere aggressiv werden.
- Wie und wann es wichtig für Frauen ist, mächtig zu sein (oder zu wirken), damit auch sie im Hardball gewinnen.

Männliche und weibliche Sprache

Gespräche zwischen Männern und Frauen sind manchmal wie Übersee-Telefongespräche mit einer Verzögerung von einer Sekunde. Beide Seiten fallen einander unabsichtlich ins Wort und machen an den falschen Stellen Pausen; das Gespräch verläuft stockend und stolpernd. Deshalb fühlen sich Männer wie Frauen oft etwas unbehaglich, wenn sie miteinander sprechen, und niemand weiß so recht warum. Die Ungeschicklichkeit kommt von der grundlegenden Verschiedenheit unserer Kommunikationsmuster.

Wenn Frauen sprechen, wollen sie Vertrautheit und Freundschaft erreichen. Sie loten die Gefühle ihres Gegenübers aus, teilen private Details mit und bauen eine Beziehung auf. Männer hingegen sind zielorientiert. Sie führen Gespräche, um Informationen zu vermitteln, Argumente zu vertreten, Ziele zu erreichen, Anweisungen zu geben und ihre Sicht vom Lauf der Welt oder der besten Vorgehensweise darzutun.

Die charakteristische Weise, wie Frauen und Männer einkaufen, illustriert die Unterschiede. Frauen gehen oft mit einer Frau in die Stadt, nicht weil sie etwas kaufen müssen, sondern um zusammenzusein. Für Männer hingegen ist Einkaufen nur Jagen und Erlegen. Wenn sie gefunden haben, was sie suchten, gehen sie.

Telefongespräche sind ähnlich. Eine Frau erzählte mir, daß ihr Vater sie oft anrief, nur um Kontakt zu haben. Er vermißte sein kleines Mädchen, aber er begann diese Gespräche immer mit der Frage, ob sie das Öl in ihrem Auto gewechselt hatte. Er brauchte einen Zweck, ein Ziel für den Anruf. Viele Männer sehen das Abliefern der Information (das Erlegen) als Zweck des Gespräches.

Frauen rufen gern an, um einfach Hallo zu sagen. Vor kurzem starb meine Tante mit 92 Jahren. Ihre 88jährige Schwester weiß vor Einsamkeit nicht ein noch aus, denn sie hatten ihr Leben lang täglich lange miteinander telefoniert. Den meisten Männern wäre es ein Rätsel, was die beiden einander nach so vielen Jahren zu sagen hatten.

Deborah Tannen, die Autorin von *„Du kannst mich einfach nicht verstehen"*, nennt diesen Unterschied im Gesprächsstil Beziehungsgespräch versus Berichtsgespräch. Das folgende Beispiel zeigt, wie diese Stilunterschiede sich auswirken, wenn ein Paar nach einem harten Arbeitstag heimkommt:

Sie: „Wie ist es heute gelaufen?"
Er: „Gut."
Sie: „Was hast du gemacht?"
Er: „Zur Acme-Konferenz gegangen."
Sie: „Was war in der Konferenz los?"
Er: „Nicht viel."

Die Frau versucht wiederholt, durch Sprechen über den Tag Nähe zu erreichen. Ihr ist es ziemlich gleich, worüber sie sprechen oder was er sagt. Es geht darum, Kontakt herzustellen. Ihr Mann denkt, sie sei neugierig auf die Ereignisse des Tages. Doch seine Antworten sind so kurz angebunden, daß nie ein Gespräch zustandekommt. Er antwortet pflichtschuldigst auf ihre Fragen und ist überrascht und genervt, daß sie damit fortfährt. Sie fühlt sich sehr allein in der Beziehung, und er fühlt sich, als werde er verhört.

Die Verschiedenheit des Kommunikationsstils kompliziert auch
entscheidungsbezogene Diskussionen. Eine Seminarteilnehmerin
erzählte mir, daß sie vor einer wichtigen beruflichen Entscheidung
stand. Sie mußte sich entscheiden, ob sie in ihrer jetzigen Stellung
bleiben und langsam aufsteigen oder zu einer neugegründeten Firma
gehen sollte, wo sie schnell aufsteigen oder arbeitslos werden
konnte, wenn die Firma pleite ging. Sie wollte dies mit ihrem Mann
Lee besprechen, aber kaum hatte sie das Thema aufgebracht, sagte
er einfach, welche Stelle sie nehmen sollte. Phyllis wurde ärgerlich
und zog sich zurück.

„Ich wollte doch nur über meine Optionen sprechen", klagte sie,
„aber Lee fing an, mich herumzukommandieren und mich wie ein
Kind zu behandeln, das nicht selbst entscheiden kann!" Phyllis
ärgerte sich, weil sie meinte, ihr Mann versuche, sie zu gängeln,
während Lee nicht fassen konnte, daß Phyllis ihn seiner Ansicht
nach um Rat gefragt und diesen dann nicht akzeptiert hatte.

Um dieses Aneinander-Vorbeireden in den Griff zu bekommen, ist
es zunächst wichtig anzuerkennen, daß es das gibt. Wenn Sie sich
dessen bewußt sind, können Sie es auf eine höhere Ebene bringen,
d. h. mit Ihrem männlichen Gesprächspartner über Ihre unterschiedlichen Erwartungen sprechen. Wären Sie zum Beispiel Phyllis, so
könnten Sie sagen: „Du und ich haben verschiedene Gesprächsstile.
Wenn ich ein Problem anspreche, denkst du, ich wollte, daß du es
löst. Was ich aber wirklich möchte, ist dein Beitrag und deine
Perspektive, damit ich sie in meine Entscheidung einbeziehen
kann."

Nicht so nah, meine Dame

Frauen erreichen Nähe und Vertrautheit, indem sie einander Hoff-
nungen, Sorgen, Wünsche und Gefühle mitteilen. Es ist nicht ungewöhnlich, daß einander fremde Frauen, die in einem Flugzeug oder

bei einer Party nebeneinander sitzen, innerhalb von fünf Minuten
Details ihres Privatlebens austauschen. Frauen zeigen nämlich Zuwendung und Fürsorge für andere, indem sie über die Schwierigkeiten ihrer Freunde und Bekannten sprechen. Darüber sprechen ist
eine Art, Solidarität auszudrücken.

Die meisten Männer finden solche vertrauten Gespräche höchst
unangenehm, weil sie oft ihrer kindlichen Erfahrung fremd sind und
weil sie eine Offenheit unterstützen, die vom männlichen Standpunkt aus angreifbar macht. Ein Mann fürchtet, wenn ein anderer
von seinen Frustrationen bei der Arbeit oder zuhause weiß, könnte
er seinen Platz in der Hierarchie verlieren. Wenn er zum Beispiel
sagte: „Ich bin so genervt über meinen Chef! Ich kann anscheinend
nicht zu ihm durchdringen!", könnte er als schwach gesehen werden.

Besonders heikel sind Gespräche über Schwierigkeiten. Einer meiner Kollegen hatte zweimal innerhalb von drei Jahren seine Stelle
verloren. Seine Frau war im achten Monat schwanger, als er zum
letztenmal entlassen wurde. Ich rief Harvey regelmäßig an, denn ich
wollte ihn wissen lassen, daß ich an ihn dachte. Aber ich steckte in
einer Zwickmühle: Meine Anrufe machten nur deutlich, daß Harvey
schon wieder arbeitslos war. In seinen Augen brachte meine Fürsorge ihn in die unangenehme Position des Unterlegenen, der mir
erzählte, wie toll seine Arbeitssuche lief, während ich fürchtete, daß
das nicht zutraf. Über eine Schwäche zu sprechen, machte Harvey in
seinen eigenen Augen und denen anderer Männer nur zu einem
weniger wünschenswerten Spieler.

Eine Frau ist weit eher bereit, über ihre Fehler zu sprechen, und sie
offenbart oft ihre Befürchtungen:
● „Ich hasse es, zu präsentieren. Ich werde so nervös."
● „Buchhaltung treibt mich immer zum Wahnsinn. Ich werde aus
   den Zahlen nicht schlau."
● „Mr. Carlin schüchtert mich total ein."

Sie erreicht Nähe durch die persönliche Offenbarung. Doch wenn
Männer eine Frau so reden hören, kommen sie eventuell zu dem
Schluß, sie sei nicht so stark, wie sie dachten, und sie wäre kein
Gewinn für ihr Team. Es ist weit besser, Männern Ihre Stärke statt
Ihre Schwäche zu zeigen.

Fazit: Eine kluge Hardball-Spielerin vermeidet es, einem Mann
ihre schwachen Punkte zu zeigen.

Was wollen Sie eigentlich sagen?

Viele Frauen fürchten, zuviel zu reden. Seit der Kindheit haben
wir Witze darüber gehört, wie eine Frau redet und redet und
kein Ende findet. Doch die Forschung zeigt immer wieder, daß
Männer mehr reden und die meisten Gespräche und Konferenzen
dominieren.

Als eine Forschungsgruppe untersuchte, wer tatsächlich in einer
Konferenz das Wort hatte, stellte sich heraus, daß die Männer zwischen 10,66 und 17,07 Sekunden sprachen, die Frauen zwischen 3
und 10. Der längste Kommentar von einer Frau war kürzer als der
kürzeste von einem Mann. Und die Männer sprachen häufiger.
Dennoch habe ich oft bemerkt, daß Frauen übersensibel dafür sind,
wieviel sie reden; sie haben Angst zu dominieren.

Männer zeigen Dominanz, indem sie das Gespräch beherrschen.
Wenn Sie jedoch kurz sprechen und dann den Rest der Zeit zuhören,
könnte Ihr Chef durchaus glauben, Sie hätten nichts zu seinem Team
beizutragen. Redezeit ist deshalb wichtig, aber Sie müssen auch
darauf achten, worüber Sie sprechen.

Männer finden, Frauen redeten um den heißen Brei herum und
sagten nicht, was sie eigentlich wollen. Doch Frauen ist es oft
unangenehm, auf den Kern der Sache zu kommen, bevor die zwischenmenschliche Seite geregelt ist. Wir fürchten, unser Zuhörer
werde uns mißverstehen, wenn die Beziehung nicht stimmt. Viele
Männer brauchen sich nicht mit der zwischenmenschlichen Komponente zu befassen, weil Sachfragen von ihrem Standpunkt aus wenig
mit Beziehungen zu tun haben. Folglich sehen sie derlei Vorreden
als Zeitverschwendung. Die „Etiketten", die aus dieser Kommuni-
kationslücke entstehen, sind oft schädlich für Beziehungen: Eine
Frau wird als desorganisiert, wirr, geschwätzig und seltsam bezeichnet. Ein Mann wird als rücksichtslos, ungeduldig und nicht
bereit zum Zuhören empfunden.

Deborah Tannen meint, daß Männer Frauen für redselig halten, weil
Frauen zwischenmenschliche Fragen besprechen, die Männer nicht
interessieren. Ich sah dies kürzlich bei einem Treffen zwischen einer
Bürgerinitiative und dem nur aus Männern bestehenden geschäftsführenden Vorstand eines lokalen Flughafens. Die Bürgerinitiative
kam, um ihre Sorgen über den exzessiven Fluglärm in ihrer Wohngegend vorzutragen. Die Leiterin der Gruppe, Leslie, begann ihre
Präsentation mit dem Versuch, einen „Draht" zu den Vorstandsmit-
gliedern zu bekommen. „Wir sind wirklich dankbar, daß Sie Zeit für
uns haben", sagte sie herzlich. „Wir wissen, daß Sie wegen der
Verstöße gegen die Lärmbestimmungen ebenso besorgt sind wie
wir. Sie haben die schwere Aufgabe, die Bedürfnisse der Gemeinde
und der Piloten auszugleichen . . ."

Als Leslie den Widerstand und Ärger der Vorstandsmitglieder
spürte, verstärkte sie ihre Bemühungen, eine Beziehung zu knüpfen,
und fuhr fort: „Die Gemeinde weiß um die verschiedenen Bedürfnisse, die Sie ausgleichen müssen. Wir wissen, daß Sie in dieser
Konferenz nichts tun können, und wir erwarten nicht . . ."

Dies frustrierte die Vorstandsmitglieder noch mehr. Sie studierten ihre Fingernägel, schnitten Grimassen und sahen einander bedeutungsvoll an. Doch Leslie wollte nicht auf den Punkt kommen, bevor sie ein Gefühl der Harmonie erzeugt hatte. Dies führte zu einer Abwärtsspirale: Je mehr Leslie sprach, desto gereizter wurden die Vorstandsmitglieder, und desto mehr meinte sie, sprechen zu müssen. Am Ende wurde sie und mit ihr die Bürgerinitiative und ihre edlen Ziele vom Vorstand nicht für voll genommen.

Fazit: Wenn Sie es mit einer Gruppe von Männern zu tun haben, erwecken Sie den Eindruck, eine starke Spielerin zu sein, die etwas zu bieten hat, indem Sie weniger auf die Beziehungen eingehen und relativ schnell sagen, was Sie eigentlich wollen. Andernfalls sind Ihre Kollegen vielleicht gereizt und nicht mehr ansprechbar, wenn Sie zum Kern der Sache kommen.

Sich Gehör verschaffen

Verpuffen Ihre Worte? Wenn ja, sind Sie damit nicht allein. Stellen Sie sich vor, Sie sind in einer Konferenz. Die Gruppe diskutiert die beste Lösung für ein Problem. Sie werfen eine ausgezeichnete Idee ein, aber es scheint, als hätte Sie niemand gehört. Fünf Minuten später schlägt Harry genau dieselbe Lösung vor. Alle finden sie genial.

Wenn ich dieses Szenario in einem Seminar bringe, verdrehen die Frauen seufzend die Augen, weil es so oft vorkommt. Warum? Unsere gewohnte Art zu sprechen schafft und verschärft das Problem. In Konferenzen neigen wir dazu, unsere Ideen als Fragen zu formulieren, etwa „Meinen Sie nicht, es wäre eine gute Idee, unsere Marketing-Strategie zu ändern?" statt als einfache Aussagesätze wie „Wir müssen unsere Marketing-Strategie ändern. Ich schlage folgendes vor . . ." Wir sprechen kurz, mit hoher, leiser Stimme, während Männer Aufmerksamkeit beanspruchen, indem sie laut, lang und in deklamierendem Ton sprechen.

Obendrein neigen Frauen dazu, mit dem Sprechen zu warten, bis sie dran sind. In den meisten Konferenzen kommt es nie dazu. Männer sind daran gewöhnt, um Positionen in der Hierarchie zu rangeln; sie mischen sich in das Gespräch ein und bringen ihre Ideen an. Wenn eine Frau wartet, bis andere fertig sind, bevor sie das Wort ergreift, wird sie möglicherweise sehr lange warten.

Außerdem fallen Männer Frauen sehr oft ins Wort. Forschungen zeigen, daß in Gesprächen zwischen einem Mann und einer Frau 96 % des Dazwischenredens auf ihn fallen. In den meisten Fällen läßt sie ihn dann reden. Warum? Frauen glauben, um höflich zu wirken und gute Arbeitsbeziehungen zu bewahren, müßten sie auch andere zu Wort kommen lassen. Doch das kann ihnen das Genick brechen.

Männer beweisen den Wert ihrer Ideen, indem sie das Gespräch dominieren. Wenn sie leicht aufgeben, nehmen andere Männer an, daß sie ihre Vorschläge nicht ernst meinen. Wie gut können solche Ideen sein, wenn die Urheberin selbst nicht willens ist, dafür zu kämpfen? Leider sind Frauen zum Nachgeben erzogen statt zum Kampf für ihre Ansichten, und so glauben ihre männlichen Kollegen entsprechend ihren gewohnten Maßstäben, daß diese nachgebenden Frauen auch nicht verdienen zu gewinnen. So sind Frauen oft die Verliererinnen.

Was können Sie nun tun, wenn Sie abrupt unterbrochen oder überhört werden?

Die meisten von uns sind höflich und schweigen, wenn sie unterbrochen werden, aber nach meinen Beobachtungen werden mächtige

Frauen mit Unterbrechungen fertig, indem sie sie ignorieren. Sie sprechen im gleichen Ton weiter, stellen weder Augenkontakt mit dem Störer her, noch ändern sie Tempo und Lautstärke ihrer Präsentation. Sie tun einfach, als existierte die andere, fremde Stimme nicht.

Die meisten Frauen fühlen sich sehr unwohl, wenn sie stärker dominante Kommunikationsstile anwenden. Doch wir dürfen nicht vergessen, daß diese Diskussionen und Auseinandersetzungen ein Spiel sind. Die starken Spieler gewinnen; sie sind diejenigen, mit denen die anderen sich künftig zusammentun wollen. Dennoch müssen wir daran denken, daß machtvolles Argumentieren ein zweischneidiges Schwert für Frauen sein kann. Unser bester Tip ist es wohl, auf das abzuzielen, was die Autorinnen von *„Breaking the Glass Ceiling"* als „geringe Bandbreite akzeptablen Verhaltens" bezeichnen: stark genug zu sein, um bemerkt zu werden, aber nicht so stark, daß wir abgelehnt und als herrisch abqualifiziert werden.

Die geringe Bandbreite ist schwer zu definieren, denn sie ist je nach Person und Organisation verschieden. Doch da Frauen alle gut im Lesen von nichtverbalem Feedback sind, könnten wir versuchen, mit Verhaltensweisen zu experimentieren, um zu sehen, wie weit wir gehen können, ohne daß es uns teuer zu stehen kommt. Der erste Schritt ist jedenfalls anzuerkennen, daß die Bandbreite existiert.

Woher wissen Sie, ob Sie zu weit gegangen sind? Die meisten Zeichen sind nichtverbal: Unaufmerksamkeit, Widerstand (Verschränkte Arme oder Brust heraus) und Zorn. Bedenken Sie aber, daß ein Gleichrangiger, der zornig ist, vielleicht gerade gemerkt hat, daß er unrecht hat und verlieren wird, und deshalb in die Offensive geht.

Fazit: Formulieren Sie Vorschläge als Aussagesätze, nicht als
Fragen. Nehmen Sie sich soviel Zeit, wie Sie brauchen,
sprechen Sie selbstbewußt und leise. Warten Sie nicht, bis
andere Sie zum Sprechen auffordern. Wenn Sie unterbrochen werden, ignorieren Sie den Betreffenden und sprechen Sie weiter, aber ohne schrill zu werden.

Zorn zu Ihrem Vorteil nutzen

Frauen schrecken oft davor zurück, Zorn auszudrücken, weil sie
fürchten, er könnte Beziehungen schaden. Wir haben gelernt, daß
ein liebes Mädchen sanft, still und zurückhaltend ist. Ein wütendes
Mädchen ist kein liebes Mädchen, und so haben wir gelernt, unseren
Zorn indirekt auszudrücken: Wir knallen Türen, sagen es anderen,
ziehen uns zurück, meiden oder sabotieren die Betreffenden.

Es ist Ihr Recht, Zorn zu empfinden und auszudrücken, aber es ist
wichtig, dabei strategisch klug zu sein. Nur wütend aussehen ist
nicht genug. Ein permanentes Stirnrunzeln ist eine indirekte Botschaft, die leicht abzutun oder zu ignorieren ist. Noch schlimmer: Es
kann andere ärgern, die finden, daß Sie ausweichend oder hinterhältig sind. Dann verlagert sich das Thema von Ihren Gründen zum
Ärger der anderen über Ihre Indirektheit.

Außerdem müssen Sie Ihren Zorn so kanalisieren, daß sie genau
das denken und sagen können, was Sie wollen. Wenn Sie die Kontrolle verlieren, können Sie Dinge sagen oder tun, die Sie später
bereuen. Es ist wichtig, nicht zu weinen, zu schreien oder aufgelöst
zu wirken, wenn Sie ernstgenommen werden wollen. Wenn Sie
denken, Sie müßten gleich explodieren, nehmen Sie Abstand von
der Situation, bis Sie sich genug beruhigt haben, um Ihren Zorn zu

kanalisieren. Warten Sie aber nicht so lange, bis das Thema Schnee
von gestern ist.

Die sanfte Cheryl wurde wütend auf ihren Chef, weil er einer
Managerin und einem ihrer Mitarbeiter die Gehälter verraten hatte,
aber sie setzte ihren Zorn klug ein. Hätte Cheryl sich verhalten wie
üblich und gesagt: „Ich muß mit Ihnen über die Gehaltsgeschichte
reden. Das hätten Sie eigentlich nicht tun sollen. Ich finde nicht, daß
es eine besonders gute Idee war", so hätte ihr Chef ihr Anliegen als
unwichtig abgetan.

Statt dessen empfand sie den Zorn der Gerechten. Sie stürmte in sein
Büro, schloß die Tür und sagte ruhig und betont: „Brad, haben Sie
Lloyd und Shana gesagt, was die anderen verdienen?"
Er versuchte, sich mit Entschuldigungen zu rechtfertigen. „Also,
ich habe nur versucht, dieses andere Problem zu lösen", sagte er
lahm.
Sie stach mit dem ausgestreckten Finger auf seine Brust. „Sie wissen, daß diese Information vertraulich ist, und daß Sie sie nieman-
dem mitteilen dürfen!" Sie drängte ihn gegen das Fenster, bis er sich
schließlich entschuldigte.

Cheryl war eine hervorragende, geschätzte Mitarbeiterin, die Brad
ihre Loyalität schon vor Jahren demonstriert hatte. Sie hatte nie
solchen Zorn ausgedrückt, aber ihr Ausbruch war berechtigt. (Ich
würde das allerdings nicht im ersten Monat in einer neuen Stellung
versuchen.)

Ihr Zorn sollte eine bedeutende Abweichung von Ihrem üblichen
Verhalten sein, um beachtet oder ernstgenommen zu werden. Wenn
Sie Zorn regelmäßig einsetzen, wird man Sie als „zickig" ansehen.
Es ist besser, diese machtvolle Emotion als Geheimwaffe zu sehen,
die Sie hin und wieder hervorholen können. Es ist manchmal sogar
klug, wütend zu erscheinen, um die Lösung eines Konflikts zu
erzwingen.

Zwei meiner männlichen Mitarbeiter jammerten mir ständig etwas übereinander vor. Ich war zwar nicht wütend auf sie, aber nach einer Weile hatte ich ihre Faxen satt. Ich bestellte beide in mein Büro. „Ich habe Ihr unkooperatives Verhalten satt bis obenhin", sagte ich ihnen. „Entweder denken Sie beide sich bis heute nachmittag aus, wie Sie miteinander zurechtkommen, oder es wird Ihnen beiden leid tun."

Da ich auf diese beiden noch nie wütend gewesen war, machte ihnen meine Empörung angst. Bald kamen sie mit einem Plan, wie sie ihre Arbeit auf verträgliche Weise erledigen konnten.

Fazit: Setzen Sie Äußerungen der Wut strategisch ein; nie schreien oder die Kontrolle verlieren! Wenn es angebracht ist, können Sie Zorn heucheln, um einen Konflikt zu lösen.

Verbales Geplänkel

John Kester, der zivile Assistent des Verteidigungsministers von Präsident Carter, führte ein Einstellungsgespräch mit Colin Powell, dem Vorsitzenden der Stabchefs Anfang der 90er Jahre. Es ging um eine Führungsposition im Verteidigungsministerium.

„Er hatte eine sehr gute, direkte Persönlichkeit", sagte Kester in einem Artikel der *Los Angeles Time*. „Er gab mir das Gefühl, daß er sehr gerade heraus war. Er sagte sofort etwas wie: ‚Wie kommt es, daß Sie mich hierher geholt haben?' und ich sagte ‚Ich habe mich über Sie erkundigt und habe eine Menge Gutes über Sie gehört.' Powell sagte: ‚Tja, um ehrlich zu sein, ich habe mich auch über Sie erkundigt, und es war nicht alles gut.'"

Dem Bericht zufolge „machte Powell die Bemerkung mit entwaffnendem Grinsen, und Kester war beeindruckt von seiner Offenheit".

Hätte dieser Schlagabtausch zwischen zwei Frauen stattgefunden, die sich zum erstenmal begegneten, hätten sie auch so positiv reagiert? Schwer zu sagen. „Ich habe mich auch über Sie erkundigt, und es war nicht alles gut", wäre vielleicht als persönlicher Angriff verstanden worden. Wäre Kester eine Frau gewesen, hätte Powell seine Chancen auf die Stellung vielleicht vertan.

Männer sehen Geplänkel als gutes rauhes Spiel an. Es ist ein Weg, gleichzeitig Bindungen herzustellen und eine hierarchische Beziehung zu klären. Da Frauen nicht dieses Bedürfnis haben, Machtverhältnisse zu klären, empfinden sie solche Interaktionen als unnötige und unangemessene Angriffe.

Was tun, wenn Sie mitten ins Kreuzfeuer herausfordernder Bemerkungen geraten? Begreifen Sie vor allem, daß Geplänkel für Männer kein echter Konflikt ist, sondern Hierarchieverhandlung und Spiel. Wir mißverstehen seine Bedeutung oft, weil wir auf den Konflikt reagieren, den es impliziert. Da Konflikt Beziehungen schadet (und Geplänkel gegen Beziehungen stichelt), nehmen Frauen solche Bemerkungen oft persönlich.

Denken Sie auch daran, daß es wichtig ist, stark zu wirken (vgl. Kapitel 7, „Die Körpersprache der Macht"). Sie können solche Konflikte gewinnen, gerade weil Männer gewöhnlich nicht erwarten, daß Frauen sich wehren. Richten Sie sich zu voller Größe auf, und nehmen Sie die Schultern zurück. Stellen Sie dann fest, wie Sie in diesem Wortwechsel die Oberhand gewinnen können. Was können Sie sagen, das Sie in eine machtvolle Position bringt und Ihrem Kollegen zu verstehen gibt: „Ich bin nicht schwächer als du?" Wenn er zum Beispiel fragt: „Was um Himmelswillen haben Sie denn da angehabt?", können Sie antworten: „Ach, seit wann entscheiden Sie denn über die Kleiderordnung?" Auf diese Weise geben Sie ihm den

Schwarzen Peter zurück, statt ihn selbst zu übernehmen und sich kleinkriegen zu lassen.

Wenn Sie selbstbewußt mit Geplänkel umgehen, hört der Mann auf, sich aufzuplustern und wird versöhnlich, wie in der Situation mit Karl, dem widerspenstigen Seminarteilnehmer. Diese Methode funktionierte wieder, als ich kürzlich von einer Geschäftsreise heimflog. Ich saß neben einem uniformierten Fluglinien-Mitarbeiter mittleren Alters und begann ein Gespräch über Veränderungen in dieser Branche. Als ich den Mann jedoch fragte, ob er Pilot sei, versetzte er sarkastisch: „Nein, meine Mami zieht mich bloß so an."

Ich fühlte mich angegriffen und herabgesetzt, aber ich beschloß, sein Spiel mitzumachen. Ich sagte: „Es mag Sie überraschen, aber ich kann zwischen Piloten, Stewards und Bodenpersonal nicht unterscheiden. Ich bin sicher, Sie tragen etwas, das für Sie wichtig ist und Ihre Stellung bezeichnet, aber ich habe keine Ahnung, was es sein könnte." Verlegen zeigte dieser Gentleman auf die Tressen an Mütze und Schultern, um zu erklären, daß er wirklich Pilot war.

Verbales Geplänkel findet nicht nur beim Kennenlernen statt. Männer setzen es ständig ein, um ihre Position in der Hierarchie zu ermitteln. Der Ton kann zuweilen recht persönlich sein. Einmal beriet ich ein produzierendes Unternehmen; als ich mit dem Geschäftsführer und seinen sieben Stellvertretern zu Mittag aß, sagte einer der Stellvertreter: „Ich habe vor kurzem ein Bild gesehen, das von einem Spionagesatelliten aufgenommen wurde. Die Auflösung ist unglaublich. Ich schwöre, wenn jemand mit einer Packung Zigaretten in der Hand auf einem Schiffsdeck stünde, könnte man die Marke erkennen."

Ein anderer Stellvertreter wandte sich an den Geschäftsführer und sagte: „Hören Sie das, Hal? Seien Sie lieber vorsichtig damit, ohne Badehose in Ihren Pool zu gehen."

Darauf versetzte der erste: „So gut war die Auflösung nun doch
nicht." Hal lachte mit den anderen Männern. „Zwei Punkte für Sie",
sagte er. Solche persönlichen Sticheleien könnten vielen Frauen
zuviel sein.

Sexuelle oder Fäkalsprache und der Vergleich von Körperteilen sind
typische Formen männlicher Beziehungspflege. Frauen können sich
unwohl fühlen, wenn es zu solchen Situationen kommt, weil Fäkalsprache anstößig wirken kann. Mein persönlicher Rat jedoch ist,
cool zu bleiben. Unbehagen zu zeigen, würde nur betonen, daß ich
eine Fremde unter diesen Männern bin. Solange die Witze nicht auf
meine Kosten gehen, nehme ich diese Art Humor sogar als eine Art
indirektes Kompliment: Die Männer haben sich so an meine Gegenwart gewöhnt, daß sie sie selbst sein können. Dennoch müssen Sie
Ihre eigenen Grenzen ziehen und bestimmen, wann es Ihnen nach
Ihrem Wertesystem zuviel wird. Wenn Sie sich wirklich unwohl
fühlen, machen Sie sich über ihre Witze lustig, etwa indem Sie
bemerken: „Wirklich sehr appetitlich. Können wir bitte das Thema
wechseln?"

Fazit: Reagieren Sie selbstbewußt auf Geplänkel, und der Mann
wird höchstwahrscheinlich zurückstecken! Innerhalb der
Grenzen des Anstandes und der persönlichen Werte können
Sie es tolerieren, körperbezogene Witzeleien unter Männern zu hören.

Darf ich bekanntmachen?

Ist Ihnen je aufgefallen, daß Männer und Frauen unterschiedlich
vorgestellt werden? Bei Männern wird Macht und Kontrolle betont,
bei Frauen hingegen ihre körperlichen Attribute und ihre helfenden

und sozialen Fähigkeiten. Meistens werden alte, stereotype Rollen wahrgenommen und verstärkt.

Vorstellungen sind wichtige Informationsquellen. Wie Sie vorgestellt werden, hat Einfluß auf die Weise, wie Sie wahrgenommen werden, im Positiven wie im Negativen. Dies wurde mir peinlich bewußt, als ich den Krankenhausdirektor Lawrence seine beiden rangnächsten Manager einem Besucher von der Firmenzentrale vorstellen hörte. „Art", sagte er, „dies ist John, unser Verwaltungsassistent. Seit er an Bord ist, haben wir unser Computersystem in Gang bekommen. Jetzt können wir jeden Tag sehen, wie wir finanziell dastehen. Und das ist Mary, die Leiterin des Pflegepersonals. Sie ist der Klebstoff in diesem Krankenhaus. Wir nennen sie manchmal Mutter Mary." Aua!

Lawrence war aufrichtig bemüht, das Beste für beide zu tun, aber unbewußt hatte er Marys Image als Managerin beschädigt, indem er ihre umsorgenden Eigenschaften hervorhob. Hätte jedoch jemand Lawrence gesagt, er habe Mary ein Bein gestellt, wäre er gekränkt gewesen. Wahrscheinlich hätte er dagegengehalten, er habe nur „nette" Dinge gesagt, die obendrein wahr waren. So viel Schaden ist unsichtbar.

Titel (oder das Auslassen derselben) können ebenfalls darauf aufmerksam machen, wer Macht hat und wer nicht. Ich hörte einmal Frauen den Ärzteausschuß vorstellen: „Dr. Fest, Dr. Hill, Dr. Jones, Dr. Darnell und Joyce." Joyce, die einzige Frau, war außerdem Dr. Hocker. Kürzlich erzählte mir eine Frau von einer Podiumsdiskussion mit Topmanagern, an der sie teilgenommen hatte. Der Moderator stellte zuerst das Podium mit Namen und Titeln vor, außer der einzigen Frau, die mit ihrem Vornamen vorgestellt wurde. Wenn ich raten müßte, würde ich wohl sagen, er meinte es nicht böse. Die Botschaft war freilich eindeutig: Die Frau hatte nicht den gleichen Rang wie die Männer.

Was tun, wenn Sie in eine solche Situation geraten? Sie können hinterher mit der betreffenden Person sprechen wie Mary und Joyce. Da Mary sich mit Lawrence gut verstand, sprach sie ihn nach der Vorstellung an: „Ich bin sicher, Sie merken gar nicht, daß Sie das tun", sagte sie, „aber ich fürchte, Sie haben mit dem Klischee von der Krankenschwester als Hausmeisterin und dem Spitznamen ‚Mutter Mary' einen falschen Eindruck erzeugt. Schließlich bin ich für 60 % der Finanzen in diesem Laden verantwortlich."

Die Frau, die Frau Dr. Hocker vorgestellt hatte, war entsetzt über ihren Schnitzer und hat diesen Fehler gewiß nie mehr gemacht. Joyce brauchte es während der Konferenz nicht anzusprechen, denn alle wußten schon, daß sie Frau Dr. Hocker war.

Im dritten Fall hätte die Frau die Gelegenheit nutzen können, sich während der Podiumsdiskussion vorzustellen. Das hätte so geschehen müssen, daß der Moderator nicht in Verlegenheit gebracht wird. Einfach als Einleitung einer Wortmeldung zu sagen „In meiner Position als Stellvertretende Planungschefin der Megawatt Industries habe ich festgestellt . . .", hätte es der anonymen Frau erlaubt, ihren Status bekanntzumachen, ohne auf die Herabsetzung aufmerksam zu machen.

Fazit: Wenn Ihre Position bei einer Vorstellung ignoriert wurde, stellen Sie die Situation sofort richtig, indem Sie Rang und Seriennummer in das Gespräch einflechten, oder sprechen Sie mit der vorstellenden Person und bitten sie um gleiche Behandlung.

Darf ich mich vorstellen?

Wichtig ist auch, wie wir uns selbst vorstellen. Wir schaffen machtvolle Bilder von uns durch die Weise, wie wir uns anderen gegenüber beschreiben.

Ein Beispiel: Ich war vor kurzem mit einer Frau zum Mittagessen,
die Herausgeberin einer Zeitschrift ist. Ich fragte sie, was Herausge-
berinnen eigentlich tun, und sie erklärte den Prozeß des Redigie-
rens, Druckens, Budgetierens und so fort. Sie schloß: „Das kann
jeder." Ein Mann hätte nie angedeutet, ein anderer könne ihn leicht
ersetzen. Er würde mächtig erscheinen wollen, besonders wenn er
jemanden erst kennenlernt.

Denken Sie einmal eine Minute an den Moment, in dem Sie jemanden kennenlernten und gefragt wurden: „Und was machen Sie beruflich?" Ich habe von ein paar Frauen den tödlichen Satz gehört
„Ich bin eine ganz einfache . . ." Meistens jedoch spielen wir unsere
Macht auf subtilere Weise herunter. Wir sagen zum Beispiel weit
eher: „Ich bin Finanzanalystin und helfe, Budgets und Prognosen zu
erstellen", als „Ich bin Finanzanalystin. Ich bin für ein Budget von
300 Mio. Dollar und für Fünf-Jahres-Prognosen zur Finanzstrategie
des Unternehmens verantwortlich." Bei der ersten Formulierung
stehen wir da wie eine stereotype Helferin, bei der zweiten sind wir
machtvolle Tatmenschen.

Männer verwenden oft das majestätische „Wir". Statt ihre eigene
Position zu beschreiben, schließen sie alle über sich, alle Gleichrangigen und alle unter sich mit ein. So könnte George sagen: „Ich
arbeite bei Hercules Heating Equipment. Wir sind der größte Her-
steller von Heizanlagen in den mittleren US-Bundesstaaten. Wir
haben Vermögenswerte im Wert von 900 Mio. Dollar und haben
soeben den größten staatlichen Auftrag an Land gezogen, der je für
diese Art Anlagen erteilt wurde." George hat nichts über seine
Position gesagt, aber es klingt, als übe er gewaltig viel Macht aus.

Fazit: Stellen Sie sich nicht als helfend und nährend dar, wenn Sie
sich vorstellen, sondern als mächtigen Tatmenschen! Beschreiben Sie Ihre Leistungen ohne Untertreibung! Wenn
Sie sich damit wohl fühlen, verwenden Sie das majestätische „Wir".

Zeugnisse

Auch Empfehlungsbriefe können Frauen mehr schaden als nützen.
Wenn Sie welche im Büro haben, schauen Sie doch einmal hinein.
Ich glaube, Sie werden überrascht sein. Als ich ein Managementprogramm für Trainees leitete, erhielt ich jährlich über 300 derartige
Briefe. Als ich mich einmal im Flugzeug damit befaßte, wurde mir
klar, daß die Beschreibungen für Männer und Frauen permanent
unterschiedlich waren. Männer wurden als dynamische, zupak-
kende Tatmenschen geschildert. Frauen waren charmant, süß, sanft,
kontaktfreudig und freundlich. Eine Frau wurde sogar für ihre
Selbstverleugnung gelobt. Klingt das für Sie wie der Stoff, aus dem
Manager sind?

Die häufigste Beschreibung für Männer war „aggressiv". Ich sah
nie, daß eine Frau so bezeichnet wurde, wahrscheinlich weil es
übersetzt „zickig" bedeutet. Männer wurden oft für ihren „morali-
schen Charakter" gepriesen, eine Frau hingegen nie. Auf Moral zu
sprechen zu kommen, hätte ihr Sexualverhalten berührt. Selbst mit
den besten Absichten färben wir das Bild von Männern und Frauen:
Männer als Macher, Frauen als nette Helferinnen.

Ein Zeugnis wirkt sich auch auf unsere Karriere aus. Selbst eine
hervorragende Bewertung kann für eine Frau ein großer Stolper-
stein werden. Bei einem Seminar in einer großen Bundesbehörde

erzählte mir Lois, daß sie kürzlich ein Zeugnis erhalten hatte, das sie
für ausgezeichnet hielt. Während des Seminars dämmerte ihr jedoch, daß diese Bewertung nach hinten losgehen würde.

Lois war Managerin und hoffte, in eine Führungsposition aufzusteigen. Ihr Chef hatte sie als fürsorglich, umsichtig, verläßlich, hilfsbereit und kooperativ beschrieben. Zuerst fand sie das toll, dies waren
alles positive Attribute, und sie stellten ihren Charakter richtig dar.
Doch während des Seminars begriff Lois, daß Leute, die jemanden
für eine Führungsposition suchten, wahrscheinlich nicht beeindruckt sein würden, auch wenn ihr selbst diese Züge wichtig waren.
Mit diesem Problem stand sie nicht allein. Eine Studie des US-
Arbeitsministeriums ergab, daß in Zeugnissen von Frauen oft Wörter wie *fröhlich, freundlich,* und *verträglich* stehen. Das klingt für
mich wie das „Zeugnis" eines Kindergartens!

Weil Lois' Chef ihr Verbündeter war, konnte sie ihr Zeugnis mit ihm
besprechen. Sie betonte, sie wisse, daß er es gut gemeint hatte, sei
aber besorgt wegen des Bildes, das Fremden vermittelt wurde. Da
dies eine US-Bürokratie und das Zeugnis bereits unterschrieben,
versiegelt und zugestellt war, konnte im Augenblick wenig getan
werden, um das Bild geradezurücken. Doch Lois' Chef erklärte sich
bereit, nach sechs Monaten ein Zwischenzeugnis zu schreiben und
künftig auf seine Wortwahl zu achten.

Fazit: Seien Sie auf der Hut vor Ausdrücken, die stereotyp Ihre
weiblichen Eigenschaften betonen, anstelle Ihrer Leistungen! Je nach der Beziehung zu Ihrem Chef oder Ihrer
Chefin können Sie sagen: „Ich weiß, daß Sie das gut gemeint haben, aber ‚Selbstverleugnung' ist nicht zu meinem Vorteil, wenn ich mich für das Trainee-Management-
programm bewerbe."

Sind Sie ein Mädchen, eine Dame oder eine Frau?

Die Worte *Mädchen, Dame* und *Frau* werden oft austauschbar für weibliche Wesen verwendet, die die Pubertät eindeutig hinter sich haben. Doch ihre Wirkung ist ganz unterschiedlich. Studien haben ergeben, daß die Begriffe *Mädchen* und *Dame* herabsetzende Konnotationen haben. Sie beschwören Bilder von Personen, die schwächer und fauler sind, nervöser, angstvoller, abhängiger, unreifer und rücksichtsloser, weniger sexy, weniger intelligent und gewiß weniger charismatisch als eine „Frau". Das Wort *Frau* wird mit überwältigender Mehrheit günstiger interpretiert und am häufigsten für weibliche Erwachsene verwendet, die Respekt verdienen.

Wir alle wissen, daß Mädchen nicht viel Ahnung haben, nicht viel können und bestimmt nicht verdienen, die Führung oder ein hohes Einkommen zu haben. Die Recherchen zur Wirkung dieses Wortes ergaben nichts, das eine Frau dazu bringen könnte, sich lieber „Mädchen" nennen zu lassen als „Frau". Dennoch nennen viele Frauen sich selbst „Mädchen" und richten dauernden Schaden für andere Frauen an, wenn sie von den „Mädchen in der Buchhaltung" sprechen.

Sobald wir beginnen, darauf zu achten, können wir leicht die Art ändern, in der wir über uns selbst sprechen. Was aber, wenn jemand in Ihrem Büro eine Frau *Mädchen* nennt? Eine gute Lösung ist, im nächsten Satz das Wort *Frau* zu benutzen:

„Das Mädchen, das Sie uns zum Helfen geschickt haben, war super." „Sehr schön, sie ist eine der kompetentesten Frauen in meiner Firma."

Ihr Gegenüber hört vielleicht, daß die beiden Ausdrücke nebeneinander schlecht klingen, und stellt sich um. Bei Lernschwäche rate ich zur Holzhammermethode. Als ich vor etlichen Jahren einen

Teilzeit-Lehrauftrag an einer Wirtschaftsfakultät hatte, ging ich mit dem Dekan zum Mittagessen. Er war jeder Zoll ein Dekan – Mitte Vierzig, ergrauende Schläfen, Nadelstreifenanzug mit Weste, aufrechte Haltung, ernstes Gesicht. Er nannte mich viermal während dieses Essens „Mädchen" – aber wer zählt die Male? Jedesmal benutzte ich das Wort *Frau* im nächsten Satz.

Beim fünften Mal sagte er: „Pat, es muß schwer für ein *Mädchen* sein, so viel zu reisen wie Sie."
Ich machte eine Pause, dachte darüber nach und antwortete: „Nicht schwerer, als es für einen *Jungen* wie Sie wäre."
Der Unterkiefer fiel ihm herunter, er riß die Augen auf – und der Groschen fiel.

Fazit: Vermeiden Sie die Worte *Mädchen* und *Dame*, wenn Sie über sich oder Ihre Kolleginnen sprechen! Wenn jemand Sie „Mädchen" nennt, korrigieren Sie ihn sanft, indem Sie im nächsten Satz das Wort „Frau" gebrauchen. Wenn das nicht hilft, versuchen Sie es mit der Holzhammermethode.

Verbale Sabotage

Eine amerikanische Autorität über Persönlichkeitstypen sprach kürzlich auf einer großen Konferenz. Sie begann ihr Referat wie folgt:
„Ich habe mir irgendwie gedacht, was ich heute nachmittag abhandeln wollte, sind einige Informationen aus meinem Buch. Mein Ziel ist, daß Sie etwas Neues lernen und Ihre Fragen beantwortet werden; daß Sie die Unterschiede zwischen Temperament und Typ verstehen. Okay? Und daß Sie die beiden bruchlos integrieren. Huch, das ist aber ein komischer Satz."

In weniger als 15 Sekunden hatte sich diese Frau selbst auf vierfache Weise sabotiert: Sie verwendete als Fragen formulierte Sätze, angehängte Fragefloskeln, abgeschwächte und selbstabwertende Formulierungen. In diesem Abschnitt wird von dem enormen Schaden die Rede sein, den wir Frauen uns selbst zufügen können, wenn wir unsere verbalen Äußerungen sabotieren.

War das eine Feststellung oder eine Frage?

Um nicht darauf zu pochen, daß unsere Sichtweise die richtige ist, stellen wir oft eine Frage, wenn wir eigentlich unsere Ansicht mitteilen wollen: „Denken Sie nicht, es wäre eine gute Idee, daß alle ihre Terminkalender überprüfen, bevor wir reservieren?" statt „Wir müssen alle unsere Terminkalender prüfen, bevor wir reservieren." Leider hört ein männlicher Kollege dies wahrscheinlich nicht als Offenheit; er nimmt die Frage als Zeichen der Unsicherheit, wenn er sie überhaupt hört.

Wir machen Aussagen oft in der Frageform, wenn wir verbal herausgefordert werden: „Wie kommen Sie denn darauf?" Denken Sie jetzt an die erste Regel für das Schwimmen mit Haien: Nicht bluten! Aussagen in Frageform sind für Haie ein Signal zum Angreifen. Formulieren Sie Ihre Antworten kernig und selbstbewußt („Ich meine, wir sollten das Projekt einen Monat verschieben"), selbst wenn Sie sich nicht allzu standfest und selbstbewußt fühlen!

Außerdem hängen viele Frauen Fragefloskeln ans Ende ihrer Sätze. Das sind eigentlich Bitten um Bestätigung, daß das, was sie tun oder meinen, für ihr Gegenüber akzeptabel ist:
„Ich glaube, das ist die beste Verfahrensweise, oder?"
„Es war schwer, das Budget durchzubringen, nicht?"

Oder wie mir eine Freundin auf einen Artikel über solche angehängten Fragen schrieb, den sie mir schickte: „Interessant, gell?"

Die Persönlichkeitsexpertin, die ihren Satz mit „Okay?" garnierte, signalisierte den Zuhörern, daß sie sich in der Position der Autorität nicht wohl fühlte und Bestätigung brauchte. Wenn sie aber wirklich die Autorität sein wollte, hätte sie wie eine solche klingen müssen. Wenn sie der Ansicht war, daß es für ihre Zuhörer wichtig war, den Unterschied zwischen Temperament und Typ zu begreifen, dann mußte sie ihnen den Unterschied sagen, und basta. Das „Okay?" bittet um Erlaubnis.

Sie sollten Fragefloskeln aber von echten Bitten um Information unterscheiden, etwa: „Ich habe daran gedacht, das Projekt nächste Woche anzufangen. Was meinen Sie?" In dieser Situation fragen Sie wirklich nach der Meinung Ihres Kollegen. Eine angehängte Fragefloskel hingegen signalisiert Angreifbarkeit und ist eine Bitte um Unterstützung . . . nicht wahr?

Außerdem machen Frauen Sätze durch Betonung zu Fragen. In der deutschen Sprache geht die Satzmelodie am Ende eines Aussagesatzes nach unten, am Ende einer Frage nach oben. Frauen signalisieren oft, wie unsere Sprecherin eben, unbewußt ihre Unsicherheit, indem sie am Ende einer Aussage mit der Stimme hochgehen. Ein Mann erzählte mir, daß seine Telefonistin ihn wahnsinnig machte, indem sie sich mit „Baufirma Sebastian?" meldete. Für ihn klang das, als wüßte sie nicht, wo sie arbeitete.

Fazit: Formulieren Sie Aussagen nicht als Fragen, erst recht nicht, wenn Sie unter Beschuß sind! Vermeiden Sie angehängte Fragefloskeln, und lassen Sie die Stimme am Ende des Satzes absinken!

Abgeschwächte Aussagen

Frauen schwächen ihre Aussagen oft ab, um Unsicherheit zu signalisieren. Dazu gehören folgende Sätze:

„Ich meine, *eigentlich* könnten wir jetzt anfangen."
„Ich wollte *irgendwie* an dem Projekt arbeiten."
„Dies *könnte* eine bessere Methode sein."
„Ihre Vorgehensweise ist für mich *ein bißchen* problematisch."

Unsere Expertin begann ihr Referat damit, was sie sich „irgendwie gedacht" hatte, das sie abhandeln wollte. Sie signalisierte laut und deutlich, daß sie nur einen Versuch machte.

Sie mögen sich fragen, woher sie diese Sprechweise hatte. Sie ist tief verankert und sogar im Eid der amerikanischen Pfadfinderinnen zu finden.
Eid der Pfadfinder: „Ich gelobe bei meiner Ehre, meine Pflicht zu tun . . ."
Eid der Pfadfinderinnen: „Ich gelobe bei meiner Ehre, *zu versuchen* meine Pflicht zu tun . . ."

Wir versprechen nichts mehr, als es zu „versuchen". Selbst unsere Versprechungen lernen wir abzuschwächen. Doch abgeschwächte Aussagen haben weniger Kraft. In dem Gerangel um Gehör machen diese Formulierungen unsere Ansicht weniger wertvoll, denn wir klingen, als ob wir nicht wirklich glauben, was wir sagen.

Männer hingegen machen ihre Aussagen mit Überzeugung und Selbstsicherheit, selbst wenn sie unsicher sind. Sie sagen „in 70 Prozent der Fälle" statt „meistens" oder „die Planungsabteilung steht voll hinter uns" statt „die Planungsabteilung glaubt, daß es geht".

Eine Studie analysierte Aufsätze von Bewerbern für ein BWL-Studium. Darin sollten sie beschreiben, was sie sich für die Zukunft vorgenommen hatten. Männer begannen ihre Aufsätze mit „Ich werde . . .", Frauen mit „Ich hoffe . . ." oder „Ich würde gern . . .". Stellen Sie sich vor, Sie wären im Zulassungsausschuß. Wen würden Sie wählen, jemanden, der sagt, er werde etwas tun, oder jemanden, der das nur hofft?

Fazit: Vermeiden Sie Einschränkungen, wenn Sie Ihre Ideen vorbringen; machen Sie entschiedene Aussagen! Verbannen Sie das Verb *versuchen* aus Ihrem Wortschatz!

Achten Sie nicht darauf, was ich sage

Eines der schädlichsten Mittel verbaler Sabotage ist, das, was Sie sagen wollen, für unwichtig zu erklären, etwa so:

„Ich kann mich irren, aber . . ."
„Ich bin mir da aber nicht sicher."
„Dies ist wahrscheinlich ein dummer Gedanke, aber . . ."
„Ich unterbreche Sie sehr ungern, aber . . ."

Diese untergrabenden Erklärungen bedeuten: „Ich möchte Sie nicht kalt erwischen. Machen Sie sich auf etwas Dummes gefaßt." Das ist Blut für die Haie. Mit solchen Aussagen drücken wir unsere Angreifbarkeit aus. Für manche Leute ist das bereits ein Signal zum Angriff. Seien Sie sicher: Wenn eine Idee falsch oder dumm ist, werden Ihre Kollegen das allein merken.

Unsere Expertin machte diesen Fehler, als sie ihren eigenen Satz kritisierte, nachdem sie ihn gerade gesprochen hatte. Wenn ihr nicht gefiel, was sie sagte, warum sollte es uns gefallen? Sie wirkte fürchterlich inkompetent – genau das, was sie vermeiden wollte.

Ironischerweise ist diese Expertin unter Fachleuten wegen ihrer Forschung und ihrer vielgelesenen Bücher angesehen. Als ich ihr zuhörte, hatte ich das Gefühl, sie wählte unbewußt diese Worte, um zu sagen: „Ich möchte, daß Sie sich mit mir wohl fühlen. Ich bin genau wie Sie. Seien Sie nicht eingeschüchtert." Doch die Haie im Publikum witterten Blut und griffen an. Ich bin sicher, sie hatte keine Ahnung, was schiefgegangen war.

Fazit: Erklären Sie das, was Sie sagen wollen, nicht schon vorher für unwichtig! Lassen Sie Ihren Zuhörer seine eigenen Schlüsse ziehen!

Oh nein! Ich glaube, ich bekomme meine Regel!

Ich leitete ein Seminar über das Arbeiten in einer Männerwelt für die Managerinnen eines Unternehmens, während William nebenan ein Parallelseminar für die männlichen Manager über das Arbeiten mit Frauen durchführte. Ich ging mit diesem Berater zum Mittagessen und fragte ihn, was die Männer bei der Arbeit mit Frauen am schwierigsten fanden. William sah mir gerade in die Augen und sagte: „Die Menstruation".

Ich war entgeistert. Ich konnte mir hundert mögliche Probleme vorstellen, aber das gehörte nicht dazu. Als er den Schreck in meinem Gesicht sah, fuhr er fort: „Schauen Sie, vom Standpunkt der Männer aus ist es völlig vernünftig. Heute ist sie gereizt. Er führt es darauf zurück, daß sie ,ihre Tage hat'. Ein paar Tage später hat sie sich beruhigt. Das verstärkt seine Auffassung noch."

Männer können unsere empfindlicheren emotionellen Reaktionen mit unserem Menstruationszyklus verwechseln. Wenn eine Frau ihrem Unbehagen oder Kummer Ausdruck gibt, kann es einem Mann vorkommen, als sei sie außer Kontrolle. Es ist akzeptabel, wütend zu sein, aber wer emotionell sehr heftig reagiert, kann schnell als hysterisches, menstruierendes Weib abqualifiziert werden.

Vielleicht noch wichtiger ist die Weise, in der Männer die Menstruation wahrnehmen. Seit meinem Gespräch mit William habe ich mehrere andere Männer gefragt, was sie zu diesem Thema dachten. Zu meiner Überraschung erfuhr ich, daß die Einstellung, die William beschrieb, sehr verbreitet ist. Einmal wurde die Chefetage sogar als „Menstruationsallee" bezeichnet, weil so viele Führungskräfte des Unternehmens Frauen waren.

Ich erklärte diesen Männern, daß eine Frau während ihrer Regel kratzbürstig werden kann, ebenso wie sie, wenn ihnen am Morgen jemand die Vorfahrt genommen hat. Doch wenn eine Frau einem Kunden Honig um den Bart schmieren oder eine schwierige Analyse durchführen muß, kann sie ihre Kratzbürstigkeit ablegen und völlig kompetent werden.

Viele Männer nehmen die Menstruation als etwas Fremdartiges wahr, das in unsere Körper eindringt und von uns Besitz ergreift. Einer fragte mich zum Beispiel: „Und was wäre, wenn Schwarzkopf seine Tage gehabt hätte?" – als hätte der General selbst nie einen Tag gehabt, an dem er gereizt war. Da sie ihn nie erlebt haben, geben sie dem Menstruationszyklus eine Bedeutung und Macht, die er nicht hat. Für Männer ist die Menstruation tatsächlich ein zutiefst mysteriöser Prozeß. Daß sie irgendwie mit den Mondphasen zusammenhängt, macht sie noch geheimnisvoller.

Wenn eine Frau gegenüber Kolleginnen klagt: „Ich habe meine Tage, und es geht mir mies", verstehen sie, was diese Aussage bedeutet und was nicht. Teilt die Frau das hingegen ihren männlichen Spezis mit, werden sie eine Bedeutung in ihr Handeln hineindichten und falsche Bilder heraufbeschwören.

Die Lösung ist, im Beisein männlicher Kollegen nie auf die Menstruation anzuspielen, sie zu erwähnen oder von ihr zu sprechen. Ich habe festgestellt, daß sie damit schlicht nicht fertigwerden. Auch auf die Symptome der Wechseljahre sollten Sie nicht aufmerksam machen, selbst wenn Sie sich alle fünf Minuten die Stirn abwischen. Wenn Sie wirkliche körperliche Beschwerden haben, sollten Sie Ihren Zustand sogar einer anderen Krankheit zuschreiben – Erkältung, Grippe, Sodbrennen –, oder, noch besser, einer Sportverletzung. Leider ruft das Funktionieren unseres weiblichen Körpers Klischees hervor, die Männer veranlassen, es mit negativen Charakterzügen wie Hysterie, Launenhaftigkeit und unkontrollierter Emotionalität in Zusammenhang zu bringen.

Fazit: Vermeiden Sie jedes Gespräch über den Zyklus der Frau!

Power Talk

Beantworten Sie folgende Fragen:

1. Wie drücke ich am effektivsten verbal Macht aus?
2. Auf welche Weise sabotiere ich mich selbst verbal?
3. Welche Schritte werde ich unternehmen, um verbal mehr Macht auszudrücken?

Verbale Machtspiele

- Männer sind in ihrer Kommunikation zielorientiert. Sie kommen schnell zum Kern der Sache.
- Gespräche über zwischenmenschliche Themen können einem Mann unangenehm sein.
- In einer Konferenz das Wort zu behalten, kann signalisieren, für wie wichtig Sie Ihre Idee erachten.
- Sprechen Sie einfach weiter, wenn man Sie unterbricht!
- Achten Sie darauf, ob andere Sie als machtlose Person beschreiben oder vorstellen!
- Betonen Sie unbedingt Macht und Einfluß, wenn Sie sich selbst vorstellen!
- Nennen Sie sich und Ihre Kolleginnen *Frauen*, nicht *Mädchen* oder *Damen!*
- Schränken Sie Ihre Aussagen nicht ein!
- Beenden Sie Aussagen nicht mit Fragezeichen oder Fragefloskeln!
- Erklären Sie Ihre Aussage nicht von vornherein als unwichtig!
- Sprechen Sie nie im Beisein männlicher Kollegen von Ihrer Regel oder Ihren Wechseljahren!

Die Körpersprache der Macht:
Nonverbale Zeichen zum eigenen Vorteil nutzen

Hardball-Lektionen, die Jungen lernen

- Demonstriere deine Dominanz mit aggressivem Auftreten!
- Wenn man als Spieler geschätzt werden will, muß man tückisch, grob und hart aussehen.
- Gebt euch die Hand, und dann kämpft!
- Zeige keinen Schmerz!

Puppenmutter-Lektionen, die Mädchen lernen

- Lächle und sei süß!
- Sei nett und wehre dich nicht!
- Wenn du Macht hast, zeige sie nicht, sonst wirkst du zu aggressiv!
- Macht zu zeigen, bricht die Regel der gleich verteilten Macht.

Kommunikation hat immer mindestens zwei Bedeutungsebenen: die verbale (unsere Worte) und die nichtverbale (was wir ohne Worte ausdrücken). Nichtverbale Kommunikation ist meistens unbewußt. In diesem Kapitel werden wir sie bewußt machen, so daß Sie den Erfordernissen der jeweiligen Situation besser gewachsen sind.

Wenn verbale und nichtverbale Botschaften einander widersprechen, vertraut der Empfänger interessanterweise den letzteren. Ich bin sicher, Sie haben schon einmal jemanden sagen hören: „Schön, Sie zu sehen", wenn er eindeutig meinte: „Fahr' zur Hölle." Was er wirklich meint, zeigt sich an Gesichtsausdruck und Körperhaltung, und Sie können es erkennen.

Die Forschung beweist sogar, daß Frauen nichtverbale Zeichen viel schneller wahrnehmen und weit besser interpretieren als Männer. Aber trotz unseres Vorteils geraten wir bei einem Gefecht mit einem Mann in der nichtverbalen Arena oft ins Hintertreffen. Jungen lernen eine Vielzahl nichtverbaler Signale für Aggressivität und Dominanz. Mädchen lernen, sich nicht zu wehren. Uns interessieren aggressive nichtverbale Signale kaum, weil es uns darum geht, Beziehungen aufzubauen. Wenn Männer körperliche Dominanz signalisieren, lassen Frauen sie deshalb oft einfach gewähren. So kann nichtverbale Kommunikation, obwohl sie unsere Stärke ist, oft auch gegen uns arbeiten.

Doch Vorsicht: Nichtverbale Zeichen können eine Vielzahl von Bedeutungen haben. Verschränkte Arme, eine laute Stimme oder ein

saures Gesicht können verschiedene Botschaften vermitteln. Sie
müssen ein nichtverbales Zeichen immer in dem Kontext deuten, in
dem es vorkommt.

Ach kommen Sie, lächeln Sie doch mal!

Alle Menschen lächeln, wenn sie glücklich sind. Doch Frauen lächeln oft, wenn sie sich verwundbar fühlen. Ich nenne dies das
„Bitte-nicht-mehr-angreifen-Lächeln". Wenn ein Vorgesetzter die
Ideen einer Frau als lächerlich kritisiert, lächelt sie oft und zeigt
damit ungewollt ihre Verletzlichkeit.

In der Tat ist Lächeln oft mit Unterordnung verbunden. Dies kann
angeboren sein. Der Verhaltensforscher Francis de Waal erklärt in
„Peacemaking Among the Primates", daß junge Rhesusaffen grinsen, wenn sie sich ängstlich fühlen. De Waal schreibt: „In sozialen
Situationen signalisiert das Grinsen Unterordnung und Furcht; es ist
der zuverlässigste Indikator für niederen Status unter Rhesusaffen.
Bei anderen Spezies wie Menschen und Menschenaffen hat sich
dieser Gesichtsausdruck zum Lächeln entwickelt, einem Zeichen
der Beschwichtigung und Gemeinschaft, obwohl das Element der
Nervosität erhalten bleibt." Wenn Sie seine Beobachtungen bezwei-
feln, dann denken Sie einmal daran, wie die Lehrerin in Ihrer fünften
Klasse ein Kind, das sie gerade ausgeschimpft hatte, anschrie: „Und
hör' gefälligst auf zu grinsen!"

Viele Frauen haben erzählt, daß sie in tiefe Gedanken versunken an
ihrem Schreibtisch saßen und ein Mann vorbeikam, der sagte: „Ach
kommen Sie, so schlimm kann es doch nicht sein! Lächeln Sie doch
mal", als müßten sie den ganzen Tag dasitzen und lächeln. Er will
diesen kleinen, machtlosen Zwitschervögelchen-Ausdruck.

Denken Sie an die mächtigen Menschen, die Sie kennen. Ihren Arzt
oder Anwalt zum Beispiel. Er oder sie trägt wahrscheinlich ein

steinernes Gesicht zur Schau. Es ist ein Signal der Macht. Frauen, die als Managerinnen aufsteigen, neigen tatsächlich dazu, ihren Gesichtsausdruck zu verlieren und undurchschaubarer zu werden.

Ich lege Ihnen nun nicht nahe, nicht mehr zu lächeln oder andere Gefühle zu zeigen. Wenn Sie fröhlich sind oder eine Situation komisch ist, kann ein Grinsen perfekt sein. Problematisch wird es, wenn Sie lächeln, weil Sie sich angreifbar oder unglücklich fühlen. Unter diesen Umständen zu lächeln, vermittelt eine verwirrende, widersprüchliche Botschaft.

Das geschah einer meiner Mitarbeiterinnen. Sandy bekam ein EDV-Projekt für sechs Monate. Nach der ersten Woche platzte sie weinend in mein Büro herein. „Ich bekomme keinerlei Information, ich habe keinen Zugang zum Computer. Ich habe nicht einmal einen Platz zum Sitzen", schluchzte sie. Wir heckten eine Strategie aus, aber am nächsten Freitag kam sie wieder in Tränen an. Wir organisierten einen zweiten Plan, der wenig fruchtete – wieder ein Freitag, wieder ein Tränenfest.

Schließlich kamen Sandy und ich mit ihrem zeitweiligen Vorgesetzten zusammen. Zur Eröffnung des Treffens sagte ich: „Gut, Sandy, sagen Sie uns, was los ist."

Mit hoher Stimme und dem breitesten, süßesten Lächeln, das man sich vorstellen kann, sagte Sandy: „Also, ich bekomme die Informationen nicht, die ich brauche. Ich kann nicht an den Computer. Niemand hilft mir . . ." Kein Wunder, daß Sandy nicht vorankam. Sie hatte widersprüchliche Signale gegeben: Ihre nichtverbalen Zeichen sagten, ihre Arbeit sei toll; ihre Worte sagten, ihre Arbeit sei das Hinterletzte. Erwartungsgemäß entschloß sich der Vorgesetzte, die nichtverbale Botschaft zu glauben.

Nach diesem unproduktiven Treffen war es klar, daß Sandy Nachhilfe brauchte. Ich sprach mit ihr über die widersprüchlichen Bot-

schaften, und sie willigte ein, es noch einmal zu versuchen. Als wir
einige Wochen später nochmals zusammenkamen, gelang es Sandy
ausgezeichnet, ihr Lächeln im Zaum zu halten. Sie ist inzwischen
eine höchst erfolgreiche Managerin geworden, und sie berichtet mir
oft, wie sie ihren Mitarbeiterinnen Nachhilfe über „dieses Lächeln"
gibt.

Fazit: Machen Sie sich bewußt, wann Sie lächeln! Lernen Sie, ein
          steinernes Gesicht zu machen und nicht zu lächeln, wenn
          Sie sich verletzlich fühlen!

Geneigter Kopf, nicken und zustimmende Laute

Den Kopf auf die Seite legen signalisiert Neugier. Sogar Hunde und
Katzen tun das. Doch wenn sie gleichzeitig sprechen, signalisiert es
auch Unterordnung. Männer halten den Kopf gerade, wenn sie
sprechen.

Ein gesenktes Kinn ist eine andere Art der Unterordnung. Denken
Sie an mächtige Menschen, die Sie kennen. Man sieht sie selten mit
gesenktem Kinn, besonders, wenn sie sprechen. Manchmal sehe ich
den tödlichen Dreifach-Fehler: Eine Frau senkt den Kopf, neigt ihn
zur Seite und lächelt dabei breit. Eine solche Haltung signalisiert
äußerste Machtlosigkeit.

In den ersten Jahren ihrer Ehe muß die englische Prinzessin Diana
Weltmeisterin aller Zeiten im Kopfneigen und Kinnsenken gewesen
sein. Doch im Lauf der letzten zehn Jahre haben sich ihre öffentlichen Fotos gewaltig verändert. Jetzt ist sie selten in dieser mädchen-
haften Pose mit gesenktem Blick und gesenktem Kinn zu sehen.

Nicken und zustimmende Laute können die Kommunikation mit
dem anderen Geschlecht verwirren. Wenn Frauen im Gespräch zuhören, neigen sie dazu, unbewußt zu nicken, als wollten sie sagen:
„Ich höre dich." Diese Geste bedeutet nicht unbedingt, daß sie der
gleichen Meinung sind. Männer hingegen nicken, wenn sie zustimmen. Wenn eine Frau beim Zuhören nickt, kann ein Mann glauben,
leichtes Spiel mit ihr zu haben, obwohl sie in Wirklichkeit nur zu
verstehen gibt, daß sie gehört hat, was er sagt. Wenn andererseits ein
Mann zuhört und nicht nickt, kann seine Kollegin glauben, er höre
nicht zu oder sei anderer Meinung.

Fazit: Achten Sie auf Ihre Kopfhaltung: Neigung und gesenktes
          Kinn signalisieren Verletzlichkeit. Denken Sie daran, bei
          der Kommunikation mit männlichen Kollegen weniger zu-
          stimmende Laute zu machen und weniger zu nicken! Wenn
          Ihr Kollege diese Zeichen nicht gibt, kann er trotzdem
          zuhören und sogar zustimmen.

Klein und groß werden

Vor einigen Jahren saß ich in einer Konferenz meiner Chefin Diane
gegenüber, neben einem Mann namens Raymond. Fast sofort begann Raymond, Diane verbal anzugreifen. „Das funktioniert nie im
Leben!" rief er. „Warum schlagen Sie sowas überhaupt vor?"

Angesichts der Drohgebärden von Raymond begann Diane vor
meinen Augen zu schrumpfen. Sie zog Arme und Beine an den
Körper, ihr Kopf schien zwischen die Schultern zu rutschen. Das
nenne ich „klein werden". Ihre zurückweichende Haltung sagte
Raymond, daß er Erfolg hatte; wenn er weitermachte, würde sie
wahrscheinlich nachgeben, obwohl sie eindeutig im Recht war.

Diane war eine der besten Chefinnen der Welt; deshalb sagte ich ihr nach der Konferenz, was ich beobachtet hatte. Ihr war das Feedback willkommen, und wir vereinbarten, einander in künftigen Konferenzen Zeichen zu geben, wenn wir merkten, daß die andere vor einem Hai zurückwich.

Unsere Körperhaltung sagt sehr viel über unsere emotionelle Reaktion auf eine Situation aus. Wenn wir uns besonders mächtig und selbstbewußt fühlen, neigen wir von selbst dazu, unseren Körper zu recken und breit zu machen. Wenn wir uns machtlos fühlen wie Diane, ziehen wir uns instinktiv zusammen und werden klein.

Dies wurde mir vor einer Weile deutlich, als ich für eine große Zeitung Seminare über Macht und Politik hielt. Die Manager waren die letzte Gruppe, die die Schulung durchmachte. Der Verleger saß mir direkt gegenüber; die Arme hatte er über die Lehnen der Stühle neben sich gelegt und die Beine breit gespreizt. Er muß etwa sechs Quadratmeter eingenommen haben. Als wir zum Thema „Macht und Körperhaltung" kamen, wandte ich mich an ihn und fragte: „Robert, sitzen Sie aus Gründen der Macht so, oder tun Sie es unbewußt?"

Sobald ich die Worte ausgesprochen hatte, tat es mir leid, daß ich sie vor all den anderen hohen Tieren geäußert hatte. Zu meiner großen Verblüffung antwortete er jedoch ruhig: „Am Anfang aus Gründen der Macht, aber jetzt ist es unbewußt." Innerhalb von fünf Minuten hatten die Männer den Raum mit Körpern ausgefüllt; wie Robert saßen sie mit den Armen über Stuhllehnen und mit breiten Beinen da.

Es gibt eindeutig Grenzen des Breitmachens für Frauen. Doch es zahlt sich aus, auf Ihre Haltung zu achten, wenn die Wahrscheinlichkeit besteht, daß Sie sich machtlos und unsicher fühlen, etwa in Bewerbungsgesprächen, Leistungsbewertungen oder Konferenzen, bei denen Sie Ihre Ideen an den Mann bringen müssen.

Machtvolles Stehen und Sitzen

Was sind die machtvollsten Haltungen beim Stehen und Sitzen? Versuchen Sie es mit diesen:

1. Stehen Sie in Ihrer damenhaftesten Haltung da. Stellen Sie sich vor, Sie trügen ein rosa Kleid und weiße Handschuhe, um zu einem Kaffeekränzchen zu gehen. Wenn sie gebeten werden, diese Haltung einzunehmen, stehen die meisten Frauen mit einem Fuß abgewinkelt vor dem anderen und falten die Hände.

2. Nehmen Sie jetzt einen machtvolleren Stand ein. Stellen Sie Ihre Füße in angenehmem Abstand parallel. Stellen Sie sich vor, oben aus Ihrem Kopf käme eine Schnur, die Ihr Rückgrat geradezieht. Lassen Sie die Schultern mehrmals zurückrollen, mit den Händen in der Seite.

3. Setzen Sie sich zierlich hin wie eine Dame der Gesellschaft. Wahrscheinlich kreuzen Sie die Knöchel, legen die Hände mit den Handflächen nach oben im Schoß zusammen und sitzen am Rand des Stuhles.

4. Versuchen Sie nun, machtvoll zu sitzen. Machen Sie Ihren Körper so breit, wie es angenehm und angebracht ist, die Schultern zurück und die Arme an den Seiten. Sie können die Brust nicht so ausdehnen wie Männer, weil dann unausweichlich ein Knopf aufplatzt und den ganzen Effekt verdirbt, doch vermeiden Sie es, am Rand des Stuhles zu sitzen, sich zusammenzuziehen und klein zu werden.

Fazit: Je selbstbewußter Sie sitzen, desto selbstbewußter werden Sie sich fühlen. Vermeiden Sie es in bedrohlichen Situationen, sich zusammenzuziehen, klein zu werden und am Rand des Stuhles zu sitzen! Richten Sie sich statt dessen auf, legen Sie die Arme auf die Armlehnen und öffnen Sie Ihre Körperhaltung!

Reich' mir die Flosse, Genosse

Ich habe gemischte Gefühle, den Händedruck zu diskutieren. Einerseits scheint es töricht, über etwas so Banales eigens zu sprechen. Andererseits haben mir sowohl männliche als auch weibliche Manager erzählt, daß sie Bewerber aufgrund ihres schwachen Händedrucks nicht angenommen haben. Wenn er eine Beförderung kosten kann, ist ein Händedruck wichtig genug, um darüber nachzudenken.

Der Händedruck ist in unserer Kultur eine rituelle Begrüßungsform für Männer. Es ist ihre Weise, Körperkontakt herzustellen, bevor die Interaktion beginnt. Die meisten Frauen werden nicht zum Händeschütteln erzogen, und so kann es für sie ungeschickt sein. Eine Frau ist oft unsicher, wann und wie sie Hände schütteln soll. Werfen wir auf beides einen Blick.

Händedruck oder kein Händedruck

Das sind Ihre einzigen Optionen. Die Hand nicht zu drücken, wenn es erwartet wird, kann signalisieren, daß Sie die Teamregeln nicht kennen und daher eine Außenseiterin sind. Die meisten Frauen wissen, daß der Händedruck fällig ist, wenn sie in einer geschäftli-

chen Situation sind und einen bestimmten Mann noch nie kennenge-
lernt haben. Doch manche Frauen fragen mich, was sie tun sollen,
wenn sie einer Frau vorgestellt werden oder jemanden von einem
anderen Büro nicht oft sehen. Oder sie fragen sich, was sie in einer
großen Konferenz tun sollen, wo alle Männer sich mit Handschlag
begrüßen.

Meine Empfehlung: Im Zweifelsfall die Hand ausstrecken und
drücken. Es ist möglich, hierin zu wenig zu tun („Sie hat mir die
Hand nicht gegeben, obwohl sie es hätte tun sollen"); aber recht
schwierig, zuviel zu tun. („Sie hat mir die Hand gegeben, obwohl sie
es nicht hätte tun sollen.")

Obendrein stehen Frauen unter zusätzlichem Druck, „es richtig zu
machen", weil viele Männer in unserer Kultur dazu erzogen wurden
zu warten, daß die Frau ihre Hand ausstreckt. Während sie versucht,
herauszufinden, ob dies eine Handschlag-Situation ist oder nicht,
steht er vielleicht verlegen herum. Strecken Sie einfach Ihre Hand
aus, und alle werden erleichtert seufzen!

Händedruck – aber wie?

Dies könnte weit wichtiger sein, als Sie je glaubten. Der Handschlag
im Stil „toter Fisch" hat so manche Kandidatin die ersehnte Position
gekostet. Schauen wir also den Handschlag an:

- Packen Sie nicht die Finger!
- Lassen Sie die Hand so weit vorgleiten, bis die Daumenballen
  sich berühren.
- Drücken Sie die Hand so, daß sich die Handflächen berühren!
- Achten Sie darauf, die Hand des anderen mit Ihren Fingern zu
  umschließen!
- Drücken Sie kräftig, ohne daß ein Macho-Wettkampf daraus wird!
- Sehen Sie dem anderen in die Augen!

Fazit: Sie können das Händeschütteln kaum übertreiben. Strek-
          ken Sie die Hand aus, und liefern Sie einen guten, kräftigen
          Händedruck ab! Zeigen Sie allen, daß Sie die Regeln
          kennen!

Fingerzeige

Vor etlichen Jahren diskutierte ich mit meinem Kollegen Neil, wie
unser Projekt nach meiner Auffassung durchzuführen sei. Mitten im
Satz nahm er meinen Finger, mit dem ich auf seine Brust zeigte, und
drehte ihn zu mir um. Damals war ich überrascht, daß ihn mein
Finger so gestört hatte. Ich wußte nicht, daß Zeigen eine Machtgeste
ist. Es provoziert oft eine defensive Haltung, weil es den Empfänger
in eine untergeordnete Position versetzt.

Wenn wir uns in einer Beziehung besonders mächtig fühlen, zeigen
wir instinktiv mit dem Finger. Eltern und Lehrer tun dies oft, denn
sie sind am Ruder. Doch Fingerzeigen schafft eine Gewinnen/Ver-
lieren-Situation. Für Männer kann dies gut sein, aber bei Frauen
geht es generell nach hinten los, weil sie mit Gewinnen/Gewinnen-
Situationen besser zurechtkommen. Da Fingerzeigen Macht signalisiert, kann ein männlicher Kollege negativ darauf reagieren. Seien
Sie nicht überrascht, wenn er auf Sie zeigt und Sie sich versucht
fühlen, nachzugeben.

Das Zeigen mit zwei Fingern (gewöhnlich Zeige- und Mittelfinger
zusammen) könnte als Alternative funktionieren. Der Vorteil daran
ist, daß die Geste stark ist, ohne die gleiche, potentiell negative
Botschaft zu vermitteln.

Fazit: Zeigen Sie nicht mit dem Finger, schon gar nicht in einem
potentiellen Konflikt!

Ich mach's mir bequem

Zu unseren interessantesten und aufschlußreichsten Handbewegun-
gen gehören die sogenannten *Adaptoren:* reibende, tätschelnde und
kratzende Bewegungen, die uns in Streßsituationen entlasten. Sie
haben Adaptoren vielleicht ignoriert, aber wenn Sie sich ihrer bewußt sind, werden sie überall sichtbar. Adaptoren finden Sie gewöhnlich in Bewerbungsgesprächen, Präsentationen, Verkaufsge-
sprächen oder wenn Menschen sich als Verlierer oder angreifbar
fühlen.

Verkehrsstaus sind großartige Anlässe, um Adaptoren zu beobachten. Schauen Sie einmal, wieviel Gesichtsberührungen, Haare-
zwirbeln, Nacken- und Schultermassieren in den Autos vor sich
geht, die neben Ihnen festsitzen. Wenn Männer Schnurrbärte oder
Vollbärte tragen, streicheln sie sie oft oder zerren daran. Da Frauen
keine nennenswerte Gesichtsbehaarung haben, berühren sie
Wangen oder Frisur. Sie begegnen auch Adaptoren, wenn Menschen
in der Öffentlichkeit reden: Sie klimpern mit Geld in der Tasche,
drehen Fingerringe oder schnippen die Kappen von Stiften auf
und zu.

Warum sind Adaptoren so wichtig? Wie andere nichtverbale Zeichen senden, empfangen und deuten wir sie unbewußt. Das End-
ergebnis ist jedoch, daß Adaptoren den Eindruck von Unbehagen
vermitteln. Ich versuchte, den Oberkriegsrat einer riesigen internationalen Elektronikfirma als Kunden zu gewinnen. Als ich zu sprechen begann, begann ich auch, mir den Hals mit dem Finger zu

reiben. Da ich von Adaptoren wußte, machte ich allerdings eine bewußte Anstrengung, damit aufzuhören, denn ich wollte mir nicht anmerken lassen, wie unbehaglich ich mich fühlte.

In einer Präsentation können außerdem Ihre Stimme, Ihre Hände und Ihre Knie wackelig werden. Die normale Reaktion auf diese Zeichen der Nervosität ist, sich noch mehr zu verkrampfen, leiser zu sprechen, die Hände an sich zu ziehen, damit die Zuhörer sie nicht zittern sehen, und stocksteif dazustehen. Leider wird das Gewackel davon noch ärger. Statt dessen ist es das Beste, ins andere Extrem zu gehen: Sprechen Sie laut, bewegen Sie die Arme in ausholenden Gesten und gehen Sie umher! Selbst wenn Sie innerlich beben, wird es niemand bemerken, und Sie werden Ihre nervöse Energie los.

Andere Empfehlungen zur Linderung von Nervosität: einatmen und dabei bis sechs zählen, dann ausatmen und dabei bis sechs zählen. Ich habe es auch als hilfreich empfunden, bei einer großen Präsentation die Rolle einer ruhigen Person zu spielen. Ich mache mir selbst vor, ich sei entspannt, und dabei mache ich es auch meinen Zuhörern vor.

Wenn Sie im Rampenlicht stehen

Bitten Sie eine Freundin oder einen Freund, Sie in einem gestellten Bewerbungs- oder Streitgespräch auf Video zu filmen. Sie brauchen nur etwa zehn Minuten. Wenn Sie sich selbst im Film beobachten, werden Ihnen all Ihre seltsamen Adaptoren, Ihr Kopfneigen, Nicken und so weiter dramatisch vor Augen geführt. Nachdem Sie das Band in Normalgeschwindigkeit angeschaut haben, spielen Sie es noch einmal im Zeitraffer. Sie werden Ihre häufigsten Gesten sofort erkennen.

Fazit: Da andere Ihre Kenntnisse und Fähigkeiten oft im Licht
Ihrer scheinbaren Selbstsicherheit beurteilen, sollten Sie
wissen, daß Adaptoren Unbehagen signalisieren. Wenn Sie
Ihr eigenes Getue bemerken, versuchen Sie bewußt aufzu-
hören. Intensivieren Sie Ihre Gesten, wenn Sie bei einer
Präsentation nervös sind.

Die Macht der Berührung

Unsere Kultur hat strenge ungeschriebene Gesetze über Berührung
und Macht: Wir dürfen nur Menschen berühren, die gleichrangig
sind oder unter uns rangieren. Ihre Chefin könnte an Ihren Schreibtisch kommen und Sie für eine gute Arbeit auf die Schulter klopfen,
aber Sie würden das kaum mit ihr tun. Der Soziologe Erving Goffman hat etwa festgestellt, daß Ärzte Krankenschwestern viel öfter
berühren als umgekehrt.

Aufgrund dieser ungeschriebenen Gesetze können Berührungen
Bände über hierarchische Positionen sprechen. Deshalb kann es
tatsächlich die Macht ausgleichen, einen Kollegen zu berühren. Bei
einer Konferenz kam zum Beispiel ein gleichrangiger Kollege auf
mich zu, klopfte mir auf die Schulter und sagte: „Na, Pat, lange nicht
gesehen. Wie geht's, wie steht's?"

Ich drehte mich um und sagte: „Ach, Joe. Gut geht's mir. Und
selbst?" Dabei klopfte ich ihm ebenfalls auf die Schulter.

Oder wenn mich ein Kollege am Oberarm berührt und mir sagt,
wie gut er meinen Bericht fand, berühre ich ihn am Unterarm,
während ich mich bedanke. Mein Ziel ist, zu verhindern, daß er
das Gefühl bekommt, höher in der Hierarchie zu stehen als ich;

dies wäre der Fall, wenn er mich berühren dürfte, ich ihn aber nicht.

Die Forschung hat erwiesen, daß Berührungen auch Beziehungen verbessern und zwischenmenschliche Spannungen lindern können. In einer Studie an einer Universitätsbibliothek berührte die Bibliothekarin zum Beispiel bestimmte Studenten flüchtig, während sie ihnen ihre Benutzerkarten zurückgab. Dann wurden alle Studenten beim Verlassen der Bibliothek befragt. Unter anderem wurde gefragt: „Arbeiten Sie gern in der Bibliothek?" „Hat sie die Bücher, die Sie brauchen?" „Sind die Angestellten hilfsbereit?" „Wurden Sie in der Bibliothek berührt?" Alle sagten, sie seien nicht berührt worden, aber diejenigen, die doch berührt worden waren, fanden, die Bibliothek habe die Bücher, die sie brauchten, und die Angestellten seien großartig.

Ähnliche Studien haben ergeben, daß Patienten den Arztbesuch als doppelt so lang empfinden, wenn Ärzte sie während des Besuches berührten. Wenn Kellnerinnen Gäste berühren, steigen ihre Trinkgelder.

Testen Sie doch einmal die Wirkung menschlicher Berührungen mit einem Experiment, das eine Kundin mir aus der Zeit erzählte, als sie an einem Oberseminar über menschliches Verhalten teilnahm. Die Professorin ließ die Teilnehmer einen Kollegen wählen, den sie verabscheuten. Die Aufgabe war, diese Person einen Monat lang dreimal pro Tag zu berühren. In ihrem Seminar verbesserte sich jede dieser problematischen Beziehungen erheblich. Vielleicht mögen Sie dieses Experiment selbst probieren. Denken Sie eine Minute nach, wer Ihnen Ärger gemacht hat. Wenn er oder sie in der Hierarchie nicht zu hoch über Ihnen steht, könnten Sie das Protokoll „drei Berührungen pro Tag" anwenden und schauen, was geschieht.

Fazit: Wahren Sie Ihren Platz in der Hierarchie, indem Sie angemessene Berührungen von Kollegen erwidern! Setzen Sie
Berührungen ein, um Beziehungen zu verbessern und zwischenmenschliche Spannungen zu lindern! Wenn Sie mit
jemandem Probleme haben, versuchen Sie, ihn dreimal pro
Tag zu berühren.

Umgang mit unangemessenen Berührungen

Berührungen können Beziehungen verbessern, aber auch Probleme
schaffen. Frauen fragen mich oft, was sie gegen unerwünschte
Berührungen bei der Arbeit tun können. In der Regel dürfen flüchtig
miteinander bekannte Männer und Frauen einander in unserer Kultur kurz an Hand, Arm, Schulter oder Rücken berühren. Das sind
erlaubte Berührungen. Eine Berührung, die zu lang ist, zum Streicheln wird oder in einer erogenen Zone landet, kann als sexuell
empfunden werden und ist verboten.

Oft bekennen Frauen, daß sie nicht gern einen „Skandal" aus der
unerwünschten oder unangebrachten Berührung machen, weil sie
fürchten, als verkrampft bezeichnet zu werden. Dennoch müssen sie
Grenzen ziehen. Einige Ideen:

Zurückweichen. Wir weichen instinktiv zurück, wenn wir unerwartet berührt werden oder wenn die Berührung zu kalt ist. Sie könnten
demonstrativ zurückweichen, um deutlich zu machen, daß die Berührung unwillkommen war.

Die berührte Stelle ansehen. Wenn jemand Ihnen die Hand auf den
Oberarm legt und beginnt zu reiben, starren Sie auf seine Hand,
ohne die Augen zu bewegen. Dies lenkt die Aufmerksamkeit so

deutlich auf die Berührung, daß der Betreffende sich unbehaglich fühlt und wahrscheinlich aufhört.

Sagen, was Sache ist. Sie können direkter und selbstbewußter reagieren, indem Sie sagen, was Sache ist. „Ich wäre Ihnen dankbar, wenn Sie nicht meinen Rücken reiben würden."

Den Überfall abwenden. Wenn der Betreffende ein Küsser und/ oder Knuddler ist und Sie sich mit soviel Intimität unwohl fühlen, gehen Sie einfach mit ausgestreckter Hand und breitem, herzlichem Lächeln auf ihn zu.

Fazit: Wenn Ihnen eine Berührung unangenehm ist, haben Sie das Recht, etwas dagegen zu tun. Ziehen Sie die Grenzen, wie es Ihnen am angenehmsten ist! Lassen Sie sich nicht davon einschüchtern, daß ein anderer meint, er oder sie habe ein Recht, Ihren Körper zu berühren!

Blicken Sie nicht auf

Wenn Sie merken, daß Sie bei einem Gespräch, besonders einem schwierigen, den Kopf in den Nacken legen, sollten Sie Ihre Position wechseln. Frauen lassen sich oft einschüchtern und weichen zurück, weil die Augenhöhe ungleich ist. Die Forschung hat tatsächlich gezeigt, daß wir uns angreifbarer fühlen (und dann auch so handeln), wenn wir nach oben schauen, vielleicht weil in unserer Gesellschaft Macht und Körpergröße eines Mannes eng verknüpft sind. Je größer ein Mann ist, bis zu zwei Metern, desto eher bekommt er ein höheres Gehalt und eine höhere Position.

Wir neigen sogar dazu, wichtige Männer größer zu machen. Wenn wir einen beeindruckenden Lebenslauf bekommen, schätzen wir die

Person oft größer als jemanden mit einem mittelmäßigen Lebenslauf. Ich amüsiere mich immer, wenn eine Freundin einen Filmhelden auf der Straße sieht und ausruft: „Wie klein der ist!" Der Star mag für einen Durchschnittsmann nicht klein sein, aber er ist unerwartet klein, wenn man zu ihm „aufgeschaut" hat. Die Forschung hat zwar festgestellt, daß Körpergröße bei Frauen nichts über das Erfolgspotential aussagt, aber ich habe beobachtet und erlebt, daß große Frauen oft in Machtpositionen sind.

Die Beziehung Größe/Macht kann erhebliche Wirkungen auf Ihre Arbeit haben. Meistens sind Männer größer als Frauen, so daß Sie vielleicht öfter aufblicken müssen, als Sie möchten. Eine Möglichkeit, damit umzugehen, ist, die Höhe auszugleichen, wenn ein Mann Sie von oben herab behandelt. Stellen Sie sich zum Beispiel vor, Sie arbeiten an Ihrem Schreibtisch, und Ihr Kollege Martin kommt daher und beklagt sich lauthals über ein Projekt, das Sie vor kurzem abgeschlossen haben. Weil Sie sitzen und er steht, ist die Augenhöhe ungleich. Fordern Sie Martin auf, sich einen Stuhl zu nehmen, oder stehen Sie auf, um seiner Attacke mit Ihrer vollen Autorität zu begegnen.

Stehen Sie aber bereits und schauen Sie noch immer nach oben, so könnten Sie vorschlagen, daß sie sich beide einen bequemen Sitzplatz suchen. Wenn zum Beispiel ein Kollege Sie im Flur anspricht und Sie merken, daß Sie zu ihm aufschauen, sorgen Sie für den Höhenausgleich, indem Sie sagen: „Das möchte ich wirklich hören, Cliff. Setzen wir uns ins Konferenzzimmer und reden darüber."

Größerwerden kann sogar wirken, wenn Ihr Gegner abwesend ist. Die Managerin Rita erzählte mir, daß sie ein langes Kabel an ihr Telefon montieren ließ. Wenn sie einen Anruf erhält, der erfordert, daß sie stark und selbstbewußt ist, steht sie auf und geht beim Sprechen im Büro hin und her. Obwohl der Anrufer sie nicht sehen kann, fühlt sich Rita selbstbewußter und projiziert deshalb ein mächtigeres Selbstbild.

Sie müssen auch wissen, daß Höhe oft absichtlich manipuliert wird.
Dies ist offensichtlich im Gerichtssaal: Richter, Geschworene und
Angeklagte sitzen in einem Höhenverhältnis, das ihr Machtverhält-
nis widerspiegelt. Andere benutzen Höhe als Machtinstrument im
Büro, indem sie ihre Schreibtische auf Podeste stellen oder Besu-
chern niedrige Sofas und Stühle anbieten.

Die ungewöhnlichste Episode der Höhenmanipulation, die ich je
erlebt habe, geschah vor einigen Jahren, als ich einen jungen Mann
kennenlernte, der gerade Manager geworden war. Joshua empfing
mich in seinem nagelneuen Managerbüro, das mit nagelneuem
Managermobiliar ausgestattet war. Er war von seinem nagelneuen
Manager-Selbst sehr überzeugt.

Ich setzte mich in den angewiesenen Stuhl, direkt gegenüber von
seinem großen Schreibtisch. Sobald er saß, wurde Joshua unsere
ungleiche Augenhöhe unangenehm bewußt. Ich bin 1,80 Meter
groß. Als er merkte, daß ich auf ihn herabsah, sprang er auf, drehte
seinen Thronsessel um, stellte ihn höher, drehte ihn wieder um und
setzte sich. Dann sagte er, auf mich herunterspähend: „So, jetzt
können wir reden." Ich wäre weniger überrascht gewesen, wenn er
den Stuhl nach meinem Besuch verstellt hätte, aber daß er es vor mir
tat, war wirklich verblüffend.

Seit ich begonnen habe, diese Geschichte in Seminaren zu erzählen,
haben Dutzende von Teilnehmerinnen ähnliches von abgesägten
Stuhlbeinen und kreativ umgestalteten Möbeln berichtet. Dieses
Machtspiel könnte verbreiteter sein, als Sie glauben.

Fazit: Gleichen Sie die Macht, wo immer möglich, durch Höhen-
         ausgleich aus! Sie müssen eventuell Ihre Möbel verändern,
         um Ihre Autorität zu maximieren, aber tun Sie es, wenn
         niemand zuschaut!

Ich schau dir in die Augen

Im Gespräch ist es höflich, dem anderen in die Augen zu schauen.
Im wirklichen Leben kann aber meist die dominanteste Person
wählen, ob sie schauen will oder nicht, während die untergebene
wahrscheinlich Augenkontakt hält. Dies liegt daran, daß die Mitarbeiterin herausfinden muß, was ihre Chefin denkt: Die Meinung
einer Vorgesetzten kann das Ergebnis eines Gesprächs verändern.
Die höherrangige Person hingegen hat es kaum nötig, Augenkontakt
zu halten. Was Untergebene über sie denken, kann für das Ergebnis
unwichtig sein.

Die Forschungsergebnisse über Augenkontakt sind scheinbar wi-
dersprüchlich. Es stimmt zwar, daß die mächtigste Person Augenkontakt herstellen kann oder nicht, doch wir wissen auch, daß man
oft die Augen von jemandem abwendet, um ihn zu meiden, wenn
man sich mit ihm nicht wohlfühlt. Frauen signalisieren häufig ihre
Unsicherheit durch Abbrechen des Augenkontakts. Die Augen ab-
zuwenden ist tatsächlich eine von vier Weisen sich zurückzuziehen,
wenn man sich bedroht oder angreifbar fühlt (die anderen sind:
einen Schritt zurücktreten; die Körperachse so drehen, daß die
Schulter auf den Gesprächspartner zeigt; blockieren mit gekreuzten
Armen oder Beinen).

Weil Augenabwenden Schwäche und Angreifbarkeit signalisiert, kann es tödlich sein, wenn Sie in einem Bewerbungsgespräch Selbstsicherheit ausstrahlen oder in einer Konferenz Ihre Idee verkaufen wollen. Um dies zu beheben, stellen Sie zunächst fest, wie intensiv Ihr Augenkontakt ist, wenn Sie sich entspannt fühlen. Dies können Sie gut bei einem Plausch mit einem Freund oder einer Freundin tun. Zwingen Sie sich dann in geschäftlichen Situationen, Ihren Kollegen ebenso häufig anzusehen. Sie müssen Ihrem Gesprächspartner übrigens nicht in die Augen sehen, der Nasenrücken tut's auch. Niemand merkt den Unterschied.

Halten Sie mit Gleichrangigen so viel Augenkontakt, wie wenn Sie entspannt sind. Dies kann von Person zu Person variieren. Allgemein sollten Sie jedoch signalisieren, daß Sie in der Position, die Sie eingenommen haben, sicher sind.

Was tun, wenn ein männlicher Kollege Ihren Körper ansieht statt Ihr Gesicht? Diese Situation ist leichter zu lösen, als Sie vielleicht denken. Vor Jahren hatte der stellvertretende Geschäftsführer einer Firma, in der ich arbeitete, die peinliche Neigung, mir auf den Bauch zu schauen, wenn wir miteinander sprachen. Ich hielt einfach mitten im Satz inne. Mein Kollege sah mir sofort ins Gesicht, um herauszufinden, was los war. Sobald er Augenkontakt hergestellt hatte, sprach ich weiter. Als seine Augen wieder abwärts glitten, hielt ich nochmals mitten im Satz inne, und seine Augen kehrten zu meinem Gesicht zurück. Ein paar Minuten von dieser Behandlung, und er hatte gelernt, Augenkontakt zu halten.

Wenn Sie kesser sind und mit dieser nur zu gewöhnlichen Situation leicht und humorvoll umgehen wollen, könnten Sie tun, was mir die Dekanin einer Universität erzählte. Sie sprach bei einem offiziellen Anlaß mit einem Mann, der nur selten die Augen von ihren Brüsten abwandte. Schließlich bat sie ihn: „Sprechen Sie bitte lauter, die linke ist schwerhörig." Er wurde puterrot, und danach blieben seine Augen auf ihr Gesicht geheftet.

Fazit: Halten Sie angemessenen Augenkontakt, selbst wenn Sie sich bedroht fühlen! Wenn ein männlicher Kollege Ihren Körper anstarrt, helfen Sie ihm subtil oder offen, sein Starren zu bemerken!

Was Pünktlichkeit bedeutet

Jemanden warten lassen ist eine der wichtigsten Methoden, Macht zu signalisieren, denn es zeigt, daß Ihre Zeit wichtiger ist als die der anderen Person. Bei einem Vorgesetzten würde ein solches Spielchen natürlich fürchterlich nach hinten losgehen.

Ich arbeitete eine Topmanagerin, die es meisterhaft verstand, Macht zu gebrauchen und zu demonstrieren. Eines nachmittags sollten die drei obersten Juristen jenes Fortune 500-Unternehmens Florence und mich um 14 Uhr in ihrem Büro treffen. Die Juristen hatten in der Hierarchie den gleichen Rang wie sie, gaben sich aber immer überlegen.

Ich traf pünktlich ein und wurde ohne Aufhebens vorgelassen. Wir plauderten über nichts Wichtiges, und dann betätigte ihre Sekretärin um 14.10 Uhr den Summer, um die Ankunft der Juristen zu melden. Florence setzte unser Gespräch fort. Als ihre Sekretärin um 14.25 Uhr hereinkam, sah ich kurz die drei ungeduldigen Männer draußen im Wartezimmer. Sie sahen ziemlich ungnädig aus, sogar gefährlich nah an einem Wutanfall. Ich schlug vor, unser Gespräch später weiterzuführen. Daß diese Herrschaften draußen mit den Füßen stampften, war mir unbehaglich. Aber Florence winkte ab und führte unser Gespräch bis 14.45 Uhr weiter.

Zu meiner großen Überraschung wirkten die Juristen nicht zornig, als sie schließlich vorgelassen wurden. Und das wichtigste: In künftigen Interaktionen schienen sie zu verstehen, daß Florence in der Hierarchie über ihnen stand.

Fazit: Jemanden bei einer Verabredung warten zu lassen ist ein Zeichen für Ihre relative Macht. Vermeiden Sie es aber, jemanden warten zu lassen, der in der Hierarchie über Ihnen steht!

Requisiten der Macht

Frauen neigen dazu, ihre Umgebung funktionsbezogen zu sehen. Wenn wir zum Beispiel ein Büro bewerten, achten wir auf

- angemessene Beleuchtung,
- Regale,
- genug Besucherstühle,
- einen bequemen Schreibtischstuhl, der die Wirbelsäule stützt.

Frauen achten wahrscheinlich weniger auf:

- Quadratmeterzahl,
- Ecklage,
- die Größe des Fensters im Vergleich zu den Fenstern anderer Büros,
- die Qualität des Teppichbodens im Vergleich mit anderen Büros.

Wir neigen dazu, die praktischen Aspekte des Arbeitens in einem bestimmten Raum zu sehen, während Männer eher bewerten, wie ein Büro die hierarchische Position signalisiert.

Ich meine nicht, daß Frauen die Requisiten der Macht nicht bemerken, nur daß sie ihnen persönlich wohl nicht so wichtig sind. Frauen fühlen sich oft in der Kantine wohler als im Manager-Speiseraum.

Ich habe Managerinnen darüber klagen hören, daß ihre Büros geräumig sind, während ihre Mitarbeiter zu wenig Platz haben. Oder sie sagen, sie möchten lieber in der Nähe ihrer Mitarbeiter arbeiten als in der Chefetage. Die Requisiten der Macht stellen oft die Ungleichheit des Status ins Rampenlicht, und dieser Zustand ist Frauen unangenehm.

Weil die Beziehung zwischen Umgebung und Status Männern so wichtig ist, haben viele Unternehmen sie in Handbüchern zu Politik und Verfahren kodifiziert. In meinen ersten Jahren in der Wirtschaft war ich fasziniert von den genauen Anweisungen zu Politik und Verfahren in der großen Konstruktionsfirma, in der ich arbeitete. Alle Ausstattungsgegenstände waren nach Management-Ebene kodifiziert:

- wie hoch die Lehne des Schreibtischsessels sein durfte,
- die Qualität des Teppichbodens,
- die Qualität der Wandfarbe,
- die Art der Beleuchtung,
- woraus der Schreibtisch bestand (Metalle, billiges Holz, teures Holz).

In dieser Firma hatten Abteilungsleiter gestrichene Büros, Direktoren (eine Ebene darüber) hingegen getäfelte. Als ein Abteilungsleiter in einem gestrichenen Büro einmal scherzend anmerkte, daß sein gleichrangiger Kollege einen Stock tiefer ein holzgetäfeltes Büro hatte, kamen Handwerker und – Sie haben's erraten – übermalten das Holz. Frauen mag dies töricht vorkommen, aber wir neigen dazu, hierarchische Statussymbole zu ignorieren.

Unser Laissez-faire kann sogar manchmal Probleme schaffen. In einem großen, internationalen Unternehmen der Gesundheitsvorsorge wurde Helen Vizepräsidentin eine Gruppe und bekam eine Suite von Büros. Sie ging in den Keller, wo die gebrauchten Möbel lagerten, und beschloß, einige komfortable Möbel wiederzuverwerten. Helen fühlte sich als gute Mitarbeiterin, die der Firma Geld sparte. Statt dessen signalisierte das gebrauchte Aussehen ihrer Büros ihren neuen Kollegen, daß sie eindeutig nicht gleichrangig war. Helen machte den Fehler zu glauben, ihre Umgebung solle Komfort bieten statt Macht demonstrieren.

Wieviel die Büroeinrichtung kostet, ist ein Symbol dafür, wieviel der Benutzer der Firma wert ist. In einer Firma bekommen Manager, wenn sie befördert werden, 75 000 Dollar, um ihr Büro umzugestalten. Männer sehen dies als Chance, Macht zur Schau zu stellen; Frauen ist die Kluft zwischen ihren prächtigen Büros und den Verschlägen ihrer Untergebenen unangenehm. Wie so viele Themen in diesem Kapitel lautet die Regel: Wenn es um Macht geht, gilt es, sie einzusetzen oder sie zu verlieren.

Fazit: Sehen Sie ein, daß Ihr Büro Ihren Platz in der Hierarchie symbolisiert, und handeln Sie dementsprechend!

Etikette im Restaurant

Welches Restaurant Sie wählen, signalisiert Ihre Position in der Hierarchie und wirkt sich auf den Eindruck aus, den Ihr Gast von Ihnen hat. Wenn Sie einen Kunden in einen Schnellimbiß führen, erwartet er vielleicht eine Schnellimbiß-Leistung von Ihnen. Folglich wird er nur Schnellimbiß-Preise für Ihre Dienste zahlen wollen. Es ist wichtig, ein Restaurant sorgfältig auszusuchen.

Wie stellen Sie sicher, daß Sie die Rechnung bezahlen? Die meisten Männer in den Vierzigern oder darunter haben wenig Probleme damit, daß eine Frau im Restaurant zahlt, besonders, wenn sie die Einladung zum Mittagessen ausgesprochen hat. Manche Männer mit altmodischen Werten, die sich um das kleine Frauchen kümmern wollen, tun sich vielleicht schwerer. Meine Lieblingstechnik, solche potentiell peinlichen Situationen zu vermeiden, ist, irgendwann während des Essens zur Toilette zu gehen. Wenn ich vom Tisch fort bin, gebe ich dem Ober meine Kreditkarte. Wenn die Rechnung kommt, ist der Abdruck von der Kreditkarte schon gemacht, und ich muß nur noch unterschreiben.

Was das Trinken betrifft, so ist weniger immer besser als mehr. Jede Organisation hat andere Normen, was Alkoholkonsum betrifft. In manchen Firmen trinken die Mitarbeiter niemals beim Mittagessen, auch nicht nach der Arbeit. Wenn Sie es täten, würde dies negativ registriert, selbst wenn Sie nur ein einziges Glas Wein beim Abendessen mit Ihren Kollegen trinken.

In manchen Organisationen gilt die Ethik, bei der Arbeit und auch beim Vergnügen richtig hinzulangen. In einer solchen Firma sehen Ihre Kollegen Sie vielleicht als prüde an, wenn Sie Alkohol meiden (falls Sie trinken). Doch selbst bei einer solchen Firma ist es das Sicherste, Alkohol beim Mittagessen zu meiden und nach der Arbeit nur ein Glas Wein zu bestellen. Selbst wenn die Jungs eine Kanne Bier bestellen und sich vollaufen lassen. Hier mitzumachen kompromittiert Sie sofort und macht Sie zu einem potentiell leichten Mädchen. Wie wir schon so oft gesehen haben: Frauen werden mit einem anderen Maß gemessen.

Fazit: Wählen Sie ein Restaurant, das Ihrer Firma Ehre macht, wenn Sie Kunden einladen! Wenn es um Alkohol geht, seien Sie zurückhaltend, gleichgültig, was die Männer tun!

Die Körpersprache der Macht

Beantworten Sie folgende Fragen:

1. Wie drücke ich am effektivsten nonverbal Macht aus?
2. Auf welche Weise sabotiere ich mich selbst nonverbal?
3. Welche Schritte werde ich unternehmen, um nonverbal mehr Macht auszudrücken?

Nonverbale Machtspiele

- Vermeiden Sie das „Bitte-nicht-mehr-angreifen-Lächeln"!
- Nicken und zustimmende Laute können einem Mann sagen, daß Sie ihm zustimmen, obwohl Sie es nicht tun.
- Initiieren Sie den kräftigen Händedruck!
- Seien Sie vorsichtig damit, auf andere zu zeigen!
- Reiben, tätscheln und kratzen Sie sich nicht in unangenehmen Situationen!
- Taktieren Sie so, daß Sie nicht nach oben schauen müssen!
- Halten Sie Augenkontakt, wenn Sie unsicher sind!
- Denken Sie daran, daß die Requisiten der Macht nicht wirklich wichtig für Sie sind, aber trotzdem signalisieren, wieviel Macht Sie haben!
- Suchen Sie Restaurants mit Bedacht aus!
- Beobachten Sie die Ethik Ihrer Firma hinsichtlich Alkohol, und beschränken Sie Ihren Alkoholkonsum!

Aus Kritik und Lob das Beste machen

Hardball-Lektionen, die Jungen lernen

- Kritik und Feedback sind nützlich, denn sie machen dich zu einem besseren Spieler.
- Wenn ein Trainer dein Verhalten kritisiert, heißt das nicht, daß er dich nicht mag.
- Harte Trainer sind gute Trainer.
- Ein Junge weint nicht.

Puppenmutter-Lektionen, die Mädchen lernen

- Es ist nicht nötig, daß ein Erwachsener unser Spiel bewertet.
- Kritik schadet Beziehungen.
- Mädchen sollen anderen gefällig sein.
- Weinen ist erlaubt.

Ich hatte Clara als Trainee für ein Managementprogramm in einem Großunternehmen der Fortune 500 eingestellt. Sie war intelligent, gut ausgebildet und hochmotiviert. Nach drei Monaten bekam sie ihre Leistungsbewertung von Mike, ihrem damaligen Vorgesetzten. Mike war ein Typ mit hohen Erwartungen, der selten ein Lob aussprach. Er urteilte nach dem Motto „Was hast du in letzter Zeit für mich getan?"

Als wir uns alle zum Gespräch setzten, sagte Mike: „Clara, Sie haben hart gearbeitet, aber Sie haben für dieses Projekt länger gebraucht, als ich erwartet hatte, und ich hatte auf eine tiefergehende Finanzanalyse gehofft."

Während das negative Feedback weiterging, sah ich, wie Claras Augen feucht wurden. Ich war nicht sicher, ob die Bewertung zutreffend war – sie paßte nicht zu dem, was ich von anderen gehört hatte –, aber darum ging es nicht. Wenn dies Mikes Sicht war, mußte Clara damit fertigwerden.

Plötzlich änderte sich Mikes Ton. Offenbar hatte er die aufsteigenden Tränen ebenfalls bemerkt, denn er zog sich völlig zurück. Er murmelte einige Floskeln der Beruhigung und beendete die Sitzung schnell. War das eine erfolgreiche Sitzung? Wohl kaum. Clara bekam das benötigte Feedback nicht und war vor allem für immer aus Mikes Team verbannt. Clara hatte die Bemerkungen ihres Vorgesetzten persönlich genommen und fühlte sich durch sie am Boden zerstört. Das war ihr entscheidender Fehler.

Kritik als Feedback

Männer tun sich leichter mit Kritik als Frauen, weil sie in der Kindheit etwas anderes gelernt haben. Jungen verbringen viel mehr Zeit damit, einen Sport auszuüben, als mit regelrechten Spielen. Kritik vom Trainer ist ein entscheidendes Element des Übens. Manchmal ist das Feedback neutral: „Halte den Schläger höher" oder „Schau den Ball an". Gelegentlich kann es ziemlich spitz und persönlich sein: „Du läufst wie eine Ente" oder „Du rennst immer blind durch die Gegend".

Obwohl manche Trainer auch loben, lernen Jungen, daß das generell negative Feedback dazu da ist, sie zu stärkeren, effektiveren Spielern zu machen. Es hat wenig damit zu tun, was sie als Menschen sind oder was der Trainer persönlich von ihnen hält. So lernen viele Jungen, daß der einzige Weg, ihr Spiel zu verbessern, gerade so ein negativer Spiegel ist. Sie trainieren sich selbst, verletzte Gefühle zu überwinden, und lernen einen „harten Trainer" schätzen.

Mit der Zeit verstehen Jungen, daß Feedback nützlich für die Entwicklung ihrer Fähigkeiten ist, und letztlich für ihre Position in der Hierarchie. Außerdem gibt es eine Entschädigung für all die Kritik: den Sieg im Spiel. Erfolg kann verschwenderisches Lob einbringen. Für Jungen hat Kritik konkrete Vorteile; sie verbessern nicht nur ihr Können, sondern sie ernten mit der Zeit Lorbeeren. Deshalb nehmen Jungen negatives Feedback als das, was es ist – Unterweisung darin, was zum Gewinnen gehört –, und machen weiter.

Während die Jungen dies lernten, waren die Mädchen im Haus und spielten mit ihren besten Freundinnen. Gewiß war kein Erwachsener dabei, der ihre Spieltechnik kritisierte; es gibt keine bestimmte richtige oder falsche Weise, mit Puppen zu spielen, denn niemand gewinnt ein solches Spiel. Wenn Mädchen ermahnt wurden, dann gewöhnlich im zwischenmenschlichen Bereich oder zu ihrem Aussehen:

- „Vertrage dich mit deinen Freundinnen!"
- „Sei lieb!"
- „Laß die anderen auch mit deinen Spielsachen spielen!"
- „Streite dich nicht!"
- „Mach dich nicht schmutzig!"
- „Sieh hübsch aus!"

Wegen unserer Spielweise in der Kindheit sind wir Frauen nicht darin geübt, Kritik anzunehmen, lernen nie, sie mit der Entwicklung von Fähigkeiten zu assoziieren und verstehen es vor allem nicht, die negativen Wahrnehmungen eines Menschen davon zu trennen, was wir als Menschen sind. Die meisten Frauen machen Kritik zu einer persönlichen Sache und nehmen sie pauschal als wahr hin.

Viele Frauen brauchen Billigung von außen, um sich erfolgreich zu fühlen (vgl. Kapitel 9, „Ziele setzen und dranbleiben"). Es gehört zu ihrem Wesen, die positive Bewertung anderer Menschen mit einer gelungenen Arbeit zu assoziieren. Doch da Frauen wenig Erfahrung mit negativem Feedback gemacht haben, bleiben sie weit offen und verletzlich für (auch spielerisch gemeinte) Angriffe von anderen. Ohne die Schulung, die Männer bekommen, verstehen Frauen wie Clara Mißbilligung als vernichtend und persönlich.

Weitermachen

Wie werden Sie am besten damit fertig, wenn Sie kritisiert werden? Ich finde es am besten, sie einzugrenzen und nichts weiter zu tun. Ich habe das auf die harte Tour gelernt. Einmal ging ich wie gewohnt nach einem meiner routinemäßigen Management-Seminare an den Stapel der Teilnehmer-Stellungnahmen. Die meisten waren positiv, aber eine traf mich wie eine Kugel aus einer Maschinenpistole. Sie lautete: „Pat Heim ist eine Blenderin."

Ich war am Boden zerstört, aber ich blieb cool. Ich weinte erst, als ich mein Auto erreicht hatte. Dann schluchzte ich auf dem ganzen Heimweg. Ich war so verletzt, daß ich zwei Tage lang nicht darüber sprechen konnte. Schließlich fragte ich meinen Mann, ob er mich für eine Blenderin hielt. Als er sagte, „Natürlich nicht", dachte ich: „Was weiß er schon." Die nächsten zwei Wochen bestimmte dieses Feedback mein Leben. Ich deutete das, was Leute zu mir sagten, als Hinweis oder Reflexion auf mein Blendertum. Der Schmerz ließ erst nach, als ich mich mit neuen Projekten befaßte.

Ein Mann wäre wohl ganz anders damit umgegangen. „Sieh dir das an", hätte er vielleicht gesagt, „jemand hält mich für einen Blender. Ich habe Seminare für Tausende von Managern gehalten, und keiner hat je gesagt, ich sei ein Blender. Ich denke, ich warte auf eine zweite Meinung dazu." Seine Reaktion wäre mit Sicherheit weit gesünder als meine. Ich hatte irgendeinem Unbekannten erlaubt, mein Leben zu bestimmen; ich gab diesem Menschen die Macht zu definieren, ob ich eine Blenderin war oder nicht.

Macht vergeben bringt Sie in eine angreifbare Situation. Sie können praktisch jeden bestimmen lassen, wie Sie sich sehen und wie Sie sich fühlen. Ich bin aber überzeugt, daß wir Frauen lernen müssen, die Macht über uns selbst zu ergreifen. Wir können das auf vielfache Weise tun:
1. Bedenken, woher die Kritik kommt.
2. Analysieren, ob der Angreifer von dem Bedürfnis motiviert war, uns zu untergraben.
3. Das negative Feedback „in ein Kästchen stecken".

Wenn wir kritisiert werden, sollten wir sagen: „Das ist Harolds Meinung zu diesem Verhalten in diesem Moment." Nehmen Sie den Kommentar als das, was er ist, und machen Sie weiter. Indem wir die Kritik geistig „in ein Kästchen stecken", grenzen wir sie bewußt ein und beschränken ihre Macht über uns.

Wenn Ihr Chef zum Beispiel sagt: „Dieser Bericht ist Mist", haben Sie mehrere Optionen. Sie können heimgehen, ins Bett kriechen, die Decke hochziehen und nie wieder aufstehen (aus irgendeinem Grund wirkt diese Option besonders attraktiv auf mich), oder Sie können sagen: „Der Chef fand diese drei Elemente des Berichts nicht gut. Ich werde ihn umschreiben und das nächste Mal, wenn ich einen Bericht einreiche, an diese potentiellen Probleme denken." Dann *lassen Sie das Thema fallen*. Kreisen sie nicht um das Gefühl des Versagens! Lernen Sie aus Ihren Fehlern und machen Sie weiter!

Doch statt dessen neigen wir dazu, uns an die unangenehmen Gefühle zu klammern, die die Kritik hervorruft, weil wir nie gelernt haben, sie zu überwinden wie die Jungen. Dies hat mehrere negative Wirkungen auf uns:

Es kann unserer Beziehung zu anderen schaden. Wenn wir uns an negatives Feedback klammern, tragen wir es mit uns herum, und es hindert uns daran, mit unserem Kollegen künftig gut zusammenzuarbeiten. Eventuell sabotieren wir ihn, deuten böse Absichten, die nicht existieren, in sein Verhalten hinein oder verlieren das Vertrauen. Dies kann auch eine Verwechslung von Freundschaft und Freundschaftlichkeit sein. Wir denken vielleicht: „Er mag mich bestimmt nicht mehr. Ein Freund würde nie so etwas zu mir sagen."

Es kann dem Vertrauen einer Kollegin oder eines Kollegen in unsere Fähigkeiten schaden. Ein Mann ist oft überrascht, daß eine Kollegin „so empfindlich" ist, daß sie „keinen Gegenwind verträgt" und nicht aus ihren Fehlern lernt. Folglich nimmt er sie als schwache Spielerin wahr, die er lieber nicht im Team haben will.

Es setzt Sie dem Risiko späterer Angriffe aus. Wenn bestimmte Männer einmal merken, daß eine Frau bei Kritik verletzlich ist, nutzen sie diese Information als künftigen Angriffspunkt. Dies ist in ihren Augen nicht heimtückisch, sondern es gehört einfach zum wettbewerbsorientierten Hardball-Spiel.

Es macht den inneren Monolog negativ. Wir sagen Dinge zu uns selbst, die unsere Stärke klein machen, etwa „Du Idiotin! Warum hast du das gesagt? Du siehst aus, als hättest du keine Erfahrung." Mehr dazu später.

Ihr Kritik-Quotient

Beschreiben Sie, wie Sie jüngst auf Kritik reagiert haben.

1. Was haben Sie zu sich selbst gesagt?
2. Was waren die Folgen Ihrer Reaktion?
3. Schreiben Sie auf, wie Sie reagiert hätten, wenn Sie bedacht hätten, woher die Kritik kam, die Motive analysiert, das Ganze „in ein Kästchen gesteckt" und weitergemacht hätten.

Den inneren Monolog ändern

Wir sprechen den ganzen Tag mit uns selbst. Manchmal ist unsere innere Stimme positiv. Wir ermutigen uns mit Sätzen wie: „Das wird richtig toll werden." Oder wir klopfen uns auf die Schulter: „Das hast du wirklich gut gemacht." Wenn es aber schlecht läuft, ist der innere Monolog oft negativ. „Du hast ausgesehen wie eine Idiotin", „Er hält dich wahrscheinlich für schwachsinnig", „Das schaffst du nie." Dies kann Feedback nachplappern, das wir bei der Arbeit erhalten haben, oder es kann unser durch Kindheitserlebnisse bereits negatives Selbstbild ausdrücken.

Die innere Stimme ist nicht nur ein Strom von irgendwelchen Worten, die in unserem Kopf herumgehen. Aufgrund unserer komplexen seelischen Beschaffenheit beeinflußt sie unsere Leistungsfähigkeit. Sie setzt negative Erwartungen und untergräbt das Selbstvertrauen, indem sie selbsterfüllende Prophezeiungen abgibt.

Ich lernte welche Tragweite die innere Stimme hat, als ich vor Jahren skisüchtig wurde. Ich ging nicht mehr zur Uni, zur Arbeit, nirgendwo hin und fuhr den ganzen Tag Ski. Leider war ich eine miserable Skifahrerin. Wenn ich um eine Ecke kam und ein riesiges Hindernis sah, sagte ich zu mir: „Jetzt hat dein letztes Stündlein geschlagen!" In diesem Moment wurde mein Körper zu Gummi, und dann kullerte ich jedesmal den Hang hinab.

Eines abends traf ich nach einem besonders sturzreichen Tag einen jener Skigötter in der Hütte. Nachdem ich ihm meine Beulen und Kratzer erklärt hatte, ging er nicht etwa daran, mir Technikunterricht zu erteilen. Statt dessen sagte er mir, ich solle anders mit mir sprechen. Statt meiner negativen Worte solle ich das Hindernis sehen und mir sagen: „Du schaffst es. Du schaffst es. Du schaffst es." Als ich seinem guten Rat folgte, schaffte ich es zu meiner Überraschung tatsächlich. Ich kam heil bis an den Fuß des Hanges, und das immer wieder.

Die meisten von uns erfahren die Wirkung der inneren Stimme, wenn wir versuchen, unsere Haustür aufzuschließen, während das Telefon den ganz wichtigen Anruf meldet. „O Gott", sagen wir uns, „ich kriege die Tür nie rechtzeitig auf!" Haben Sie gemerkt, daß das die einzige Gelegenheit ist, bei der Sie je Ihre Schlüssel fallenlassen?

Wenn Sie an Ihren Arbeitsplatz zurückkommen, nachdem Sie gerade pointierte Kritik von Ihrem Chef erhalten haben, müssen Sie darauf achten, was Sie zu sich selbst sagen. Wenn Ihr Selbstgespräch gegen Sie arbeitet, ändern Sie bewußt die Worte. Es ist nicht

leicht, jahrzehntealte Denkmuster zu durchbrechen, aber auch nicht
unmöglich. Wenn Sie wirklich einen Fehler gemacht haben, sagen
Sie nicht „Schon wieder hast du es vermasselt. Lernst du es denn
nie?", sondern „Was kann ich aus diesem Fehler lernen? Wie kann
ich es bei Gary Wilson wieder gutmachen?" oder „Fürs erste habe
ich getan, was ich konnte. Nächstes Mal werde ich besser zu taktieren wissen". Vergessen Sie nicht die Gummiband-Technik: Lassen
Sie es jedesmal ans Handgelenk schnappen, wenn Sie die negativen
Worte hören!

Es könnte auch helfen, im Geist ein paar Schritte zurückzutreten
und die Kritik im Rahmen des größtmöglichen Kontextes zu sehen,
etwa so: „Ich bin seit neun Monaten in dieser Position. Seither habe
ich gute Fortschritte gemacht." Vielleicht lassen Sie in diesem Moment auch Ihre Erfolge Revue passieren. Fügen Sie hinzu: „Es kann
nicht ausbleiben, daß ich Fehler mache. Dies ist nur ein Schritt auf
dem Weg meiner Karriere. Aus diesem Fehler kann ich lernen . . ."

Wenn Sie aber glauben, Ihr Chef will Sie fertigmachen, weil er Sie
einfach nicht mag, dann machen Sie sich nicht auch noch nieder,
sondern sagen Sie sich: „Der kann mich nicht leiden. Seine Kritik
hat nichts mit meiner Leistung zu tun. Er hat mich einfach auf dem
Kieker." Wenn Sie Ihren inneren Monolog nicht ändern, können
selbsterfüllende Prophezeiungen wieder die Oberhand gewinnen
und Ihre künftigen Leistungen beeinträchtigen.

Die innere Stimme umstimmen

*Schreiben Sie eine kürzlich geschehene Episode, bei der Sie
kritisiert wurden, auf. Antworten Sie nun auf die folgenden
Fragen:*

1. Welche Worte haben Sie zu sich selbst gesagt? Waren sie negativ und destruktiv?
2. Ändern Sie jetzt das Selbstgespräch. Was hätten Sie statt dessen sagen können?
3. Praktizieren Sie diese neue Denkweise in künftigen Situationen.

Die Macht zurücknehmen

Jungen lernen, negative Bemerkungen von anderen abzuschütteln, weil sie so viel Zeit mit Geplänkel verbringen. Mädchen hingegen tun sich schwerer mit Kritik, weil sie wenig Übung darin haben, sie abzuwehren. Unser mangelndes „Training" kann am Arbeitsplatz schwerwiegende Folgen haben.

Ich staune wirklich oft, wie bereitwillig wir uns Kritik von jedem Hans und Franz zu eigen machen. Eine Frau mag einen Kollegen nie um technischen Rat bitten, weil sie weiß, daß er nicht einmal aus einer Papiertüte herausfinden würde. Doch wenn er negatives Feedback austeilt, ist sie als erste da, um sich eine große Portion zu holen. Tatsächlich sind uns Streicheleinheiten oft so wichtig, daß wir anderen Macht geben, um ihren Segen zu bekommen. Wir haben gelernt, es anderen recht zu machen, und wenn wir ihre Zustimmung nicht bekommen, fühlen wir uns wie Versagerinnen. Da wir wenig Erfahrung damit haben, negatives Feedback zu verkraften, können wir obendrein dessen Quellen nicht unterscheiden.

So erging es meiner Klientin Molly, einer besonders warmherzigen Managerin in einer Führungsposition. Eines spätnachmittags rief sie mich verzweifelt an. Molly hatte endlich beschlossen, sich Jerrys schlechte Leistungen nicht länger gefallen zu lassen, aber die Folgen ihrer Entscheidung machten ihr enorm zu schaffen. Jerry wurde wütend, als sie ihn kritisierte. Als er spürte, daß sie sich dem Punkt näherte, ihm zu kündigen, stürmte er zu ihrem Vorgesetzten, dem Geschäftsführer, und beschuldigte Molly, sie sei „heimtückisch". Dort dauerte das Theater zwischen den dreien fast den ganzen Nachmittag, doch das Ergebnis war, daß Jerry drohte zu gehen und sie dieses Angebot freundlich annahmen.

Als Molly anrief, war sie trotzdem den Tränen nahe, weil Jerry sie heimtückisch genannt hatte. Ich war verblüfft, daß sie einem Mann, von dem sie so wenig hielt, so viel Macht gegeben hatte. Ich tröstete sie und sagte: „Sie werden so erleichtert sein, wenn Sie diesen Knaben einmal los sind." Mollys Äußeres hat sich seit Jerrys Abgang wirklich verändert: Ihre Tränensäcke sind verschwunden, und ihre Haut ist straffer geworden. Vor kurzem bekannte sie, daß der Tag, an dem Jerry ging, der beste Tag ihres Lebens war, auch wenn sie das damals nicht erkannte.

Überlegen Sie, wie glaubwürdig die Quelle ist, bevor sie ihre (oder seine) Kritik ernstnehmen! Bedenken Sie, es gibt immer ein paar Haie, die umherschwimmen und nach rohem Fleisch suchen! Füttern Sie sie nicht, sonst kommen sie garantiert wieder!

Den Stier bei den Hörnern packen: Mißbilligung suchen

Weil Mißbilligung für Frauen so schmerzhaft ist, neigen wir dazu, sie um jeden Preis zu vermeiden. Doch weil sie zum Spiel gehört, neigen Männer dazu, sie zu suchen – aber nur von den richtigen Leuten. Dies merkte ich zum ersten Mal, als ich Mitarbeiter beider Geschlechter hatte. Wenn es Zeit zur Leistungsbewertung war, fragten die Frauen vor der Konferenz angstvoll: „Werden Sie mir negative Dinge sagen?"

Mit Männern waren die Gespräche ganz anders. Ich begann zum
Beispiel so: „Ich war recht zufrieden über Ihre Fähigkeit, das Problem mit den Computerausdrucken schnell zu identifizieren und zu
beheben."

Meine männlichen Mitarbeiter unterbrachen mich dann mit Aussagen wie: „Aber was mache ich nicht so gut, wie ich könnte?" Sie
suchten Mißbilligung, die sie als konstruktive Kritik und Führung
empfanden, besonders von der Chefin.

Frauen tun dies selten, wahrscheinlich, weil sie wissen, daß die
Mißbilligung ohnehin kommt – und schon die Erwartung ihnen
Angst macht. Doch es ist entscheidend, zu wissen, was diejenigen
von uns denken, die unser Schicksal in der Hand haben. Wir können
nie ermessen, in welchem Licht andere (besonders unsere Vorgesetzten) uns sehen, wenn wir nicht fragen. Wir müssen ihre Wahrnehmungen erfahren, oder wir werden unfähig sein, etwas gegen das
negative Image zu tun, das unser Fortkommen vielleicht behindert.
Ob es uns gefällt oder nicht, wir müssen nach der schlechten Nachricht fragen.

Alice, die Direktionsassistentin der Personalabteilung einer Firma,
die ich oft berate, hat diesen Stier bei den Hörnern gepackt. Sie
erzählte mir, daß sie mit jedem der vier stellvertretenden Geschäftsführer ein einstündiges Gespräch vereinbarte. Jedem stellte sie im
wesentlichen die folgende Frage: „Was denken Sie über mich?"
Beeindruckt fragte ich: „Haben sie Ihnen liebe, nette Antworten
gegeben oder die harten Fakten?"

„O nein", sagte Alice, „sie haben mir eine ganze Menge negatives
Feedback gegeben, etwa: ‚Sie sind zu großzügig mit Beurlaubun-
gen' oder ‚Sie müssen Tim härter anfassen'." Ich war außerdem
beeindruckt, daß Alice diese Information nicht als ihre Realität
nahm, sondern nur als Auffassung der stellvertretenden Geschäftsführer von ihr. Sie trennte die Information von ihrer Selbsteinschät-

zung und beobachtete ihr eigenes Verhalten. Dann ging sie daran,
ihr Verhalten zu verändern, wo es erforderlich war. Hätte Alice das
negative Feedback persönlich genommen, hätte es ihr wahrscheinlich sehr wehgetan und sie davon abgeschreckt, künftig ein machtvolles Image zu pflegen und Kritik zu suchen.

Alice wurde kürzlich zur Personaldirektorin befördert. Als sie anrief, um mir die gute Nachricht mitzuteilen, sagte ich ihr, daß ich
ihre Geschichte in meinen Seminaren erzähle und fragte, ob sie
glaube, sie hätte die Beförderung auch ohne jene Gespräche bekommen. „Ich bin sicher, ich wäre *nicht* befördert worden", erwiderte
sie. „Ich wurde in viel mehr Dingen negativ wahrgenommen, als ich
mir hätte träumen lassen."

Viele Frauen klagen darüber, daß sie auf Bitten um Feedback nur
Platitüden hören, etwa „Sie machen sich prima". Manche Vorgesetzte sagen nicht gern etwas Negatives. „Wie wird sie reagieren?"
fragen sie sich. Oder noch schlimmer: „Wird sie weinen?" Wenn das
der Fall ist, müssen Sie Ihren Vorgesetzten entlocken, was sie sich
fürchten zu sagen. Locken Sie sie, wenn nötig, aus der Reserve mit
Aussagen wie: „Niemand ist perfekt. Was könnte ich besser machen?" oder „Wenn ich daran arbeiten sollte, eine Sache zu verbessern, welche wäre es dann?"

Jetzt kommt der kritische Moment. Bedanken Sie sich, nachdem Sie
das negative Feedback bekommen haben. Sie mögen sich fühlen, als
wären Sie gerade von einem Lastzug überfahren worden, aber zeigen Sie es nicht. Höchstwahrscheinlich werden Sie das Feedback
Ihrer Vorgesetzten auch in der Zukunft brauchen, und sie sollen
keine Hemmungen haben, Ihnen diese nützliche, wenn auch unangenehme Information zu geben.

Keine Tränen mehr?

Männer haben eine Heidenangst vor dem Weinen. Seit der frühesten Kindheit hat man ihnen eingetrichtert, daß ein großer Junge nicht weint. Vom zarten Alter an lernen sie, daß es enorm wichtig ist, ihre verletzten Gefühle zurückzuhalten – besonders die Tränen –, wenn sie ihre Position in der Hierarchie sichern wollen. Jungen üben, nicht zu weinen, und sie wissen, daß es sie teuer zu stehen kommt, wenn sie sich gehenlassen.

Mädchen haben solche Regeln nicht. Wir werden zwar nicht zum Weinen ermutigt, aber man erwartet von uns, daß wir mit unseren Emotionen in Verbindung sind. Außerdem scheint die Natur das bei Männern und Frauen verschiedene Weinverhalten zu intensivieren. Es ist wahrscheinlicher, daß ein Mensch weint, wenn der chemische Stoff Prolaktin im Blut zirkuliert. Interessanterweise haben Frauen nach der Pubertät mehr von dieser Substanz als Männer, und so weinen sie leichter als diese.

Manche Männer glauben, Frauen weinten, um zu manipulieren. Dies ist vollkommen einleuchtend, denn Männer haben von Kind auf gelernt, die Tränen abzustellen. So denken sie vielleicht: „Wenn ich mir das Weinen verkneifen kann, wenn ich will, kann sie es auch. Wenn sie also weint, muß es absichtlich und betrügerisch sein." Viele Männer sehen Weinen als bewußten Entschluß. Sogar die wenigen Frauen, die ihre Tränen zurückhalten können, denken so. Doch bei den meisten Frauen einschließlich meiner selbst hat Weinen nichts mit einem Entschluß zu tun.

Frauen sagen mir, daß es nicht Manipulation ist, sondern eher wie ein Schluckauf. Wir spüren, daß die Tränen kommen – wir täten alles, um es zu verhindern –, aber sie kommen eben trotzdem. Manche von uns versuchen, schlau zu sein und den Kopf zurückzulegen, doch dann fließen die Tränen in die Ohren und verzerren alles.

Was können Sie nun tun? Frauen haben mir einige Techniken mitgeteilt, die helfen können, mit den Tränen fertigzuwerden:

Bringen Sie Ihren Zorn zum Ausdruck. Tränen folgen oft auf unterdrückten Zorn. Lassen Sie diesen Zorn gegenüber dem Schuldigen heraus, und vielleicht müssen Sie gar nicht mehr weinen.

Machen Sie eine Pause. Gehen Sie spazieren, oder gehen Sie auf die Toilette, und heulen Sie sich richtig aus. Wahrscheinlich werden Sie Make-up brauchen, um den Schaden zu reparieren.

Tun Sie sich selbst weh. Dies mag masochistisch klingen, aber mehrere Frauen haben mir berichtet, daß sie sich selbst Schmerz zufügen, indem sie sich die Fingernägel ins Handgelenk bohren, wenn ihnen nach Weinen zumute ist. Das lenkt von der Situation ab.

Kündigen Sie das Weinen an. Wenn Sie wissen, daß Ihnen das Thema wahrscheinlich unter die Haut geht, können Sie Ihrem Chef sagen: „Paul, ich muß mit Ihnen über die Ankündigung von gestern reden. Sie müssen wissen, daß mir dies sehr wichtig ist und ich vielleicht weine, wenn ich darüber rede. Bitte achten Sie nicht darauf." Frauen erzählen mir, daß ironischerweise das Bedürfnis zu weinen, nachläßt, wenn sie es angekündigt haben.

Nase putzen und weitermachen. Bringen Sie einfach Ihre eigenen Taschentücher mit und machen Sie wenig Aufhebens um die Tränen. Behandeln Sie sie wie einen Schluckauf: als lästig, aber unvermeidlich. Vielleicht sagen Sie den anderen sogar, sie sollten sie ignorieren.
Wenn Männer mich fragen, gewöhnlich mit gedämpfter Stimme: „Was soll ich tun, wenn Sie weint?", empfehle ich, ein Taschentuch anzubieten und einfach weiterzumachen. Je weniger wir auf diese körperliche Reaktion achten, desto besser.

Mißbilligung und unsere Reaktion darauf sind schwierig für Frauen. Ich sehe darin oft unsere Achillesferse. Es macht uns angreifbar für die Haie und untergräbt oft unsere Effizienz. Doch auf der positiven Seite sensibilisiert es uns auch für andere: Wir können uns an ihre Stelle versetzen und einfühlsam sein. Ich meine nicht, daß wir hart werden, sondern daß wir lernen sollten, die Entscheidungen zu treffen, die in einer Vielfalt von Situationen für uns richtig sind.

Aus Lob das Beste machen

Kritik ist unsere Achillesferse, doch auch mit Lob haben wir eine Menge Probleme. Dies wurde mir kürzlich in einem Gespräch mit einer Nachbarin noch deutlicher. Unsere Lokalzeitung brachte einen Artikel über Dolores' Karriere mit einem wunderbaren Bild. Ich brannte darauf, ihr zu gratulieren, und so sprach ich sie bei der ersten Gelegenheit an und sagte: „Dolores, das war ein toller Artikel in der Zeitung! Das Bild war auch sehr gut."
Sie unterbrach mich mitten im Satz: „Hättest du auch gern einen solchen Artikel?"
„Darum geht es nicht", antwortete ich. „Ich möchte mit dir über den Artikel reden, und wie gut er war."
Ich fuhr fort, ihr Komplimente zu machen, doch bald unterbrach sie mich wieder. „Ich kenne die Frau, die den Artikel geschrieben hat", bot sie an. „Ich könnte erreichen, daß sie auch über dich schreibt."
„Wir sprechen nicht über mich. Wir sprechen über dich." Und so ging es weiter. Dolores lenkte ständig von sich ab, um von mir zu sprechen. Ich glaube, die Regel des Machtausgleichs lag ihrem Verhalten zugrunde.

Wenn eine Frau gelobt wird, wird sie in der Hierarchie eine Stufe hinaufgeschoben. Oft versucht sie dann, wieder herunterzukommen, indem sie abwiegelt und zum Beispiel sagt: „Nicht der Rede wert", „Ich habe es im Ausverkauf bekommen" oder „So viel Arbeit war es nicht". Oder sie lenkt von dem Kompliment ab, indem sie das

Thema wechselt oder das Kompliment zurückgibt: „Also, du hast dein Projekt aber auch sehr gut gemacht!"

Es kann sogar ratsam sein, Ihre Erfolge anderen Frauen gegenüber herunterzuspielen, denn sie leben nach der Regel des Machtausgleichs. Männern gegenüber ist es jedoch angebrachter, ein Kompliment mit Grazie anzunehmen und zu sagen: „Danke. Es freut mich, daß es Ihnen gefällt." Mit „Ach, das war nichts weiter" kommen Sie nicht weit. Außerdem könnten Sie, je nach der Situation, das Kompliment ausdehnen, wie es ein Mann täte.

So könnte ein Manager zu Fred sagen: „Tolles Projekt. Die ganze Abteilung spricht darüber."
Fred sagt wahrscheinlich nicht: „Ach was, war doch gar nichts", sondern „Danke. Die Zahlen waren viel schwerer zu analysieren als erwartet. Da waren wir schon froh, das Budget zu unterschreiten. Aber schließlich ist es doch recht gut geworden." Wenn Sie Lob auf diese Weise ausdehnen, intensivieren Sie seine Wirkung und helfen Ihren Kollegen, sich an Ihre Leistungen zu erinnern.

Außerdem sollten Sie Lobeshymnen von außen genießen und möglichst nutzbar machen. Wenn eine Mandantin, Kundin oder Geschäftspartnerin Ihre Arbeit an einem bestimmten Projekt lobt, danken Sie ihr (oder ihm) herzlich. Wenn es angebracht ist und Sie keine Hemmungen haben, bitten Sie sie scherzhaft, es Ihrem Chef weiterzuagen – oder, noch besser, zu schreiben.

Sollten Sie um Lob bitten (besonders wenn Sie wissen, daß Sie gut gearbeitet haben), wenn Ihr Chef besonders zurückhaltend ist? Sie mögen zwar erbetene Anerkennung besser finden als gar keine Anerkennung, aber leider kann die Bitte um Lob Sie bedürftig und schwach aussehen lassen und ist deshalb keine ratsame Hardball-Strategie.

Doch wenn Sie ohne ein Schulterklopfen einfach nicht auskommen, könnte es gut sein, Erfolge mit Ihren Kollegen zu teilen. Sie könnten sich bewußt bemühen, die Erfolge anderer zu loben, wenn sie das verdienen. Das Wissen, daß die eigene Arbeit von den Kollegen gewürdigt wird, kann sehr befriedigend sein, selbst wenn der Oberhäuptling die Anerkennung verweigert.

Ihr Lob-Quotient

Schreiben Sie das letzte Kompliment, das Sie erhalten haben, auf.

1. Wie haben Sie reagiert?
2. Wie könnten Sie jetzt reagieren und das Lob ausdehnen?
3. Mit welchen Kollegen können Sie Lob teilen?

Streicheleinheiten und Tritte

- Kritik kann als Mittel zur Leistungssteigerung genutzt werden.
- Nehmen Sie die Kritik als das, was sie ist, und machen Sie weiter!
- Trennen Sie Kritik über eine Handlung von Ihren eigenen Gefühlen.
- Wandeln Sie negative Selbstgespräche in positive um!
- Bewerten Sie die Quelle der Kritik!
- Suchen Sie Mißbilligung von geeigneten Quellen, und entlocken Sie sie unwilligen Informanten!

- Entwickeln Sie Strategien zum Weinen!
- Nehmen Sie Lob an und dehnen Sie es aus, wenn Sie sich damit wohl fühlen!
- Tauschen Sie Lob mit Kollegen aus!

Ziele setzen und dranbleiben

Hardball-Lektionen, die Jungen lernen

- Es kommt nur darauf an, das Ziel zu erreichen.
- Man kann Leute auf dem Weg zum Ziel überrennen, aber wenn man gewinnt, ist alles verziehen.
- Mach dir die Ziele des Trainers zu eigen!
- Halte dich für die Befehle des Trainers zur Verfügung!

Puppenmutter-Lektionen, die Mädchen lernen

- Ein liebes Mädchen hält sich an die Regeln, macht keine Fehler und benutzt keine Tricks.
- Das Endziel ist, daß alle zufrieden sind.
- Wenn ein Bedürfnis da ist, sollten wir es erfüllen.
- Halte dich für die Befehle aller zur Verfügung!

Ich bitte die Teilnehmerinnen meines Seminars „Frauen in der Wirtschaft" oft, den folgenden Satz zu Ende zu führen: *„Ich werde erfolgreich sein, wenn . . ."*

Zunächst reagieren sie meistens mit leerem Starren. Für viele ist es das erste Mal, daß sie über die Bedeutung von „Erfolg" nachdenken. Doch wenn ich diese Frauen frage, ob sie erfolgreich sein wollen, antworten sie unweigerlich: „Unbedingt."

Frauen neigen dazu, sich in ihre Arbeit hineinzuwühlen und sie gut zu machen, aber sie verlieren das Ziel aus den Augen. Über der Notwendigkeit, die alltäglichen Details unter Kontrolle zu halten, vergessen wir, uns auszumalen, wohin die Arbeit uns bringen soll. Viele der Lektionen, die wir in der Kindheit gelernt haben, etwa „alles ist Prozeß", verstärken dieses Verhalten und arbeiten deshalb, wenn wir im Wettkampf gewinnen wollen, gegen uns. Weil wir blind für das Ziel sind, übersehen wir oft auch Strategien, die uns dorthin bringen könnten. In diesem Kapitel werden wir die Spielpläne untersuchen, die ich am hilfreichsten gefunden habe, um Ziele zu definieren und zu erreichen.

Werfen wir jedoch zuvor einen kurzen Blick darauf, wie Männer und Frauen sich in ihren Definitionen von Erfolg unterscheiden.

Verschiedene Ziellinien

Ein Mann könnte Erfolg so sehen:
- mehr Teile verkaufen als die New Yorker Filiale,
- mehr verdienen als John,
- früher stellvertretender Geschäftsführer werden als Tony.

Eine Frau könnte Erfolg so sehen:
- das Projekt fehlerlos durchziehen, und dabei alle zufriedenstellen,
- alle Verkäufe in einem bestimmten Monat abschließen,
- ihren Kindern eine perfekte Umgebung zum Aufwachsen schaffen.

Ein Mann weiß, wer die Konkurrenz ist, und was Gewinnen bedeutet. Er kann sich den Moment vorstellen, in dem er die Ziellinie überquert und den Sieg genießt. Er empfindet ein Hochgefühl, wenn er und seine Kollegen merken, daß er gewonnen hat. Selbst wenn er auf dem Weg Fehler macht: Wenn er das Ziel erreicht, ist alles vergeben. Übrigens sind seine Ziele gänzlich geschäftsbezogen. Traditionell hat die männliche Version des Gewinnens wenig mit einem erfolgreichen Privat- oder Familienleben zu tun.

Frauen haben dagegen eine völlig andere Perspektive. Für uns bedeutet Erfolg, die Arbeit perfekt zu tun; der Prozeß ist wichtiger als das Ergebnis. Unter diesen Umständen ist jeder Schritt auf dem Weg zur Erfüllung der Aufgabe gleich wichtig. Für Fehler ist wenig Raum. Wenn ein Projekt, ein Bericht fehlerhaft ist, fühlen wir uns ineffizient; wir konzentrieren uns auf das eine Prozent, das nicht stimmt. Deshalb sehen wir uns selbst selten als Gewinnerinnen. Wenn wir ein erfolgloses Image projizieren, lesen unsere Kollegen unsere Signale und halten uns ebenfalls für Versagerinnen.

Innere und äußere Motoren

Ihre Auffassung von Erfolg hängt eng mit der Quelle Ihrer Motivation zusammen. Betrachten Sie Motivation als einen persönlichen Motor. Er treibt Sie an und läßt Sie an einer Aufgabe arbeiten; er bewirkt, daß Sie gut arbeiten wollen, gleichgültig, an welchen Projekten. Erwartungsgemäß ist dieser Motor bei Männern und Frauen unterschiedlich.

Männer werden durch äußere Belohnungen motiviert. Insbesondere Geld und Status sind oft die großen Motoren für Männer. Kürzlich aß ich mit Richard, der Trainingsprogramme an große Organisationen verkauft, zu Mittag. Er sprach davon, was ihn motiviert. „Wenn ich nicht rausgehe und verkaufe", sagte er, „kommt mir ein anderer zuvor." Er sah sich in einem Wettlauf gegen seine Konkurrenten, und er mußte hart arbeiten, oder sie würden ihn überholen. Die Tatsache, daß er gegen einen anderen verlieren konnte, war sein Motor.

Frauen sind durch innere Befriedigung motiviert, denn oft sehen sie keine Ziellinie außerhalb ihrer selbst. Sie können sagen: „Ich bin stolz auf diesen Bericht", „Dieses neue Produkt wird sehr nützlich für unsere Kunden sein" oder „Ich habe diesen Monat mehr Verkäufe abgeschlossen als je zuvor". Ihr Kriterium sind oft sie selbst und die persönlichen Maßstäbe (oft Perfektion), die sie setzen. Oft sind Frauen darauf aus, ihre eigene Bestleistung zu übertreffen. Doch infolgedessen können sie wenig wettbewerbsorientiert erscheinen, obwohl sie sich abrackern. Es gibt keinen äußeren Gegner, den sie schlagen wollen.

Dieser scheinbare Mangel an Konkurrenzgeist kann Frauen schaden. Männer an der Macht glauben, Frauen schreckten vor Wettbewerb zurück. Sie wollen kein Blut sehen – ein hoher Wert in der männlichen Kultur. In Wirklichkeit können die Maßstäbe und Ziele einer Frau sogar höher sein als die ihrer männlichen Kollegen; die Energie ist nur nicht auf ein äußeres Ziel gerichtet.

Diese unterschiedliche Motivation zeigt sich in den ungleichen Strategien männlicher und weiblicher Firmeninhaber. Heute gründen doppelt so viele Frauen wie Männer Firmen. Doch Frauen ziehen es oft vor, ihre Unternehmen klein zu halten. Aus der weiblichen Perspektive ist größer nicht besser. Wir konzentrieren uns eher darauf, wie unser Unternehmen uns zu leben erlaubt. Wir sind nicht darauf aus, unserer Konkurrenz zu beweisen, daß wir schneller wachsen können als sie.

Infolge der verschiedenen Kulturen und Lebensziele sehen die Geschlechter einander schief an. Wie ein Mann es sieht: „Eileen hat so viel gearbeitet und dann nicht um die Beförderung gekämpft. Was für eine passive Frau." Wie eine Frau es sieht: „Seth hat sich schier umgebracht, um den Titel zu bekommen, aber seine Frau hat genug und verläßt ihn. Was für ein Idiot." Die Brille unserer verschiedenen Kulturen hindert uns daran zu verstehen, wie sich unsere Motivationen unterscheiden.

Der Faktor Familie

Frauen können es besonders schwer haben, sich auf ein geschäftliches Ziel zu konzentrieren, weil sie ihre Aktivitäten oft über mehrere Bereiche verteilen. Meistens fühlen wir uns für alle Aktivitäten bei der Arbeit und zuhause verantwortlich. Wir müssen nicht nur Kunden mit unseren Präsentationen überwältigen, sondern unsere Kinder müssen auch gut in der Schule sein, unsere Wohnung in Ordnung, unser Essen nahrhaft und nach jedermanns Geschmack, unsere Männer glücklich und wohlversorgt, unsere kranken Verwandten gut gepflegt, und so weiter und so fort. Wir sind nicht nur für unser Leben verantwortlich, sondern auch für das Leben vieler anderer, die wir nicht kontrollieren. Die subtile Botschaft an die

Frau von heute besagt: Tu alles, was June Cleaver getan hat, *und* sei Spitze im Beruf. Dies kann Sie todmüde machen, wenn nicht ständig gereizt.

Von 1980 bis 1988 beobachtete und befragte die Soziologieprofessorin Arlie Hochschild von der University of California, Berkeley „typische" Paare mit Doppelkarrieren und Vorschulkindern. Sie brachte lange Stunden in den Häusern dieser Familien zu und zeichnete häusliche Tätigkeiten auf: Kochen, Einkaufen, Fernsehen, Besuche bei Freunden, Spielen, Baden mit den Kindern und Diskussionen darüber, wer für Kindererziehung und Geldverdienen verantwortlich sein sollte.

Frau Dr. Hochschild stellte fest, daß Frauen, die ganztags außer Haus arbeiten, im Durchschnitt 15 Stunden pro Woche mehr arbeiten als ihre Männer. Die meisten müssen, wenn sie heimkommen, den Abend mit Kochen, Wäsche, Hausarbeit und Kinderbetreuung, Füttern und Baden verbringen. In *„The Second Shift: Working Parents and the Revolution at Home"* bemerkt Frau Hochschild, daß die zusätzliche Zeit „pro Jahr einen zusätzlichen Monat von 24-Stunden-Tagen ausmacht. Über zwölf Jahre war es ein zusätzliches Jahr von 24-Stunden-Tagen". Das nennt Frau Hochschild „die zweite Schicht".

Wie Frau Hochschild erklärt, glauben viele Paare an Gleichberechtigung, aber nur wenige führen sie durch. Nur etwa 20 % der Männer in ihrer Studie halfen in Haushalt und Familie mit. Diese Männer fühlten sich unter ebenso großem Druck wie ihre Frauen, ihren Beruf und die Bedürfnisse kleiner Kinder unter einen Hut zu bringen. Die übrigen 80 % jedoch spürten noch Druck von ihren Frauen, sich mehr zu beteiligen. Sie waren, schreibt sie, „oft indirekt ebenso tief von der Notwendigkeit betroffen, diese Arbeit zu tun – durch die Ressentiments, die ihre Frauen gegen sie empfinden, und dadurch, daß sie sich gegen diese Ressentiments abhärten müssen".

Wenn Sie kleine Kinder haben, werden Sie höchstwahrscheinlich
Überstunden machen. Wie können Sie damit zurechtkommen? Erstens müssen Sie feststellen, was Ihnen wichtig ist und was Sie
erreichen wollen. (Später in diesem Kapitel finden Sie hierzu spezifische Empfehlungen.) Stellen Sie dann fest, was nötig ist, um Ihr
Ziel zu erreichen. Wenn Sie zum Beispiel merken, daß Sie stellvertretende Geschäftsführerin werden wollen, kann das bedeuten, daß
Sie nach der Arbeit noch mehr Zeit aufwenden müssen, bei geschäftlichen Abendessen Kontakte knüpfen oder mehr reisen als
bisher.

Wenn Sie sich dies klarmachen, sehen Sie vielleicht, daß 30 zusätzliche Tage im Jahr Sie umbringen werden, wenn nicht buchstäblich,
dann im übertragenen Sinn. Studien haben in der Tat gezeigt: Wenn
Frauen versuchen, „alles" zu machen, und zwar perfekt, gedeihen
ihre Karrieren und ihre Kinder, aber sie vernachlässigen am Ende
ihre eigenen Bedürfnisse und untergraben wahrscheinlich ihre Ge-
sundheit. Wenn Sie Ihre Ziele nicht von Ihrer jetzigen Position aus
erreichen können, müssen Sie vielleicht Ihre Beziehung zu Hausarbeit, Kinderbetreuung und Ihrem Partner überprüfen und neu
definieren.

Sie könnten manchen Zielen Priorität geben und andere, die Sie
Energie kosten und wenig für Ihre Ziele bringen, aufgeben. Oder Sie
könnten herausfinden, daß es sich lohnt, eine kompetente Haushäl-
terin zu suchen, so daß Sie von delegierbaren Pflichten im Haus
befreit werden. Warum nicht einen Mathematik-Nachhilfelehrer für
Ihren Sohn nehmen oder zweimal pro Woche gutes, fertiges Essen
mit heimbringen, wenn Sie zu erschöpft zum Kochen sind? Natürlich hängen Ihre Strategien von Ihrem Einkommen ab.

Eine einfache Option hat oft großes Potential: Sie können Ihren
Mann auffordern, zum Wohl der ganzen Familie mehr im Haus
mitzuhelfen. Dr. Hochschild und andere Experten nennen zum Beispiel Kinderbetreuung als einen der wichtigsten Zankäpfel in vielen

Ehen. Elterliche Pflichten zu teilen, wird wahrscheinlich ihre Ehe verbessern und auch ihren Kindern nützen. In *„Finding Time for Fathering"* erklären die Psychologen Dr. Mitch und Susan Golant, daß die Beteiligung des Vaters an der Erziehung von entscheidender Bedeutung für die soziale, intellektuelle und geschlechtsbezogene Entwicklung des Kindes ist. Vater sein kann für Männer mehr sein als nur Arbeit. Studien haben gezeigt, daß die Beziehung umso enger und für beide Seiten bereichernder wird, je mehr Zeit Väter mit ihren Kindern verbringen.

Natürlich kann Ihr Mann es ablehnen, sich mehr an den elterlichen Aufgaben zu beteiligen. Es gibt ein Heer von Gründen, warum Männer nicht gern mithelfen. Manche fühlen sich getrieben, für die Sicherheit der Familie lange Überstunden im Büro zu machen, und zählen dies als ihren Beitrag. Andere fühlen sich unwohl in einer neuen Rolle, für die sie kein Vorbild haben. Viele Väter sehen Kinderbetreuung noch immer als reine Frauenarbeit. Oder Ihr Mann könnte Ihren unbewußten Widerstand dagegen spüren, daß er in Ihr Revier eindringt.

Was tun, wenn Ihr Mann nicht willens ist, die Kinderbetreuung und andere Hausarbeiten gleichmäßig zu teilen? Wenn Sie Ihre Ziele und Prioritäten gesetzt haben, können Sie das gesamte Paket im Licht der Bereitschaft Ihres Mannes zum Mithelfen betrachten – bzw. wieviel Sie zu tun bereit sind, um seine fehlende Hilfe zu kompensieren. Wie ich es sehe, haben Sie drei Möglichkeiten, wenn Ihr Partner nicht seinen Teil übernehmen will: Sie können verhandeln; Sie können lernen, mit dem Arrangement zu leben, wie es ist, oder Sie können die Beziehung verlassen.

Für das Verhandeln empfehlen die Golants, einen Zeitplan zu erstellen, der zeigt, wie viele Wochenstunden für die Kinderbetreuung nötig sind und welche Aufgaben jeder Partner erfüllt. Sie finden es vielleicht hilfreich, die Pflichten jede Woche nach den aktuellen

Bedürfnissen und Erfordernissen zu teilen und zu tauschen. Formalisieren Sie Ihre Einigung durch schriftliche Fixierung, wenn nötig!

Läßt Ihr Mann jedoch nicht mit sich reden, ist es auch eine Option, den Status quo zu akzeptieren. Das kann den Konflikt in Ihrer Beziehung mindern, aber Ihre Erschöpfung mehren. Sie könnten auch überlegen, den Zeitplan Ihrer Karriereziele zu ändern. Doch Vorsicht: Wenn sich über diese Arrangements, „das Beste daraus zu machen", Ärger bei Ihnen ansammelt, können Ihre Ressentiments oder Ihre Niedergeschlagenheit sich auf die Ehe auswirken.

Wenn Sie Ressentiments haben, kann eine Eheberatung Ihnen und Ihrem Mann helfen, die Probleme zu bewältigen. Wie Frau Hochschild schreibt, zerbrechen viele Ehen an diesen Schwierigkeiten. Wenn Ihr Mann unzugänglich ist, kann es auch im Bereich möglicher Optionen liegen einzusehen, daß Sie den falschen Lebenspartner haben – ein unglücklicher Gedanke, der aber trotzdem in Betracht gezogen werden muß.

Die vielen Farben des Erfolgs

In unserer Gesellschaft wird Erfolg meist in männlichen Begriffen definiert, in Geld und Status. Frauen müssen mit der zusätzlichen Belastung fertigwerden, alles zu machen und es perfekt zu machen. Es ist von Frau zu Frau verschieden, wieviel von dieser Zusatzbelastung sie toleriert. Doch die meisten neigen dazu, die männliche Definition von Erfolg zu übernehmen, ohne ihre Relevanz für unsere Grundwerte zu hinterfragen. Diesen Maßstab zu akzeptieren, kann sich dramatisch darauf auswirken, wie wir unsere Zeit verteilen und wie wir letztlich unser Leben führen.

Für Männer ist Erfolg im Leben oft linear und in Übereinstimmung mit der männlichen Kultur. Ein Mann könnte sagen: „Ich ging zu Mutual of Omaha, arbeitete dort 35 Jahre, wurde die Stufen hinauf

befördert und verdiente sehr gut." Für Frauen hat Erfolg viele
Farben. Schauen wir uns zwei Beispiele an:

Maggy arbeitete für einen der größten und am schnellsten wachsenden Büromöbelhersteller der USA. Sie war eine so hervorragende
Verkäuferin, daß ihre Firma sie zur Regionalleiterin beförderte. Sie
war wieder unglaublich erfolgreich und bekam die Verantwortung
für die Hälfte der USA. An diesem Punkt, erzählte sie mir, „ging es
mir furchtbar. Ich war drei Tage pro Woche unterwegs und tat nicht,
was ich am liebsten tue: verkaufen".

Maggy machte sich daran, ihre Stellenbeschreibung zu verändern.
Sie überredete ihren Vorgesetzten, den Geschäftsführer, sie ihre
Aufgaben neu strukturieren zu lassen, und jetzt reist sie weniger und
verkauft mehr. „Zuerst hatte ich das Gefühl, rückwärts zu gehen",
sagte sie mir, „aber jetzt bin ich zufriedener, und nur darauf kommt
es an."

Joan war als Juristin in einem großen Unternehmen für Immobilien
tätig; eine Partnerschaft stand in Aussicht. Sie war beruflich erfolgreich. Als sie schwanger wurde, wollte sie sechs Wochen freineh-
men, eine Kinderfrau ins Haus holen und sich dann sofort wieder in
die Karriere stürzen. Sie war nicht einmal sicher, ob sie den Mutter-
schutz ganz nutzen wollte. Doch am Ende dieser Zeit sah ihre Welt
vollkommen anders aus. Ihre erste Priorität war ihr Söhnchen Jason.
Nichts anderes war so wichtig.

Joan begann, halbtags zu arbeiten, doch sie bekam Schuldgefühle,
weil sie auf die Arbeit verzichtete, für die sie eine so lange Ausbildung durchlaufen hatte. Sie durchlebte eine Zeit des graduellen
Akzeptierens. Zuerst sah sie ein, daß sie ihre Karriere nicht ausleben
würde, wie sie gedacht hatte. Dann begann sie, den Wert und die
Belohnungen des Mutterseins zu schätzen, trotz der peinlichen Gefühle, wenn sie gefragt wurde: „Und was arbeiten Sie?" Joan ist jetzt
Ganztagsmutter und erwartet ihr zweites Kind. Sie sagte mir: „Wenn

ich in mich gehe und wirklich schaue, was mir wichtig ist, weiß ich, daß das Muttersein am wichtigsten ist."

Ich rate Ihnen dringend, bewußt zu überlegen, was Erfolg für Sie bedeutet. Wann Sie gewinnen, bestimmen nicht andere oder die Gesellschaft, sondern Sie. Hierzu kann die folgende Übung helfen:

Sie sind eine Gewinnerin

Schreiben Sie Antworten auf diese Fragen auf. Dies sind wichtige Fragen, die Sie vielleicht nicht an einem einzigen Nachmittag beantworten können. Nehmen Sie sich Zeit, um Ihre Antworten zu überlegen, und kommen sie immer wieder zu ihnen zurück. Ihre Vorstellung von Erfolg kann sich im Lauf Ihrer Karriere ändern.

1. Was bedeutet gewinnen in meinem privaten und beruflichen Leben?
2. Was wird es mich kosten? Bin ich willens, den Preis zu zahlen?
3. Kann ich, realistisch betrachtet, meine Ziele erreichen?
4. Woran werde ich erkennen, daß ich gewonnen habe?
5. Definiere ich dies als gewinnen, weil es mir wichtig ist, oder weil ich meine, ich müßte es tun?

Es kann sehr befreiend sein, sich das Recht auf die Entscheidung zurückzunehmen, was gewinnen für Sie bedeutet. Jetzt sind Sie am Ruder und können Ihre Richtung bestimmen und Ziele setzen, die Ihre eigenen Kriterien für Erfolg im Beruf und im Leben erfüllen.

Augen auf den Preis

Ihre eigenen Erfolgskriterien abzustecken erfordert, daß Sie in sich gehen, aber das ist nur der erste Schritt. Um diesen Erfolg zu erreichen, müssen Sie ihre jetzige Situation sorgfältig bewerten, sich spezifische Ziele setzen und spezifische Strategien finden. Die folgenden Leitlinien sollen Ihnen dabei helfen.

1. *Wissen, wohin Sie wollen.* Was wollen Sie erreichen? Wollen Sie eine Gehaltserhöhung? Einen Universitätsabschluß? Eine neue Position? Eine andere Sekretärin, einen anderen Sekretär? Was es auch ist, Sie müssen wissen, wohin Sie wollen, und nach welchem Zeitplan.

2. *Schreiben Sie Ihr Ziel oder Ihre Ziele nieder!* Lassen Sie diesen Schritt nicht aus! Wenn wir unsere Ziele schwarz auf weiß festhalten, beginnt das Unbewußte, nach Chancen zu suchen, um sie zu verwirklichen. Sie haben wahrscheinlich die Erfahrung gemacht, daß Sie ein Problem lösten, als Sie gar nicht daran dachten; die Antwort kam Ihnen einfach beim Duschen oder auf dem Weg zur Arbeit. Ihr bewußtes Denken arbeitete nicht daran, aber Ihr Unbewußtes tat es. Wenn Sie Ihre Ziele niederschreiben und an einer sichtbaren Stelle deponieren, werden sie ein Teil Ihrer täglichen unbewußten Denkarbeit.

3. *Achten Sie darauf, wie Sie Ihre Ziele formulieren!* Vermeiden Sie negative Aussagen – schreiben Sie „Ich werde" statt „Ich werde nicht". Formulieren Sie so spezifisch wie möglich!

- Statt „Ich werde noch einmal studieren" schreiben Sie: „Ich werde bis 19.. mein Diplom in BWL abschließen."
- Statt „Ich werde mehr Geld verdienen" schreiben Sie: „Ich werde bis 19.. 120 000 DM im Jahr verdienen."

● Statt „Ich werde eine bessere Stelle haben" schreiben Sie: „Ich
   werde bis 19.. Regionalleiterin."

● Statt „Ich werde mehr reisen" schreiben Sie: „Ich werde 19..
   einen Monat in Amerika verbringen."

Je spezifischer Ihre Ziele, desto klarer wird Ihr Unbewußtes sein,
und desto wahrscheinlicher werden Sie sie erreichen.

4. *Sagen Sie es Ihren Freunden!* Wenn Sie Ihre Ziele definiert
   haben, ist es hilfreich, sie einigen Menschen mitzuteilen. Ich tue
   dies ständig, denn es zwingt mich zur Ehrlichkeit und ist besonders nützlich, wenn ich Angst vor meinen Zielen habe. Das sind
   die Momente, in denen meine innere Stimme sagt: „Etwas so
   Großes kannst du nicht schaffen." Ihre Ziele werden konkret,
   wenn Sie anderen davon erzählen. Die Menschen Ihres Vertrau-
   ens werden erwarten, daß Sie sie erreichen, und Ihnen sogar
   dabei helfen. Sie könnten sich schuldig fühlen, wenn Sie beginnen zu wanken.

5. *Erstellen Sie einen Weiterbildungsplan!* Wenn Sie wissen, wohin Sie gehen, stellen Sie fest, welche Ausbildung, technischen
   Fähigkeiten, Kenntnisse und praktischen Erfahrungen Sie brauchen, um Ihre Ziele zu erreichen. Schreiben Sie diese ebenfalls
   auf Ihre Liste! Sprechen Sie, wenn es angebracht ist, mit Ihrer
   Chefin oder Mentorin über Ihre beruflichen Ziele, und fragen Sie
   sie (oder ihn), welche Weiterbildung Sie brauchen! Ihre Vorgesetzte könnte wissen, was in Ihrer Organisation – und Ihrer
   Branche – formell oder informell gefordert ist, um Ihre Ziele zu
   erreichen.

6. *Stellen Sie fest, was Sie genau brauchen, um dorthin zu gelangen!* Bedenken Sie, daß Rom nicht an einem Tag erbaut wurde.
   Unterteilen Sie Ihre Ziele in heute, morgen, nächste Woche, nächsten Monat, nächstes Jahr! Wenn Sie zum Beispiel ein BWL-
   Diplom anstreben, könnten Ihre Zwischenziele so aussehen:

● Diese Woche: Drei mögliche Hochschulen aussuchen.
● Nächste Woche: Die Hochschulen anrufen und Kataloge und Bewerbungsunterlagen anfordern.
● Nächsten Monat: Die Bewerbungen ausfüllen und einreichen.

Ein BWL-Diplom ist ein großes Ziel. Drei Telefonate, um die Unterlagen anzufordern, sind ein Schritt, den Sie bewältigen können.

Oder nehmen wir an, Sie wollten Regionalleiterin werden. Dann wären folgende Schritte denkbar:
● Diese Woche: Mit meiner Chefin und/oder Mentorin über die notwendige Vorbereitung sprechen.
● Nächsten Monat: In den funktionsübergreifenden Ausschuß einsteigen, um Erfahrungen im Betrieb zu sammeln.
● Nächstes Jahr: Bewerbung für eine Position im Betrieb und Vorbereitung auf das Management.
● In zwei Jahren: Bewerbung für eine Management-Position im Betrieb.

7. *Entscheiden Sie, wenn Sie Ihre Ziele niederschreiben, welche Art von Unterstützung Sie auf dem Weg dorthin brauchen!* Jede Frau, die die unausweichlichen Schwierigkeiten überlebt und ihre beruflichen Ziele erreicht hat, wird Ihnen sagen, daß sie es allein nicht geschafft hätte. Am Ende dieses Kapitels werde ich das vielleicht wichtigste Element des Erfolgs erörtern: ein starkes Unterstützungs-System.

Bedenken Sie, daß Ihr Weg vielleicht nicht so eben sein wird, wie Sie möchten. Sie erreichen vielleicht nicht jedes erstrebte Ziel, Sie müssen vielleicht unerwartet aussetzen, oder die Firma wird verkauft, so daß Sie in Richtungen gehen müssen, die Sie sich nie hätten träumen lassen. Behalten Sie nur das Ziel im Auge, und seien Sie beharrlich, aber flexibel! Wie wir sahen, ist die Aufmerksamkeit und Kraft der meisten Frauen nicht nur im Büro gefragt, sondern auch zuhause. Der ständige Konflikt zwischen diesen beiden

Lebensbereichen kann Sie ablenken und emotional erschöpfen. Ebenso tückisch ist unsere natürliche Neigung, uns auf Prozesse und Details zu konzentrieren statt auf das große Ganze. Auf den folgenden Seiten werde ich die häufigsten Stolpersteine für Frauen auf dem Weg zu ihren Zielen aufzeigen, und ich werde einige Techniken anbieten, diese Hindernisse zu umgehen.

Den Wald vor lauter Bäumen nicht sehen

Männer lernen früh, daß es das Wichtigste ist, zum Ziel zu gelangen. Sie müssen dabei vielleicht eine Schweinerei machen – oder, wie sie sagen: „Wo gehobelt wird, fallen Späne", aber der Sieg ist das Opfer wert. Frauen lernen, die Regeln einzuhalten und ihre Zimmer sauber und ordentlich zu putzen. Die Folge: Männer machen die großen Spiele, während Frauen sich sorgen, wer den Boden fegen wird.

Vor etwa 18 Monaten hatte Ellens Chef Walter begonnen, über ein neues, automatisiertes Lohnlistensystem zu sprechen, das die Konkurrenz seit über einem Jahr verwendete. Hingerissen von seinem Klingeln und Pfeifen wollte er das neue System bis zum Ende des fiskalischen Jahres installieren.

„Schauen Sie", erklärte Ellen geduldig, „die Personalabteilung hat nicht genug Leute, um die Umstellung so schnell zu schaffen. Schon jetzt sind alle überlastet, und wenn eine Lohnliste verlorenginge, gäbe es in der Fabrik ein Chaos mit den Löhnen, meinen Sie nicht auch?"

Offenbar meinte Walter das nicht. Eines Freitag morgens rief Walter Ellen in sein Büro. „Ich versetze Sie in eine Stabsfunktion, um an besonderen Projekten zu arbeiten", sagte er. „Ab Montag übernimmt Carlos Ihre Abteilung."

Ellen war am Boden zerstört. Aber sie freute sich auf ihre Rechtfertigung, wenn Carlos scheiterte. Ab der ersten Woche in seiner Stellung machte Carlos das automatisierte System zur ersten Priorität, und wie vorausgesagt, brach das Chaos aus. Bald waren Berichte für die Behörden verspätet, freigewordene Positionen nicht neu besetzt, Informationen über Sozialleistungen und Urlaub nicht zu haben. Die Firma wimmelte von teuren Beratern und Aushilfen. Alles jammerte, die Personalabteilung sei den Bach hinuntergegangen, seit Ellen nicht mehr da war, und Ellen glaubte, Walter werde seinen Irrtum in den nächsten Tagen einsehen.

Am zweiten Tag des neuen fiskalischen Jahres kamen die Gehaltsschecks einen Tag zu spät, aber in glänzenden Umschlägen, frisch von dem neuen Lohnlistensystem. Ein paar Wochen später hörte Ellen, daß Carlos eine Beförderung und eine saftige Prämie bekommen hatte. Die Abteilung war völlig durcheinander, die Moral im Keller. Für Ellen war es ein Rätsel.

Als wir im Seminar über das Bedürfnis von Frauen sprachen, alles perfekt zu machen, und wie sie dadurch das große Ziel verfehlen können, leuchteten Ellens Augen plötzlich auf. Sie verstand, warum Carlos so großzügig belohnt worden war: Das Spiel hatte *nichts* damit zu tun, die Abteilung gut zu führen, und *alles* damit, sich die Ziele des Chefs zu eigen zu machen.

Ein Jahr später traf ich Ellen zufällig. Sie hatte die Regeln des Hardball gelernt und wieder eine Management-Position bekommen. Jetzt hatte Walter einen neuen Floh im Ohr, erzählte sie: ein integriertes Finanzsystem. Anscheinend hatte die Konkurrenz eines. Sie war durchaus nicht sicher, daß ihr mittelgroßes Unternehmen etwas so Raffiniertes brauchte, aber sie hatte ihre Lektion gelernt. „Diesmal erbot ich mich, das Projekt zu leiten", erklärte sie. „Ich habe kapiert, in wessen Team ich spiele."

In ihrem Konflikt mit Walter über das Lohnlistensystem hatte Ellen das Große Ganze aus den Augen verloren: das Spiel. Als der Trainer seine Anweisungen gab, widersetzte sie sich und wurde bestraft. Sie war besorgt, die restliche Arbeit der Abteilung werde zu kurz kommen, wenn sie das Lohnlistensystem einführte. Doch sie begriff nicht, daß dies Walter unwichtig war. Ihm kam es nur auf die Einführung des automatisierten Lohnlistensystems an. Walter wußte, daß das System die Personalabteilung vorübergehend in Unordnung bringen würde, aber das war ein kurzfristiger Verlust zugunsten eines langfristigen Gewinns. Er war der Trainer, er gab die Anweisungen. Und sie hatte sie zu befolgen.

Wenn ich es nicht tue, wer dann?

Frauen verlieren ihre Ziele auch aus den Augen, indem sie zusätzliche Aufgaben übernehmen. Wir sind regelrechte Verantwortungsmagneten. Wir treffen diese Entscheidungen nicht bewußt oder absichtlich, sondern aus der Furcht heraus, daß notwendige Dinge nie erledigt werden, wenn wir sie nicht tun. Es bedeutet, daß die fragliche Aufgabe schlampig, unvollständig, nicht perfekt ausgeführt wird. Das geht uns gegen den Strich. Doch wir begreifen nicht, daß wir eine einmal übernommene Verantwortung vielleicht nie wieder loswerden.

Auch mir ist es so ergangen. Als in meinem ersten Ehejahr der Muttertag kam, wachte ich auf und rief meine Mutter an. Mein Mann war aus dem Bett gesprungen, um an einem neuen Computer herumzubasteln, und zu beschäftigt, um die seine anzurufen. Im Lauf des Tages wuchsen meine Schuldgefühle. Ich stellte mir meine Schwiegermutter in Cleveland vor, wie sie am Telefon saß, wartete, daß es klingelte und sicher dachte, daß ihrer neuen Schwiegertochter nichts an ihr lag. Doch ich wußte, wenn ich schwach wurde und sie selbst anrief, würde ich den Rest meines Lebens jeden Muttertag anrufen.

Den ganzen Tag über erinnerte ich meinen Mann, der noch immer auf seinem Computer herumhackte, sanft daran, daß Muttertag war. Keine Reaktion. Um 16.55 Uhr erwähnte ich schließlich, der Telefontarif werde in 5 Minuten teurer. Er rief an. Ich war erlöst.

Wir Frauen werden unabsichtlich für alle Arten von ablenkenden Pflichten zuständig. Wenn etwas nicht getan wird, tun wir es – und dann erwarten alle, daß wir es auch künftig tun. So werden wir von den Kleinigkeiten des Lebens überschwemmt: Alle Geschenke und Geburtstagskarten besorgen, den Kindern neue Schuhe kaufen, die Schwiegereltern am Flughafen abholen, den Klempner anrufen. Ich fordere Sie heraus, einen Mann in diesem Land zu finden, der dafür verantwortlich ist, Unterschriften auf Geburtstagskarten für Kollegen zu sammeln.

Wir machen den Menschen um uns herum gern das Leben leichter, aber wenn wir uns auf all diese Details konzentrieren, haben wir wenig Zeit für karrierefördernde Aktivitäten übrig. Das kann den Besten von uns geschehen. Mary Catherine Bateson, die Tochter der berühmten Anthropologen Margaret Mead und Gregory Bateson, beleuchtet dieses Dilemma in ihrer Autobiographie „Composing a Life". Als sie Dekanin am Amherst College war, wurde sie Opfer des Syndroms „Alles machen, und alles perfekt machen". Sie schreibt: „Ich hatte wiederholt unangemessene Bürden übernommen, war eingesprungen, um zu tun, was getan werden mußte. Im Rückblick denke ich, ich habe sie gut getragen, aber um den Preis, daß ich chronisch überlastet und erschöpft war und zu wenig Zeit hatte, um Politik zu machen, aufgeregte Nerven zu beruhigen und mich einfach auszuruhen." Die Pflege von Kontakten wird praktisch unmöglich, wenn Sie meinen, jedes Detail bei jeder Aufgabe müsse perfekt sein.

Ihre Verantwortung managen

Woher wissen Sie, ob Sie sich unproduktiv im Kreis drehen? Fragen
Sie sich am Ende der Woche oder des Monats, ob Sie hundemüde
vom Rackern sind, aber nichts Erhebliches für Ihre Stellung oder die
Organisation erreicht haben. Wenn Ihre Tage von Kleinkram aufge-
fressen werden und Sie Schwierigkeiten haben, Ihr Ziel im Auge zu
behalten, ist es Zeit, ein wenig Hardball zu spielen. Und zwar so:

Strategisch werden

1. Machen Sie eine Liste!
Führen Sie in Ihrem Notizbuch alle Ihre Aufgaben bei der
Arbeit, zu Hause und anderswo auf. Zählen Sie wichtige
wie auch triviale Pflichten auf. Die Liste könnte folgendes
enthalten:

- Geburtstagskarten schicken;
- Weihnachtsgeschenke besorgen;
- Kaffee nachbestellen;
- die Werbung für die Firma lesen;
- die Idee recherchieren, auf die der Chef so scharf war;
- lernen, einen Finanzbericht zu lesen;
- Zulieferer zurückrufen;
- Michelles Bücher in die Bibliothek zurückbringen;
- ein Training für das neue Computerprogramm mitmachen;
- mit dem neuen Berater essen gehen;
- Steves Tante Shirley anrufen, um zu erfahren, ob sie
  diesen Monat zu Besuch kommt;
- die Tagesordnung für die Konferenz ansehen;
- Kekse für Michelles Schulfest backen;
- alle Bitten um Information persönlich erfüllen;
- den Betriebsausflug mitmachen.

---

2. Werten Sie Ihre Liste aus!
Kreuzen Sie an, was wirklich wichtig ist. Sie finden bestimmt eine Menge Aktivitäten, auf die Sie leicht verzichten könnten.

3. Stellen Sie fest, was Sie an andere delegieren können!
Bei der obigen Liste könnten Sie die Werbung für die Firma zum Beispiel von einem Assistenten lesen und sich berichten lassen, was wichtig ist. Oder die Kekse für das Schulfest Ihres Kindes – sicher, es ist wunderbar, wenn Sie sie selbst backen, doch Sie können nicht alles machen. Warum lassen Sie nicht Ihren Mann seine Tante anrufen und nach ihrem Besuch fragen?

4. Sagen Sie der Mannschaft Bescheid!
Wenn Sie Ihre Prioritäten gesetzt haben, informieren Sie die Betroffenen: Kinder, Ehemann, Freunde, Kollegen. Sagen Sie es einmal – ohne von Schuld zu sprechen – und lassen Sie sich nicht beirren. Wenn Sie sich schuldig fühlen, erinnern Sie sich daran, daß Sie eine bewußte Entscheidung getroffen haben, um bestimmte Ziele zu erreichen, und daß diese Kompromisse nötig sind.

Sie können nicht alles tun und dann noch Zeit für Pflichten haben, die scheinbar nebensächlich, aber tatsächlich für Ihr berufliches Fortkommen entscheidend sind – etwa herausfinden, wie der neue Berater ist, verstehen, was der Finanzbericht eigentlich aussagt und die neue Idee des Chefs recherchieren.

Anita, die Büroleiterin eines EDV-Unternehmens, lernte diese Lektion auf die harte Tour. Ihr Vorgesetzter, der Geschäftsführer, führte die Tradition ein, Freitag früh in der Cafeteria Brötchen mit Sahnekäse zu essen. Alle Mitarbeiter waren eingeladen und wurden ermutigt, hereinzuschauen. Dann beklagten sich einige Mitarbeiter, die

lieber anderes Gebäck wollten. Anita fand eine Bäckerei, die es
lieferte. Bald jammerten andere über den Cholesteringehalt im Essen, und pflichtbewußt fand Anita cholesterinarme Leckereien.
Doch die Leute, die in der Sporthalle des Unternehmens trainierten,
rotteten sich zusammen und forderten frisches Obst statt lauter
„ungesundes Zeug".

Bald bestand Anitas Arbeitsleben daraus, für diese Extravaganz am
Freitagmorgen zu sorgen, was absolut nichts mit den Prioritäten
ihres Chefs oder Anitas Wert für das Unternehmen zu tun hatte. Mit
Erlaubnis ihres Chefs gab es dann in der Cafeteria wieder Brötchen
und Sahnekäse; Mitarbeitern, die das nicht akzeptabel fanden,
wurde empfohlen, mitzubringen, was sie essen wollten. Diese Umstellung war nicht leicht für Anita. Einige Mitarbeiter waren ver-
schnupft. Aber sie erinnerte sich einfach immer wieder daran, daß
sie eingestellt worden war und bezahlt wurde, um das Büro effizient
zu leiten. Das war ihr Ziel, nicht für 50 verschiedene Geschmäcker
das richtige Essen zu besorgen.

Wir vergessen dies leicht, wenn wir mit einem empörten, ein-
schüchternden Mann konfrontiert sind, der es nicht fassen kann, daß
wir ihn nicht bedienen. So erging es mir, als der Regionalleiter der
Krankenhauskette, für die ich arbeitete, mich bat, mit ihm zusammen ein Programm für neue Stabschefs zu planen. Gemeinsam
entwickelten wir ein dreitägiges Seminar, und ich übernahm den
Teil zum Thema „Führung". Dies Seminar sollte in einer luxuriösen
Ferienanlage stattfinden.

Einige Wochen vor dem Programm rief mich der Anwalt an, der
über die juristische Verantwortung referieren sollte. „Wie melde
ich mich für Golf- und Tennisspiele mit den Ärzten an?" fragte
Marshall.

„Keine Ahnung", antwortete ich.
„Sie meinen, Sie koordinieren das nicht?"

„Natürlich nicht!"

„Also, warum zum Teufel tun Sie Ihre Arbeit nicht?"

„Schauen Sie, Marshall", antwortete ich fest. „Freizeitaktivitäten haben mit meiner Arbeit nichts zu tun. Rufen Sie doch den Regionalleiter an!"

„Meine Güte, ist Ihre Abteilung ineffizient", sagte er verächtlich. Seine Tirade dauerte einige Minuten an. Er versuchte auf jede vorstellbare Weise, mich dazu zu drängen, die Geselligkeit zu organisieren, aber ich gab nicht nach.

Weil Schimpfkanonaden für Frauen so unangenehm sind, kapitulieren wir oft vor ihnen. Hätte ich aber nachgegeben, hätte ich für immer und ewig die Geselligkeit des Unternehmens organisieren müssen. Eine kleine Fehlentscheidung wie diese kann weitreichende Folgen haben.

Schuldgefühle ade

Der vielleicht schwerste Schritt zu unserer Befreiung von ablenkenden Belastungen ist, die Schuldgefühle darüber loszulassen, daß wir die Rolle des lieben Mädchens nicht mehr spielen. In diese Falle ging Paula. Sie war Geschäftsführerin mehrerer Galerien, die große Hotel- und Restaurantketten mit Gemälden belieferten, und in einem Seminar bekannte sie: „Wenn ich meinen Schwiegereltern keine Geburtstagskarten schicke, bekommen sie keine. Mein Mann sagt, er wird es tun, aber er vergißt es immer." Solange eine überverantwortungsvolle Frau wie Paula in die Bresche springt, wird sie immer überlastet sein, und ihrem Mann entgeht die Chance, die Folgen zu tragen, wenn er seine Familie ignoriert.

Wie können Sie solche unproduktiven Schuldgefühle loslassen? Ich glaube, ein positiver innerer Monolog kann helfen. Erinnern Sie sich an Ihre wichtigsten Pflichten. Kartenschicken gehört vielleicht nicht dazu. Es ist auch klug, einen Schritt von dem unmittelbaren Problem zurückzutreten und es in einem größeren Rahmen zu betrachten. Sie könnten zum Beispiel sagen: „Insgesamt gesehen ist meine Geburtstagskarte nicht gar so wichtig. Was wirklich zählt, ist meine Beziehung zu meinen Schwiegereltern." Stärken Sie sich mit dem Wissen, daß Sie, wenn Sie einspringen, für Aufgaben zuständig werden, die nicht Ihre sind und Sie letztlich daran hindern, wichtige Karriereziele zu erreichen.

Am Ende entscheiden Sie, wessen Verantwortung Sie tragen. Wenn Sie sich aus irregeleiteten Schuldgefühlen heraus mit Nebensächlichem überlasten, machen Sie anderen das Leben leichter, aber das Ziel erreichen Sie nicht!

So läuft das Spiel nicht!

Angelpunkt sein: Das Problem der Verfügbarkeit

Eine Studie über Männer und Frauen in Organisationen ergab, daß Frauen doppelt so zugänglich waren wie Männer. Besuche oder Anrufe für Frauen kamen doppelt so oft durch wie für Männer. Natasha Josefowitz hat diese Muster der Zugänglichkeit untersucht. Über die Ergebnisse berichtet sie in *Paths to Power*: „Frauen ließen nicht nur Mitarbeiter, Kollegen und Kunden an sich heran, sondern verließen auch öfter ihre Büros, um *hinzugehen* und zu *sehen*, ob sie »helfen« konnten."
Ständig für die Bedürfnisse anderer verfügbar zu sein ist etwas anderes als die Pflege von Kontakten, bei der Sie *Hallo* sagen und Informationen austauschen können. Pausenlose Verfügbarkeit setzt eine Ungleichheit in der Beziehung voraus, Kontaktpflege hingegen nicht.

Deshalb ist es wichtig, zu erkennen, daß der Grad Ihrer Verfügbarkeit Bedeutung und Macht signalisieren kann. Wenn Sie unterbrechen, was Sie gerade tun, um die Bedürfnisse eines Kollegen zu erfüllen, sobald er in Ihr Büro kommt, vermitteln Sie die Botschaft, daß seine Zeit wichtiger ist als Ihre. Sagen Sie aber: „Können wir das um 15 Uhr besprechen?", teilen Sie ihm mit, daß Sie in der Beziehung die Kontrolle haben. Langfristig behindert die Verfügbarkeit für andere Ihre Fähigkeit, Ihre Ziele zu erreichen, weil Sie ständig abgelenkt werden.

Hier ein verbreitetes Szenario: Lew sitzt hinter verschlossener Tür in seinem Büro und tut seine Arbeit. Julia arbeitet bei offener Tür in ihrem Büro, ist Angelpunkt für alle. Sie unterbricht, was immer sie gerade tut, um die Bedürfnisse anderer zu erfüllen. Es wird 17 Uhr, Lew ist fertig zum Heimgehen. Für Julia bedeutet 17 Uhr, daß sie jetzt an ihre eigene Arbeit gehen kann.

Der Hintergrund dieser Ungleichheit ist Macht. Männer sind daran gewöhnt, daß ihre Bedürfnisse erfüllt werden, sobald sie sie äußern. Frauen sind daran gewöhnt, die Bedürfnisse anderer zu erfüllen, sobald sie sie äußern. Doch wenn wir andere unsere Zeit kontrollieren lassen, lassen wir sie ans Ruder. Wir erreichen ihre Ziele, nicht unsere, und das ist nicht Hardball.

Das Problem wird durch unsere eigenen Erwartungen und die unserer Mitmenschen erschwert. Bei einem Seminar sagte Lisa mir: „Wenn ich meine Tür schließe, kommen die Leute trotzdem herein. Bei männlichen Kollegen tun sie das nicht."

„Was tun Sie, wenn sie Sie stören?"
„Eigentlich nichts, sie sind ja schon in meinem Büro."

Dadurch, daß Lisa anderen erlaubt hatte, die eigenen Bedürfnisse über ihre zu stellen, hatte Lisa deren rücksichtsloses Verhalten verstärkt. Sie hatte ihre Kollegen gelehrt, daß es vollkommen akzeptabel war, hereinzuplatzen. Ich riet ihr, jedesmal, wenn ihre Kollegen sie störten, zu sagen: „Tut mir leid, ich kann mich jetzt nicht mit Ihnen unterhalten."

Mary Catherine Bateson erzählt in „*Composing a Life*" von ihren
Schwierigkeiten, diese Erwartung der Verfügbarkeit in ihrem Privatleben zu managen. „Mindestens 20 Jahre lang führte mein Mann
zu Ende, was er gerade tat, bevor er antwortete, wenn ich ihn
unterbrach. Wenn er mich unterbrach, ließ ich alles liegen und
stehen und antwortete ihm; seinen Belangen gab ich automatisch
Priorität. Im Lauf der Zeit lernte ich, gelegentlich zu sagen, bitte laß
mich das hier zuerst fertigmachen, aber gewöhnlich fühlte ich mich
deshalb so unwohl, daß meine Konzentration verlorenging." Es
kann sehr schwierig sein, die Kontrolle über unsere eigene Zeit
wieder selbst zu übernehmen, wenn wir sie lange anderen überlassen haben.

Natürlich erfordern Notfälle, daß Sie fallenlassen, was Sie gerade
tun, und sich um andere kümmern. Und wenn die Chefin oder der
Chef sagt: „Kommen Sie bitte sofort in mein Büro", können Sie
selbstverständlich nicht sagen: „Später, ich bin beschäftigt", oder
Sie sind Ihre Stelle bald los. Aufmerksamkeit ist in der Tat eine der
Weisen, die Männer lernen, um Treue zu ihrem Führer zu demonstrieren. Einmal rief mein Chef zum Beispiel alle 35 Mitarbeiter der
Abteilung zu einer Konferenz zusammen. Kaum waren wir versam-
melt, da rief sein Vorgesetzter, der Geschäftsführer, an. Fünfund-
dreißig Mitarbeiter saßen 20 Minuten lang da, drehten Däumchen
und fragten sich, worum es in der Konferenz ging. Dies kostete die
Firma Hunderte von Dollar an verlorener Arbeitszeit, und es war
weder das erste noch das letzte Mal, daß es geschah.

Meine praktische, weibliche Seite sah das Warten als unnötige
Verschwendung. Warum konnte Anthony seinem Chef nicht sagen,
daß er in einer Konferenz mit der gesamten Belegschaft war und ihn
bitten, eine halbe Stunde später zurückzurufen? Doch die männliche
Perspektive ist anders. Anthony bewies sich als guter Soldat; genau
deshalb ist er ein erfolgreicher Manager.

Ihre Verfügbarkeit managen

Es gibt eine Vielzahl von Methoden, Ihre Verfügbarkeit zu managen: Es kommt darauf an, nicht zuzulassen, daß die Ereignisse oder die Bedürfnisse anderer Sie überrollen.

Wenn Sie absolut nicht gestört werden wollen:
● Sagen Sie Ihren Kollegen und Mitarbeitern, daß Sie nicht zu sprechen sind, bis Sie aus Ihrem Büro kommen.
● Schließen Sie Ihre Tür ab, wenn nötig.
● Bitten Sie Ihre Sekretärin oder Ihren Sekretär, keine Anrufe außer von Ihrem Chef durchzulassen, oder lassen Sie die Anrufer auf Band sprechen und hören Sie mit, ohne abzunehmen.
● Wimmeln Sie alle Störungen (außer von Vorgesetzten) ab, indem Sie sagen: „Tut mir leid, ich kann mich jetzt nicht mit Ihnen unterhalten. Machen wir einen Termin."

Es kann jedoch nötig sein, daß Sie von Zeit zu Zeit verfügbar sind, um Kontakte zu pflegen. Manche Frauen haben dies Problem kreativ gelöst:
● Francine hatte die Tür am Vormittag geschlossen und am Nachmittag offen.
● Wendy nannte ihrer Sekretärin eine beschränkte Anzahl von Leuten, von denen sie Anrufe entgegennehmen wollte; andere hinterließen Nachrichten, die Wendy beantwortete, wann es ihr paßte.
● Mallory hatte einen Nachmittag pro Woche eine offene Tür – jeder konnte vorbeikommen. In der übrigen Zeit war sie nur nach Vereinbarung zu sprechen.

Unsere Verfügbarkeit zum Zweck der Macht zu managen kann Frauen wie ein seltsames Spiel vorkommen. Warum den Zugang beschränken, nur um wichtig zu scheinen? Dies gehört einfach zum Hardball dazu. Kurzum: Es ist wichtig, Ihre Zeit strategisch zu managen. Sonst werden Sie die Bedürfnisse aller anderen erfüllen und nie Ihr eigenes Ziel erreichen.

Sturheit als Stärke

Ich glaube, um wirklich erfolgreich zu sein, müssen Sie stur sein. Wenn Ihnen Steine in den Weg geworfen werden, treten Sie einen Schritt zurück, stellen Sie fest, wie Sie am besten um sie herumkommen, und gehen Sie weiter. Wenn andere Ihnen sagen (und es wird viele zweifelnde Thomasse geben), Ihr Lieblingsprojekt sei nicht durchführbar, lächeln Sie nur, und führen Sie es trotzdem durch. Am Ende zahlt sich Hartnäckigkeit aus.

Ich hatte eine Kommilitonin, die ihre Ziele verbissen verfolgte. Mit 21 beschloß Gail, daß sie jedes Land in Westeuropa bereisen, sechs Monate in Mexiko sporttauchen, promovieren und sich einen Lehrauftrag an einer Hochschule an der südkalifornischen Küste sichern wollte, bis sie 27 war.

„Die Leute standen Schlange, um mir zu sagen, daß das nicht gehen würde", erzählte Gail, als ich sie kürzlich traf. „Sie wiesen mich mit Vorliebe darauf hin, daß ich kein Geld hätte – tatsächlich hatte ich mein ganzes Leben nie über der Armutsgrenze gelebt. Als ich meine Promotion begann und erwähnte, ich wollte in drei Jahren abschließen, hatten es viele eilig, mich zu informieren, daß das einfach nicht üblich sei."

Ob Gail ihre Ziele erreicht hat? Nicht ganz. Ihr fehlt Nordirland. „Jedesmal, wenn ich nach Europa kam, gab es gerade Unruhen", erklärte sie. Wichtiger wäre die Frage, wie sie es geschafft hat. Sie war beharrlich. Gail belegte mehr Seminare als üblich und legte ihr Examen früher als üblich ab. Sie hatte zwei Halbtagsstellen und sparte die Hälfte ihres Geldes. Und sie bekam Stipendien, die bei der Finanzierung des Studiums halfen. Heute hat Gail eine erfolgreiche Unternehmensberatung. Ich fragte sie, ob ihre früheren Erfahrungen mit Zielsetzungen sich auf ihr Berufsleben auswirkten.

„Unbedingt", antwortete sie. „Ich weiß, ich kann alles tun, was ich will, wenn ich mich dahinterklemme."

Die Frau meines Bruders, Thurza, ist ebenfalls eine erstaunliche Frau. Mit 30 beschloß sie zu studieren. Sie arbeitete halbtags als Krankenschwester, bekam erstklassige Noten und ein Stipendium, mit dem sie die Gebühren der teuren Privathochschule zahlen konnte, die sie gewählt hatte. Sie und mein Bruder hatten einen kleinen Sohn, als sie begann, und in ihrem letzten Studienjahr bekam sie ein zweites Kind.

Am Anfang des letzten Semesters fand Thurza eine neue Stelle. Um dies zu feiern, machte sie Skiferien, in denen sie sich alle Bänder im Knie riß. Nach der ersten Operation gab es Komplikationen, so daß sie zwei weitere Male operiert werden mußte. Den Rest des Semesters ging Thurza auf Krücken und konnte nicht autofahren. Sie brauchte täglich zwei bis sechs Stunden Krankengymnastik, hatte zwei Kleinkinder und arbeitete halbtags in ihrem neuen Beruf. Wenn je ein Mensch Ursache hatte, das Studium abzubrechen, war sie es. Sie sagte, auf den Gedanken wäre sie nie gekommen.

Jetzt bereitet sich Thurza auf ihr Diplom vor. Wenn sie einmal eine Entscheidung trifft, ist sie durch nichts aufzuhalten. Es ist so leicht, durch die Zweifel anderer wankend zu werden. Aber ich glaube, Menschen, die im Hardball gewinnen, sind ungeheuer stur. Sie verbeißen sich in eine Sache und lassen nicht los, bis sie haben, was sie wollen. Ich weiß, daß es schwer ist, meine Ziele wieder in den Griff zu bekommen, wenn ich zulasse, daß sie mir entgleiten. Ich kann mir vorstellen, daß viele Frauen die gleiche Schwierigkeit haben. Um im Hardball zu gewinnen, ist es entscheidend, daß Sie an Ihrem Ziel festhalten, gleichgültig, welche Komplikationen auftauchen.

Ihr Unterstützungs-System

Vor kurzem sprachen Thurza und ich über diese Zeit in ihrem Leben.
Sie wies sofort darauf hin, daß die Unterstützung ihres Mannes und
ihrer Schwiegermutter wichtige Faktoren für ihre Fähigkeit waren,
das Semester zu beenden und ihr Examen zu machen. Frauen sind
oft die Unterstützenden. Wenn wir Unterstützung brauchen, merken
wir und andere es deshalb oft nicht. Wir warten tatsächlich oft, daß
andere uns unterstützen, statt um Hilfe zu bitten, denn gewöhnlich
sind wir die Helferinnen. Offene Gespräche mit Freunden und An-
gehörigen können da sehr viel ausmachen.

Sie brauchen vielleicht ganz verschiedene Arten von Unterstützung.
Wenn Sie alleinerziehende Mutter sind oder auf dem zweiten Bil-
dungsweg studieren, könnten Sie Hilfe bei der Kinderbetreuung
oder der Finanzierung brauchen. Vielleicht brauchen Sie Hilfe von
Kollegen, um Daten, Finanzberichte oder eine Gehaltsliste zu bekommen.

Um Ihr Unterstützungs-System zu Hause und bei der Arbeit zu
überblicken, stellen Sie sich folgende Fragen:
- Wissen andere, daß ich emotionelle Unterstützung brauche, und
  sind sie willens, sie zu geben?
- Wenn meine Ziele bedeuten, daß ich weniger Zeit für meine
  Familie habe, habe ich das Thema zu Hause besprochen?
- Wer kann im Notfall mein Kind betreuen, wenn es krank wird?
- An wessen Schulter kann ich mich ausweinen, wenn nötig?
- Auf wen in meiner Organisation kann ich zählen?
- Wie sehr kann ich mich auf meine Mentorin/meinen Mentor
  verlassen?

Ich habe Frauen in Seminaren in den gesamten USA beraten; dabei
habe ich viele herzerwärmende Geschichten wie die von Thurza
über Unterstützungs-Systeme gehört. Doch nicht jede hat soviel
Glück. Nora mußte mit einer Serie von Hindernissen fertigwerden,

die sich in erschreckender Menge auftürmten, sobald sie ihre Träume geäußert hatte und versuchte, sie zu verwirklichen. Ich lernte sie vor einigen Jahren in einem meiner Konfliktseminare kennen. Sie war im mittleren Management einer Versicherungsagentur und vertraute mir an, daß sie gerade ihr Leben neu aufbaute. Sie hatte ihren Studienfreund geheiratet, und alles war bestens gewesen, bis sie anfing, Karriere zu machen.

„Dan schien etwas gegen meinen Erfolg zu haben, obwohl er das leugnete", erzählte sie mir eines Abends bei einem Drink. „Er begann, mein Leben immer stärker zu kontrollieren und bestand darauf, das Geld zu verwalten. Ich mußte ihm meinen Gehaltsscheck geben. Er schmollte, wenn ich verreisen oder Überstunden machen mußte. Ich war an allen Problemen schuld, von den Finanzen (obwohl ich mehr verdiente als er) bis zur Krankheit seiner Mutter. Ich nahm 13 Kilo zu, hatte ständig Kopfweh und fühlte mich elend.

Dann sah ich eines Tages in den Spiegel und sagte: Nora, willst du den Rest deines Lebens so verbringen? An dem Tag beschloß ich, mich scheiden zu lassen und den zweiten Teil meines Lebens zu beginnen."

Nach einer schmutzigen Scheidung und etlichen schweren Jahren blühte Nora auf wie eine Rose. Sie fand einen Mann, der ihre Talente zu schätzen wußte, und heiratete ein zweites Mal. Dann wurde sie zur stellvertretenden regionalen Geschäftsführerin ernannt. Als sie in die Firmenzentrale in einem anderen Bundesstaat befördert wurde, kündigte ihr Mann, den sie anbetet, seine Stellung und ging mit. Sie ist glücklicher, als sie es sich je erträumt hat.

Außer Ihrer Familie können Ihnen noch andere Unterstützungs-Systeme helfen. Wenn Sie neue Gruppen von Menschen kennenlernen, erweitern Sie Ihr Potential, Freunde und Freundinnen zu gewinnen, auf die Sie sich verlassen können, wenn Sie Unter-

stützung brauchen. Nora war sehr aktiv in ihrem Fachverband und
fand, daß er in den schweren Zeiten geholfen hat. Natürlich können
Sie über diese Verbände auch großartig Kontakte knüpfen.

Außerdem habe ich festgestellt, daß informelle Netze von Kollegen
unschätzbare Unterstützungs-Systeme sind. Manchmal treffen wir
uns regelmäßig zum Mittagessen, zu anderen Zeiten verbindet uns
ein loses Telefon-Netzwerk. Wie auch immer Sie vorgehen: Sie
werden es wahrscheinlich unmöglich finden, allein durchzukom-
men. Die beste Strategie ist, Ihr Netz schon zu identifizieren und
aufzubauen, bevor Sie es dringend benötigen.

Das Leben von Frauen ist vielschichtig. Einen richtigen Weg gibt es
nicht. Wir jonglieren mit privaten und beruflichen Zielen und sollen
für andere zugänglich und verantwortlich sein. Bei so viel Aktivität
und so vielen Erwartungen beschränken wir uns leicht auf naheie-
gende Notwendigkeiten. Dabei verlieren wir jedoch unsere langfristigen Ziele aus den Augen. Um im Beruf zu gewinnen, müssen Sie
den Ball im Auge behalten.

Führer zum Zielpfosten

- Vergewissern Sie sich, daß Ihr erklärtes Ziel wirklich das
  ist, was Sie wollen!
- Schreiben Sie Ihre Ziele nieder und deponieren Sie sie an
  einer sichtbaren Stelle!
- Teilen Sie Ihre Ziele in erreichbare Schritte auf!
- Verlangen Sie keine Perfektion von sich selbst!
- Entscheiden Sie bewußt, was Ihre Verantwortung ist, und
  delegieren Sie, was nicht Ihre Verantwortung ist!
- Befreien Sie sich von Schuldgefühlen!

- Sorgen Sie sich nicht um den Kleinkram, der nicht erledigt wird!
- Beschränken Sie Ihre Verfügbarkeit strategisch!
- Seien Sie stur in der Verfolgung Ihrer Ziele!
- Schaffen Sie sich ein privates und berufliches Unterstützungs-System!

Gewinnen ist alles

Hardball-Lektionen, die Jungen lernen

- Gewinnen ist alles.
- Gewinnen heißt, schlauer, schneller, besser zu sein als der Konkurrent.
- Jungen prahlen über ihren Beitrag zum Sieg der Mannschaft.

Puppenmutter-Lektionen, die Mädchen lernen

- Niemand gewinnt beim Puppenspielen – Spielen ist alles.
- Gewinnen heißt, etwas perfekt zu machen und dabei die Beziehungen intakt zu halten.
- Ein liebes Mädchen prahlt nicht.

N un, da Sie sich Ihre Ziele gesetzt haben, können Sie spielen, um zu gewinnen. In diesem Kapitel werden wir Strategien zum Gewinnen erörtern, wie Sie sich als Gewinnerin fühlen, wie eine solche wahrgenommen und behandelt wird. Nicht zuletzt lernen Sie um ein Gehalt verhandeln, das einer Gewinnerin zukommt.

Sprechen über Erfolg und Mißerfolg

Wie wir über uns selbst sprechen, bestimmt, wie andere uns wahrnehmen. Interessanterweise sprechen Frauen meist nicht gern über ihre Erfolge, Männer hingegen schon. Eine faszinierende Studie von Stephanie Riger und Pat Galligan, die im *American Psychologist* veröffentlicht wurde, berichtet, wie unterschiedlich Männer und Frauen Erfolg und Mißerfolg darstellen. Die Versuchspersonen bekamen eine Aufgabe und dann Pseudo-Resultate. Der einen Hälfte wurden besonders gute Resultate mitgeteilt, der anderen Hälfte besonders schlechte. Alle wurden gebeten, die Qualität ihrer Leistung zu begründen.

Männer in der erfolgreichen Gruppe verwiesen auf ihr natürliches Können. „Nun, Sie haben mir gesagt, ich sollte es machen, oder?" Männer, denen gesagt wurde, sie seien gescheitert, verwiesen auf die Schwierigkeit der Aufgabe: „Es war so verdammt schwer, was haben Sie denn erwartet?"

Wenn Frauen gesagt wurde, daß sie gut abgeschnitten hatten, begründeten sie ihre Leistung hingegen mit Anstrengung, der Leichtigkeit der Aufgabe oder Glück: „Ich habe mir eben wirklich Mühe gegeben." „Es war sowieso nicht schwer." „Ich hatte Glück." Diejenigen, die von ihrem Mißerfolg hörten, nahmen das Scheitern auf die eigene Kappe: „Ich habe es versucht, aber einfach nicht geschafft."

Schauen Sie sich diese Dynamik an:
- Wenn Männer Erfolg haben, zeigen sie auf sich selbst.
- Wenn Männer scheitern, zeigen sie nach außen.
- Wenn Frauen Erfolg haben, zeigen sie nach außen.
- Wenn Frauen scheitern, zeigen sie auf sich selbst.

In *„Composing a Life"* beschreibt Mary Catherine Bateson diesen Widerspruch so: „Oft lernen amerikanische Männer, ihre Enttäuschungen nach außen zu projizieren, so wie Lee Iacocca seine Ablehnung von Ford als Motor für neue Leistungen benutzte. Frauen neigen zur Internalisierung ihrer Probleme. Wird ein Vorschlag abgelehnt oder eine Stellung nicht angeboten, sagen sie leicht: ‚Ich war nicht würdig.' Männer behaupten oft, es sei Schiebung im Spiel gewesen."

Die Neigung, uns Mißerfolge zu eigen zu machen und Erfolg abzutun, bewirkt, daß wir uns unfähiger fühlen, als wir sind, und öfter Mißerfolge erleben, als die Realität erfordert. Das negative Selbstgefühl kann eine selbsterfüllende Prophezeiung werden: Sie bekommen, was Sie erwarten. Obendrein färbt unsere Scheu, Erfolg zu genießen, das Bild, das andere von uns haben. Wegen der Art, in der Männer über ihre Leistungen und Mißerfolge sprechen, können sie Beförderungschancen besser nutzen. Eine Gehaltserhöhung wird oft gegeben, wenn Einsatz die Ursache des Erfolgs ist; Beförderungen hingegen geschehen nur, wenn Fähigkeit die Ursache ist.

Was ist Erfolg für Sie?

Hören Sie eine Woche lang zu, wie Ihre Kollegen über Erfolge und Mißerfolge sprechen.

1. Können Sie geschlechtsspezifische Unterschiede erkennen?
2. Wie sprechen Sie über Ihre Erfolge und Mißerfolge?
3. Wie möchten Sie über Ihre Erfolge und Mißerfolge sprechen?

Der Mythos der harten Arbeit

Wenn eine Frau merkt, daß sie keine Aufstiegschancen bekommt, kniet sie sich oft noch tiefer in die Arbeit, um sich zu beweisen. Dies hält sie für den besten Weg, ihren Vorgesetzten zu zeigen, daß sie es verdient, künftig befördert zu werden. So erging es auch Sarah. Sie war Anzeigenleiterin in der Marketing-Abteilung einer großen Hotelkette. Sie und ihre Abteilung waren leistungsstark und gewannen oft Prämien. Sarah konnte eine direkte Beziehung zwischen der Arbeit der Abteilung und den Einkünften des Konzerns feststellen.

Charles wurde eingestellt, um Sonderprojekte in der Marketing-Abteilung zu bearbeiten. Er machte auffallende Präsentationen, ging mit allen, die im Unternehmen Rang und Namen hatten, zum Mittagessen und verbrachte eine Menge Zeit damit, in den Fluren spazierenzugehen und sich zu unterhalten. Außerdem kostete er das Unternehmen eine Menge Geld mit seinen hochkarätigen, teuren Werbekampagnen, die niemals zusätzliche Einkünfte brachten. Sarah konnte sehen, daß Charles bevorzugt wurde, Gelegenheiten bekam, seine hochfliegenden Ideen vor dem geschäftsführenden

Vorstand zu präsentieren und sogar viele seiner Vorschläge durchführen konnte.

Um zu beweisen, daß sie das ebenfalls verdiente, waren Sarah und
ihre Abteilung produktiver denn je. Als jedoch im Herbst Beförderungen anstanden, wurde Charles stellvertretender Geschäftsführer,
Sarah hingegen nicht. Warum diese Ungerechtigkeit? Die Forschung zeigt, daß der Weg zum Erfolg nicht mit harter Arbeit
gepflastert ist, sondern mit Beziehungen.

Erinnern Sie sich an „Nicht was man kann, sondern wen man
kennt"? Management-Professor Fred Luthans von der Universität
Nebraska und seine Kollegen konnten es wissenschaftlich beweisen. Luthans' Team untersuchte, was Manager „effizient" und „erfolgreich" macht. Zum Zweck seiner Studie definierte er effiziente
Manager als solche, deren Untergebene sehr produktiv in Quantität
und Qualität ihrer Arbeit waren und sich für ihre Organisation und
Abteilung engagierten. Erfolgreiche Manager wurden als solche
definiert, die häufig befördert wurden.

Sein erstes Ergebnis war, daß beide Gruppen sich nur zu 10 %
überschnitten. Die Manager mit den hochproduktiven, engagierten
Mitarbeitern waren also nicht die, die befördert wurden. Denken Sie
eine Minute darüber nach. Haben Sie sich je gewundert, warum
irgendein Blender wie Charles stellvertretender Geschäftsführer
wurde, während eine produktive, motivierende Managerin wie Sarah übergangen wurde? Das war wahrscheinlich kein Einzelfall,
sondern Teil des Musters, wer in Organisationen belohnt wird.

Hierauf untersuchte Luthans das unterschiedliche Verhalten beider
Gruppen. Er stellte fest, daß die effizienten Manager am meisten
Kommunikation mit ihren Mitarbeitern haben, während die erfolgreichen unverhältnismäßig viel Zeit mit dem Knüpfen von Kontakten außerhalb ihrer Abteilung verbringen. Statt ihre Arbeit zu tun,

wandten die Manager, die am häufigsten befördert wurden, durchschnittlich 41 % des Arbeitstages für diese Aktivität auf.

Die Implikationen von Luthans' Forschung für die amerikanische Wirtschaft sind weitreichend. Wenn derjenige, der am ehesten befördert wird, der Politiker und nicht der Produktive ist, könnten wir eine lange Zeit ökonomischer Schwierigkeiten vor uns haben. In der Wirtschaft ist es wie sonst im Leben: Ein Verhalten, das man belohnt, wird wahrscheinlich wiederholt. Wenn Kontaktpfleger also ständig befördert werden, werden Arbeitnehmer mehr Zeit für die Kontaktpflege aufwenden und weniger produktiv sein.

Auch die Implikationen für Frauen sind dramatisch. Frauen sind gewohnt sich abzurackern. Wir glauben, wenn wir erstklassige Arbeit schnell tun und effizient mit anderen umgehen, werden wir entsprechend belohnt. Dennoch können die meisten Frauen Luthans' Befunde sofort bestätigen: Die Verhältnisse sind nicht so. Doch wir haben Möglichkeiten, etwas zu ändern.

Wer kennt Sie?

Was, wenn Sie auf künftige Beförderungen hoffen? Bedenken Sie zuerst, daß es möglich ist, gleichzeitig effizient und erfolgreich zu sein. Doch Sie müssen hinausgehen und mit anderen über Ihre Fähigkeiten und Leistungen sprechen; nur hart arbeiten ist nicht genug.

Der erste Schritt ist, herauszufinden, wer Sie und Ihre Leistungen kennen muß. Alle Organisationen haben entscheidend wichtige Leute, die die Karriere der anderen beeinflussen können. Wenn Sie aber besonders gut darin waren, sich abzurackern, wird Ihre Leistung nicht viel zählen, weil Sie wahrscheinlich unsichtbar sind. Es ist Zeit, Ihre Talente und Leistungen sichtbar zu machen, damit

andere sie erkennen und anerkennen. Wenn Sie das nicht tun, legen
Sie sich vielleicht unwissentlich selbst Steine in den Weg.

Das geschah in einer Konferenz am Anfang meines Berufslebens,
bei der die Manager diskutierten, wer in eine Position mit echten
Aufstiegschancen befördert werden sollte. Beim Durchsehen des
Stapels von Lebensläufen stießen sie auf den von Jill, einer Frau, die
genau das mitbrachte, was die Stellung erforderte. Greg sagte: „Nie
von ihr gehört." Das Gespräch ging zum nächsten Lebenslauf weiter. Dieser Kandidat war allen als „guter Typ" bekannt. Die Gruppe
legte Howard begeistert zu den Kandidaten, die zu Gesprächen
eingeladen werden sollten, ohne je seine Leistungen oder die Tatsache zu diskutieren, daß er nicht alle Anforderungen für die Stelle
erfüllte. In meiner Naivität fragte ich mich: „Was ist denn hier los?
Was ist mit Jill?"

Wenn Sie unbekannt sind, wird alle harte Arbeit der Welt Sie nicht
dorthin bringen, wo Sie sein müssen. Woody Allen sagt: „80 % des
Erfolgs ist Angeben." Und 80 % der Beförderungschance ist Be-
kanntsein. Deshalb sollten Sie dafür sorgen, daß die Leute, die
Kontrolle oder Einfluß auf Ihre Karriere haben können, Sie kennen:
Manager, stellvertretende Geschäftsführer, Geschäftsführer oder
Präsident. Manchmal ist es auch nützlich, mit Leuten bekannt zu
werden, die vielleicht nicht viel offizielle Macht haben, aber tatsächlich großen Einfluß in der Organisation ausüben, etwa der
Sekretärin des Präsidenten oder dem Neffen des Geschäftsführers
im Marketing.

Kontakte knüpfen

Durch Kontakte zu anderen lassen Sie diese nicht nur Ihre Qualifi-
kationen wissen, sondern Sie entwickeln auch großartige Kanäle für
Informationen über Ihre Organisation. Vor Jahren hatte ich einen
Mitarbeiter, der ein sensationeller Kontaktmensch war: Sam tat

alles, um etwas zu erfahren. Einmal arbeitete er in einer regionalen Niederlassung in Atlanta, während ich in der Zentrale in Los Angeles stationiert war. Obwohl er auf der anderen Seite der USA war, wußte Sam eher als ich, was in der Zentrale vor sich ging. Zum Glück war er so freundlich, mich anzurufen und mir die Information weiterzugeben.

Eines Tages hörte er wichtige Insider-Nachrichten aus Los Angeles so schnell, daß ich meine Neugier nicht länger im Zaum halten konnte. „Wie machen Sie das, Sam?" fragte ich. „Ich muß es einfach wissen."

„Tja, Pat", antwortete er, „als ich nach Atlanta kam, bat ich um einen bestimmten leeren Schreibtisch. Niemand hatte etwas dagegen, weil der Standort nicht so besonders war. Tatsächlich sah man von dort aus die Tür der Herrentoilette für Manager. Nun trinke ich eine Menge Wasser, und wenn jemand, der Bescheid weiß, auf die Toilette geht, bin ich bereit, sofort hinterherzugehen." Sie sollten wissen, daß dieser Mann, als ich ihn einstellte, ein minimales Gehalt in einem kleinen Krankenhaus im Süden verdiente. Heute ist Sam Chef der Informationsabteilung in einem Fortune 500-Unternehmen.

Natürlich können Sie nicht auf der Toilette recherchieren, aber Sie können Ihre Basis für Information und Unterstützung durch Kontaktpflege aufbauen. Denken Sie daran, daß Frauen meist Kontakte zu Frauen pflegen und Männer zu Männern. Doch die Forschung hat gezeigt, daß Männer entscheidend für die dominante Koalition sind, in der Beförderungen und Gehaltserhöhungen beschlossen werden; beziehen Sie sie darum unbedingt in Ihre Kontaktpflege ein.

Männer zeigen Treue zum Team, indem sie Kontakte pflegen und anderen Mannschaftsmitgliedern helfen. Ein besonders gut ausgestattetes, hochangesehenes Krankenhauses in einer wohlhabenden Gegend Südkaliforniens suchte nach einer Assistentin oder einem

Assistenten der Krankenhausleitung. Es muß weit über 50 gut quali-
fizierte Kandidaten in der Umgebung gegeben haben, die sich um
die Stellung gerissen hätten. Aber sie wußten nichts von ihr. Die
einzigen Stellenanzeigen wurden in Zeitungen von West-Texas und
Oklahoma plaziert! Warum sollte ein Krankenhaus, das jeden und
jede haben konnte, Mitarbeiter außerhalb des Staates suchen und
dann die Umzugskosten zahlen? Der Personalchef war Texaner, und
einer der Verwaltungsdirektoren kam aus Oklahoma. Das war ihr
Kontaktnetz, und sie waren der heimischen Mannschaft treu.

Sie können nicht warten, bis sich die Gelegenheit ergibt, Kontakte
zu knüpfen. Wenn Sie das tun, werden Sie vielleicht nie auf die
entscheidende Person oder Chance stoßen. Manchmal müssen Sie
die Situation selbst herbeiführen. Dies wurde mir eines Tages deutlich, als ich bei einem großen Firmentreffen in Chicago war und in
der Lobby ein Telefongespräch führte. Einer der stellvertretenden
Geschäftsführer telefonierte neben mir.

„Was machen Sie, Henry?" fragte ich.
„Oh, ich lasse meine Sekretärin meinen Flug umbuchen, denn ich
fliege heute nachmittag nach Los Angeles zurück."
„Warum gehen Sie so früh? Gibt es eine Krise?"
„Nein", antwortete Henry, „ich habe nur herausgefunden, daß Gor-
don (der Geschäftsführer) heute nachmittag zurückfliegt, und deshalb lasse ich mir von meiner Sekretärin denselben Flug buchen und
den Platz neben ihm reservieren. Das tue ich dauernd. Es ist eine
sehr gute Methode, seine ungeteilte Aufmerksamkeit zu bekommen." Das ist ein Mann, der mit Kontaktpflege Hardball spielt.

Ihr Kontaktnetz muß breit und tief sein. Beziehen Sie Leute ein, die
Bescheid wissen, die Meinungsführer und andere Leute, die viel für
Kontakte tun! Eine meiner Mitarbeiterinnen freundete sich mit der
Sekretärin des Geschäftsführers an. Ihre frühere Chefin hatte diese
Beziehung nicht gefördert, aber ich war begeistert. Ich bekam Ein-
blick in Entscheidungen und Strategien, die ich sonst nie bekommen

hätte. Besonders wichtig für Frauen: Beziehen Sie Leute ein, die Sie nicht mögen, die aber Macht oder Informationen haben. Ihr Kontaktnetz braucht vor allem:

- Leute in der Abteilung,
- Leute außerhalb der Abteilung,
- Leute in der Organisation,
- Leute in anderen Organisationen,
- gleichrangige Kollegen,
- Untergebene,
- Vorgesetzte,
- Leute, deren Meinung bei den hohen Tieren etwas gilt,
- Leute, die an Informationen herankommen,
- Leute, die an finanzielle Mittel herankommen,
- Sekretäre und Sekretärinnen und
- die Telefonistin (die wahrscheinlich mehr weiß als alle anderen).

Nutzen Sie jeden Vorwand, um Kontakte zu knüpfen! Laden Sie potentielle Mitglieder Ihres Netzes zum Mittagessen ein. Sie dürfen auch Höherrangige einladen, solange Ihr Chef nicht das Gefühl hat, daß Sie die Befehlskette durchbrechen oder gegen Firmensitten verstoßen. Schicken Sie Artikel oder, noch besser, bringen Sie sie persönlich vorbei, und bitten Sie andere, in Ausschüssen mitzuarbeiten!

Geschäfts-Dynamo Connie ist eine Kontaktpflegerin par excellence. Sie leitet einen stetigen Strom von Artikeln und Anrufen zu mir und bringt mich ständig mit anderen Leuten in Verbindung. Dennoch weiß ich, daß ich in ihrem Netz nur eine Randfigur bin. Ich wundere mich manchmal, woher sie die Zeit nimmt. Diese Reaktion deutet nur auf meine eigene Neigung hin, Kontaktpflege als fakultativ anzusehen. Connie weiß, daß sie entscheidend für ihre Karriere und ihren Erfolg ist.

Wenn Sie dieses Team aufbauen, müssen Sie die Leute nicht mögen oder ihre Freundin sein. Ihr einziges Ziel ist Informationsaustausch.

Seien Sie Ihre eigene PR-Direktorin

Als Kinder haben wir gelernt, daß ein liebes Mädchen nicht prahlt. Ein Mädchen mit guten sozialen Fähigkeiten spricht selten über sich selbst; sie konzentriert sich auf andere. Jungen hingegen sprechen über das Spiel. Dabei prahlen sie leicht damit, wie sie zum Sieg des Teams beigetragen haben. Und, wie eine Topmanagerin mir einst sagte, „Frauen sind nicht so raffiniert wie die ‚alten Jungs‘.“

Angesichts ihrer Erziehung ist es kein Wunder, daß Frauen ihre Leistungen nicht gern hinausposaunen. Doch andere erfahren nur, was sie vollbracht haben, wenn sie ihre Erfolge öffentlich machen. Das gehört zum Aufbau des Kontaktnetzes.

Aber wie sollen wir das anfangen? Deborah Tannen schreibt in *„Du kannst mich einfach nicht verstehen“*, daß es nicht so leicht ist. „Die Versuchung ist groß, zu empfehlen, Frauen sollten lernen, ihre Leistungen öffentlich herauszustreichen, um sicherzustellen, daß sie den verdienten Respekt bekommen. Leider werden Frauen jedoch nach den Maßstäben weiblichen Verhaltens beurteilt.“ Ich persönlich finde es traurig und ärgerlich, daß Frauen ihre Erfolge nicht so offen thematisieren können wie Männer, aber wir können immer noch das Beste aus einer schlechten Situation machen.

Was also tun? Beschließen Sie zuerst, welche Leistungen Sie bekanntmachen wollen! Stimmen Sie die Darstellung Ihrer Leistung auf die erklärten oder impliziten Ziele der Organisation ab, etwa eine ausgeglichene Bilanz oder gelieferte Teile!

Finden Sie dann Wege, Ihre Erfolge indirekt den Leuten mitzuteilen, die Ihrer Meinung nach davon wissen müssen. Hier einige Vorschläge:

- Eine Frau erzählte mir, daß sie ihrem Chef einen Wochenbericht gibt, um ihn über ihre Arbeit auf dem laufenden zu halten; ihre wirkliche Absicht ist, ihn wissen zu lassen, wie gut sie ist.
- Bitten Sie einen Kollegen um Feedback zu einem Projekt, um ihn (oder sie) wissen zu lassen, wie erfolgreich es ist.
- Sorgen Sie dafür, daß Ihr Projekt in der Firmenzeitung erwähnt wird.
- Beziehen Sie die Machtmakler in Projekte und Ausschüsse ein, an denen Sie arbeiten, oder halten Sie sie zumindest auf dem laufenden.
- Freunden Sie sich mit Mitarbeitern der PR-Abteilung an, oder sorgen Sie dafür, daß Sie eine Kontaktperson in der externen PR-Firma haben, wenn Ihr Unternehmen eine solche beschäftigt.
- Bieten Sie an, andere Abteilungen oder Projektgruppen in ihren Konferenzen darüber zu informieren, was sich in Ihrem Bereich tut.
- Informieren Sie Manager über Strategien, die der Organisation Sichtbarkeit, Gewinn oder Kontakte eingebracht haben (natürlich sind die Strategien von Ihnen).
- Schließen Sie Kontakte und vielleicht Freundschaften mit Redakteuren von Fachzeitschriften, um die Wahrscheinlichkeit zu erhöhen, daß Ihr Projekt/ Unternehmen Publizität bekommt (und sorgen Sie dafür, daß Ihre Vorgesetzten wissen, daß Sie diese Kontakte geknüpft haben).

Renée, eine äußerst erfolgreiche Managerin, sprach ständig darüber, wie aufregend dieses oder jenes für die Firma sei, welch großartige Dinge sich täten. Diese großartigen Entwicklungen waren zufällig immer Projekte, die sie geleitet hatte, die sie für sich in Anspruch nehmen konnte oder die sie durchzuführen gedachte. Renée riet mir einmal, ein Projekt, das kaum begonnen war, an die große Glocke zu hängen.

„Ich kann keinen Erfolg beanspruchen, denn wir haben noch nicht viel getan", sagte ich. Ihre Vorgehensweise kam mir unehrlich vor.

Renées Antwort: „Reden Sie zuerst darüber; dann machen Sie es
wahr."

Was wissen die Leute?

Wissen Sie, wie die Leute wirklich über Sie sprechen, wenn Sie
nicht in Hörweite sind? Es ist doch so: Wenn Sie in der Nähe sind,
sagt man generell nette Dinge über Sie, aber in Ihrer Abwesenheit
ist das nicht immer der Fall. Es ist wichtig, diesen unsichtbaren
Prozeß steuern zu können, denn er bestimmt, wie andere Sie wahrnehmen.

Fragen Sie doch eine Freundin oder Vorgesetzte, der (oder dem) Sie
vertrauen, wie Sie beschrieben werden, was andere über Ihre Fähigkeiten, Kenntnisse und Stärken sagen oder nicht sagen. Dann danken Sie Ihrer Informantin, gleichgültig, wie schwierig das Feedback
ist. Sie wollen diese Person wieder fragen können.

Eine meiner Freundinnen tut das regelmäßig. Robin sagt, es halte sie
„in Form". Sie arbeitet in der Zentrale eines großen und politischen
Einzelhandelsunternehmens. Robin hat sich angewöhnt, Kollegen
und höherrangige Manager zum Mittagessen einzuladen und um
„Hilfe" zu bitten. Sie sagt ihnen, wie sehr sie sie bewundert, wie
hilfreich sie für ihre eigene Entwicklung gewesen sind, und dann
fragt sie: „Aber wie sehen die anderen mich?"

Robin erklärte, das Nützliche an dieser Übung komme, wenn die
Manager die schlechte Nachricht preisgeben. Dann fühlen sie sich
auch verantwortlich, ihr bei der Korrektur des Fehlers zu helfen.
„Wenn mein Vorgesetzter mir sagt, daß der stellvertretende Geschäftsführer findet, meine Abteilung leiste zuwenig, wird er ihn
wahrscheinlich künftig darauf aufmerksam machen, wenn meine
Abteilung produktiv ist."

Hören Sie genau zu, wenn Ihr Informant Ihnen mitteilt, wie Sie wahrgenommen werden! Es könnte sogar gut sein, Notizen zu machen; unser Hirn vergißt gern unangenehme Informationen. Achten Sie auf Faktoren, die am häufigsten gegen Frauen arbeiten! Ann Morrisons Forschungsergebnisse in *Breaking the Glass Ceiling* zeigen, daß zu diesen Faktoren mangelnde Anpassungsfähigkeit, Leistungsprobleme (von offensichtlichen Patzern bis zu Leistungsschwankungen) oder überzogener Ehrgeiz gehören. Wie bei allem Feedback müssen Sie nach spezifischen Beispielen fragen, damit Sie wissen, welche Verhaltensweisen Sie ablegen müssen.

Dem Ehrgeiz-Dilemma entkommen

Der dritthäufigste schädliche Faktor für Frauen ist, als „zu ehrgeizig" zu gelten, aber andererseits ist der „Drang zum Erfolg" einer unserer wichtigsten Erfolgsfaktoren. Dies ist viel wichtiger für den Erfolg einer Frau als den eines Mannes. In *„Breaking the Glass Ceiling"* wird angegeben, daß 44 % der erfolgreichen männlichen Manager, aber 84 % der erfolgreichen Managerinnen einen starken Drang zum Erfolg haben. Ich glaube, das liegt daran, daß Frauen, die ein gewisses Maß an Erfolg erreichen, viel härter als Männer dafür arbeiten müssen.

Können Sie Erfolg haben, ohne zu zeigen, wie stark Ihr Drang ist? Es ist nicht leicht, aber durchaus machbar. Der Trick hier ist, Ihren inneren Motor auf Hochtouren laufen zu lassen, aber ohne Ihre Wünsche auszusprechen. Als ich zum Beispiel Trainees eines Fortune 500-Unternehmens betreute, fand ich es interessant, daß die Männer, wenn der Geschäftsführer sie nach ihren Zielen fragte, sagten: „Ich möchte Ihre Position haben", während die Frauen nie einen solchen Gedanken aussprachen, selbst wenn es ihr innigster Wunsch war. Hätten sie es getan, wären sie in den Augen der anderen „penetrant" und „herrisch" gewesen.

Doch dies hätte sie nicht daran hindern müssen, ihre beruflichen
Ziele deutlich auszusprechen. Es wäre zum Beispiel völlig akzeptabel, zu sagen: „Ich interessiere mich für Marketing. Ich möchte
Gelegenheit haben, eine breite Vielfalt von Projekten zu bearbeiten. Ich habe in meiner letzten Stellung an einigen landesweiten
Kampagnen gearbeitet und empfand die Arbeit als echte Herausforderung."

Wenn eine Direktorin zur stellvertretenden Geschäftsführerin für
Kommunikation befördert werden möchte, wäre ihr vielleicht mit
einer indirekten Mitteilung ihres Wunsches am besten gedient. Sie
könnte ihre Vorgesetzten auf ihre Eignung für die Position hinweisen, indem sie anmerkt, daß sie schon früher die dafür nötigen
Fähigkeiten bewiesen hat. Sie könnte auch ihre aufregenden und
interessanten neuen Ideen über die Kommunikation im Unternehmen vortragen. Sie müßte großes Talent in der Kontaktpflege haben,
um es zu erreichen, aber es wäre machbar. Eine ehrgeizige Frau
sollte außerdem nie glauben – nicht eine Sekunde lang –, daß sie die
Position aufgrund ihrer Leistung bekommt. Sie muß reden, um sie
zu bekommen.

An einem Punkt in Connies Karriere wurden die Beförderungen
seltener. Sie ging zu ihrem Chef und sagte: „Ich möchte stellvertretende Geschäftsführerin werden."
Er antwortete: „Aber ich dachte, solche Dinge seien Ihnen nicht
wichtig."
Sie erwiderte: „Sie wissen, daß das stimmt, aber es ist schwer, mit
diesen Jungs fertigzuwerden (jawohl, sie nannte sie *Jungs*), ohne
den Titel zu haben." Sie wurde befördert.

Ihr Image zu managen, wenn Sie eine Frau sind, erfordert eine
Menge Raffinesse.

Risiken eingehen

Wenn Sie Ihre Imageforschung abgeschlossen haben, ist es Zeit, sich dieses Image zunutze zu machen. Sie werden Risiken eingehen müssen, die Ihnen vielleicht zuerst nicht geheuer sind. Doch den Autorinnen von *„Breaking the Glass Ceiling"* zufolge ist Risikobereitschaft ein entscheidender Erfolgsfaktor für Frauen, wenn auch nicht unbedingt für Männer. Vielleicht müssen Frauen auch hier mit mehr Einsatz spielen, um voranzukommen. Hier einige Strategien:

Melden Sie sich freiwillig für eine sichtbare Position! Jedes Projekt, das von Ihnen verlangt, über sich selbst hinauszuwachsen und Dinge zu vollbringen, zu denen Sie bisher noch keine Gelegenheit hatten, ermöglicht es Ihnen, Ihre Fähigkeiten unter Beweis zu stellen. In einem Unternehmen mußte die Abteilung für Bürodienste ein Computersystem anschaffen. Tamara bot sich an, den Ausschuß zu leiten. Als sie mir davon berichtete, sagte ich: „Ich wußte gar nicht, daß Sie sich mit Computern auskennen."
Sie antwortete: „Ich kenne mich nicht aus, aber ich denke, ich kann alles lernen."

Bieten Sie an, über ein Programm oder in einer Konferenz zu referieren! Sie könnten es beim Jahrestreffen Ihrer Firma versuchen, bei den örtlichen oder nationalen Treffen Ihres Berufsverbandes oder anderen öffentlichen Anlässen, die helfen, Ihren Namen und Ihr Produkt bekannt zu machen.

Melden Sie sich freiwillig für abteilungs- oder funktionsübergreifende Ausschüsse! Wenn Ihre Firma umziehen will, werden Sie ganz natürlich mit Direktoren anderer Abteilungen zusammenarbeiten und Ihre Fähigkeiten unter Beweis stellen, wenn Sie sich für den Umzugsausschuß melden.

Melden Sie sich freiwillig für eine United Way-Kampagne! Viele
Frauen haben mir gesagt, daß die United Way ihre Karrieren gefördert hat, weil sie sie mit einflußreichen Leuten innerhalb und außerhalb der Organisation zusammenbrachte.

*Gehen Sie zu den Konferenzen, an denen andere Abteilungen oder
Entscheidungsträger teilnehmen!* Gleichgültig, wie langweilig die
Konferenz ist: Gehen Sie hin und sprechen Sie! Stellen Sie fest, was
der betreffenden Gruppe wichtig ist – ihre Ziellinie –, und konzentrieren Sie sich darauf!

Gehen Sie zur Weihnachtsfeier und zum Betriebsausflug! Bleiben
Sie nicht bei Ihren Freunden sitzen! Arbeiten Sie den Raum durch!
Machen Sie sich mit Leuten bekannt, die Sie nicht kennen, auch
Managern! Sie können über sie sprechen („Interessanter Name",
„Schicke Krawatte", „Ich habe gehört, Sie arbeiten an der neuen
Verkaufskampagne"), oder Sie können über die Situation sprechen.
(„Toller Krabbensalat", „Unglaublich, wie viele mitgekommen
sind", „Dies ist mein erster Betriebsausflug. Waren Sie schon ein-
mal mit?") Denken Sie daran: Die Leute lieben es, über sich selbst
zu sprechen.

Wenn ich in Seminaren davon spreche, an solchen Aktivitäten teil-
zunehmen, verdrehen Frauen oft die Augen und seufzen. „Pat, Sie
haben ja keine Ahnung", klagen sie. „Ich stecke schon jetzt bis zum
Hals in Arbeit. Und ich habe zwei Kinder; eines davon hat dieses
Wochenende eine Geburtstagsparty mit 15 Freunden. Ich kann einfach nicht mehr tun."

Aber es geht nicht darum, mehr zu arbeiten, sondern cleverer zu
arbeiten. Seien Sie strategisch in der Wahl dessen, was Sie tun, denn
der Manager, dem Sie sich bei der Weihnachtsfeier kühn vorgestellt
haben, wird sich höchstwahrscheinlich an Ihren Namen erinnern,
wenn es um eine Beförderungschance geht. Jahrelange harte Arbeit
bringt dann weniger ein als ein Schwätzchen darüber, daß Sie beide

zur Universität Kleinkleckersdorf gegangen sind. Das ist nicht richtig oder fair – es ist einfach Hardball.

Tor – Das Geld bekommen

Vor einigen Jahren arbeitete ich für ein Fortune 500-Unternehmen; mein Chef stellte einen Mann und eine Frau ein, die den gleichen Rang haben sollten wie ich. Sie hatten gleichwertige Abschlüsse und Erfahrungen, nur daß Barry schon länger im Beruf und Melissa seit zwei Jahren Managerin war. Ich war entsetzt, als ich das Gerücht hörte, daß Barry für die gleiche Arbeit 30 % mehr Gehalt bekommen sollte als Melissa.

Ich sagte mehreren Leuten meines Kontaktnetzes, wie wütend ich über diese Ungerechtigkeit war, und ein Mann schmuggelte Barrys und Melissas „objektive" Gehaltsanalyse aus der Personalabteilung (wahrscheinlich haben Sie genau das gleiche System in Ihrer Organisation). Die Analyse zeigte, daß Barry mehr „Punkte" hatte als Melissa und deshalb mehr Gehalt. Ich fragte mich, wie das möglich sei. Schließlich waren alle ihre Qualifikationen gleich.

Als ich die Dokumente jedoch in die Hand bekam, ging mir ein Licht auf. Die Informationen in Barrys Analyse waren falsch. Kochend vor Wut benutzte ich wieder mein Kontaktsystem (ich stellte eine Menge Fragen, die mit „Ach übrigens . . ." anfingen), dieses Mal, um die wahre Geschichte herauszufinden. Ich entdeckte, daß der stellvertretende Geschäftsführer für Personal Barrys Zechbruder geworden war. Er wollte, daß Barry mehr bekam. Er fälschte die Unterlagen.

Empört zeigte ich Melissa und meiner Vorgesetzten Tanya die angeblich objektiven Analysen. Tanya schlug Krach, erreichte aber nichts, die Entscheidung war auf höherer Ebene gefallen. So trug Melissa ihre Beschwerde der Equal Employment Opportunity Commission vor. Dort stieß sie auf wenig Gegenliebe. Solange Melissa kein konsistentes Muster der Diskriminierung in dem Unternehmen beweisen konnte, war der Staat an ihrem Fall nicht interessiert.

Die Moral: Falls sie es noch nicht wußten, die Welt ist nicht gerecht. Nehmen Sie nicht an, ein „objektives" Gehaltssystem werde Ihnen eine faire Bezahlung garantieren.

Wir alle wissen, daß Frauen für jede Mark, die Männer bekommen, nur 67 Pfennig verdienen. Als Grund für diese Ungerechtigkeit wird oft angeführt, daß Frauen noch nicht so lange berufstätig sind und Männer eine Familie zu ernähren haben – als hätten Frauen das nicht. Doch Studien legen nahe, daß es nicht so simpel ist. Eine Erhebung bei 345 Männern und Frauen mit gleicher Ausbildung, Position, Motivation und Zufriedenheit mit der Arbeit: Die Männer verdienten durchschnittlich 8000 bis 10 000 Dollar pro Jahr mehr als Frauen.

Fühlten sich die Frauen in dieser Studie betrogen? Durchaus nicht. Wie die Männer gaben sie an, zufrieden zu sein und in allen Aspekten ihrer Arbeit, auch der Bezahlung, fair behandelt zu werden. Weil Amerikaner eher über ihr Intimleben als über ihr Einkommen sprechen, glauben wir leicht, wir würden gerecht bezahlt. Da der Entscheidungsprozeß unsichtbar ist, setzen Frauen Fairneß voraus. Aber wissen wir das so genau? Ich denke, wir werden ein Teil des Problems, wenn wir im Dunkeln bleiben.

Nun gut, die jeweiligen Gehälter werden nicht am schwarzen Brett ausgehängt, aber Sie können sie schon in Erfahrung bringen. Sie können in einer Organisation alles erfahren, was Sie wollen, wenn Sie genug Freunde auf allen Ebenen haben. Ich sehe mich gern als Schnüfflerin in einem Krimi. Es ist nicht unbedingt damenhaft, aber wenn ich betrogen werde, will ich es wissen. Ich würde nicht in den Personalakten schnüffeln, aber es könnte hilfreich sein, sich mit

Sekretärinnen oder Sachbearbeitern in der Personalabteilung anzufreunden. Auch indiskrete Höhergestellte könnten nützlich sein. Sie
können sogar ehemalige Mitarbeiter der Firma nach Informationen
fragen; diejenigen, die entlassen wurden, könnten bereit sein, aus
dem Nähkästchen zu plaudern.

Was tun, wenn Sie eine Ungerechtigkeit entdecken? Wenn Ihre
Organisation die Illusion aufrechterhält, fair sein zu wollen, könnten Sie in ein Gespräch mit Ihrem Vorgesetzten eine Bemerkung
einflechten wie: „Ich hatte gehofft, daß ich nach meiner nächsten
Gehaltserhöhung ebensoviel bekommen würde wie meine gleichrangigen Kollegen." In manchen Organisationen kann die Tatsache,
daß sie über die geringere Bezahlung von Frauen Bescheid wissen,
Ihrem Vorgesetzten schon ausreichend Angst machen, daß er die
Situation korrigiert. In manchen Firmen macht es allerdings wenig
aus. In solchen Fällen haben Sie die Optionen, auf Gleichbehand-
lung zu bestehen, mit der Situation zu leben oder zu gehen. Ich
würde, wenn es mir möglich wäre, eine aussichtlose Situation verlassen.

Oft denken Frauen, wenn sie in der Organisation immer weiter
aufsteigen, werde die Ungleichheit irgendwann aufhören. Leider ist
gewöhnlich das Gegenteil der Fall. Margaret Hennig und Anne
Jardim berichten: „Während Frauen generell 67 Cent für jeden
Dollar verdienen, den ein Mann bekommt, schneiden Frauen mit
dem Titel ‚Stellvertretende Geschäftsführerin' nicht einmal so gut
ab – sie bekommen 58 Cent pro Dollar."

Natürlich hat diese ungleiche Bezahlung zum Teil mit dem geringen
Wert zu tun, der der Arbeit von Frauen beigemessen wird, mit der
Weise, wie – das habe ich erfahren – das System mit dem Old-boys-
Netz manipuliert wird. Doch ein Teil des Problems hat auch mit dem
weiblichen Verhältnis zum Geld zu tun.

Als ich vor Jahren meine Beratungsfirma gründete, fiel es mir
extrem schwer, Geld zu verlangen, besonders eine Menge Geld. Ich
fühlte einen starken Drang, unter dem Marktpreis zu bleiben, denn
sonst hätte ich mich als „geldgierig" empfunden. Ich besprach das
Problem mit einer klugen Freundin. „Sieh es nicht als Geld an",
sagte sie, „sieh es als Stimmen. Wenn den Leuten gefällt, was du
machst, werden sie bereit sein, dir Stimmen zu geben. Irgendwie fiel
es mir mit diesem Rat viel leichter, aber es ist kein Zufall, daß ich
nur in Rechnung stellen konnte, was ich meiner Ansicht nach verdiente, indem ich die Dollarzeichen wegließ.

In einem faszinierenden Artikel in „*Working Woman*" mit dem Titel
„Cookies, Dirt and Power" (Kekse, Schmutz und Macht) schreibt
die Journalistin Kathleen Fury, daß Frauen oft so sprechen, als sei
der Wunsch nach Geld irgendwie schmutzig. Sie nahm einen Artikel
aufs Korn, in dem sie gelesen hatte, Frauen seien zu den Werten der
Männer herabgesunken. „Sind Status, Geld, Macht an sich die Belohnungen geworden?" fragte dieser Artikel empört. Frau Fury
fühlte sich „in Druckerschwärze ausgeschimpft" von einer Frau, die
zu glauben schien, wir müßten uns schämen, offen hinter Geld
herzusein.

„Sorry, Schwester", erwiderte sie. „Ich bin lieber hinter Geld her als
hinter Fettflecken. Ich habe lieber ein Portfolio als einen tollen
Staubsauger." Unglücklicherweise kritisieren Frauen oft andere
Frauen für ihren Wunsch nach Geld. Selten stellt sich eine Frau hin
und sagt: „Ja, ich will die Kohle."

In Kapitel 9 schrieb ich, daß Geld bekommen für Männer eine
Bestätigung ist, daß sie gewonnen haben. Geld hat mit Status und
Erfolg zu tun. Weil Männer Geld so eng mit ihrem Wert als Menschen verknüpfen, sind sie eher bereit, dafür zu kämpfen. Frauen
sind hingegen mehr von inneren Belohnungen motiviert, etwa Stolz
auf die Arbeit oder dem Gefühl, etwas geleistet zu haben, und sind
deshalb weniger auf Geld aus. Außerdem ist es weniger wahrschein-

lich, daß sie Geld fordern, weil sie nicht „zu ehrgeizig" wirken wollen. Dennoch habe ich nie eine Frau sagen hören: „Es ist mir wirklich egal, wenn der Mann, der die gleiche Arbeit tut wie ich, besser bezahlt wird." Wir schauen einfach weg. Die ganze Schweinerei ist nicht sehr „damenhaft", und deshalb fühlen wir uns wohler, wenn wir ihr aus dem Weg gehen.

Ich meine, wir müssen wohl unsere Auffassung vom Geld ändern. Wir wollen vielleicht nicht raffgierig sein, aber Geld ist ein Zeichen für Macht. Wenn wir Hardball spielen, ist es deshalb wichtig, daß wir angemessen bezahlt werden, ebenso, wie unser Büro und andere Requisiten der Macht unsere Position in der Hierarchie dokumentieren. (Seien Sie nicht so naiv zu glauben, andere wüßten nicht, was Sie bekommen. Mit hartnäckiger Detektivarbeit ist jede Information zu haben.)

Mehr bekommen

In Kapitel 11 führe ich Sie durch die Schritte, die zur Gehaltsverhandlung mit einer neuen Organisation gehören. Wenn Sie aber eine Gehaltserhöhung in Ihrer jetzigen Stelle wollen, gibt es mehrere Hardball-Strategien, die Sie anwenden können.

Machen Sie Ihre Hausaufgaben

Finden Sie heraus, was andere in Ihrer Position mit gleich langer Erfahrung in der gleichen Region verdienen. Hierzu gibt es etliche Methoden:
● Fragen Sie Ihren Berufsverband. Die meisten veröffentlichen alle paar Jahre Gehaltszahlen, und manche Rundbriefe der Berufsverbände haben Stellenanzeigen für das ganze Land.

● Lesen Sie Anzeigen in Ihrer Lokalzeitung, in Fachzeitschriften, der *Zeit, FAZ, Süddeutsche Zeitung, Wirtschaftswoche*, um zu sehen, was die Konkurrenz für vergleichbare Positionen bietet.
● Schauen Sie in der Wirtschaftsabteilung Ihrer Stadtbibliothek nach den Gehaltsstatistiken.
● Sprechen Sie mit Kollegen in anderen Firmen und fragen Sie, was sie verdienen oder zahlen.
● Fragen Sie Headhunter, welche Gehälter für vergleichbare Stellen bezahlt werden.

Es ist entscheidend, objektiv zu analysieren, denn Frauen verlangen oft weniger Geld als Männer. Es kann Ihnen aber schaden, sich unter Preis zu verkaufen. Wenn Sie wollen, daß Ihr Chef Sie achtet, müssen Sie eine angemessen hohe Summe verlangen; sonst könnte Ihr Wert in den Augen Ihres Vorgesetzten sinken. Das Schlimmste, was geschehen kann, wenn Sie zuviel verlangen, ist, daß Sie beginnen, zu verhandeln.

Ich fragte einmal meinen Mentor, was seiner Meinung nach ein faires Gehalt sei, als ich zu einer anderen Firma ging. Die Summe, die er nannte, lag 20 % höher, als ich erwartet hatte. Ich war nicht einmal sicher, eine so hohe Zahl ohne Erröten aussprechen zu können. Schließlich brachte ich mich dazu, es zu riskieren; schlimmstenfalls würde mein potentieller neuer Chef die Summe verweigern.

Ich freue mich, berichten zu können, daß ich schließlich bekam, was ich wollte – plus eine Summe für das Auto. Ich war so schockiert, daß ich nur im Büro des neuen Chefs saß und den Mund hielt. Außerdem versuchte ich mit aller Gewalt, meinen Gesichtsausdruck neutral zu halten, damit er nicht sah, wie verblüfft ich war, und alles zurücknahm. Ich bin sicher, ohne Beratung wäre ich nicht objektiv genug gewesen, ein so hohes Gehalt zu verlangen.

Dokumentieren Sie Ihre Erfolge

Beginnen Sie vor der Verhandlung über eine Gehaltserhöhung, Beweismaterial zusammenzustellen, das zeigt, was Sie finanziell für die Firma erreicht haben. Eine der härtesten Gehaltsverhandlungen, die ich je als Managerin durchgestanden habe, war mit einer Frau, die unsere Konferenzen plante. Sie hatte über ein Jahr die Daten darüber gesammelt, wie ihre Verhandlungen mit Hotels, Restaurants und Lieferanten 130 000 Dollar für das Unternehmen gespart hatten. Die Gehaltserhöhung, die sie haben wollte, sah daneben sehr bescheiden aus.

Behalten Sie außerdem Briefe, die Ihre Arbeit loben. Wenn Sie verbales Feedback bekommen, sagen Sie, wie sehr Sie sich über die Komplimente freuen, und fragen Sie, ob Sie das vielleicht schriftlich haben könnten. Einer meiner Mentoren/Chefs triezte mich immer damit. Wenn ich von einem Auftrag zurückkam, fragte Marc: „Wie ist es gelaufen?"
„Also, Andy hat gesagt, daß ihm die Tagung sehr gefallen hat."

Jedesmal antwortete Marc dann: „Dann sieh zu, daß er es Freddy sagt." Freddy war der Geschäftsführer des Unternehmens, und ich dachte nicht, daß er besonders an meiner Arbeit interessiert sei, aber das ist meine weibliche Perspektive. Sein Interesse war weniger wichtig als der Nutzen für meine Karriere, den ein positiver Bericht gehabt hätte, wenn ich Freddy über meine Leistungen auf dem Laufenden gehalten hätte. Nachdem mich mein Chef genug mit diesem ewigen „Freddy weitersagen" bedrängt hatte, lernte ich, auf ein Kompliment über meine Arbeit zu antworten: „Könnten Sie das Freddy weitersagen?" Niemand war je unangenehm berührt oder fand es auch nur ungewöhnlich; generell taten sie mir den Gefallen gern.

Timing kann alles sein

Bevor Sie mit der Frage herausrücken, suchen Sie sich einen Zeitpunkt aus, wenn
- Ihr Chef guter Laune ist,
- die Abteilung/Organisation Gewinn macht,
- Sie für hervorragende Arbeit anerkannt worden sind.

Verlangen Sie nicht, was Sie brauchen

Wenn Sie verhandeln, verlangen Sie nur, was Sie verdienen. Viele
Frauen sagen: „Meine Kosten für Kinderbetreuung sind gestiegen.
Ich brauche eine Gehaltserhöhung." Die Kosten der Kinderbetreu-
ung haben nichts mit der Arbeit zu tun und sind leicht abzutun.
Verlangen Sie statt dessen, was Sie verdienen, aber lassen Sie sich
eine Spanne zum Verhandeln. Ermitteln Sie Ihren Wert, indem Sie
Ihre Dokumentation vorlegen.

Das sollten Sie vermeiden

- Glauben Sie nicht, daß kein Geld da ist.
- Setzen Sie nicht voraus, Ihr Chef wüßte, wie großartig Sie gearbeitet haben.
- Drohen Sie nicht mit Kündigung, sie könnte angenommen werden.

Mit genug Vorbereitung und Übung können Sie ohne Schuldgefühle
eine finanzielle Gewinnerin sein.

Punkte, mit denen Sie gewinnen

- Schreiben Sie Erfolge Ihren Fähigkeiten zu, nicht der Anstrengung, der Leichtigkeit der Aufgabe oder Ihrem Glück!
- Kontakte, Kontakte, Kontakte!
- Machen Sie Ihre Leistungen bekannt!
- Sorgen Sie dafür, daß die Machtmakler wissen, wer Sie sind und was Sie getan haben!
- Gehen Sie kalkulierte berufliche Risiken ein!
- Denken Sie daran, es ist in Ordnung, gut bezahlt werden zu wollen!
- Ermitteln Sie objektiv, wieviel Geld man in Ihrer Position verdient!
- Dokumentieren Sie, wieviel Geld Sie der Organisation einbringen!
- Verlangen Sie die Bezahlung, die Sie verdienen, nicht die Sie brauchen!

Ihr nächstes Spiel: Welches ist Ihre Strategie?

Hardball-Lektionen, die Jungen lernen

- Da draußen wird knallhart gespielt.
- Man kann nicht gewinnen, wenn man keine Strategie hat.
- Wichtige Spieler müssen deine Strategie kennen, damit sie dich unterstützen können.
- Wenn ihr umgerannt werdet, gruppiert euch neu und entwickelt eine neue Strategie.
- Positioniere dich so in der Mannschaft, daß deine Stärken maximiert werden können!

Puppenmutter-Lektionen, die Mädchen lernen

- Sei nicht penetrant!
- Tu dein Bestes, und du wirst belohnt.
- Sei ein guter Mensch, und du wirst viele Freunde haben.
- Wenn du umgerannt wirst, geh zu Mama, und sie wird alles wiedergutmachen.

Bei den Seminaren, die ich leite, begegne ich
vielen Frauen, die auf Anerkennung, Beförderung, eine neue Position und mehr Geld warten. Wenn ich diese Frauen Jahre später
sehe, warten sie noch immer geduldig, höchstwahrscheinlich weil
sie nie gelernt haben, Hardball zu spielen.

Die Wirtschaft ist ein aggressiver, harter Sport. Sie müssen auf das
Spielfeld hinaus und zeigen, was Sie draufhaben. Sie müssen sich
ohne Einladung hineindrängeln. Sie müssen eine harte Spielerin
sein, mit einem Team, das Sie unterstützt. Und wenn Sie ehrlich
festgestellt haben, daß Sie nicht gewinnen können, müssen Sie sich
abseilen und weitergehen. Sie können nicht warten, bis andere Sie
höflich bitten, in ihrer Liga zu spielen. Wenn Sie das tun, werden Sie
sehr lange warten, wie die geduldigen Penelopes in meinen Seminaren.

Ihre jetzige Position im Feld

Wenn Ihre Chefin (oder Ihr Chef) Sie unterstützt, die Arbeit Spaß
macht, die Organisation gesund ist und Sie Aufstiegschancen haben, werden Sie wahrscheinlich am glücklichsten damit sein zu
bleiben, wo Sie sind. Eine so gute Mischung wiederzufinden, kann
schwierig sein.

Vielleicht verharren Sie jedoch in einer Stellung, die nicht richtig
für Sie ist. Vielleicht zögern Sie, sich zu verändern, weil es so
mühsam scheint, die Stelle zu wechseln. Die falsche Stelle zu behal-

ten kann allerdings Ihrer Karriere schaden. Es ist wie Wasserfolter. Jeden Tag zermürbt Sie die Unzufriedenheit ein wenig mehr. Sie fühlen sich unsicherer und gehen weniger Risiken ein. Langfristig schwächt Sie die falsche Stelle mehr als eine Veränderung.

Wenn Sie sich verändern möchten, wissen Sie vielleicht nicht, wie. Vielleicht sollten Sie in den Betrieb gehen. Forschung und Entwicklung könnte der Schlüssel zu einer besseren Zukunft sein. Vielleicht wären Sie in einer neuen Organisation besser aufgehoben, oder vielleicht sogar als Selbständige. Wie können Sie feststellen, welcher Weg Ihre Karriere voranbringt? Zwar hat niemand eine Kristallkugel, aber dieses Kapitel bietet einige Strategien an, die Ihnen helfen können, Ihrer Karriere Richtung zu geben.

Ihre Optionen für das nächste Spiel analysieren

Wenn Sie in Ihrer jetzigen Position unzufrieden sind, können Sie eine andere Funktion anstreben oder kündigen. Schauen wir uns diese Optionen genauer an.

Die Funktion wechseln

Wenn Sie Ihre Firma mögen, aber der Chef Sie zum Wahnsinn treibt, oder wenn Sie sehen, daß die wirklichen Chancen in einer anderen Funktion liegen, kann es das Beste sein, sich intern versetzen zu lassen. Nachfolgend mehr darüber, was Sie bei der Suche nach einem neuen Chef und einer neuen Abteilung beachten müssen.

Die Firma wechseln

Wenn die Organisation Ihnen nicht paßt, suchen Sie sich eine andere. Recherchieren Sie Kultur, Chancen und Mitarbeiter in anderen Firmen, bevor Sie etwas unternehmen. Sie müssen nicht kämpfen; nehmen Sie sich Zeit, um bewußt zu wählen. Nachfolgend mehr darüber, wie Sie das Passende finden.

Die Karriere wechseln

Vielleicht gefällt Ihnen Ihr Beruf aus verschiedenen Gründen nicht mehr – niedrige Bezahlung, geringe Aufstiegschancen oder die Entwicklung Ihrer eigenen Interessen. Sie wollen vielleicht in ein ganz anderes Fach wechseln. Aber welches? Das Thema, wie Sie einen anderen Beruf ergreifen können, ist zu weitläufig, um es in diesem Buch angemessen zu behandeln, aber ich kann ein paar Anregungen zum Weiterdenken bieten.

Erstens: Lassen Sie sich nicht von Hochschulabschluß, jetzigem Titel oder bisheriger Erfahrung einschränken! Wir versäumen oft, andere Optionen zu bedenken, weil wir glauben, sie seien unerreichbar. Manchmal benutzen Frauen ihren „Mangel an angemessener Ausbildung" als Vorwand, um in der Sackgasse zu bleiben. Doch wenn Sie nicht in ein Fach wechseln, für das Sie formelle Zulassungen brauchen, benötigen Sie vielleicht keine neue Ausbildung. Auch Risikobereitschaft kann hilfreich sein. Meine Freundin Maureen teilte mir zum Beispiel kürzlich mit, daß sie ein Seminar über strategische Planung für internationale Banker in Macao leiten werde.

„Was weißt du über strategische Planung?" fragte ich.
„Ich habe immer schnell gelernt", erklärte Maureen. „Und so habe ich mir auch dies angelesen."

Bei einem Wechsel der Laufbahn ist es nach meiner Erfahrung auch hilfreich, Informationsgespräche mit Fachorganisationen zu führen. Diese helfen Ihnen, Informationen über neue Berufe, alternative Organisationen und potentielle Chancen sowie über:

● andere Unternehmenskulturen,
● das breite Spektrum der Arbeit, die Organisationen leisten,
● wo Sie hineinpassen könnten oder nicht (bedenken Sie, daß andere Unternehmen Positionen haben können, die wie Ihre klingen, aber anders sind, oder die ungeeignet klingen, es aber nicht sind),
● die Übertragung der Sprache und Kenntnisse von einem Bereich in einen anderen und
● die dringendsten Bedürfnisse der Manager

zu sammeln.

Wenn Sie zu dem Gespräch gehen, bringen Sie Fragen über Branche, Unternehmen oder Beruf mit. Nehmen wir etwa an, Sie möchten aus dem Verkauf von Computer-Hardware zum Verkauf von Software wechseln. Sie wollen vielleicht feststellen, wieviel technisches Wissen Sie brauchen, und ob Sie Unterstützung bekämen – manche Softwarefirmen schicken zum Beispiel Ingenieure mit in den Verkauf, um die technische Seite des Programms zu erklären. Sie könnten auch nach den Risiken und Vorteilen der Arbeit für große, etablierte Firmen, wo Sie vielleicht langsam, aber stetig aufsteigen, gegenüber kleinen Neugründungen fragen, die hohe Aufstiegschancen, aber wenig Sicherheit bieten.

Wie kommen Sie an solche Gespräche? Es wäre ideal, Bekannte oder Freunde anzurufen, die schon in dem Bereich arbeiten, den Sie kennenlernen möchten. Notfalls tun es auch Freunde von Freunden. Lassen Sie Ihre Kontakte spielen: Nutzen Sie Ihr Unterstützungs-

System bei der Arbeit, fragen Sie Freunde und Kollegen: „Kennst du jemanden in der Software-Branche?" Unterschätzen Sie nie den Wert „blinder" Anrufe. Ich habe Dutzende von Informationsgesprächen mit Fremden geführt und wurde nur einmal von dem *Industriellen Armand Hall* abgewimmelt. Es gibt niemanden, den Sie nicht anrufen können!

Bitten Sie einen Fachmann oder eine Fachfrau um 30 Minuten, um sich über Beruf, Branche oder Organisation zu informieren. Sie werden vielleicht erstaunt sein, wie viele Ihre Bitte gern erfüllen – schließlich ist sie recht schmeichelhaft.

Auch die Bücher *„What Color is Your Parachute"* von Richard Nelson Bolles und *„Wishcraft"* von Barbara Sher und Annie Gottlieb könnten Ihnen helfen, Ihre Laufbahn neu zu definieren.

In die Selbständigkeit wechseln

Eine letzte Option besteht darin, Ihre Dienste selbständig zu verkaufen. Sie werden gewiß nicht allein sein. 1973 besaßen Frauen 5 % der kleinen Unternehmen in den USA, aber bis zum Jahr 2000 wird erwartet, daß ihnen 50 % aller US-Firmen gehören.

Vor einem solchen Schritt sollten Sie sorgfältig recherchieren; es ist eine sehr riskante Option. Eine Unternehmerin mit zwei Kindern sagte scherzhaft: „Um erfolgreich zu sein, müssen wir bereit sein, unsere Kinder verhungern zu lassen."

Die Läden sind voll von Büchern, die neuen Unternehmern Anleitung bieten, und Sie müssen diese sowie viele andere Quellen hinzuziehen, bevor Sie ins kalte Wasser springen. Wenn Sie erwägen, diesen Weg zu gehen:
● Informieren Sie sich über das Geschäft selbst. Ist es saisonal oder zyklisch?

- Informieren Sie sich über die finanzielle Seite: Wie gut geht es der Branche finanziell? Ist sie stabil?
- Stellen Sie fest, wieviel Startkapital Sie brauchen.
- Berechnen Sie Ihre Kosten (vergessen Sie nicht die Versicherungen für Firma, Arbeitsunfähigkeit, Krankenkasse, Rente und Arbeitslosenversicherung, Lebensversicherung, Miete, Nebenkosten, Büroausstattung und andere Unkosten) und Ihr potentielles Einkommen.
- Bestimmen Sie, wieviel Geld Sie für den Lebensunterhalt brauchen. Wird Ihr erwarteter Gewinn ausreichen? Seien Sie realistisch darin, wie Sie überleben werden, wenn die Zeiten hart sind.
- Stellen Sie fest, welche behördlichen Anforderungen Sie betreffen: Regelungen, Lizenzen, Steuernummern und so weiter.
- Stellen Sie sich darauf ein, vierteljährliche Steuervorauszahlungen zu leisten.
- Fragen Sie nach der Versagerquote bei dieser Art Unternehmen.
- Analysieren Sie die Konkurrenz.
- Informieren Sie sich über die Bedeutung des Standorts, und welche Standorte gewinnträchtig sein können.
- Finden Sie heraus, welche Fähigkeiten Ihre Mitarbeiter brauchen.
- Stellen Sie fest, wie Ihre Produkte oder Dienstleistungen am besten zu verkaufen sind.

Vor allem aber glauben Sie an Ihre eigenen Fähigkeiten. Kopfloses Spekulieren kann Ihre Zukunft gefährden, aber kalkulierte Risiken, sorgfältige Planung und langfristige Strategien können sich auszahlen. Außerdem ist es manchmal weise, sich zweifelnden Thomassen gegenüber taub zu stellen.

Wofür Sie sich auch entscheiden: Tun Sie es nicht aus einem Impuls heraus oder ohne Ihre Optionen sorgfältig zu prüfen. Zu schnell zu springen, weil das Gras woanders grüner scheint, kann in die Katastrophe führen. Nehmen Sie sich Zeit, um den Schritt zu tun, der Ihnen am meisten entspricht.

Die Funktion wechseln

Eine Veränderung innerhalb Ihrer eigenen Organisation hat offensichtliche Vorteile: Sie kennen Spielfeld und Spieler, und Sie haben wahrscheinlich ein wertvolles Unterstützungsnetz aufgebaut. Wenn Sie sich Zeit genommen haben, Ihre Firma sorgfältig zu bewerten, und beschlossen haben, noch eine Weile zu bleiben, müssen Sie Ihre Aufmerksamkeit darauf richten, sich in eine Position zu manövrieren, mit der Sie zufriedener sind.

Offizielle und aktuelle Ziele

Um auf die Überholspur zu kommen, müssen Sie zuerst feststellen, was dem Unternehmen wichtig ist. Das heißt, Sie müssen den Unterschied zwischen den offiziellen und den aktuellen Zielen herausfinden. Die offiziellen Ziele sind die, die Ihre Organisation verkündet. Die aktuellen das, was sie tatsächlich belohnt. Eine Organisation, in der ich arbeitete, behauptete zum Beispiel, ihre erste Priorität sei Qualität. Wenn man aber analysierte, wer Beförderungen und Prämien bekam, gab es keinen Zweifel, daß der oberste Wert der Gewinn war.

Sie müssen wissen, welches die zentralen Werte Ihrer Organisation sind, aber lassen Sie sich nicht vom Programmpapier irreführen; die beste Methode, um zu erfahren, was die höchsten Prioritäten Ihrer Organisation sind, ist, festzustellen, wer wofür bezahlt wird. Stellen Sie insbesondere fest, wo die Organisation ihr Geld ausgibt. Wenn es in Forschung und Entwicklung fließt, ist dort der beste Platz. Wenn es in neue Fertigungsanlagen geht, haben Sie im Betrieb bessere Chancen.

Sie müssen die eigentlichen Werte Ihrer Organisation kennen, denn dort sind die Chancen. Wenn Sie Ihre Bemühungen diesen Werten widmen, berücksichtigen Sie die Ziele Ihrer Organisation in allen

Ihren Aktivitäten und werden als wertvolle Spielerin wahrgenommen.

Unternehmenskultur

Stellen Sie als nächstes die Unternehmenskultur Ihrer Firma fest.
Manche schätzen zum Beispiel Intellektuelle. Wenn Sie eine Nei-
gung zur Gelehrsamkeit haben, sind Ihre Erfolgschancen größer.
Wenn Sie aber eine Intellektuelle in einer Firma von handfesten
Praktikern sind, werden Sie es schwer haben. Um die Unterneh-
menskultur zu begreifen, beobachten Sie, wer dazupaßt und warum.

Ich arbeitete einmal für eine von Juristen dominierte Firma. Dort
hatte ich keine andere Chance als argumentieren zu lernen, um zum
Team zu gehören. In einem anderen Unternehmen sah ich, daß der
produktivste Mitarbeiter des Jahres in einer Niederlassung mit einer
saftigen Prämie und mit einer Prostituierten für die Nacht belohnt
wurde. In eine Organisation, die Frauen herabwürdigt, kann eine
weibliche Führungskraft so gut wie unmöglich hineinpassen. Ich
beschloß damals, so wenig wie möglich in jener Niederlassung zu
sein; ich würde dort nie geschätzt werden, wie hart ich auch
arbeitete.

Es ist auch wichtig, die Signale Ihrer Umgebung zu lesen. Als ich in
Silicon Valley arbeitete, lernte ich eine gewandte, intelligente
schwarze Managerin kennen, die mir erzählte, daß sie in einer
asiatischen Firma arbeitete. Es gab ein paar weiße Männer über
Babettes Ebene, aber wenig Schwarze und keine Frauen.

„Ich mag meine Stelle, aber ich frage mich, ob ich dort Aufstiegschancen habe", sagte Babette.
Ich wollte glauben, daß sie als erste befördert werden konnte, aber
am Ende antwortete ich: „Ich sage das gar nicht gern, aber ich
glaube, Sie hätten es leichter, wenn Sie zu einer Organisation wech-

selten, die Sie für Ihre Fähigkeiten schätzt. Wo Sie sind, sieht es aus, als kämpften Sie auf verlorenem Posten."

Sehen Sie sich die Demographie Ihrer Organisation genau an:
- Wie alt sind die Spitzenleute?
- Welcher ethnischen Gruppe gehören die meisten Manager an?
- Was ist das vorherrschende Geschlecht der Führungskräfte?

Wenn Sie anders sind, werden Sie es immer schwerer haben, eine von ihnen zu werden. Aber Sie haben eine Wahl: Sie können bleiben und kämpfen – 110 % Einsatz bringen – um die erste Frau zu sein, die die Barriere durchbricht, oder Sie können zu einer anderen Firma wechseln, die schon Frauen in den oberen Managementebenen beschäftigt.

Eine neue Position suchen

Forschungsergebnissen aus Harvard zufolge werden etwa 75 % aller Stellen durch Kontakte vermittelt. Auch hier gilt das alte Sprichwort: „Nicht was man kann, sondern wen man kennt."

Bevor Sie zur Zeitung greifen, um die Anzeigen zu studieren, greifen Sie zum Telefon. *Rufen Sie alle an, die Sie kennen*, und sagen Sie ihnen, daß Sie daran denken, sich zu verändern. Strukturieren Sie Ihre Suche, indem Sie Ihre Kontakte auflisten und vier pro Tag anrufen. Wenn Sie etwas Spezifisches anstreben, etwa eine Branche oder eine Art Stellung, sagen Sie Ihren Kontaktpersonen Bescheid. Fragen Sie, ob Sie mit irgend jemandem sprechen sollten, der Ihnen weiterhelfen könnte. Selbst Leute in ganz anderen Bereichen könnten Beziehungen haben, die Sie nie erwartet hätten. Manche Freunde, von denen Sie Begeisterung über Ihren Anruf erwartet hätten, reagieren vielleicht unzugänglich. Dagegen können Bekannte, von denen Sie wenig Interesse für Ihre Bedürfnisse erwarten, äußerst zugänglich sein und sehr viel tun, um Ihnen zu helfen.

Lassen Sie Ihre Fähigkeiten zur Kontaktpflege und PR, die ich in Kapitel 10 beschrieben habe, spielen, um möglichst viele Leute zu erreichen.

Eine neue Position bekommen

Wenn Sie beschließen, daß Sie zu einer neuen Organisation wechseln möchten, müssen Sie vor dem Bewerbungsgespräch so viel wie möglich herausfinden. Das Einfachste ist, um den Jahresbericht zu bitten, wenn die Firma nicht in privatem Besitz ist. Darin finden Sie Aussagen über Interessen, Werte und künftige Ziele der Firma. Außerdem können Sie darin den Ton des Unternehmens erkennen: Ist es ein ernstes oder ein kreatives Unternehmen? Diese Information wird schwerer zu bekommen sein, wenn die Firma in privatem Besitz ist. Doch Sie können Ihren Gesprächspartnern Fragen stellen und selbst die Augen offenhalten, oder Sie können in die öffentliche Bibliothek gehen und sehen, was über die Organisation geschrieben worden ist. Nutzen Sie während des Gesprächs die zuvor gesammelten Informationen, indem Sie darauf hinweisen, wie Ihre Fähigkeiten zu den Zielen und Werten des Unternehmens passen.

Seien Sie darauf vorbereitet, mit den Gesprächspartnern über Ihre Stärken zu sprechen. Vielleicht hilft es Ihnen, eine positive Selbstdarstellung im voraus zu proben – Frauen tun sich ja oft schwer damit, über ihre Stärken zu sprechen. Seien Sie auch darauf gefaßt, daß eine gängige Frage an Sie lautet: „Was sind Ihre Schwächen?" Eine gute Antwort: „Wie bei den meisten Menschen ist meine größte Schwäche die Übertreibung meiner größten Stärke." Sie könnten zum Beispiel erklären, daß Sie sehr systematisch sind, aber manchmal zu sehr an Details orientiert, so daß Sie das große Ganze aus den Augen verlieren. Es wäre auch angebracht, die Kapitel über verbale und nichtverbale Kommunikation noch einmal zu lesen, damit Sie bereit sind, ein machtvolles Image zu präsentieren.

Seien Sie vorsichtig im Umgang mit Headhuntern. Sie sind selten an Leuten interessiert, die von sich aus Kontakt mit ihnen suchen. Hüten Sie sich besonders vor der Illusion, sie seien auf Ihrer Seite. Denken Sie daran, Headhunter werden vom Unternehmen bezahlt. Wenn Sie sie nah an sich heranlassen, verraten Sie vielleicht geheime Auffassungen oder Wünsche, die sie dann ihrem Kunden weitersagen können – zu Ihrem Schaden. Seien Sie auf der Hut!

Vorgesetzte aussuchen

Ob Sie in eine neue Firma oder eine neue Abteilung in Ihrer jetzigen Organisation wechseln, ich glaube, Sie werden weit besser wegkommen, wenn Sie sich eine Vorgesetzte (oder einen Vorgesetzten) aussuchen, nicht eine Position. Sie können die tollste Stelle der Welt an Land ziehen, aber ein schlimmer Vorgesetzter wird Gold zu Asche machen. Ein sehr guter Vorgesetzter hingegen kann eine mittelmäßige Position zu einem wunderbaren Sprungbrett machen. Ich kann nicht genug empfehlen, Ihren Trainer mit Bedacht zu wählen. Ihr Chef oder Ihre Chefin ist in vielfacher Hinsicht wichtiger als die Position.

So merkwürdig es scheint, nicht alle Manager stehen auf der gleichen Seite wie ihre Mitarbeiter. Wir kennen alle jemanden, der glaubt, er müsse die Mitarbeiter überwachen und kontrollieren, weil sie sonst nicht arbeiten, oder einen Manager, der Mitarbeiter zur Leistung antreibt und dann alle Lorbeeren einheimst. Das sind Leute, für die zu arbeiten Ihnen keine Freude machen würde.

Es gibt allerdings nicht viele Wege, die Wahrheit herauszufinden. Im Bewerbungsgespräch werden Sie wahrscheinlich keine Insider-Informationen von dem neuen Vorgesetzten bekommen; bitten Sie deshalb um ein Gespräch mit Leuten, die Ihre Kollegen sein würden. Das müssen Sie unter dem Vorwand tun, Sie wollten ein Gefühl für die Arbeit oder das Team bekommen. Wenn Sie Ihre potentiellen Kollegen bitten, Ihnen zu sagen, wie die tägliche Arbeit läuft, können Sie auch ein paar Fragen über den Chef einflechten. Hören Sie unbedingt mit dem Kopf und mit dem Instinkt zu. Wenn die Antworten vage sind, ist das wahrscheinlich ein schlechtes Zeichen.

Oft ist ein Außenseiter ein guter Chef. Er kann die offizielle Politik umgehen und einen Alleingang wagen. Diese Person wird Sie eher dafür schätzen, was Sie leisten können, statt Sie in die Schublade „Frauen" zu stecken und für immer dort zu lassen. Bei einem solchen Einzelgänger ist Ihre Arbeit wichtiger als Ihr Geschlecht.

Wenn Sie im Bewerbungsgespräch mit einem Mann sind, versuchen Sie zu erkennen, ob er eine berufstätige Frau oder Tochter hat. Wenn ja, ist er viellecht eher willens, Sie fair zu behandeln.

In einer Konstruktionsfirma, für die ich arbeitete, hatten Frauen wenig Aufstiegschancen. Doch einer der höheren Manager setzte sich für unser Geschlecht ein. Offenbar hatte sich Ben vor einigen Jahren gewandelt. Seine Tochter, auf die er sehr stolz war, hatte ihr Examen an einer der angesehensten und teuersten Hochschulen der USA mit Auszeichnung bestanden. Bei Bewerbungsgesprächen wurden ihr trotzdem Posten als Sekretärin oder Direktionsassistentin angeboten. Ben war empört. Doch dann wurde ihm klar, daß er früher die gleiche Ungerechtigkeit begangen hatte. Die Schwierigkeiten seiner Tochter sensibilisierten Ben für die Hindernisse, die Frauen zu überwinden haben.

Der alte Titel-Trick

Machen Sie bei der Bewertung Ihrer Optionen nicht den Fehler zu glauben, die Macht käme mit dem Titel. Das tut sie nicht. Hier ein Szenario, das ich nur allzu oft gesehen habe: In einer Abteilung arbeiten sechs Männer und eine Frau. Einer der Männer wird befördert, und der Chef stellt einen anderen Mann ein, um ihn zu ersetzen. Das gleiche Schachspiel wiederholt sich mit mehreren neuen, männlichen Spielern, die befördert werden, während andere nachrücken. Schließlich macht die Frau auf sich aufmerksam. „Was muß ich tun, um befördert zu werden?" fragt sie.

Damit sie aufhört, sich zu beschweren, befördert der Chef sie schließlich zur „Betriebsdirektorin". Allerdings scheint niemand zu verstehen, was ihr Titel bedeutet, nicht einmal sie selbst. Sie sitzt am selben Schreibtisch, leistet im wesentlichen die gleiche Arbeit und verdient das gleiche.

In Wahrheit kommt die Macht nicht mit einem Titel. Ihre Kompetenz, Entscheidungen zu treffen und über Ressourcen wie Personal und Geldmittel zu verfügen, gibt Ihnen Macht. Wenn Sie in einem Bewerbungsgespräch für eine Management-Position spüren, daß Sie vielleicht nur einen Titel bekommen sollen, stellen Sie zum geeigneten Zeitpunkt folgende Frage: *„Über welches Budget kann ich verfügen?"* Das signalisiert, daß Sie erwarten, mit der Position auch die Macht zu haben. Wenn Sie Platitüden hören, etwa: „Oh, machen Sie sich keine Gedanken. Ich kümmere mich um das Budget", war Ihr Gespür richtig: Sie werden den Titel haben, aber nicht viel mehr.

Achten Sie schließlich in einem Bewerbungsgespräch auf Ihr Gefühl. Wenn die objektiven Daten sagen, daß diese Position im Himmel gemacht wurde, aber Ihr Gefühl sagt, daß etwas nicht so ist, wie es scheint, würde ich meinem Gefühl mehr Glauben schenken. Unser Gefühl weiß manchmal mehr als wir selbst.

Gehaltsverhandlungen mit einer neuen Organisation

Unternehmen haben vielfältige Methoden zur Bestimmung von Gehältern. Manche haben eine fertige Gehaltsstruktur; wenn sie neue Mitarbeiter einstellen, kommen diese in eine Kategorie, auch „Gehaltsstufe" genannt. Das andere Extrem ist eine neugeschaffene Position, und Ihr künftiger Arbeitgeber hat keine Ahnung, was er für sie bezahlen muß. Einem Artikel von Kirsten Schabacker zufolge, der kürzlich in der Zeitschrift *Executive Female* erschien, wenden Arbeitgeber generell drei Kriterien an, um Gehälter zu bestimmen:

● die Bedeutung der Position für die Bilanz der Firma,
● wieviel technisches Können oder Wissen erforderlich ist, um die Arbeit gut zu machen,
● Verantwortung – wie stark der Erfolg der Firma von den unabhängigen Urteilen und Entscheidungen des oder der Betreffenden abhängt.

Bringen Sie in einem Bewerbungsgespräch nicht das Thema „Gehalt" auf. Warten Sie, bis Ihr künftiger Arbeitgeber den ersten Schritt tut. Wenn es soweit ist, sollten Sie die Spanne so schnell wie möglich klären. Ihr Gespräch könnte so verlaufen:
Ihr künftiger Arbeitgeber: „Wieviel wollen Sie?"
Sie: „Haben Sie eine Gehaltsspanne?"

In großen, bürokratischen Organisationen könnte Ihr künftiger Arbeitgeber sagen: „Ja, sie reicht von 50 000 bis 65 000 Dollar."
Doch gewöhnlich bekommen Sie keine so klare Antwort. Ihr künftiger Arbeitgeber wird eher sagen: „Nun, wir sind uns nicht ganz sicher. Wieviel bekommen Sie jetzt?"
Bei aller gebotenen Ehrlichkeit sollten Sie Ihre Antwort doch sorgfältig überlegen. Ich habe von einer früheren Chefin gelernt, die Zahlen ein wenig kreativer zu sehen. Wenn Sie zum Beispiel demnächst eine Gehaltserhöhung erwarten (etwa innerhalb von 12 Monaten), könnten Sie die künftige Erhöhung bei Ihrem jetzigen Gehalt berücksichtigen. Wenn Ihre frühere Organisationen Ihnen außerdem

hohe Sozialleistungen gab, könnten Sie auch diese zu Ihrem Einkommen dazurechnen. Denken Sie daran, daß die neue Firma praktisch keine Möglichkeit hat, festzustellen, was Sie wirklich verdienen. Teilen Sie Ihr jetziges Einkommen auch nicht einem Headhunter mit, nicht einmal vertraulich. Sie können sicher sein, daß er seinem Kunden Ihr Gehalt verrät.

Wenn die Gehaltsspanne unangemessen ist, brauchen Sie sich nicht mit weniger zufriedenzugeben. Wenn Sie einem künftigen Arbeitgeber wirklich gefallen, sind die Chancen gut, daß er eine Möglichkeit findet, Ihnen zu geben, was Sie wollen. Ihr neuer Chef kann zum Beispiel Ihre Position neu definieren und dabei das dehnbare Punktesystem benutzen, von dem im vorigen Kapitel die Rede war. Eine neue Definition Ihrer Stelle kann Sie in eine höhere Kategorie bringen. Außerdem kann er Ihnen Extras anbieten, etwa Kosten und Leasinggebühr für ein Auto (oder monatliche Geldzuwendungen statt der Leasinggebühr, wenn Sie kein neues Auto wollen), ein Spesenkonto für Bewirtungen oder Clubmitgliedschaften (Fitneß- oder Country Clubs, wo die Männer ihr Old-boys-System pflegen).

Ehe Sie diese Extras verlangen, wäre es klug, festzustellen, was in der neuen Firma üblich ist. Das geht am besten in einem Gespräch mit Ihren künftigen Kollegen. Wenn Sie genug „Draht" zu ihnen entwickelt haben, können Sie naiv fragen: „Und wie ist es mit Spesenkonto und dergleichen?" Bedenken Sie auch, daß viele Firmen ihren Mitarbeitern heute eine Sozialpauschale zahlen; Sie bestimmen selbst, ob Sie mehr Wert auf Urlaub, Zahnbehandlung oder Kinderbetreuung legen.

Wenn Sie Gespräche mit zwei Organisationen führen, die Sie beide haben wollen, seien Sie vorsichtig damit, ihre Angebote gegeneinander auszuspielen; Sie könnten beide verärgern und beide Stellen verlieren, nicht nur eine. Doch zu dem Arbeitgeber, für den Sie wirklich arbeiten möchten, könnten Sie sagen: „Ich habe ein anderes Angebot. Ich sage es nicht gern, aber ich möchte wirklich für Sie

arbeiten. Hier ist mein Dilemma: Die anderen zahlen 15 000 Dollar
mehr, aber Sie bieten interessantere Arbeit. Ich kann das zusätzliche
Geld nicht einfach ablehnen. Gibt es eine Möglichkeit, daß wir eine
Lösung finden?"

Eine solche Vorgehensweise hilft Ihrem potentiellen Chef, sich
erwünscht zu fühlen und Sie zu schätzen. Er könnte bereit sein,
etwas zu tun, um das zusätzliche Geld für Sie lockerzumachen.
Ultimaten wie „Wenn Sie mir nicht mehr Geld verschaffen können,
bin ich draußen" können hingegen einen künftigen Arbeitgeber
dazu provozieren, Ihnen zu zeigen, wo die Tür ist.

Den Ball bekommen

Wenn Sie sich in Ihrer neuen Stelle richtig positioniert haben, ist es
Zeit, Ihren Vorgesetzten zu zeigen, was Sie können. Zeigen Sie Ihre
Fähigkeit, Aufgaben zu erfüllen! Organisationen und Vorgesetzte
wollen und belohnen generell Mitarbeiter, die etwas bewirken können. Doch alle Fähigkeiten der Welt nützen Ihnen nichts, wenn Sie
nie am Ball sind. Die folgenden Strategien können helfen.

An die Front gehen

Ziehen Sie eine Linienposition einer Stabsposition vor. Die Leute,
die in der Organisation die wichtigste Arbeit leisten, sind in Linienpositionen. Wenn die Firma zum Beispiel Sprinkler produziert, ist
die Front bei der Fertigung, und Abteilungen wie Personal, Buchhaltung und Informationssysteme sind Stabsfunktionen. Arbeiten
Sie hingegen in einer Buchhaltungsfirma, dann sind die Buchhalter
in der Linienfunktion.

Es ist wichtig, eine Linienfunktion anzustreben, denn dort wird das
Geld verdient; die Arbeit gilt mehr. Linienpositionen bringen weit

mehr Macht mit sich. Firmen können Stabsfunktionen als teuer und verzichtbar ansehen. Leider haben viele Frauen Stabsfunktionen, und das verstärkt noch das kulturelle Klischee von der Frau als „Helferin".

Lassen Sie Ihre Vorgesetzten wissen, daß Sie Köpfchen haben

Mitarbeiter werden für kritisches Denken geschätzt und bezahlt. Wenn Sie aber jeden Tag das gleiche tun, hat niemand Gelegenheit zu sehen, daß Sie Probleme lösen und Entscheidungen treffen können. Aus diesem Grund ist es wichtig, Stellungen anzustreben, in denen keine Routine herrscht – anspruchsvolle Stellungen mit Monatsgehalt, in denen Sie nach eigenem Ermessen entscheiden müssen. Meiden Sie monotone Arbeit wie die einer Direktionsassistentin, Buchhalterin oder Sekretärin, für die Sie Stundenlohn bekommen! Dies sind keine Machtpositionen.

Ich habe viele Direktionsassistentinnen gesehen, die gern glauben wollten, ihre Arbeit mache sie zu etwas anderem als sie wirklich waren – glorifizierte Sekretärinnen. Da Frauen heute viele Optionen haben, die über den Rang der Sekretärin hinausgehen, haben Arbeitgeber oft Schwierigkeiten, intelligente, kompetente Sekretärinnen zu finden. Deshalb versprechen manche Arbeitgeber, eine Position sei eine Herausforderung und biete Entscheidungsspielraum, vergessen aber zu erwähnen, daß Sie 80 % der Arbeitszeit mit Tippen und Ablegen zubringen werden. Wenn Sie sich in dieser Situation wiederfinden, gibt es allerdings Wege hinaus und nach oben.

Justine kam gerade von der Fachhochschule, wo sie einen Abschluß in Wirtschaft gemacht hatte und traf die tödliche Entscheidung, als Direktionsassistentin anzufangen, in dem irrigen Glauben, dies sei der erste Schritt in eine Branche, die ihr gefiel. Bald merkte sie, daß sie, weil sie mit dem Etikett „Sekretärin" behaftet war, größte

Schwierigkeiten haben würde, in der Hierarchie aufzusteigen. Männer machen diesen Fehler nie.

Die Arbeit von Direktionsassistentinnen ist meist Routine: Tippen, Ablegen, Anrufe annehmen. Um aus dieser Sackgasse herauszukommen, erklärte sich Justine bereit, Projekte zu organisieren. Dies tat sie so gut, daß ihr Chef ihr die Leitung eines Projekts übertrug. Justine war klug genug, ihren Erfolg bei dieser Aufgabe an die große Glocke zu hängen. Bald wandten sich andere Manager an ihren Chef und wollten, daß Justine bei ihren Projekten mitarbeitete. Jetzt ist sie offiziell Projektleiterin und verdient auch besser. Erst als Justines Fähigkeit, kritisch zu denken, bekannt wurde, kam sie voran.

Das Geld hereinbringen

Streben Sie die Leitung eines Profitzentrums an! Je mehr Geld Sie der Firma einbringen, desto mehr Macht bekommen Sie, denn im Hardball ist Geld gleichbedeutend mit Gewinnen.

Doris leitete die Abteilung für Aus- und Weiterbildung einer großen Bank. Ihr Können und der Beitrag der Abteilung waren weithin anerkannt, aber letztlich war Ausbildung eine Stabsfunktion und teuer.

Weil die Abteilung so reibungslos und produktiv arbeitete, konnte Doris ihren Vorgesetzten jedoch um eine zusätzliche Herausforderung bitten: die Leitung der Mitarbeiter-Bank. Dies war eine Bank mit allen Dienstleistungen (Sparkonten, Darlehen, Kreditkarten), die Bargeld in die Organisation brachte. Durch diese Strategie konnte Doris in den Augen ihrer Organisation eine „echte Bankerin" werden. Deshalb wurde sie ein vollgültiges Mitglied des Teams und avancierte später zur Direktorin einer Abteilung mit 200 Mitarbeitern.

Trainerstunden bekommen

Manager glauben oft, eine Frau sei zufrieden mit ihrem Rang in der Organisation, und so parken sie sie geistig für immer in dieser Position. Da wir engagiert sind und unsere Arbeit gut machen, finden diese Manager es oft am leichtesten, uns einfach zu belassen, wo wir sind.

Wenn Sie in Ihrer neuen Position schnell vorankommen wollen, müssen Sie Ihre Wünsche deutlich machen, ohne allzu penetrant zu klingen. Wie in Kapitel 9 erwähnt, sollten Sie Ihre Ziele, wenn Sie sie erkannt haben, Ihrer Chefin oder Ihrem Chef gelegentlich mitteilen. (Aber Vorsicht, manche Manager glauben, Sie seien auf ihren Stuhl aus, und das kann Sie teuer zu stehen kommen!) Ein größeres Problem ist, meine ich, ein Vorgesetzter, der auf seinem Stuhl festgewachsen ist und alle anderen auf ihren Stühlen festhalten will. Dann ist es wahrscheinlich Zeit, zu einer anderen Abteilung oder Firma zu wechseln. Ein guter Manager hingegen will sehen, daß seine Mitarbeiter sich entwickeln, und wird mit Ihnen arbeiten.

Wenn Sie Ihrem Vorgesetzten Ihre Ziele mitgeteilt haben, fragen Sie ihn, was dazu nötig sein wird: Fähigkeiten, Erfahrung, Ausbildung, Wissen. Dies motiviert ihn, sich für Ihre Entwicklung zu engagieren, und hilft Ihnen, Zugang zu Projekten und Leuten zu bekommen. Sagt der Chef zum Beispiel, daß Sie Erfahrung darin haben müssen, mit einem Kunden an einem Marketing-Projekt zu arbeiten, fragen Sie beim nächstenmal, wenn ein solches Projekt hereinkommt, ob Sie mitarbeiten dürfen. Davor hat der Chef Sie vielleicht nicht mit einer solchen Gelegenheit in Verbindung gebracht, aber jetzt können Sie darum bitten, beteiligt zu werden. Es ist unwahrscheinlich, daß er ablehnt, denn es war seine Idee.

Wenn Sie sich in der neuen Stellung einarbeiten, brauchen Sie Feedback über Ihre Leistung. Wenn die Person, für die Sie arbeiten, Ihnen kein Feedback gibt, müssen Sie danach fragen. Vielleicht müssen Sie, wie ich in Kapitel 8 erklärte, auf die schlechten Nachrichten drängen, wenn Ihr Manager sie nicht aussprechen will. Je mehr Feedback Sie bekommen, desto eher werden Sie in der Lage sein zu leisten, was Ihr Manager braucht und erwartet.

Wen Vorgesetzte befördern

Vorgesetzte befördern Mitarbeiter, die sie mögen. Wenn Sie sich mit Ihrem Chef gut verstehen und die gleichen Einstellungen teilen, sieht er Sie eher in einem positiven Licht. Das ist nicht logisch, sondern einfach real. Deshalb müssen Sie Ihren Chef studieren. Lernen Sie, wie er tickt. Was findet er interessant oder wichtig? Wie bekommt er gern Informationen? Je wohler sich Ihre Vorgesetzten mit Ihnen fühlen, um so eher werden sie Sie als verwandte Seele empfinden, und um so mehr Chancen werden sich Ihnen bieten.

Natürlich gilt auch das Gegenteil. Brooke ist eine logische, analytische Frau. Ihr Chef bat sie, eine Umstrukturierung der Abteilung zu analysieren. Brooke recherchierte, welche Fähigkeiten in der Zukunft nötig sein würden, und legte ihren Plan dann Leonard vor, doch er lehnte ihn sofort ab. „Das würde Norma in der Datenerfassung aufregen", sagte er. Brooke hatte nie daran gedacht, die Gefühle der Betroffenen zu berücksichtigen.

„Niemand mag Veränderungen. Außerdem ist das hier ein Geschäft", protestierte Brooke mir gegenüber. Aber für Leonard waren Menschen wichtig, und Brooke hatte versäumt, Harmonie und Moral in ihrer Analyse zu berücksichtigen. Der Chef sah sie als schlechte potentielle Managerin.

Es zahlt sich aus, den Kommunikationsstil Ihres Chefs zu studieren. Befaßt er sich lieber nur mit Fakten und Daten? Ist er sehr risikofreudig? Spielt er gern mit Ideen? Sind Menschen wichtig für ihn?

Sprechen Sie in der Sprache Ihres Chefs über Ihre Ideen, um voranzukommen. Wenn Sie es nicht tun, könnten Sie es schwer haben sie umzusetzen. Der folgende Abschnitt wird Ihnen helfen, den Kommunikationsstil Ihres Vorgesetzten zu erkennen.

Lernen, wie Ihr Vorgesetzter denkt

Um zu verstehen, wie Menschen denken und warum sie sich auf eine bestimmte Weise verhalten, habe ich gute Erfahrungen mit einem Hilfsmittel gemacht, das *Myers-Briggs Type Instrument* heißt. Aufbauend auf der Lehre des Schweizer Psychoanalytikers C. G. Jung organisiert der Myers-Briggs mein Verständnis individueller Stärken bei der Arbeit. Dieses Inventar umfaßt folgende Klassifikationen:

1. Wie wir uns Informationen über die Welt beschaffen (durch die Sinne oder durch unsere Intuition).
2. Wie wir Entscheidungen über die Informationen treffen (logisch oder gefühlsmäßig).
3. Unser bevorzugter Lebensstil, und wieviel Struktur wir gern haben (in einem Kontinuum zwischen stark strukturiert und nach Gefühl und Wellenschlag).
4. Was uns Energie gibt (von Introspektion bis zu Gemeinschaft mit anderen).

Es ist wichtig zu verstehen, daß jede dieser vier Kategorien ein Kontinuum ist. Sie können zum Beispiel erkennen, daß Sie selbst entweder äußerst strukturiert sind, nach Gefühl und Wellenschlag gehen oder irgendwo in der Mitte sind und Aspekte von beiden Seiten genießen. Bedenken Sie auch, daß diese Stärken weder gut noch schlecht sind. Ein Haken ist allerdings dabei: Wenn die Stärken eines Menschen das genaue Gegenteil Ihrer eigenen sind, könnten Sie versucht sein, diesen Menschen als irregeleitet und verkehrt anzusehen statt als einfach anders.

Schauen wir uns diese Klassifikationen genauer an, um Ihnen erkennen zu helfen, wie Ihr Chef denkt.

Wie wir uns Informationen beschaffen

Sinnesmenschen wissen, daß etwas wahr ist, wenn sie es wiegen, sehen oder darauf herumhämmern können. Das sind realitätsnahe, bodenständige Menschen mit praktischen Lösungen. Viele Buchhalterinnen, Maschinisten, Bauarbeiter und Krankenschwestern sind Sinnesmenschen. *Intuitive* sind Menschen, die gern in der Welt der Ideen und Möglichkeiten spielen. Sie sind gern schöpferisch, kümmern sich aber wenig um die praktische Nutzanwendung ihrer Schöpfungen. Schriftstellerinnen, Professorinnen, Beraterinnen und Leute aus Forschung und Entwicklung sind oft intuitiv.

Wie können Sie feststellen, ob Ihre Chefin ein Sinnesmensch oder eine Intuitive ist? Bitten Sie sie: „Erzählen Sie mir von einem Projekt, das Ihnen wirklich Spaß gemacht hat." Wenn sie das Projekt bezeichnet hat, fragen Sie: „Was hat Ihnen daran gefallen?" Wenn sie von den Ideen spricht, die dahintersteckten, den Veränderungen, die es bewirkte, was sie dadurch gelernt hat, ist sie wahrscheinlich eine Intuitive, die gern in der Welt der Ideen spielt und über die Zukunft nachdenkt und spricht. Kommen Sie mit Ideen, Möglichkeiten und kreativen Vorschlägen zu dieser Chefin! Erzählt sie aber, welche Probleme das Projekt löste und welche praktische Anwendung es hatte, ist sie höchstwahrscheinlich ein Sinnesmensch und wünscht sich praktische Antworten darauf, wie Sie die Probleme des Tages lösen werden.

Wie wir Entscheidungen treffen

Denker entscheiden mit dem Kopf. Sie durchlaufen einen logischen Denkprozeß. Denker sind oft Wissenschaftler, Juristen und Ingenieure. *Gefühlsmenschen* hingegen denken mit dem Herzen. Sie sind daran interessiert, welche Wirkung Entscheidungen auf Menschen haben. Gefühlsmenschen sind oft Künstler, Sozialarbeiter und Psychologen.

Um den Entscheidungsstil Ihres Chefs festzustellen, sollten Sie ihn fragen: „Welches war die schwerste berufliche Entscheidung, die Sie je treffen mußten?" Wenn er es Ihnen gesagt hat, fragen Sie: „Wie sind Sie zu der Entscheidung gekommen?" Wenn er einen logischen, analytischen Prozeß darstellt, sollten Sie die logisch-analytische Seite Ihrer Ideen präsentieren. Erzählt er aber, wie die Entscheidung sich auf die Betroffenen auswirkte und welche persönlichen Schwierigkeiten sie verursachte, sollten Sie Ihre Ideen im Zusammenhang damit vortragen, wie Menschen durch sie profitieren und wachsen können.

Bevorzugter Lebensstil

Planer fühlen sich wohl, indem sie ihr Leben strukturieren. Sie lieben das Gefühl der Vollständigkeit. Eine Planerin können Sie immer an Ihrem aufgeräumten Zuhause, ihren Besorgungslisten und ihren häufigen Fahrten zu Organizer's Paradise erkennen. Buchhalterinnen, Krankenhausleiterinnen, Sekretärinnen und Bankerinnen sind oft Planerinnen. *Wahrnehmer* finden Struktur zu beengend. Sie nehmen die Dinge lieber, wie sie kommen, verlieren ihre Besorgungslisten, lassen Projekte lieber unvollendet (wenn die Aufgabe abgeschlossen ist, ist der Spaß vorbei), und sehen nicht, warum man seine Sachen an ihren Platz räumen muß. Künstler, Sportler und Bauarbeiter sind oft Wahrnehmer.

Um die Vorliebe Ihrer Chefin zu erkennen, achten Sie darauf, wie sie den Arbeitstag organisiert und strukturiert. Führt sie eine detaillierte Besorgungsliste, lebt sie nach dem Kalender? Wenn ja, liefern Sie komplette Analysen und fertige Ergebnisse, wenn Sie mit neuen Ideen zu ihr gehen. Wenn sie gern nach Gefühl und Stimmung geht und alles nimmt, wie es kommt (zwar Besorgungslisten schreibt, sie aber anscheinend immer verlegt), befaßt sie sich gern mit Ideen und will an Ihren Entscheidungsprozessen teilhaben. Bringen Sie ihr keine fertigen Ergebnisse! Beteiligen Sie sie vielmehr am Prozeß!

Introvertiert oder extravertiert

Extravertierte laden ihre Batterien auf, wenn sie mit anderen Menschen zusammen sind. Sie arbeiten oft in Empfang, Verkauf, Marketing und PR. *Introvertierte* hingegen bekommen ihre wesentliche Stimulation von innen. Sie müssen sich von den Menschen zurückziehen, um ihre Batterien aufzuladen. Oft sind Schriftsteller, Anästhesieärzte, Bibliothekare und Mechaniker introvertiert.

In dieser Kategorie kommt es nicht so sehr darauf an, Informationen zu präsentieren, als vielmehr darauf, daß Sie das Verhalten Ihres Chefs akzeptieren und verstehen. Die westliche Kultur bevorzugt Extravertierte. (Ich habe nie gehört, daß Eltern sagten, sie wollten ihr Kind zu einem introvertierten Menschen erziehen.) Introvertierte gelten aufgrund ihrer Verschlossenheit sogar oft als fehlangepaßt. (In England gilt Introvertiertheit jedoch nicht als Nachteil.) Folglich lernen Introvertierte, sich wie Extravertierte zu verhalten. Deshalb kann es schwieriger sein festzustellen, in welche Kategorie Ihr Chef paßt.

Es gibt jedoch deutliche Zeichen. Wenn Ihr Chef häufige Einladungen zum Mittagessen, Pizza-Partys am Freitagabend oder Ballspiele ablehnt, wenn er seine Mittagspause mit einem Buch und einem Sandwich verbringen möchte, kann der Grund Introversion statt

Aversion sein. Sind Sie hingegen introvertiert und Ihre Chefin und Kolleginnen drängen Sie ständig zu gemeinsamen Unternehmungen, dann sind sie vielleicht extravertiert und setzen voraus, daß Sie mit anderen zusammensein wollen.

Auf der Wellenlänge Ihrer Vorgesetzten bleiben

Es sind auch andere Faktoren zu berücksichtigen, etwa ob Ihr Vorgesetzter Informationen visuell oder verbal verarbeitet. Jessica, eine Personaldirektorin, erzählte mir von den Frustrationen, die sie deswegen mit ihrem Chef Tim hatte. „Tim hört meinen Ideen nicht zu", klagte sie.

„Nun, wie präsentieren Sie sie?"

Jessica wühlte in einem Aktenschrank und zog mehrere große Graphiken mit Tortendiagrammen und Histogrammen in leuchtenden Farben hervor.

„Ist Tim ein visueller Typ? Sieht er Ideen gern graphisch?" fragte ich.

„O nein", gab Jessica zu. „Er spricht gern über die Dinge."

Ich sagte Jessica, daß Tim um so distanzierter werden würde, je mehr Graphiken sie ihm unter die Nase hielte. Zögernd begann sie, mehr mit ihm zu reden, aber er harmonierte nie wirklich mit ihr, weil ihr Stil unterschiedlich war.

Ihre klugen Beobachtungen können die Situation verändern. Tracy war eine intelligente, gründliche Managerin. Wenn sie eine Idee für ein neues Projekt hatte, traf sie sich mit ihrer Chefin Mary und stellte sorgfältig alle Optionen dar, ihre komplette Analyse und die empfohlene Vorgehensweise. Mary wies sie gewöhnlich zurück und sagte: „Vielleicht später. Jetzt geht das nicht."

Da studierte Tracy Mary. Sie merkte, daß sie sehr gern direkt an der Lösung von Krisen beteiligt war. Wenn Tracy jetzt eine kluge Idee hat, sagt sie zu ihrer Chefin: „Mary, wir haben eine Krise, und ich weiß nicht, was ich tun soll." Sie behauptet, es funktioniere wie ein Zaubertrick.

Lassen Sie Ihren Chef gut aussehen

Was Ihre Stellenbeschreibung auch enthält, denken Sie sich eine Aufgabe dazu: den Chef oder die Chefin gut aussehen lassen. Sie müssen sie nicht mögen oder mit ihr einig sein. Sie müssen sie nur wie eine Gewinnerin aussehen lassen. Wenn die Chefin gut aussieht, wird sie Sie hoch schätzen, und es ist wahrscheinlicher, daß Sie künftig befördert werden.

In einer meiner ersten Stellungen sollte ich einen Kurs und ein Lehrbuch mit dem Titel „Personal: Politik und Prozeduren" entwickeln. Ich konnte mir kein faderes Thema vorstellen und widersetzte mich zunächst. Aber ich wußte auch, daß meine Chefin es nicht tun konnte. Sie wußte einfach nicht, wie man solche Kurse auf die Beine stellt. So biß ich in den sauren Apfel und entwickelte Kurs und Handbuch. Es stellte sich heraus, daß der Kurs äußerst beliebt und das Handbuch für Manager sehr nützlich war. Meine Chefin heimste viel Lob dafür ein; es war ihre Idee und eines ihrer wichtigsten Ziele für jenes Jahr.

Den Chef gut aussehen lassen heißt dafür sorgen, daß seine Ideen durchgeführt werden; es heißt eine gute Teamspielerin im Hardball sein. Das ist eine der klügsten Strategien überhaupt.

Ihre Einsetzbarkeit

Angesichts von Gesundschrumpfung und wachsender Härte bei den Unternehmen müssen Frauen einen Spielplan haben. Wir kennen praktisch alle jemanden, der oder die entlassen wurde. Da so viele Firmen sich verkleinern, fusionieren oder eingehen, ist ein gesicherter Arbeitsplatz ein Phänomen der Vergangenheit. Die Unternehmen der Zukunft werden die Flexibilität brauchen, sich schnell zu verändern und zu restrukturieren. Dies bedeutet, daß Sie plötzlich arbeitslos sein können. „Wenn ein Arbeitsplatz keine Sicherheit mehr gibt, muß sie von der Einsetzbarkeit kommen", schrieb die Harvard-Professorin Rosabeth Moss Kanter 1989 in *„When Giants Learn to Dance"*.

Welchen Beruf oder Status Sie heute auch haben – er wird sich im Laufe Ihres Lebens wahrscheinlich dramatisch wandeln. Statt sich allein darauf zu konzentrieren, in Ihrem besonderen Beruf gut zu werden, sollten Sie sich eine Vielfalt von Fähigkeiten zulegen, die Sie zu einer geschätzten Geschäftsfrau machen, gleichgültig, in welcher Situation Sie sich wiederfinden.

Deshalb ist es wichtig, nicht in einer Funktion zu erstarren (indem Sie zum Beispiel denken: „Ich bin Leiterin des Pflegepersonals; von Finanzen muß ich nichts verstehen") und andere daran zu hindern, Sie festzulegen, etwa mit Bemerkungen wie „Oh, das ist aber nicht Ihre Aufgabe. Sind Sie nicht . . .?"

Einsetzbarkeit bedeutet Umdenken von der Orientierung auf eine Laufbahn zu einer Strategie, eine gute Geschäftsfrau zu werden. Eine Ingenieurin sollte zum Beispiel Finanzen lernen, damit sie den Jahresbericht ihres Unternehmens lesen und verstehen kann. Was wäre besser, um zu begreifen, wie ihre Firma durch die Arbeit ihrer (und anderer) Abteilungen Geld verdient oder verliert? Wenn sie sich Finanzkenntnisse aneignet, wird ihr bewußt, wie die verschiedenen Teile der Firma zusammen das große Ganze bilden.

Wie dringen Sie auf fremdes Gebiet vor? Es ist hilfreich, sich mit einer Freundin zusammenzusetzen, die Sie gut kennt. Bitten Sie sie, Ihnen mitzuteilen, was sie als Ihre Stärken und Fähigkeiten sieht. Testen Sie ihre Aussagen an der Realität. Sie könnte zum Beispiel sagen: „Du kennst dich mit Finanzen aus." Wenn Sie erwidern: „Nein, das stimmt nicht", könnte sie dagegenhalten: „Aber du hast letztes Jahr das Budget koordiniert."

Es ist auch nützlich, sich freiwillig an abteilungsübergreifenden Projekten zu beteiligen. Wenn Sie etwa in der Personalabteilung eines Unternehmens arbeiten, das vor einer Restrukturierung steht, wäre es klug, sich zur Projektgruppe Restrukturierung zu melden. Dort können Sie nicht nur ihr Personal-Fachwissen einbringen, sondern auch lernen, wie die Produktion funktioniert, von den ersten Entwürfen bis hin zum Versand, mit Zwischenstufen wie Einkauf und EDV-Buchhaltung.

Amy setzte auf diese Strategie der Einsetzbarkeit, und sie kam weit damit. Sie empfand den Beruf der Krankenschwester als Einschränkung und Sackgasse. Auf der Suche nach einem Ausweg bot sich eine Chance, im Vorbereitungsausschuß für die Akkreditierung des Krankenhauses mitzuarbeiten (der Gruppe, die das Krankenhaus für die Akkreditierungsprüfung vorbereitet, damit es seine Lizenz behält). Der Ausschuß mußte eine Menge lästiger Papierarbeit leisten, doch Amy meldete sich, weil sie glaubte, hier viel lernen zu können.

Amy hatte recht. Sie wurde in diesem Gebiet kompetent und bewarb sich schließlich um eine Stelle bei dem Konzern, dem das Krankenhaus gehörte, um die gleiche Arbeit in der Zentrale zu tun. Als sie im Hauptquartier der Organisation war, begriff sie, wie komplex Finanzsysteme für Krankenhäuser sind, und so meldete sie sich für den Finanzausschuß. Hier lernte Amy den monetären Aspekt verstehen, und so konnte sie in eine Stellung wechseln, in der sie die finanziellen Stärken und Schwächen der Krankenhäuser analysierte, deren Übernahme erwogen wurde. Als Amy sich mit Finanzen auskannte, verbesserte sie ihre Kenntnisse des Personalaspekts im Gesundheitswesen durch Lektüre über Organisationsentwicklung. Schließlich wurde sie damit beauftragt, den Konzern auf dieser Ebene zu beraten.

Heute ist Amy selbständig. Sie arbeitet als Beraterin für Krankenhäuser und hilft ihnen, sich zu restrukturieren, um den finanziellen Realitäten von heute gerecht zu werden. Sie ist enorm erfolgreich und sehr gefragt. Ihre außerordentlich breit gefächerten Fähigkeiten tragen zu ihrer Einsetzbarkeit und ihrem Erfolg bei.

Schließlich bedeutet Einsetzbarkeit, Ihre Karriere strategisch zu managen. Sie müssen die Sache in die Hand nehmen und mit Hilfe der Vorschläge in diesem Buch Ihren eigenen Kurs planen. Sie sind die einzige, die sich um ihr berufliches Wohlergehen kümmert.

Spielstrategien

- Entwickeln Sie einen Spielplan für Ihre Karriere.
- Prüfen Sie, ob Sie in Ihrer jetzigen Stellung zufrieden sind. Wenn ja, bleiben Sie, wenn nicht, planen Sie.
- Bringen Sie die aktuellen Ziele Ihrer Firma in Erfahrung; klammern Sie sich nicht an die offiziellen Ziele.
- Erkennen Sie die Kultur Ihres Unternehmens.
- Nutzen Sie Ihr Kontaktnetz, um Chancen auf andere Stellungen zu finden.
- Informieren Sie sich vor dem Bewerbungsgespräch über die Organisation.
- Wählen Sie lieber eine gute Vorgesetzte als eine gute Position.
- Handeln Sie Ihr neues Gehalt mit Hardball-Wissen aus.
- Fallen Sie nicht auf den alten Titel-Trick herein.

- Ziehen Sie die Linienposition vor.
- Beweisen Sie, daß Sie Köpfchen haben.
- Bringen Sie das Geld herein.
- Sie brauchen einen Trainer für Ihre Laufbahn.
- Analysieren Sie den Stil Ihrer Vorgesetzten.
- Lassen Sie den Chef gut aussehen.
- Erweitern Sie Ihren Horizont und damit Ihre Einsetzbarkeit.

Die Stärken, die Frauen in die Wirtschaft einbringen

Die Regeln des Hardball beherrschen die Wirtschaft seit urdenklichen Zeiten. Doch nur weil Männer das Spiel bis jetzt geführt haben, müssen sie es nicht für immer führen. Nun, da Sie die Regeln gelernt haben, sollten Sie bedenken, daß es unmöglich sein mag, sie zu brechen, daß sie aber vielleicht unter bestimmten Umständen zu umgehen sind. Verlieren Sie darum nicht Ihre angeborenen Stärken, Ihre Eigenschaften, Talente und Ihre Ausbildung aus den Augen, denn wenn Sie einmal eine Position haben, können Sie sie einsetzen, und das wird allen zugute kommen.

Wir haben uns zum Beispiel daran gewöhnt, pyramidenförmige Machtstrukturen in Organisationen als den einzigen Weg anzusehen, um unsere Ziele zu erreichen. Das ist natürlich, weil Männer in unserer Gesellschaft die Wirtschaft seit Jahrhunderten, wenn nicht Jahrtausenden dominieren. Doch die paramilitärische Form ist nicht notwendigerweise die beste.

Die flacheren Organisationen, mit denen Frauen sich so wohl fühlen, erlauben größere Flexibilität. Solche Anpassungsfähigkeit ist ein Schlüssel zum Erfolg: Die Organisation, die sich umstrukturieren kann, um sich Konkurrenz, Kundennachfrage und ein sich wandelndes Umfeld zunutze zu machen, wird in der Zukunft wahrscheinlich als Gewinnerin dastehen.

Den Trainer in Frage zu stellen – in der Hierarchie ein Anathema, aber in der weiblichen Kultur ein fester Bestandteil –, trägt ebenfalls zur Stärkung einer Organisation, Abteilung und Mannschaft bei. In der heutigen Welt kann kein Führer, keine Führerin lückenlos informiert sein. Unsere Grenzen als menschliche Wesen werden in der kommenden Informationsexplosion nur deutlicher zutage treten. Eine Führungskraft, die erwartet, daß Mitarbeiter Gründe wissen wollen und Vorschläge machen, produziert garantiert ein besseres Ergebnis, weil sie sich auf die Intelligenz vieler, nicht nur einiger weniger, verläßt.

Die Hierarchie trägt zu dem bei, was Ellen Langer, die Autorin von *Mindfulness,* „Gedankenlosigkeit" nennt. Gedankenlose Mitarbeiter gehorchen Befehlen wie Automaten. Kürzlich beriet ich ein Unternehmen, dessen Führung den Mitarbeitern sagte: „Sie werden nicht dafür bezahlt, zu denken; Sie werden dafür bezahlt, daß Sie tun, was ich sage." Folglich dachten die Mitarbeiter jahrelang nicht, und wahrscheinlich denken sie noch immer nicht. Es wirft ein trauriges Licht auf unser Wirtschaftssystem, wenn ein Unternehmen mit 100 Millionen Jahresumsatz 9 Millionen Dollar Ausschuß im Jahr toleriert − pure Verschwendung −, weil die Hierarchie die Leute, die tatsächlich die Arbeit tun, daran hindert, ihre Talente und ihre Intelligenz zu nutzen.

Frauen erwarten, daß alle sich engagieren, ihren Beitrag leisten und mitdenken. Das fördert nicht nur Problemlösungen, sondern auch die Motivation der Mitarbeiter.

Die flachere Struktur der Zukunft wird Frauen auch einen Vorteil in der Führung jüngerer Mitarbeiter verschaffen. In *„Twentysomething"* schreiben Larry Bradford und Claire Raines, daß die Generation der „Baby-Buster" (geboren zwischen 1965 und 1975) ein anderes Arbeitsethos mitbringt. Sie mißtrauen der Hierarchie, wollen wissen, warum etwas getan wird und erwarten, am Entscheidungsprozeß beteiligt zu werden. Frauen finden oft, daß diese Mitarbeiter besonders viel leisten; Männer rätseln, was bloß mit der Jugend von heute los ist.

Doch die Zeiten ändern sich. Männer beginnen, auch den Wert weiblicher Stärken zu schätzen. So berücksichtigte General Norman Schwarzkopf, der Kommandant der US-Streitkräfte bei der Operation „Desert Storm", oft die menschliche Dimension. Er drückte Sorge um seine Leute und über die Auswirkungen des Krieges auf ihre Familien aus. Bezeichnend war sein Besuch bei einer Einheit, die Probleme mit der Kampfmoral hatte. Als der General den Besuch im Fernsehen schilderte, erklärte er, ein Schütze sei vorgetreten, um ihm die Loyalität seiner Truppe zu versichern, als er wieder in seinen Jeep stieg. In diesem Moment konnte Schwarzkopf nicht verhindern, daß ihm eine Träne über die Wange rollte.

Was ich an diesem Ereignis bezeichnend finde, ist nicht, daß der General weinte, sondern daß er es im Fernsehen erzählte. Seine natürliche, menschliche Reaktion ist für mich ein Zeichen, daß die Fürsorge und Sensibilität, für die Männer Frauen gewöhnlich kritisieren, allmählich als Stärke erkannt werden.

Die Geschäftsstrategien in *Frauen lernen fighten* sollen uns Möglichkeiten geben, unsere vorhandenen Fähigkeiten auszubauen. In diesem gesamten Buch haben wir den Einfluß der männlichen Kultur auf die Wirtschaft untersucht. Es ist meine Hoffnung, daß *Frauen lernen fighten* Ihnen helfen wird, viele der Verhaltensweisen zu verstehen, die Männer an den Tag legen und die Ihnen seltsam vorkommen mögen. Umgekehrt ist es auch wichtig sicherzugehen, daß das Selbstbild, das Sie männlichen Kollegen vermitteln, wirklich das ist, was Sie vermitteln wollen.

Frauen können sich entscheiden, bestimmte männliche Verhaltensweisen zu verstehen, sich auf sie einzustellen und sie sogar zu übernehmen, um geschätzte und glaubwürdige Wettkämpferinnen zu sein, aber wir sollten trotzdem nie die typisch weiblichen Stärken vergessen, die wir in unsere geschäftlichen Aktivitäten einbringen. Die flachere weibliche Organisation erlaubt uns, eine Vielfalt an

Führungsfähigkeiten einzusetzen, die Leistung und Produktivität fördern.

Deshalb ist es ratsam zu prüfen, wie unsere kulturelle Sozialisation es auch uns als Frauen ermöglicht, erfolgreiche Spielerinnen auf dem Platz zu sein. In Kapitel 1 haben wir kurz gesehen, welche kulturellen Lektionen Mädchen lernen, Lektionen, die in der Hitze des Konkurrenzkampfes nachteilig für uns sein können. Greifen wir sie hier noch einmal auf, im Hinblick darauf, wie unsere potentiellen Schwächen in der Wirtschaft auch als Stärken gesehen werden können.

Zu zweit spielen

Aufgrund unseres intensiven Trainings im Zwischenmenschlichen sind wir Frauen eher geneigt, die emotionelle Dimension der Arbeit zu beachten und etwas dafür zu tun. Diese Stärke wird in verschiedenen Bereichen deutlich.

Wenn ein Mitarbeiter oder eine Mitarbeiterin emotionell verletzt ist, ignorieren Männer die Gefühle oft oder distanzieren sich, weil Gefühle ihnen nicht geheuer sind. Doch nur durch Wegschauen verschwinden negative Emotionen nicht. Wie wir sahen, führt Unzufriedenheit, die man schwelen läßt, oft zu Schmollen und Sabotage.

Statt Emotionen zu ignorieren, was Männer häufig tun, spricht eine Frau den Mitarbeiter eher auf seine negativen Gefühle an. Sie tut dies zugunsten seiner Produktivität, der Firmenziele, der Harmonie in ihrer Abteilung und ihres eigenen Gefühls von Erfolg und Wohlbefinden.

Estelle, Abteilungsleiterin in einem Unternehmen des Gesundheitswesens, demonstrierte diese Art sensibles Management. Sie rief mich an, weil sie spürte, daß in ihrer Abteilung etwas nicht stimmte. „Meine Mitarbeiter wirken zutiefst unzufrieden", sagte sie mir. „Aber ich habe keine Vorstellung, wo das Problem liegen könnte."

Ich griff Estelles Anliegen auf und befragte ihre 35 Mitarbeiter. Wie sich herausstellte, haßten 34 von ihnen die Direktionsassistentin Hillary, die mit der täglichen Leitung der Abteilung betraut war. Sie empfanden sie als herrschsüchtig, willkürlich und herabsetzend. Ich berichtete Estelle meinen Befund, und sie begann, Hillary aufmerksam zu beobachten, ihr Verhalten zu trainieren und ihr Feedback zu geben. Außerdem bat Estelle ihre anderen Mitarbeiter, ihr öfter zu berichten, „wie es lief".

Mit der Zeit besserte Hillary sich. Schließlich wachte Estelle mit Argusaugen über sie. Am Ende entwickelte sie jedoch Ressentiments gegen die feste Hand ihrer Chefin. Unfähig, ihre negative Einstellung länger zu beherrschen, sabotierte sie Estelle, schwärzte sie bei Ärzten, der Verwaltung und den Kollegen an. Ihre Handlungsweise machte es leichter, sie zu entlassen. Als Hillary nicht mehr da war, wurde das Leben in der Abteilung wieder normal.

Estelles Gespür für die emotionelle Komponente im Geschäft half ihr, das Problem zu lösen. Hätte sie die Gefühle ihrer Mitarbeiter wie die meisten Männer ignoriert, hätte die Situation sich zugespitzt. Probleme wie diese verschwinden nicht von selbst. Wahrscheinlich hätten Mitarbeiter gekündigt, das Büro gemieden, sich versetzen lassen oder die Arbeit der Abteilung sabotiert. Ungelöste Ressentiments schaden der Produktivität.

Auch die weibliche Fähigkeit, nonverbale Signale zu lesen, ist eine der großen Stärken, die Frauen in die Wirtschaft einbringen. Diese Expertise läßt sie eine enorme Menge an Informationen wahrnehmen, die Männer oft gar nicht oder nicht in der gleichen Fülle und Tiefe sehen.

Deshalb werden Frauen motivierende, zuhörende, fürsorgliche Führerinnen. Sie wissen um das Privatleben ihrer Kollegen und berücksichtigen familiäre Tragödien, die die Leistungsfähigkeit eines Mitarbeiters einschränken können. Statt abzuschotten – das Geschäftliche vom Persönlichen zu trennen, wie Männer es tun –, sehen Frauen Emotionen als vollgültigen Teil des Geschäfts und nutzen sie zu ihrem Vorteil.

Wie Mary Catherine Bateson in *„Composing a Life"* erklärt, versuchen Männer, die menschliche Dimension zu kontrollieren, während Frauen der menschlichen Dimension im Geschäft freien Lauf lassen. Harvey, ein leitender Ingenieur, mußte für das Bedürfnis büßen, die emotionelle Seite des Geschäfts zu kontrollieren, ja zu unterdrücken. Harvey war unfähig, sich der menschlichen Dimension zu stellen, sogar als die siebenjährige Tochter eines Mitarbeiters bei einem Verkehrsunfall starb. Scott kam einen Monat nach der Tragödie wieder zur Arbeit. Verständlicherweise war er deprimiert und hatte Konzentrationsstörungen, aber Harvey sagte: „Reißen Sie sich zusammen oder gehen Sie!" Harvey war völlig abgeschnitten von der menschlichen Dimension. Als Scott kündigte, verlor Harvey einen wertvollen Spieler.

Sein Mangel an Sensibilität suchte Harvey heim, als mehrere Jahre später seine Frau mit 40 Jahren starb. Er brauchte Monate, um sich zu erholen. Erst dann wurde ihm klar, wie vernichtend ein solcher Verlust sein kann, wie er die Fähigkeit einschränkt, in der Welt zu funktionieren. Er schämte sich dafür, wie kalt er Scott behandelt hatte. Harvey lernte auf die harte Tour, welche Wirkung sein Verhalten auf seine Mitarbeiter hatte.

Harveys Tochter Diana war meine Chefin, doch ihr Verhalten war dem ihres Vaters genau entgegengesetzt. Als eine meiner Kolleginnen an der Universität krank wurde (es sah so aus, als hätte Cynthia Krebs), ließ Diana uns alle für ihre Seminare einspringen; sie organisierte einen Krankenhaus-Besuchsdienst, damit Cynthia nicht allein war; sie füllte Cynthias Kühlschrank für ihre Rückkehr aus dem Krankenhaus. Diana machte offensichtlich keinen Unterschied zwischen ihren Arbeitsbeziehungen und ihren persönlichen Beziehungen.

Cynthia dankte Diana ihre Güte und Sensibilität mit großer Loyalität. Auch wir anderen waren berührt von Dianas Fürsorge. Wir vertrauten ihr und empfanden Loyalität für sie. Wenn sie je etwas von uns brauchte, bekam sie es, bevor sie einmal Luft geholt hatte.

Führung bedeutet nicht, Marschbefehle zu geben, denen andere blind folgen müssen. Sie bedeutet vielmehr zu bewirken, daß andere folgen wollen. Erfolgreiche Führung ist persönlich.

Sich vertragen

Frauen geben sich Mühe, mit anderen auszukommen. Sie sprechen eher offen über ihre Gefühle, weil sie den zwischenmenschlichen Prozeß bewältigen und oft sogar genießen können. Männer sind dagegen weniger harmoniebedürftig. Statt dessen konzentrieren sie sich darauf zu gewinnen, wobei sie die Gefühle ihrer Mitspieler oft ignorieren.

Die Fähigkeit, Gefühle mitzuteilen, macht den Unterschied zwischen wahrhaft menschlicher Kommunikation und einer Imponier- oder Sportlerpose aus. Wenn wir spüren, daß jemand ehrlich mit uns spricht, sind wir eher für Veränderungen zugänglich. Hören wir jedoch die „offiziellen Parolen", leisten wir eventuell Widerstand; wir sind unsicher, ob wir der Person trauen können, und vorsichtig mit irgendwelchen Schritten oder Änderungen.

In einer Verhandlung achten Frauen nicht nur auf ihre eigenen Interessen, sondern auch auf die der anderen Seite. Sie managen die

Beziehung. Statt sich einfach auf die zu verhandelnden Punkte zu konzentrieren, wie es Männer häufig tun, berücksichtigt eine Frau den Ton des Gesprächs und die Perspektive der anderen Seite. Das positive Ergebnis der Verhandlung hängt davon ab, wie die Beziehung sich entwickelt.

Frauen sind Expertinnen darin, sich um die menschliche Seite einer Situation zu kümmern, sei es eine Konfrontation, eine Verhandlung oder eine Tragödie. Oft hilft uns aufrichtiges Mitgefühl, verletzte Gefühle zu lindern und eine schwierige Situation zu entschärfen.

Kürzlich kam ein Polizeisergeant zu einem meiner Kommunikationsseminare, weil er mit seinem besten Beamten nicht zurechtkam; dieser war ein technisches As, aber über ihn gingen die meisten Beschwerden aus der Gemeinde ein. Wie Sergeant Friday in der alten Serie *Dragnet* (Schleppnetz) interessierten ihn „nur die Fakten, gnä' Frau". Er konnte mit völlig ausdruckslosem Gesicht sagen: „Ich sehe, daß Sie Prellungen im ganzen Gesicht haben." Verständlicherweise glaubten die Leute nicht, daß er ihre Sorgen gehört hatte.

Seit einiger Zeit konzentrieren sich Organisationen auf die technische, analytische Seite der Wirtschaft. Was verlorenging, ist die Komponente der Menschlichkeit und Zuwendung, die Mitarbeiter motiviert und Loyalität bewirkt. Frauen bringen dieses positive Element ein.

Zu allen fair sein

Frauen fragen: „Was ist das Fairste?" Männer fragen: „Was bringt mir am meisten ein?" Der erste Management-Stil kann der effizientere sein. Wenn Mitarbeiter sich fair behandelt fühlen, sind sie eher bereit, einer Entscheidung zu folgen, selbst wenn sie ihr nicht zustimmen, weil sie nicht auf politischem oder ökonomischem Nützlichkeitsdenken beruht, sondern auf menschlichen Belangen.

Außerdem neigen Frauen eher dazu, Menschen nach ihren inneren Qualitäten zu beurteilen und zu behandeln statt nach ihrer Position in der Hierarchie. Deshalb können Frauen Mitarbeiter eher beruflich fördern. Sie beraten Mitarbeiter und nehmen ihre Zukunftshoffnungen ernst.

Aufgrund ihres Bedürfnisses, fair zu sein, neigen Frauen zu einem kooperativen Management-Stil. Sie lassen andere an Informationen und Entscheidungen teilhaben, und sie geben das positive Feedback, das letztlich den Mitarbeitern hilft, zu wachsen.

Die männlichen Vorbehalte gegen Kooperation könnten einer der Faktoren sein, die heute die amerikanische Wirtschaft ruinieren. Die Unternehmen sind durch interne Konkurrenz belastet: Die Forschung und Entwicklung verträgt sich nicht mit der Konstruktion, die liegt wiederum mit der Fertigung im Clinch, welche wiederum die Qualitätskontrolle denunziert etc. Jede Abteilung hütet ihr eigenes Revier und hortet Ressourcen, um „das größte Budget" oder „die größte Belegschaft" zu haben – alles, um zu gewinnen. Damit werden vielleicht Abteilungs-, aber keine Firmenziele erreicht.

Wie destruktiv dieses Verhalten ist, wurde mir vor einigen Jahren deutlich, als ich in einem produzierenden Unternehmen ein Seminar über Konfliktlösung hielt. Ich bat jeden Teilnehmer, einen realen Arbeitskonflikt seiner Wahl zu analysieren. Ich verteilte ein Formblatt, um ihnen zu helfen, ihren Konflikt nachzuzeichnen. Ein Mann wehrte sich gegen die Übung.
„Das funktioniert nicht", sagte Victor. „Ich habe versucht, es auszufüllen, aber es ergibt keinen Sinn."

Ich bat Victor, mir von seinem Konflikt zu erzählen, und er sagte: „Mein Bereich ist dafür verantwortlich, die Verbindungsstücke zu beschichten. Ich schicke sie dem nächsten Bereich zur Hitzebehandlung. Brian, der diese Abteilung leitet, ist mein Problem. Er beschwert sich dauernd über Verbindungsstücke, die kaputtgehen. Er sagt, es liegt am Beschichtungsverfahren. Ich will einfach, daß Brian aufhört, sich zu beschweren."

„Glauben Sie, daß Brian recht hat?" fragte ich.

„Wohl schon", gab Victor widerwillig zu. „Aber was ich will, ist, daß Brian aufhört, mich mit seinen Beschwerden zu nerven."

In dieser Firma sahen die Abteilungen für Beschichtung und Hitzebehandlung einander als getrennte, konkurrierende Einheiten. Solche internen Kriege können ein Unternehmen teuer zu stehen kommen; in diesem Fall war die Folge enorm viel Ausschuß. Statt die Wurzel des Problems gemeinsam anzupacken (was Frauen so leichtfällt), indem sie die Ingenieure baten, den Beschichtungsprozeß zu prüfen und zu ändern, steckten diese beiden Männer ihre Reviere ab und bekriegten sich um jeden Preis. Victors einzige Sorge war, wieviele Verbindungsstücke sein Bereich beschichtete, und nach ihm die Sintflut.

Frauen gehen von der Voraussetzung aus, daß für alle genug da ist. Diese Einstellung, bei der alle gewinnen, steht im Gegensatz zu der männlichen Perspektive: Wenn ich nicht rausgehe und verkaufe, überholt mich ein anderer. Diese Verschiedenheit wurde auch wieder deutlich, als ich eine andere Unternehmensberaterin beriet. Leanne und ich arbeiteten über eine Stunde lang zusammen. Ich half ihr, ein Programm für Manager zu restrukturieren, das sie entwickelt hatte. Als wir fertig waren, sagte ich: „Jetzt können Sie mir einen Gefallen tun. Ich brauche ein Beispiel dafür, wie Frauen in Situationen kooperieren, in denen Männer konkurrieren würden."

Leanne sah mich lächelnd an und sagte: „Schauen Sie, was wir in der letzten Stunde getan haben. Sie helfen mir, mein Programm zu vervollkommnen, obwohl wir Konkurrentinnen sind!"

Frauen sehen eher, daß genug Erfolg für alle da ist. Wenn Leanne ihr Programm gut macht, ist mein Erfolg nicht im geringsten bedroht.

Spielen als Prozeß

Für Männer ist Arbeit traditionell eine stetige Folge von Zielen. Ist eines erreicht, gehen sie zum nächsten weiter. Gewöhnlich ist das Ziel klar definiert. Es könnte eine Gehaltserhöhung sein, eine Beförderung, eine Produktivitätssteigerung, der Abschluß eines Projekts. Frauen sind eher prozeßorientiert als produktorientiert – es kommt nicht nur auf das Ergebnis an, sondern auch auf den Weg dorthin.

Das neue Denken in der Wirtschaft bewegt sich von einer männlichen, linearen Struktur hin zu einer Orientierung ständiger Verbesserung, bei der es kein einzelnes Ziel gibt. Die Organisation konzentriert sich darauf, das Produkt kontinuierlich und ohne Ende immer weiter zu verbessern.

Wenn ich dies Männern erkläre, werden sie unsicher. Sie wissen nicht, wie sie mit diesem neuen, amorphen Arbeitsmodell umgehen sollen. Frauen haben dagegen kaum Schwierigkeiten mit kontinuierlicher Verbesserung, denn sie sehen die Arbeit bereits als stetigen (aber nie abgeschlossenen) Prozeß der Vervollkommnung. Wenn die Konkurrenz härter wird, begegnen Frauen dieser Herausforderung mit ihrer natürlichen Neigung zum Umgang mit Prozessen.

Aufgrund ihrer Prozeßorientiertheit fördern Frauen eher das interne Funktionieren eines Teams. Zuhören ist eine Fähigkeit, die die menschliche Interaktion reibungsloser macht, und Frauen sind gute Zuhörerinnen. Statt eine Diskussion zu dominieren, sind sie eher bereit, anderen Mitgliedern des Teams zuzuhören, um dafür von ihnen gehört zu werden. Eine Studie, die kürzlich im *Journal of Business Communication* veröffentlicht wurde, dokumentiert, daß Frauen besser zuhören als Männer. Nur ein Drittel der untersuchten

144 Manager waren Frauen, aber 58 % der „guten Zuhörer" waren
Frauen. Vorgesetzte, die gut zuhören, sind entscheidend für eine
gute Arbeitsumgebung. Der Studie zufolge drückten 91 % der Arbeitnehmer, die ihre Manager für gute Zuhörer hielten, Zufriedenheit mit ihrer Arbeit aus.

Warum sind Männer schlechte Zuhörer? Erstens wehren sie sich oft
dagegen, sich beeinflussen zu lassen, speziell in der Öffentlichkeit.
Wichtiger könnte jedoch sein, daß sie weniger am Prozeß als am
Ergebnis interessiert sind. Das kann ineffizient sein, weil die meisten Menschen nicht wollen, daß andere ihnen sagen, was sie tun
sollen, oder beurteilen, ob sie recht oder unrecht haben. Sie wollen
einfach, daß andere ihre Ideen anhören und offen für sie sind.

Frauen können sich außerdem aufgrund ihrer Prozeßorientiertheit
auf mehrere Aktivitäten gleichzeitig konzentrieren. Da die Wirtschaft es zunehmend erfordert, daß Menschen eine breitere Vielfalt
von Aufgaben erfüllen, wird diese Stärke immer wichtiger. Krankenhäuser flachen zum Beispiel ihre Strukturen ab und eliminieren
das mittlere Management, so daß die verbleibenden Manager mehrere Abteilungen leiten müssen. Oft fällt es Frauen leichter, zwischen den ihnen unterstellten Abteilungen hin- und herzugehen; sie
sind es gewöhnt, ihre Aufmerksamkeit zu teilen. Männer hingegen
konzentrieren sich auf eine Abteilung, zum Nachteil der anderen
beiden, für die sie vielleicht verantwortlich sind.

Sehen Sie es so: Eine Mutter kann mit Hänschen spielen und trotzdem gleichzeitig wissen, was ihre anderen Kinder tun, wie weit das
Essen und in welchem Zustand der Haushalt ist. Wenn einem Vater
die Beaufsichtigung der Kinder übertragen wird, könnte seine Frau
das Haus bei ihrer Rückkehr im Zustand eines Katastrophengebietes
vorfinden. Auf die Frage, wie dieses Chaos entstanden sei, könnte
der Mann antworten: „Wieso, du hast mir doch gesagt, ich soll auf
die Kinder aufpassen!"

Differenzen aushandeln

Frauen suchen nach Verhandlungsergebnissen, bei denen alle gewinnen. In dem auf dem Harvard Negotiation Project basierenden Klassiker *Getting to Yes* berichten Roger Fisher und William Ury, daß die Gewinnen/Gewinnen-Strategie bei Verhandlungen am wirksamsten ist. Um künftige Ressentiments zu vermeiden, sollten alle Beteiligten mit einem guten Gefühl über die Problemlösung aus der Verhandlung gehen. Das heißt, daß es während der Verhandlung auch um die Beziehung geht, nicht nur um die strittigen Punkte.

Traditionell haben wir die andere Seite bei einer Verhandlung als Gegner gesehen. Dies zeigt sich oft in dem endlosen Gezerre zwischen Einkäufern und Zulieferern. Einkäufer versuchen ständig, niedrigere Preise und bessere Konditionen zu bekommen. Sie stellen Forderungen ohne Rücksicht auf die Situation der Zulieferer. Verständlicherweise haben Zulieferer keine herzlichen Gefühle gegenüber Einkäufern. Sie haben wenig Skrupel, ihren Gegnern zu schaden, indem sie ihnen Produkte von minderer Qualität unterjubeln oder die Liefertermine überschreiten.

Hätten diese beiden Gruppen persönliche Beziehungen entwickelt, die die Bedürfnisse und Schwierigkeiten der anderen Seite berücksichtigen, wie Frauen es oft tun, könnten sie eher kooperativ miteinander arbeiten und einander helfen, wenn ein Problem entsteht. Wenn zum Beispiel ein Verkäufer eine Bestellung aufgegeben hätte, aber plötzlich bemerkte, daß er die Teile zwei Wochen früher als vereinbart brauchte, um seinen Zeitplan einzuhalten, würde der Zulieferer bei einer feindseligen Beziehung wahrscheinlich sagen: „Tja, lesen Sie mal den Vertrag, mein Bester." Bei einer persönlichen, kooperativen Beziehung hingegen würde der Zulieferer eher sagen: „Ich will Ihnen gern helfen. Ich werde sehen, was ich für Sie tun kann."

Was wir in der Wirtschaft seit so langer Zeit vermissen, ist die Einsicht, daß nicht der Vertrag, sondern persönliche Beziehungen über Produktivität, Liefertermine oder Gewinnspanne entscheiden – und vielleicht paradoxerweise über den eigenen Wettbewerbsvorteil. In der Vergangenheit galten Frauen als schlechte Verhandlungsführerinnen, weil sie sich von der Situation der anderen Seite beeinflussen lassen. Doch Frauen gelingt es eher, mit ihren angeblichen Gegnern gemeinsam Lösungen zu erarbeiten, die für alle sinnvoll sind.

Die Macht im Gleichgewicht halten

In einem Artikel in *Working Woman* berichteten Anne Jardim und Margaret Hennig 1990 über die neue Herausgeberin einer kleinen Zeitung, die sich um einen mit 5000 Dollar dotierten Preis bewarb. Sie sagte ihren 14 Mitarbeitern, wenn ihre Zeitung gewinne, werde sie den Preis mit ihnen teilen. Natürlich arbeiteten ihre Leute wie besessen. Die Autorinnen schreiben: „Ihre ausschließlich männlichen Konkurrenten bei anderen kleinen Zeitungen des Staates, die sich ebenfalls um den Preis bewarben, machten sich gnadenlos über sie lustig. Sie nannten sie ein ‚Fräulein Tugendsam‘, das mit den Mitarbeitern *teilte* und nicht wußte, daß es Respekt brauchte." Vorhersehbare Ironie: Die Zeitung der Frau gewann den Preis.

Frauen ermutigen zum Mitmachen, teilen Macht und Einfluß, fördern das Selbstwertgefühl der anderen mit Lob und geben anderen Energie. Wie die kalifornische Schatzkanzlerin Kathleen Brown einmal sagte: „Der Unterschied zwischen Männern und Frauen ist, daß Frauen Macht wollen, um Probleme zu lösen, während Männer Probleme lösen, weil sie Macht wollen."

Die Zukunft gehört uns

In diesem Buch haben wir zahlreiche Strategien untersucht, die Frauen helfen, das Spiel der Wirtschaft zu spielen und zu gewinnen. Manche, wenn nicht gar viele dieser Manöver mögen uns nicht ganz geheuer sein. Doch um das Spiel zu ändern, müssen wir zuerst die Macht haben, und dazu müssen wir uns gewöhnlich an die etablierten Regeln halten.

Am wichtigsten ist es vielleicht zu bedenken, daß wir allein nicht gewinnen können. Das Spiel der Wirtschaft, wie Männer es spielen, ist fest eingefahren. Wenn wir grundlegende Regeln ändern wollen, damit wir unsere weibliche Stärke einsetzen *und* gewinnen können, müssen wir lernen, uns auf andere Frauen zu stützen. Leider haben wir in der Vergangenheit nicht kooperiert. Wir waren einander sogar oft die schlimmsten Feindinnen.

Ich habe Frauen in Spitzenpositionen gesehen, die andere Managerinnen unterstützten, aber sehr deutlich Abstand von den Sekretärinnen hielten. Die ranghöheren Frauen hätten für ihre Untergebenen das Leben leichter und den Erfolg erreichbarer machen können, wenn sie sie bei Problemen wie Kinderbetreuung, gerechte Entlohnung und Eliminierung der besonderen Glasdecke für Sekretärinnen diese unterstützt hätten; statt dessen setzten sie sich ab von diesem Ghetto, in dem die meisten Frauen früher einmal gearbeitet hatten. Die ranghöheren Frauen machen sich oft lustig über Kleidung, Sprache, Frisuren und Berufswahl ihrer Untergebenen.

Sekretärinnen prahlen wiederum oft damit, daß sie lieber mit Männern zusammenarbeiten und mit einer Chefin nicht zurechtkommen können. Sie beschreiben die ranghöhere Frau als ehrgeizig, hart, fordernd und arrogant. Sie kritisieren ihre Kleidung, Sprache, Frisuren, Berufswahl usw.; sie machen sich nicht klar, daß eine Frau oft nicht aufsteigen kann, ohne sich in diesen Äußerlichkeiten anzupassen.

Ich empfinde dies als den traurigsten und bedauerlichsten Teil unseres Kampfes in der Wirtschaft. Männer sind aus einer anderen Kultur; es ist nicht verwunderlich, daß sie unsere Motive und Verhaltensweisen mißverstehen. Doch sowohl Managerinnen als auch Sekretärinnen erleben ähnliche Schwierigkeiten und Frustrationen, und dennoch sind wir oft die ersten, die gegeneinander sticheln.

Unsere größte potentielle Ressource sind andere Frauen. Wir alle leiden auf allen Ebenen unter Ungerechtigkeiten in Bezahlung und Aufstiegschancen, unter Belästigungen und Unsichtbarkeit. Wenn wir beginnen, mit *einer* Stimme zu sprechen, unsere gemeinsamen Stärken herauszustellen und unsere gemeinsamen Bedürfnisse zu äußern, werden wir gehört werden. Einzeln werden wir weiter kämpfen; gemeinsam können wir große Änderungen bewirken, nicht nur zu unserem Wohl, sondern zum Wohl der gesamten Wirtschaft und der kommenden Generationen.

Danksagungen

Dieses Buch reflektiert die Unterstützung vieler Menschen. Die Frauen, die mir ihre Geschichte erzählten, sind Herz und Seele dieses Buches. Viele von ihnen haben den Kontakt aufrechterhalten, mir von ihren Erfolgen berichtet und mir Artikel und Forschungsergebnisse geschickt, für die ich außerordentlich dankbar bin.

Das Buch entstand durch die Vision von Janice Gallagher, Chefredakteurin bei Lowell House. Ihre unbeirrbare Unterstützung hat mir durch die schwierigen Phasen geholfen.

Die Klugheit, Inspiration und ganz einfach harte Arbeit meiner Co-Autorin Susan Golant schuf ein Buch, das ich allein nie hätte schreiben können. Lynette Padwas Kommentare als Redakteurin gingen in die Tiefe und waren immer ermutigend.

Ebenfalls entscheidende Beiträge leisteten meine liebe Freundin Pat Palleschi, die mich immer zwingt, die Welt aus einem größeren Blickwinkel zu sehen; meine Assistentin Karen Selgrath, die mir in vielerlei Weise geholfen hat; und mein literarischer Mentor Elwood Chapman, der meinen Glauben an mich selbst und das Buch gestärkt hat.

Während der letzten zehn Jahre, in denen die Ideen für dieses Buch entstanden, war mein Mann Serge Lashutka mein Botschafter aus der männlichen Kultur und half mir, jene andere Welt zu verstehen.

Dr. phil. Pat Heim
Pacific Palisades, Kalifornien
Februar 1992

Was meinen Teil betrifft, so stehe ich in der Schuld der Vermittlerinnen Janice Gallagher und Betsy Amster, die mich in weiser Voraussicht mit diesem wunderbaren Projekt vermählt haben. Ohne ihre Unterstützung wäre ich nie in die Gedanken und Erfahrungen von Pat Heim eingeweiht worden, für die ich die größte Hochachtung empfinde. Es wäre mir eine großartige Chance entgangen, zu lernen, zu wachsen und zu lachen. Dafür bin ich dankbar. Außerdem möchte ich dem Redakteur Jack Artenstein von Lowell House für seinen beständigen Glauben an mich danken und der Redakteurin Lynette Padwa für ihre treffenden Kommentare und ihre Aufmerksamkeit für das Detail. Für immer dankbar schließlich bin ich meinem Mann und liebsten Freund Mitch Golant, dessen finanzielle, emotionelle und geistige Unterstützung mir die Freiheit gibt, meine Arbeit zu tun.

Susan K. Golant
Los Angeles, Kalifornien
Februar 1992

Literatur

Abramson, Rudy, and John Broder. „Four-Star Power." *Los Angeles Times Magazine*, 7. April 1991 (EA)

American Association of University Women. *How Schools Shortchange Girls*. Washington, DC: American Association of University Women Education Foundation, 1992

Bateson, Mary Catherine. *Composing a Life*. New York: Penguin Books, 1990

Bem, S. L. „Gender schema theory and its implications for child development: Raising gender-aschematic children in a gender-schematic society." *Signs* 8 (1983): 598–616

Bennis, Warren. *On Becoming a Leader*. Reading, MA: Addison-Wesley, 1989
(Deutsche Ausgabe: Führen lernen, Frankfurt/M. 1990)

Bolles, Richard Nelson. *What Color Is Your Parachute?* Berkeley, CA: Ten Speed Press, 1992

Bradford, Lawrence J., and Claire Raines. *Twentysomething*. New York: Master Media, 1992

Brass, Daniel J. „Men's and Women's Networks: A Study of Interaction Patterns and Influence in an Organization."
Academy of Management Journal 28 (1985): 327-343

Brooks, Nancy Rivera. „Women Business Owners Thriving in Southland. *Los Angeles Times*, October 24, 1988

Brownell, Judi. „Perceptions of Effective Listeners: A Management Study." *The Journal of Business Communication* 27 (1990): 401–415

Burns, Alyson L., G. Mitchell, and Stephanie Obradovich. „Of sex roles and strollers: Male attention to toddlers at the zoo." *Sex Roles* 20 (1989): 309–315

Carter, Bill. „Wednesday Is the Prize in Networks' Latest War." *New York Times*, November 20, 1991, Living Arts Sec., p. 1

Chamberlain, Claudia. „Future Organizations Need an ‚ACE'." *United News Journal*, May 1991

Conley, Frances K. „Why I'm Leaving Stanford: I Want May Dignity Back." *Los Angeles Times,* June 9, 1991. Section M, p. 1

De Waal, Frans. *Peacemaking Among the Primates.* Cambridge, MA: Harvard University Press, 1989

Erikson, Erik. *Young Man Luther.* New York: Norton, 1958
(Deutsche Ausgabe: Der junge Mann Luther, Frankfurt/M. 1975)

Fisher, Roger, and William Ury. *Getting to Yes.* New York: Penguin Books, 1991

Fiske, Edward B. „Lessons: Even at a Former Women's College, Male Students Are Taken More Seriously, a Researcher Finds." *New York Times,* April 11, 1990. Living Arts Sec.

Frey, William. *Crying: The Mystery of Tears.* New York: Harper & Row, 1985

Fury, Kathleen. „Cookies, Dirt and Power." *Working Woman,* October 1988, 168

Gilligan, Carol. *In a Different Voice.* Cambridge, MA: Harvard University Press. 1982
(Deutsche Ausgabe: Die andere Stimme, München 1991)

Goffman, Erving. *Interaction Ritual.* Garden City, NY: Action Books, 1967

Golant, Mitch, and Susan Golant. *Finding Time for Fathering.* New York: Ballantine Books, 1992

Granovelter, Mark S. *Getting a Job: A Study of Coantacts and Careers.* Littlejohn, MA: Harvard University Press, 1974

Gutek, Barbara A. „Gender and Responses to Sexual Harassment." Ninth annual Claremont Symposium on Applied Psychology. The Claremont Graduate School, Claremont, CA. February 8, 1992

Harragan, Betty Lehan. *Games Mother Never Taught You.* New York: Warner Books, 1977

Hawkins, Beth. „Career Limiting Bias Found at Low Level Jobs." *Los Angeles Times,* Aug 9, 1991. Section 1, p. 1

Heintz, Katharine E. „An Examination of Sex and Occupational Role Presentations of Female Characters in Children's Picture Books." *Women's Studies in Communication* 9 (1987): 69

Hellreigel, Don, John Slocum, and Richard Woodman. *Organizatio-nal Behavior*. 3d ed. St. Paul, MN: West Publishing Co., 1983

Hersey, Paul, and Kenneth H. Blanchard. *Management of Organiza-tional Behavior*. 5th ed. Englewood Cliffs, NJ: Prentice-Hall, 1988

Hesslin, D. „A Touch of Sensitivity." A Nova Presentation, 1980

Hochschild, Arlie, with Anne Machung. *The Second Shift: Working Parents and the Revolution at Home*. New York: Viking, 1989
(Deutsche Ausgabe: Der 48-Stunden-Tag. Wege aus dem Dilemma berufstätiger Eltern, Rastatt/Wien 1990)

Hughes, Kathleen A. „Business Women's Broader Latitude in Dress Code Goes Just So Far." *Wall Street Journal*, Sept 1, 1987, Section 2, p. 1

Jacklin, Carol Nagy. „Female and Male: Issues of Gender." *American Psychologist* 44 (1989): 127–133

Jacklin, Carol Nagy, and Eleanor E. Maccoby. „Social Behavior at 33 Months in Same-Sex and Mixed-Sex Dyads." *Child Development* 49 (1978): 569–576

Jardim, Anne, and Margaret Hennig. „The Last Barrier." *Working Woman*, November 1990, 131

Josefowitz, Natasha. *Paths to Power*. Menlo Park, CA: Addison-Wesley, 1980
(Deutsche Ausgabe: Wege zur Macht. Als Frau Karriere machen, Wiesbaden 1991)

Kanter, Rosabeth Moss. *When Giants Learn to Dance*, New York: Simon & Schuster, 1989

Keirsey, David, and Marilyn Bates. *Please Understand Me*. Del Mar, CA: Prometheus Nemesis Book Co., 1984

Keyes, Ralph. „The Height Report." *Esquire*, November 1979

Kilmann, Ralph, and Kenneth Thomas. „Interpersonal Conflict-Handling Behavior as Reflections of Jungian Personality Dimensions." *Psychological Reports* 37 (1975): 971–980

Kohlberg, Lawrence. *The Philosophy of Moral Development*. San Francisco: Harper & Row, 1958

*(Deutsche Ausgabe: Gesammelte Schriften, Bd. 1 Philosophische
und pädagogische Untersuchungen zur Moralentwicklung,
Frankfurt/M. 1985)*

Lakoff, Robin. *Taking Power: The Politics of Language.* New York:
Basic Books, 1990

Langer, Ellen J. *Mindfulness.* Reading, MA: Addison-Wesley, 1989

„Listen Like a Woman." *Executive Female,* Nov.-Dec., 1991, 9

*(Deutsche Ausgabe: Als Frau im Unternehmen führen, Freiburg
1988)*

Loden, Marilyn. *Feminine Leadership: How to Succeed in Business
Without Being One of the Boys.* New York: Times Books, 1985

Luthans, Fred, Richard M. Hodgetts, and Stuart A. Rosenkrantz.
Real Managers. Cambridge, MA: Bollinger Publihsing Co., 1988

Mackoff, Barbara. *What Mona Lisa Knew.* Los Angeles: Lowell
House, 1990

McCarthy, William J., Mykol Hamilton, Campbell Leaper, Ellen
Pader, Sarah Rushbrook, and Nancy Henley. „Social Influences
on What to Call Her: ‚Woman', ‚Girl', or ‚Lady'." Paper presented
at the American Psychological Association Annual Meeting, An-
aheim, CA, 1985

Melia, Jinx. *Breaking into the Boardroom.* New York: St. Martin's
Press, 1989

Morrison, Ann M., Randall P. White, and Ellen Van Velsor. *Breaking the Glass Ceiling.* Reading, MA: Addison-Wesley, 1987

„Newsmakers: Doing Her Part." *Los Angeles Times,* December 16,
1991. View Section, p. 1

Petrosino, Maria. „Impact of Family Life on Employed Married
Mothers." Ph. D. diss., California School of Professional Psychology, Los Angeles, 1992

Pfeiffer, John. „Girl Talk–Boy Talk." *Science,* February 1985

Reza, H. G. „New Study Indicates Wide Sex Harassment in Navy."
Los Angeles Times, Feb 10, 1992. Section A, p. 1

Riger, Stephanie, and Pat Galligan. „Women in Management: An
Exploration of Competency Paradigms." *American Psychologist*
35 (1980): 902–911

Roggman, Lori A., and J. Craig Peery. „Parent-Infant Social Play in Brief Encounters: Early Gender Differences." *Child Study Journal* 19 (1989): 65–79

Rosener, Judy B. „Ways Women Lead." *Harvard Business Review,* Nov.-Dec. 1990, 119–125

Sadker, Myra, and David Sadker. „Sexism in the Schoolrooms of the '80s." *Psychology Today,* March 1985, 54–57

Schabacker, Kirsten. „Which Jobs Have the Biggest Pay Potential?" *Executive Female,* Nov.-Dec. 1991, 24–28

Sher, Barbara, and Annie Gottlieb. *Wishcraft.* New York: Ballantine Books, 1986

Stechert, Katherine B. „Why Aren't You Making More?" *Executive Female,* November 1990, 24–27

Stewart, R., and R. Marvin. „Sibling Relations: The Role of Conceptual Perspective-Taking in the Ontogeny of Sibling Caregiving." *Child Development* 55 (1984): 1322–1332

Tannen, Deborah. *You Just Don't Understand.* New York: William Morrow and Co., 1990
(Deutsche Ausgabe: Du kannst mich einfach nicht verstehen, Hamburg 1991)

Watzlawick, Paul, John Weakland, and Richard Fisch. *Change: Principles of Problem Formation and Problem Resolution.* New York: W. W. Norton, 1974
(Deutsche Ausgabe: Lösungen. Zur Theorie und Praxis menschlichen Wandels. Bern/Göttingen 1988)

Weiss, Robert S. *Staying the Course: The Emotional and Social Lives of Men Who Do Well at Work.* New York: Free Press, 1990

Wojahn, Ellen. „Why There Aren't More Women in This Magazine." *Inc.,* July 1986, 45–48

Wood, Julia T., and Lisa Firing Lenze. „Gender and the Development of Self." *Women's Studies in Communication* 14 (1991): 3

Zeitz, Baila, and Lorraine Dusky. *The Best Companies for Women.* New York: Simon & Schuster, 1988

Stichwortverzeichnis

Richard Whiteley
IHR KUNDE IST DER BOSS
Die kundenorientierte Firma

⊞ Haufe bei Knaur

(79010)

⊞Haufe bei Knaur

Die Business-Bücher

Die seit Jahren erfolgreichen Fachbücher aus dem Haufe Verlag jetzt als Knaur Taschenbücher. Handbücher, die Berufserfolg garantieren und Fachwissen auf den Punkt bringen.

Heinz Schwalbe
MARKETING PRAXIS
für Klein- und Mittelbetriebe

⊞ Haufe bei Knaur

(79007)

Marilyn Loden
ALS FRAU IM UNTERNEHMEN FÜHREN

⊞Haufe bei Knaur

(79006)

A. David Silver
WENN DIE KRISE DROHT
Wie jedes Unternehmen auch schwere Zeiten überstehen kann

⊞ Haufe bei Knaur

(79008)

Kevin J. Murphy
BESSER ZUHÖREN MEHR ERFOLG
Das einfache und wirksame Führungskonzept

⊞Haufe bei Knaur

(79012)